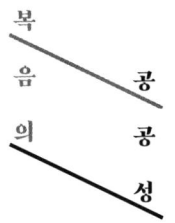

일러두기

1. 본문의 성경 인용은 대한성서공회에서 펴낸 개역개정판을 따랐습니다.
2. 성경 인용문에서 볼드 처리된 단어나 구는 저자가 강조하기 위한 것입니다.

복음의 공공성

구약으로 읽는
복음의 본질

김근주

The
Public
Nature
of the
Gospel

비아토르

목차

7 — **머리말**
10 — **서론_** 구약, 그 정치적인 말씀

1부_ 구약으로 읽는 복음과 그 본질

42 — 1. 하나님의 형상 1
54 — 2. 하나님의 형상 2
70 — 3. 선악과, 죄, 죽음
103 — 4. 두 갈래 길
122 — 5. 내가 너에게 보여줄 땅으로 가라
149 — 6. 출애굽 공동체로 부르심

2부_ 공동체적이며 공적인 복음과 그 구체적 실현

164 — 1. 아브라함과 나그네, 소돔과 고모라
182 — 2. 마치 하나님이 계시지 않은 것처럼
200 — 3. 거룩한 삶
230 — 4. 구약에 나타난 희년법과 정신
265 — 5. 아둘람 공동체

3부_ 예언자들의 선포

284 — 1. 우상숭배

301 — 2. 나봇의 포도원과 예언자

330 — 3. 예언자들의 회개 선포

4부_ 포로 후기 공동체의 대응

350 — 1. 느헤미야와 개혁

361 — 2. 옛 선지자들을 통하여 외친 말씀

5부_ 결론: 연약한 이웃을 사랑하라

392 — 1. 예언자들의 희망

410 — 2. 복음, 이 땅에 임하는 하나님나라

425 — 3. 내 이웃을 내 몸처럼 사랑하라

433 — **주註**

머리말

"나는 스스로 있는 자이니라"(출 3:14)는 하나님의 이름은, 하나님이 아무것에도 한정되거나 제한되지 않는 분임을 명확히 드러낸다. 하나님을 규정하거나 한정하는 것은 오직 하나님 그분의 존재뿐이다. 그러나 놀랍게도 하나님은 애굽에서 신음하던 히브리 노예들을 건져내신 후에 그들에게 십계명을 주시면서 아무것에도 한정될 수 없는 당신 이름을 스스로 한정하신다. "나는 너를 애굽 땅, 종 되었던 집에서 인도하여 낸 네 하나님 여호와니라"(출 20:2). 한정하는 순간, 거기에 포함되지 않는 다른 것들이 생겨서 하나님의 전능하심과 보편성이 훼손될 수 있는데도 하나님은 스스로 당신을 '애굽에서 종 되었던 이들을 건져내신 하나님'으로 한정하신다. 이러한 한정은 하나님을 히브리 노예들의 하나님으로 여기게 하면서, 아울러 이들을 종 삼았던 애굽을 불편하게 하며 다른 이들을 종 삼고 있는 상전들 또한 불편하게 할 것이다. 보편적으로 모든 이를 담아내고 포괄하려면 가능한 두루뭉술하게, 에둘러, 포괄적으로 표현하는 것이 상식이요 교양인데도 이렇게 말씀하신다.

그러나 이 말씀을 곰곰이 생각해보면 참으로 합당한 말씀이다. 모든 이를 위한다는 것은 무엇인가. 어떻게 해야 전체를 생각하는 것인가. 우리가 이제까지 전체를 생각한다면서 끊임없이 듣던 이야기는 '대大를 위해 소小가 희생해야 한다'는 논리다. 이 논리 때문에 수많은 소수자들이, 비주류들이 사회에서 제거되고 배제되었다. '최대 다수의 최대 행복'과도 비슷한 전체의 유익을 구하는 세상은, 힘이 있어서 자신을 어느 정도 지킬 수 있는 이들에게는 행복한 세상이겠지만, 전체가 행복한 세상은 결코 아니다. 그래서 아흔아홉 마리의 양들을 광야에 두고 길 잃은 양 한 마리를 찾을 때까지 찾아다니는 주인의 이야기는 세상의 논리와 확연히 다르다. 다수의 안전을 추구하는 사회가 아니라 양 한 마리의 안전을 지켜내는 사회야말로 진정 안전한 사회다. 주인이 양 한 마리를 포기하지 않을 때, 나머지 양들도 자기들이 길을 잃거나 낙오하더라도 주인이 자기들을 포기하지 않으리라 기대하며 정말로 안심할 수 있기 때문이다. 그러므로 가장 약한 자들, 가장 취약한 상황에 놓인 자들을 지켜내고 살려낼 때, 진정으로 전체가 살게 된다. 모두 살게 된다. 의사가 건강한 자가 아니라 병든 자를 위해 있으며, 예수님이 의인이 아니라 죄인을 위해 오셨다는 말씀도 이와 통한다.

그러므로 하나님은 히브리 노예들을 건지시는 하나님이 되실 때에 진정 모든 인류의 하나님이실 수 있다. 가장 곤고하고 약한 이를 지켜낼 때, 비로소 그 가치가 보편적이며 '공적인' 가치가 된다. 그렇기에 구약 성경은 줄기차게 '고아, 과부, 나그네, 가난한 자'를 언급한다. 구약의 하나님은 줄기차게 당신 자신을 고아의 아버지, 과부의 보호자로 자처하신다. 이것은 하나님의 '편파성'을 통해 하나님의 진정한 '보편성'을 드러내는 표현이다.

이 책을 쓴 가장 기본 취지는 구약이 전하는 복음을 살펴보는 것

복음의

공공성

이다. 흔히 구약은 율법, 신약은 복음이라는 선입견이 그릇되었다는 것을, 구약이 줄곧 영광스럽고 풍성한 복음을 전한다는 것을 이 책에서 드러내고자 하였다. 구약의 여러 본문을 찬찬히 주석하고 풀이하고 오늘의 현실과 연결하여 해석하면서, 그 면면에 흐르는 복음의 공동체적이고 공적인 특징을 드러내고자 하였다.

이 책에 있는 글들 가운데 몇몇은 다른 곳에 실었던 글이다. "서론: 구약, 그 정치적인 말씀"은 《복음과 정치》(대장간, 2016), "우상숭배"는 《성경을 보는 눈》(성서유니온, 2017), "나봇의 포도원과 예언자"는 〈포럼 비블리쿰 3호〉(비블리카아카데미아, 2010), "옛 선지자들을 통하여 외친 말씀"은 〈본문 중심의 성경 읽기〉(한국성서학연구소, 2010)에 실렸었다.

이 책은 필자가 살아가는 세상과 그 속에 살아가는 수많은 이웃들과 나눈 대화 가운데 형성되고 쓰였다는 점에서, 결코 필자 개인의 저작이라고 말할 수 없다. 그 가운데서도 '기독연구원 느헤미야'의 동료 교수님들과 학생들은 이 책에 실린 내용의 최대 출처요 기원이다. 지극히 사적인 선포를 복음이라며 선포하는 끔찍한 시대와 교회의 현실 속에서 느헤미야 공동체는 필자에게 자유이고 기쁨이고 희망이다.

이와 같은 내용을 담은 책을 쓰기로 했으나 차일피일 미루던 필자를 정말 오랜 시간을 기다려준 김도완 대표님과 어지러운 원고를 깔끔하고 명료하게 다듬어준 이여진 편집자에게도 깊은 감사를 전한다. 이 가운데 많은 내용을 담고 있는 설교를 번번이 들어주신 일산은혜교회 교우들과 청년2부 지체들에게도 진심으로 감사를 전한다.

오직 주님의 진리의 복음만 드러나기를.

서론
구약, 그 정치적인 말씀

모든 한국인이 직업적인 정치인일 수는 없지만, 모든 한국인은 정치에 참여하고 있다. 사실 우리의 모든 말과 행동이 정치적일 수밖에 없다. 그렇지만 상당히 많은 사람들이 자신은 정치적이지 않다고 생각하며, 정치가들의 발언이나 사안에 자기가 아무런 견해를 표현하지 않는 것이 그 증거라고 한다. 심지어 투표에 참여하면서도 정치에는 관심 없다고 말하는 이도 있다.

정치에 관심이 없다고 하는 이들은 대개 개인의 문제에 집중한다. 그리스도인들 중에 정치에 관심이 없거나 정치적 견해를 드러내기를 싫어하는 이들은 보통 복음 전파만 자신의 관심사라고 말한다. '영적'인 문제가 우리 국민의 근본적인 문제라고 말한다. 이것은 균형을 상실한 견해다. 정치와 구별하여 개인의 '영적' 문제에 집중하는 것이 옳다고 여기는 것은 근본적으로 복음의 본질을 훼손하는 견해다.

톰 라이트는 《하나님은 어떻게 왕이 되셨나》에서 오늘날 교회의 잘못된 성경 이해를 지적한다.[1] 라이트는 '텅 빈 망토'라는 표현을 사용하여, 우리가 복음서에서 예수님의 탄생, 죽음, 부활을 이야기하지만, 정작 왜 예수님이 육체를 입고 사셨는지, 육체를 입고 사신 것이 왜 중요한지는 생각하지 않는다고 지적한다. 우리에게 '복음'은 예수님으로 말미암아 우리 죄가 사해졌으니, 선한 행실이 아니라 예수님이 날 위해 죽으심을 믿으면 된다는 것이다. 이 말이 옳기는 하지만, 문제는 복음서가 이에 대해서는 거의 아무 말도 하지 않는다는 점이다.

라이트는 복음서의 내용을 제대로 이해하려면 스피커 4개에서 소리가 고르게 들려야 한다고 주장한다. 그러면서 복음서의 메시지를 분명하게 들려주는 네 개의 스피커로, 이스라엘의 이야기인 복음서, 이스라엘의 하나님이 예수님임을 선언하는 복음서, 하나님의 갱신된 백성인 초대교회를 보여주는 복음서, 가이사의 나라와 충돌하는 하나님나라 이야기인 복음서를 들고 있다. 라이트의 지적은, 우리가 신앙고백과 복음 전파에 반영하지 않지만, 복음서가 실제로 말하는 면모를 도드라지게 보여준다. 그러면서 라이트는 복음서가 말하는 내용을 '나라와 십자가'로 압축한다. 나라와 십자가를 분리하지 않고 통합하는 것이다. 이 둘을 분리하여 나라를 강조하면 사회 복음적 경향, 십자가를 강조하면 전통적 개인 차원 경향으로 흐른다. 라이트는 복음서의 핵심 메시지는, 예수님을 통하여 어떻게 하나님이 왕이 되셨는지를 전하는 것이라고 주장한다.

이러한 맥락에서 라이트는 사도신경을 비롯한 교회의 정통적인 신앙고백들이 예수님의 삶과 행적, 말씀을 거의 다루지 않음을 지적한다. 사실 이러한 신앙고백들에서는 구약도 거의 언급하지 않는다. 예수님의 행적과 말씀을 이해하지 않은 채 신앙을 고백하는 것이 가능한지, 구약을 이해하지 않은 채 복음의 본질을 파악하는 것이 가능한지 의문이 생긴다. 라이트가 지적하듯이, 오늘날 교회는 바울의 칭의 개념이라는 맥락에서 복음서를 이해하는 듯하다. 그러나 바울을 읽는 맥락이 복음서이고, 복음서의 맥락은 바로 구약이다. 성경 본문의 의미를 문맥에 따라 파악해야 한다는 것이 누구에게나 자명한 사실이라고 할 때, 우리는 신약성경의 문맥은 구약임에 유의해야 한다.

'하나님나라'

신약의 첫 책인 마태복음 2장에 따르면, 예수님이 베들레헴에서 태어나셨을 때 헤롯은 아기 예수님을 죽이기 위해, 베들레헴 인근에 있는 두 살 이하 아이를 모두 죽이라는 명령을 내린다. 보통은 욕망에 집착하여 혈안이 된 헤롯이 이제 갓 태어난 아기를 죽여서라도 위협의 싹을 미리 제거하려고 한 것이라고 풀이한다. 그래서 이 본문을 풀이하면서 인간의 욕망의 추악함과 잔인함을 말하는 경우가 많다.

  그러나 이 본문에서 당연한 듯하지만 실제로 주의를 잘 기울이지 않는 부분은, 상당한 세력이 있는 헤롯이 왜 갓난아기에게 그토록 신경을 썼느냐 하는 것이다. 그것은 이제 태어난 아기가 '유대인의 왕'이라고 예언되었기 때문이다(마 2:2). 이 아기를 동방의 박사들은 '왕'이라 표현하였고, 헤롯과 유대의 대제사장, 서기관들은 '메시아' 즉 '그리스도'와 동일시하였다. 헤롯과 당시 유대인들에게 메시아는 왕이었다. 두 살 이하의 모든 사내아이를 죽이라는 혹독한 명령을 내린 까닭은 전적으로 아기 예수님이 왕이라고 예고되었기 때문이다. 헤롯이 지니고 누리고 행사하던 권력을 부정하고 바꿀 다른 왕이 등장했다는 소식 때문에 그토록 많은 아기가 죽임을 당한 것이다. 다시 말해 예수님의 탄생을 정치적으로 이해했기에 그러한 참혹한 사건이 일어난 것이다.

이와 연관하여 마태가 2장 6절에서 인용하는 미가 5장 2절이 구약 히브리어 본문이나 칠십인경과는 차이가 있다는 점은 주목할 만하다. 히브리어 본문은 전반절에서 베들레헴이 유다의 지파들 가운데 매우 작다는 점을 강조하고 있으며, 칠십인경도 마찬가지다. 그에 비해 마태복음은 베들레헴이 작지 않으며 결코 무시할 수 없는 곳임을 강조한다. 더욱이 '지파' 혹은 '천 명으로 이루어진 단위'를 의미하는 히브리어 [엘레프]의 자리에 마태복음은 '다스리는 자ἡγεμών'라는 표현을 넣었다(개역개정 성경을 비롯한 한글 성경들은 이 단어를 '고을'로 번역한다). 미가 본문이 여호와의 통치를 드러내는 새로운 지도자의 출현을 이야기한다는 점에서, 마태복음이 비록 미가 본문을 다르게 인용했지만, '다스림', '통치'가 쟁점임은 분명하다.

우리는 동서고금을 막론하고 권력 획득을 위해 얼마나 많은 사람들이 죽고 죽였는지 안다. 가족이나 친척이라도 권력을 위해서라면 제거하는 것이 인간 역사에서 이제껏 일어난 일이다. 헤롯이 저지른 유아 살해의 핵심 동기 역시 권력 다툼이다. 헤롯은 유대 지역의 왕인 자신의 권력을 위협할 소지를 미연에 방지하려고 했다. 그러므로 예수 그리스도의 출생은 처음부터 권력을 둘러싸고 있다.

예수님의 죽으심도 마찬가지다. 빌라도는 예수님을 심문하면서 '유대인의 왕'(마 27:11)이라 칭했고, 군병들은 십자가에 못 박히신 예수님을 '유대인의 왕'(마 27:29)이라 불렀다. 예수님은 왕으로 태어나셨고 왕으로 죽임 당하셨다. 그러므로 헤롯의 유아 학살을 잔인함의 측면에서만 분석하는 것은 적절하지 않다. 유아 학살은 도덕적이거나 심리적인 것이 원인이 되어 일어난 사건이 아니라 권력 다툼이 원인이 되어 일어난 사건이기 때문이다. 다시 말해, 예수님이 이 땅에 오신 때부터 지극히 정치적이었다. 예수님의 나심을 종교적인 일, 내면적 삶과 사상에 관한 일로 받아들였다면, 유아 학살은 결코 일어나지 않았을 것이다. 더 나아가 예수님이 십자가에 죽으실 일도 없었을 것이다.

사복음서 가운데 마태복음만 유일하게 세례 요한과 예수님의 선포를 동일하게 "회개하라. 천국이 가까이 왔느니라"(마 3:2; 4:17) 하고 기록한 것도 이 사실과 무관하지 않을 것이다. 이 땅에 임하는 새로운 역사인 예수 그리스도 복음의 핵심은 '천국', 즉 하나님의 다스리심, 하나님의 통치임을 시사하는 선포다. 그리고 예수님이 전하신 복음을 '천국 복음 τό εὐαγγέλιον τῆς βασιλείας'(마 4:23; 9:35; 24:14; 직역하면 '나라 복음')이라고 표기하는 복음서도 마태복음뿐이다. 부활하신 예수님이 제자들을 세상으로 보내시며 "하늘과 땅의 모든 권세를 내게 주셨으니"(마 28:18) 하실 때 이러한 맥락에서 말씀하신 것이다. 마태의 맥락을 고려할 때, 여기서 '권세'는 단순히 힘이나 능력이 아니라, 온 세상을 다스리시고 통치하시는 '통치권'을 의미한다. 세례 요한과 예수님이 촉구하신 회개는 단순히 죄악에서 돌이키는 것이 아니다. 하나님의 통치에 합당치 않게 살아온 것을 애통해하며 하나님의 통치 아래로 돌아가는 것, 달리 말해 '전향'이다. 이러한 이해 없이 회개를 단순히 죄악에서 돌이키는 것으로만 이해하면, 회개는 그저 도덕적 완전을 향한 추구가 된다. 마음속에서 떠오르는 별의별 생각들을 비우려고 노력하는, 한도 끝도 없는 고단한 일이 되어버린다.

'나라'를 인식하지 않으면 예수님의 선포는 개인 윤리에 불과하다. 헬라 철학과 접점이 있다고 보이는 요한복음조차도, 빌라도가 예수님을 풀어주려고 시도하자 "가이사 외에는 우리에게 왕이 없나이다"(요 19:15) 하며 예수님을 못 박으라고 외치는 유대인들의 함성을 기록함으로써 그들이 예수님을 정치적으로 이해했음을 확연히 보여준다.[2] 이때 유대인들은 구약을 기반으로 한 자신들의 종교는 세상 왕과 무관하다고, 즉 이 종교를 자기들 공동체의 내부적이고 내면적 생활을 규정하는 규율로만 여기겠다고 선언한 것이나 마찬가지다. 현실 정치와 권력 체제를 비판적으로 검토하지 않으면서 신앙을 내면화하는 오늘날 교회의 모습은, 가이사 외에는 왕이 없다고 외치던 유대인들과 본질적으로 동일해 보인다.

신약성경의 첫 책인 마태복음은 '나라[바실레이아]'를 전한다. 그리고 그 '나라'와 연관된 중요한 개념은 '권세', '왕권'이다. 예수 그리스도의 오심은, 세속 왕 헤롯을 긴장하게 했고 로마 총독 빌라도가 십자가형을 집행하게 한 지극히 정치적 사건이다. 정치적 성격을 지닌 예수 사건을 이해하려면 먼저 마태복음 1장의 족보에 나오는 인물들에 대한 이해, 메시아에 대한 기대, 즉 '유대인의 왕'에 대한 기대를 파악해야 한다. 이 내용을 다룰 때 가장 기본이자 전제가 되는 본문은 당연히 구약성경이다. 그러므로 마태복음을 이해하고 파악하려면 구약을 가장 중요하고 핵심적인 맥락으로 삼아야 한다. 마태복음으로 시작하는 신약성경은 구약이라는 맥락을 전제로 하지 않으면 제대로 이해할 수 없다. 구약에서 신약으로 이어지는 첫머리인 마태복음이 '나라'를 둘러싼 정치적 사건으로 예수 사건을 드러낸다고 볼 때, 기독교의 정경으로서 마태복음은 구약을 정치적으로 이해하라고 우리를 초대한다.

구약의 중심인 하나님나라

구약성경은 창세기 1장의 세상 창조로 시작한다. 하나님은 세상 만물을 지으셨다. 창조는 그저 하나님의 위엄을 드러내는 방편이 아니다. 구약은 하나님이 온 세상을 주관하시고 다스리신다는 맥락에서 하나님의 창조를 사용한다. 하나님의 하시는 일에 근본적인 의문을 제기한 욥에게 하나님이 하신 대답의 골자는, 피조 세계 전체를 주관하시는 하나님, 피조 세계 전체를 다스리시며 운행하시는 하나님이다. 달리 말해, '하나님의 통치'다. 이사야 40장 이후에서는 바벨론 땅에 포로로 살면서 자신들의 연약함과 곤고함을 탄식하던 이스라엘을 위로하면서 하나님의 창조를 언급하는데, 이 역시 "수효대로 만상을 이끌어내시고 그들의 모든 이름을"(사 40:26) 부르시는 하나님의 다스리심, 하나님의 '권세'가 주된 내용이다. 창조 이야기의 초점은 하나님의 크신 권능인데, 여기에서 하나님의 크신 권능은 하나님의 크고 놀라운 힘보다는 온 세상을 주관하시는 하나님의 권세, 하나님의 다스리심을 의미한다. 그렇기에 창조에 대한 찬양을 담은 이사야 40장에 하나님이 세상을 다스리심을 보여주는 구절이 있는 것이 논리적으로 당연하다.

> 그는 땅 위 궁창에 앉으시나니 땅에 사는 사람들은 메뚜기 같으니라. 그가 하늘을 차일 같이 펴셨으며 거주할 천막 같이 치셨고 귀인들을 폐하시며 세상의 사사들을 헛되게 하시나니 그들은 겨우 심기고 겨우 뿌려졌으며 그 줄기가 겨우 땅에 뿌리를 박자 곧 하나님이 입김을 부시니 그들은 말라 회오리바람에 불려 가는 초개 같도다(사 40:22-24).

복음의
공공성

창조에 대한 장엄한 고백의 실질적인 의미는 하나님의 다스리심, 하나님의 통치다. 아름다운 소식, 즉 '복음'을 언급하는 다음 본문도 이 점을 명확히 보여준다.

아름다운 소식을 시온에 전하는 자여 너는 높은 산에 오르라. 아름다운 소식을 예루살렘에 전하는 자여 너는 힘써 소리를 높이라. 두려워하지 말고 소리를 높여 유다의 성읍들에게 이르기를 너희의 하나님을 보라 하라. 보라 주 여호와께서 장차 강한 자로 임하실 것이요 친히 그의 팔로 다스리실 것이라. 보라 상급이 그에게 있고 보응이 그의 앞에 있으며 그는 목자같이 양 떼를 먹이시며 어린 양을 그 팔로 모아 품에 안으시며 젖먹이는 암컷들을 온순히 인도하시리로다(사 40:9-11).

이사야는 우리에게 익숙한 '아름다운 소식', '상급', '보응', '목자이신 주'와 같은 이미지를 모두 하나님의 통치, 하나님의 다스리심과 연결한다. 다음 구절도 복음의 내용을 간단명료하게 제시한다.

좋은 소식을 전하며 평화를 공포하며 복된 좋은 소식을 가져오며 구원을 공포하며 시온을 향하여 이르기를 네 하나님이 통치하신다 하는 자의 산을 넘는 발이 어찌 그리 아름다운가(사 52:7).

이렇게 볼 때 복음, 상급, 보응 같은 개념을 단순히 내세에서 받을 복으로 간주하는 것은 적절치 않다. 선한 목자이신 주님이라는 이미지 역시 근본적으로는 하나님의 통치와 연관이 있다는 점에도 주목해야 한다. 그렇지 않으면 선한 목자이신 주님을 그저 나와 함께하시고, 내 모든 슬픔을 위로하시고, 내 길을 인도하시는 분으로만 이해하기 쉽다. 어찌 보면 이제까지 우리는 구약이 실제로 말하는 것은 도외시한 채, 구약을 너무 개인적이고 사적인 차원에 국한하여 이해해왔다. 이러한 이해가 틀린 것은 아니지만, 이러한 이해에 하나님의 통치, 하나님나라에 대한 내용이 전혀 없다는 것이 문제다. 나라와 통치에 대한 인식의 부재는 하나님 말씀을 지극히 개인적인 말씀으로 만든다. 하나님이 우리와 함께하신다는 고백과 믿음은 하나님을 오로지 내 슬픔을 위로하시고 내 앞일을 인도하시는 분으로만 여기게 한다.

성경은 세상 질서를 뒤엎으시는 하나님을 증거한다. 앞에서 살펴본 이사야 본문도 이 세상 귀인과 사사를 폐하시고 그들에게 입김을 불어 날아가게 하시는 하나님을 증거하였다(사 40:23). 또 학개는 바사가 온 세상을 지배하던 시대에, 그 광대한 제국 한쪽 귀퉁이에 겨우 존재하던, 한 줌도 안 되던 유대 공동체에게 온 세상이 흔들릴 것을 선포한다.

> 너는 유다 총독 스룹바벨에게 말하여 이르라. 내가 하늘과 땅을 진동시킬 것이요 여러 왕국들의 보좌를 엎을 것이요 여러 나라의 세력을 멸할 것이요 그 병거들과 그 탄 자를 엎드러뜨리리니 말과 그 탄 자가 각각 그의 동료의 칼에 엎드러지리라(학 2:21-22).

예레미야 시절, 남왕국 유다는 바벨론에 저항하지 말고 항복해야 했다. 그러나 이 항복은 하나님이 바벨론의 지배와 통치를 무조건 정당히 여기신다는 의미가 아니었다. 오히려 하나님은 바벨론이 어떻게 멸망할지 예레미야를 통해 강력하고도 상세하게 선포하셨다(렘 50-51장). 하나님은 바벨론이 교만하기 때문에 바벨론을 심판하신다(렘 50:29). 바

복음의
공공성

벨론은 사로잡은 민족을 학대하고 폭행한 것으로 자신의 교만을 드러낸다(렘 50:33; 51:34-37). 바벨론을 하나님이 사용하시는 '온 세계의 망치'(렘 50:23), 하나님의 '철퇴 곧 무기'(렘 51:20)라고 부르는 것을 보면, 바벨론은 당대 최강 국가임을 짐작할 수 있다. 그러나 하나님은 약한 민족들을 학대하고 폭행한 죄를 바벨론에게 물으시고 바벨론이 몰락하여 다시는 일어서지 못하게 하실 것이다(렘 51:64). 이렇듯 이사야 13-23장, 예레미야 46-51장, 에스겔 25-32장, 아모스 1장 3절에서 2장 3절까지를 비롯하여 아주 많은 성경 본문이 세상 나라들을 심판하시고 진멸하시며 뒤엎으시는 하나님을 증거한다.

개인과 나라의 분리

앞서 살펴본 본문들은 하나님을 믿고 따르며 살아가는 신앙을 우리와 우리 주위의 개인사에 국한할 수 없음을 일러준다. 그런데도 동서고금을 막론하고 사람들은 종교를 개인적이고 사적인 영역에 국한해왔다. 종교를 개인의 성품을 연마하고 인간 내면의 고뇌와 번민에 대처하는 수단으로 간주한 것이다.

한 연구에 따르면, 조선 중기 이후 조선의 성리학을 지배한 것은 주자학이었는데, 송시열이 대표하는 주자학의 주된 초점은 '예학禮學'이었다.³ 예학은 체제를 건드리지 않는다. 현 체제를 인정하면서 그 안에서 쓸모 있고 규율을 지키는 사람을 세우는 것이 목적이다. 이런 식의 학문 역시 종교와 마찬가지로 사회의 틀이나 구조, 문제는 결코 건드리지 않고서 오로지 개인과 개인의 바른 윤리, 개인의 바른 실천에만 몰두하게 한다.

하나님나라에 관한 한, 구약은 정치적일 수밖에 없다. 구약을 정치적으로 읽지 않는 유일한 방법은 구약에서 하나님나라, 하나님의 통치를 고려하지 않는 것이다. 그렇게 하면 구약은 좋은 말 모음집, 교훈이 되는 이야기 모음집, 지금은 지키지 않지만 한때 상당히 의미 있던 율법 모음집이 된다. 그리고 신약 역시 참 좋은 말 모음집이 되어버린다.

장 칼뱅을 비롯하여 웨스트민스터신앙고백 같은 데에서, 구약 율법을 이른바 시민법, 도덕법, 제의법으로 구분하여 율법의 폐지와 존속을 말한 것도 근본적인 문제를 초래했다. 시민법과 제의법은 이스라엘이 처음부터 공동체로 부름 받은 대안공동체였음을 명백히 보여준다. 그러나 웨스트민스터 신앙고백서는 제의법과 시민법이 '폐지'되었음을 매우 손쉽게 선언한다. 하나님이 아브라함을 부르시고, 아브라함의 후손이 나라를 이룬 출애굽 이후에 나라와 제도, 틀에 관한 규정을 주셨는데 후대 사람들은 이 모든 것을 '미성년인 교회로서 이스라엘'에 주신 일시적이고 불완전한 것으로 여겨 폐지 운운해버린 것이다. 이러한 규정들을 폐지된 것으로 여기자 구약 전체는 개인 윤리와 연관된 도덕 영역으로 축소되었다. 그 결과 개신교 신앙은 구약을, 더 나아가서는 성경 전체를 지극히 개인적이고 사적인 영역에 가두어버렸다. 이처럼 구약의 정치적, 사회적, 구조적 차원에 주목하지 않는 것은 단순히 부족한 읽기가 아니다. 하나님 말씀인 성경 전체를 파괴하고 뒤흔들어버리는 읽기다. 정치적 차원을 간과하고 성경을 읽으면 성경이 격언 모음집이나 영적 비밀 모음집이 되어버린다고 볼 때, 우리가 흔히 해오던 성경 해석은 이단 사이비 종파의 출현을 이미 배태한 셈이다.

틀과 구조를 둘러싼 정치적인 측면을 고려하지 않고 개인 윤리에만 집중할 때 일어나는 폐해를 가장 단적으로 보여주는 것이, 2차 세계대전 당시 유대인 학살을 집행한 아이히만A. Eichmann의 사례다.[4] 아이히만은 국가의 명령을 부지런하고 꼼꼼하고 철저하게 수행하여, 무수한 유대인을 가스실에서 죽게 하였다. 나름으로는 유대인 추방을 위해 애쓴 아이히만의 활동을 고려해보면, 유대인 학살은 못되고 간악한 성품과는 아무 상관이 없음을 알 수 있다. 자기 부모라도 국가에서 명령한다면 동일한 절차에 따라 학살을 집행했을 것이라는 아이히만의 진술에서, 우리는 성실하고 충성되게 살아가라는 가르침을 개인적 차원으로만 해석해서는 안 된다는 것을 깨닫는다. 정치적인 이해는 틀과 구조를 인식하는 것이다. 성경을 개인적이고 내면적으로 적용하는 말씀으로 만들기를 거부하는 것이다. 그렇지 않으면 아이히만과 같은 존재가 필연적으로 출현한다.

평화를 위한 기도

예레미야 29장에는 주전 597년 바벨론 포로로 끌려간 이들에게 보낸 예레미야의 편지가 나온다. 당시 포로로 끌려간 이들 가운데 있던 거짓 선지자들은 포로 생활이 곧 끝날 것이라고 선동했다. 그러나 예레미야는 "너희는 집을 짓고 거기에 살며 텃밭을 만들고 그 열매를 먹으라. 아내를 맞이하여 자녀를 낳으며 너희 아들이 아내를 맞이하며 너희 딸이 남편을 만나 그들로 자녀를 낳게 하여 너희가 거기에서 번성하고 줄어들지 아니하게 하라"(렘 29:5-6) 권면한다. 포로 생활이 금방 끝나리라는 헛된 기대를 품지 말고 그곳에서 오래오래 살 것처럼 정착하여 살라고 권한다. 포로들이 바벨론에 정착하여 살아야 한다는 또 다른 상징으로 예레미야는 다음과 같이 권한다.

> 너희는 내가 사로잡혀 가게 한 그 성읍의 평안[샬롬]을 구하고 그를 위하여 여호와께 기도하라 이는 그 성읍이 평안함으로 너희도 평안할 것임이라(렘 29:7).

바벨론 땅에 오래 머물 것이기에 이스라엘은 그 땅을 위해 기도해야 한다. 어느 곳에 오래 머물게 되면 그 땅을 위해 기도해야 한다. 그러한 기도를 위 구절에서는 '성읍의 평안'을 구하는 것으로 표현한다. 성읍이 평안하지 않으면 그곳에 사는 유다 포로들 역시 평안할 수 없다. 이 구절은 성읍이 평안하지 않으면 개인도 평안할 수 없음을 명확하게 제시한다. 평안하지 않은 사회, 기울고 망해 가는 사회에서 나 혼자 평안하고 감사하는 삶을 살 수는 없다. 바울의 권면도 이러한 맥락에서 이해할 수 있다.

> 그러므로 내가 첫째로 권하노니 모든 사람을 위하여 간구와 기도와 도고와 감사를 하되 임금들과 높은 지위에 있는 모든 사람을 위하여 하라 이는 우리가 모든 경건과 단정함으로 고요하고 평안한 생활을 하려 함이라(딤전 2:1-2).

그렇다면 한 성읍의 평안을 구한다는 것은 무슨 의미인가? 앞서 언급하였듯이, 예레미야가 전한 말씀에는 바벨론의 멸망 선포도 들어 있다. 바벨론은 교만으로 대표되는 죄악으로 멸망할 것이다. 그렇다면 평안을 구하는 기도는 단순히 바벨론이 평화롭기를 구하는 기도가 아닐 것이다. 바벨론이 교만하기에 평화는커녕 패망과 재앙이 닥칠 것이기 때문이다. 하나님은 예레미야에게 이스라엘 백성을 위해 기도하지 말라고 강하게 명하셨다. 이스라엘 백성이 유다 성읍들과 예루살렘 거리에서 심히 악한 일을 행했기 때문이다(렘 7:16-20). 예레미야는 중보기도를 할 것이 아니라 하나님이 참으로 구하시는 바를 전해야 했다.

> 너희는 이것이 여호와의 성전이라, 여호와의 성전이라, 여호와의 성전이라 하는 거짓말을 믿지 말라. 너희가 만일 길과 행위를 참으로 바르게 하여 이웃들 사이에 정의를 행하며 이방인과 고아와 과부를 압제하지 아니하며 무죄한 자의 피를 이 곳에서 흘리지 아니하며 다른 신들 뒤를 따라 화를 자초하지 아니하면 내가 너희를 이 곳에 살게 하리니 곧 너희 조상에게 영원무궁토록 준 땅에니라(렘 7:4-7).

평화를 빈다는 것은 그저 주문 외듯이 기도한다는 의미가 아니다. 이스라엘은 평화를 구하였으나 그 길과 행위가 바르지 않았기에 쫓겨나고 말았다. 그러므로 자신들이 살아가는 곳의 평안을 빈다는 것은 그곳에 평화에 합당한 일이 있기를 비는 것이다. 예레미야 7장에 따르면 평화에 합당한 일의 핵심은 '정의'다. 이에 해당하는 히브리어는 '미슈파트'다. 이 표현은 종종 '공의'로 번역하는 '쩨다카'와 함께 하나님이 이스라엘에 요구하시는 올바른 삶의 기준으로 널리 쓰인다. 위 구절에 따르면 '정의'는 나그네, 고아, 과부와 같은 이들을 압제하거나 그들이 억울하게 피 흘리게 하지 않는 것이다. 이것은 다음과 같은 표현에서도 확인할 수 있다.

여호와께서 이와 같이 말씀하시되 너희가 정의와 공의를 행하여 탈취 당한 자를 압박하는 자의 손에서 건지고 이방인과 고아와 과부를 압제하거나 학대하지 말며 이 곳에서 무죄한 피를 흘리지 말라(렘 22:3).

주 여호와께서 이같이 말씀하셨느니라. 이스라엘의 통치자들아 너희에게 만족하니라. 너희는 포악과 겁탈을 제거하여버리고 정의와 공의를 행하여 내 백성에게 속여 빼앗는 것을 그칠지니라. 주 여호와의 말씀이니라. 너희는 공정한 저울과 공정한 에바와 공정한 밧을 쓸지니(겔 45:9-10).

예레미야는 이스라엘 백성 개개인에게 명령하지만, 에스겔은 통치자들에게 명령한다. 그렇다면 정의와 공의를 행하는 삶, 가난한 자를 압제하거나 학대하지 않는 삶은 이스라엘의 왕들이 준행해야 하는 핵심 사항이면서 동시에 모든 이스라엘 백성이 일상에서 실천해야 하는 사항이다. 이 점은 하나님이 아브라함에게 정의와 공의를 행하는 삶을 살라고 명령하신 데서도 확인할 수 있다.

내가 그로 그 자식과 권속에게 명하여 여호와의 도를 지켜 **공의와 정의**[쩨다카와 미슈파트]를 행하게 하려고 그를 택하였나니 이는 나 여호와가 아브라함에게 대하여 말한 일을 이루려 함이니라(창 18:19).

하나님이 통치자들에게 하신 명령과 동일한 명령을 아브라함에게 하셨다는 데서 우리는 아브라함과 그 후손 이스라엘 백성도 세상에서 왕과 같은 삶으로 부르심 받았음을 알 수 있다. 그리고 이것은 온 세상의 왕이신 하나님이 그분의 형상과 모양대로 사람을 지으셨다는 사

복음의

공공성

실에 이미 전제되어 있다. 아담과 하와 이래로 사람은 세상에서 하나님을 본받은 왕적 통치를 감당할 자들이며, 아브라함을 부르신 것은 이 점을 극명하게 드러낸다. 그런 점에서 다윗이 정의와 공의로 나라를 다스렸다는 언급은(삼하 8:15), 다윗이 하나님이 지으시고 부르신 사람의 본보기임을 보여준다. 구약의 많은 구절이(시 33:5; 89:14; 97:2; 사 5:16; 33:5), 하나님이 세상을 정의와 공의로 다스리시는 분임을 증언한다는 점은, 사람이 행하는 정의와 공의가 실상은 하나님의 통치를 본받는 것임을 보여준다. 참으로 사람은 하나님을 본받는 왕이다. 왕의 다스림, 왕의 통치를 생각한다면, 하나님 백성의 행함에는 통치와 연관된 정치적 차원이 있을 수밖에 없다. 그런 점에서 다음과 같은 시편 구절은 단지 현실의 왕뿐 아니라 하나님의 모든 백성을 향한 권면으로 읽어야 한다.

> 그가 주의 백성을 공의로 재판하며 주의 가난한 자를 정의로 재판하리니 (시 72:2).

시편 72편과 이사야 1장에서 우리는 어떻게 하는 것이 가난한 이들을 정의와 공의로 재판하는 것인지 찾을 수 있다.

> 그가 가난한 백성의 억울함을 풀어 주며 궁핍한 자의 자손을 구원하며 압박하는 자를 꺾으리로다. … 그는 궁핍한 자가 부르짖을 때에 건지며 도움이 없는 가난한 자도 건지며 그는 가난한 자와 궁핍한 자를 불쌍히 여기며 궁핍한 자의 생명을 구원하며 그들의 생명을 압박과 강포에서 구원하리니 그들의 피가 그의 눈앞에서 존귀히 여김을 받으리로다(시 72:4, 12-14).

너희는 스스로 씻으며 스스로 깨끗하게 하여 내 목전에서 너희 악한 행실을 버리며 행악을 그치고 선행을 배우며 정의를 구하며 학대 받는 자를 도와주며 고아를 위하여 신원하며 과부를 위하여 변호하라 하셨느니라(사 1:16-17).

이러한 성경 본문은 정의와 공의의 실행이 구약의 재판 제도를 기반으로 함을 보여준다. 하나님이 세상을 다스리심과 연관하여 하나님을 왕이면서 재판장이라 고백하는 구절에서 볼 수 있듯이(사 33:22), 재판 제도는 이 땅에서 하나님의 통치를 본받는 행동의 핵심이다. 그리고 여기에서 우리는 재판이 상징하는 사회의 구조와 틀의 중요성을 인식할 수 있다.

정의와 공의로 행한다는 것은, 구약에서 가장 중요하고 기본적인 틀인 재판에서 가난하고 힘없는 이들이 부당한 처우를 받지 않게 하는 것이다. 재판관이나 왕은 약한 이들을 보호하고 지켜야 한다. 권력을 지닌 왕이 포도주나 독주를 마시면 안 되는 까닭은 술에 취할 경우 가난한 자들의 억울함을 제대로 풀어주지 못하기 때문이다(잠 31:4-5). 한 마디로 권력의 유일한 존재 이유는 이방인, 고아, 과부 같은 힘없는 이들을 보호하고 억울함을 풀어주는 것이다. 이러한 존재 이유를 실현해야 권력은 하나님이 그러한 힘을 주신 목적을 성취하는 것이며, 그러한 권력 행사는 하나님의 세상 통치를 본받는 것이다.

하나님은 정의와 공의를 행하지 않는 통치자를 반드시 심판하신다. 왕도 불의를 행하면 무용지물이고 악할 뿐이다(욥 34:18). 그러한 왕은 하나님이 세우신 왕이 아니다. 사람들이 자기 욕심에 따라 세운 왕일 뿐이다(호 8:4). 하나님이 지도자를 세우셨으니 지도자에 대해 함부로 말해서는 안 된다고 흔히들 말한다. 그러나 구약은 근본적으로 모든 사람이 하나님의 형상을 닮은, 왕과 같은 존재라고 선언한다. 모든 이가 하나님이 세우신 왕이되, 왕답게 통치하지 않는다면 하나님이 심판하신다. 다윗 가문의 왕이든 일반 백성이든, 모든 이가 정의와 공의를 실천하는 삶을 명령받았으며, 이 명령의 준행 여부에 따라 심판받는다.

구약은 하나님이 세우시는 왕이 어떻게 통치하는지를 말씀한다.

> 여호와의 말씀이니라. 보라 때가 이르리니 내가 다윗에게 한 의로운 가지를 일으킬 것이라. 그가 왕이 되어 지혜롭게 다스리며 세상에서 정의와 공의를 행할 것이며(렘 23:5).

> 그 정사와 평강[샬롬]의 더함이 무궁하며 또 다윗의 왕좌와 그의 나라에 군림하여 그 나라를 굳게 세우고 지금 이후로 영원히 정의와 공의로 그것을 보존하실 것이라. 만군의 여호와의 열심이 이를 이루시리라(사 9:7).

이스라엘 백성이 자기가 살아가는 성읍의 평화를 비는 것은 단순히 개인을 위한 중보기도가 아니다. 그 성읍 가운데 정의와 공의가 임하기를 구하는 기도다. 그렇기에 바벨론 땅에서 바벨론의 관리로 살아가던 다니엘도 이방 왕 느브갓네살에게 본질적으로 동일한 것을 촉구한다.

> 하나님이 다스리시는 줄을 왕이 깨달은 후에야 왕의 나라가 견고하리이다. 그런즉 왕이여 내가 아뢰는 것을 받으시고 공의[아람어 '찌드카', 히브리어 '쩨다카']를 행함으로 죄를 사하고 가난한 자를 긍휼히 여김으로 죄악을 사하소서. 그리하시면 왕의 평안함이 혹시 장구하리이다 하니라(단 4:26-27).

나라의 견고함과 평안이 공의를 행하고 가난한 자를 긍휼히 여기는 데 달려 있다는 다니엘의 충고는, 아브라함과 이스라엘을 향한 하나님의 권면을 이방 나라에도 동일하게 적용하는 것이다.

이스라엘은 바벨론에 포로로 끌려갔다. 거짓 선지자들은 이스라엘 백성에게 바벨론에서 곧 돌아오게 될 것이라는 거짓 희망을 불어넣었다. 그 말을 듣고서 백성은 바벨론에서 사는 것이 덧없으며 오래 가지 않을 것이라고 여겼을 것이다. 그러나 하나님이 보내신 참 예언자 예레미야는 바벨론에서 70년을 살 것이라고 선언한다(렘 29:10). '70년'은 하나님의 모든 뜻을 따라 그 때가 충만하게 차는 것을 의미한다. 그러므로 바벨론에서 이스라엘은 당장 떠날 사람처럼 살아갈 것이 아니라, 오래 머물 사람처럼 살아야 한다. 그렇기에 그들은 성읍의 평화를 위해 기도해야 한다. 자신들이 살아가는 세상의 상황과 현실의 흐름을 알아야 한다. 공의의 열매가 화평이므로(사 32:17), 포로 된 자들이 성읍의 평안을 위해 기도한다면 그 땅의 정치 현실에 무관심할 수 없을 것이다.

구속과 하나님나라

'구속'이라는 개념도 개인과 나라의 분리, 정치적 관심의 실종을 초래한 중대한 원인 중 하나로 보인다. 종종 하나님이 그분 백성에게 자신을 드러내신 계시의 목적을 구속(救贖, redemption)이라고 표현한다.[5] 우선 '구속'은 영혼뿐 아니라 몸 전체에 해당되는 것이다. 애굽에서 종살이하던 이스라엘의 부르짖음을 하나님이 들으시고 그들을 건져내셨다. 이스라엘 백성은 영혼뿐 아니라 삶 전체가 자유를 누리게 되었다. 참으로 그들은 '구속'되었다. 예수님이 우리의 대속물로 오셨다는 고백(막 10:45)은 죄에 매인 인생을 구속하시며 자유하게 하시는 주님의 행하심을 잘 드러낸다. 그러나 하나님은 이러한 구속을 위해서만 당신 자신을 이스라엘에 계시하시지는 않았다.

> 그러므로 이스라엘 자손에게 말하기를 나는 여호와라. 내가 애굽 사람의 무거운 짐 밑에서 너희를 빼내며 그들의 노역에서 너희를 건지며 편 팔과 여러 큰 심판들로써 너희를 **속량하여** 너희를 내 백성으로 삼고 나는 너희의 하나님이 되리니 나는 애굽 사람의 무거운 짐 밑에서 너희를 빼낸 너희의 하나님 여호와인 줄 너희가 알지라(출 6:6-7).

> 세계가 다 내게 속하였나니 너희가 내 말을 잘 듣고 내 언약을 지키면 너희는 모든 민족 중에서 내 소유가 되겠고 너희가 내게 대하여 제사장 나라가 되며 거룩한 백성이 되리라(출 19:5-6).

흔히 언약어구라 불리는 '내 백성-너희 하나님' 표현은 하나님의 백성으로 살아가는 이스라엘, 다시 말하면 하나님의 통치 아래 살아가는 이스라엘이라는 의미다. 언약어구가 형식을 표현하는 용어라면, 이 용어의 실제 의미는 하나님의 통치, 하나님나라다. 하나님은 하나님의 통치 아래, 하나님나라 백성으로 살게 하시려고 이스라엘을 속량, 즉 구속하셨다. 레위기의 제사의 목적이 대속만은 아니다. 레위기에는 용서받고 회복된 이들이 어떻게 살아가야 하는지를 다루는 부분이 매우 많다. 이를 생각하면 하나님의 계시는 두 단계다. 그분 백성을 죄와 곤경이라는 상황에서 건져내셔서 새로운 약속의 땅으로 이끄시는 것이 첫째 단계고, 그렇게 부름 받은 이들이 하나님의 백성으로 살아가게 하시는 것이 둘째 단계다. 예수님도 처음 제자들을 부르실 때 "나를 따르라" 초대하셨는데, 첫 제자들에게 주신 산상수훈에서는 "하늘에 계신 너희 아버지의 온전하심과 같이 너희도 온전하라"(마 5:48) 명령하신다.

하나님나라 백성으로 살아가는 것이 계시의 궁극적인 목적임을 생각할 때, 예수님의 지상 명령의 의미를 바르게 이해할 수 있다.

예수께서 나아와 말씀하여 이르시되 하늘과 땅의 모든 권세를 내게 주셨으니 그러므로 너희는 가서 모든 민족을 제자로 삼아 아버지와 아들과 성령의 이름으로 세례를 베풀고 내가 너희에게 분부한 모든 것을 가르쳐 지키게 하라. 볼지어다 내가 세상 끝날까지 너희와 항상 함께 있으리라 하시니라(마 28:18-20).

구약에서 하나님이 늘 이스라엘과 함께하신다 약속하시고 예언자들을 비롯한 하나님의 일꾼을 보내셨는데, 이 구절에서는 예수님이 항상 함께하신다고 약속하시고 제자들을 보내신다는 점에서, 예수님이 하나님임을 알 수 있다. 18절이 '권세'에 대해 말하고 있음을 우리는 이미 살펴보았다. 그러므로 이 구절은 하나님의 권세, 하나님의 통치를 말하는 구절이다.

예수님은 제자들을 보내시며 무엇을 명령하시는가? 제자가 할 일은 세례를 베풀고 주님이 분부하신 모든 것을 가르쳐 지키게 하는 것, 두 가지다. 마태복음의 핵심 가르침이 '그의 나라와 그의 의를 구하는 것'임을 기억할 때, 주님 분부의 핵심은 바로 하나님나라와 그의 의를 구하는 삶, 하나님나라와 정의와 공의를 구하는 삶이다. 그리고 이것은

복음의
공공성

아브라함에게 명령하신 정의와 공의를 행하는 삶과 일치한다.

그러므로 예수 그리스도로 말미암는 구속, 대속은 단순히 개인 차원이 아니다. 구속을 통해 하나님나라 백성으로 살아가는 것이 제자 됨의 근본 차원이다. 하나님나라, 하나님의 통치를 구한다는 것은 우리가 살아가는 현실에서 정의와 공의를 구하는 것이다.

더 나아가 이 구절에서 예수님을 하나님과 동일시함을 볼 때, 예수님이 분부하신 '모든 것'은 신약과 마태복음만 가리키지 않는다. '모든 것'은 구약에서 이어져온 하나님의 명령 전체다. 그리고 이 명령을 전해야 하는 대상은 모든 족속이다. 구약의 말씀과 예수님의 명령은 모든 세대, 모든 인류를 위한 말씀이다. 그러므로 신약 시대를 살아간다는 것은, 구약의 이스라엘 백성을 오늘날 모든 인류로 이해해야 한다는 의미다. 주님의 지상 명령은 모든 이들에게 전도하라는 뜻이 아니라, 세상에 하나님 말씀과 하나님나라를 선포하라는 의미다. 하나님 말씀을 믿는 자들 안에만 가두지 말고, 온 세상을 향해 선포하라는 명령이다.

그렇게 볼 때 마태복음의 핵심 가르침을 모아놓은 산상수훈은 단순한 교훈 모음이 아니다. 구약에서 이어지고 예수 그리스도를 통해 성취되는 하나님나라 백성의 삶을 다룬 것이다. 그래서 산상수훈은 구약의 맥락에서 읽어야 한다. 사실 마태복음 전체가 철저히 구약의 맥락에서 읽혀야 한다. 아니, 복음서가 다 그러하며 바울서신이 다 그러하다. 이 맥락을 무시해왔기에 이제까지 신약 읽기가 비역사적인 개인 교훈으로 전락해버린 것이다. 이 과정에서 어원이 같은 '칭의justification'와 '정의justice'가 완전히 분리되고 의미가 모호해지면서 구약에서 찾아보기 어려운 '법정적 칭의' 혹은 '사법적 칭의' 개념이 만연하게 되었다.

구약은 하나님나라, 하나님의 통치라는 주제를 강렬하게 증거한다. 복음서 기자는 이 부분은 길게 말하지 않는다. 복음서를 기록할 당시 이 부분을 이미 전제로 했기 때문이다. 그러나 오늘날에는 구약을 제대로 읽지 않기에 신약 기자들이 전제로 삼은 것을 이해할 수 없게 되었고, 그러다 보니 복음이 실종되어버렸다. 신약의 복음이 개인적이고 사적인 회복과 미래 약속에 대한 말씀에 국한되어버렸다. 이것은 신약성경을 꼼꼼히 읽는다고 해서 해결될 문제가 아니다. 구약을 잃어버렸기 때문에 발생한 상황이기 때문이다. 구약성경을 열심히 읽는다고 해서 이 문제가 해결되지도 않는다. 이제는 구약마저도 신약의 시각으로 읽고 있기 때문이다.

아울러 이러한 변화에는 제2성전기도 영향을 미쳤을 것이다. 유대인들이 현실 정치와 자신들의 신앙을 분리한 것은 제2성전기의 결과다. 바벨론, 바사, 알렉산더 제국에서 로마에 이르는 600년 가까운 세월 동안 유대인들은 인류 역사에 등장한 초강대국들이라는 현실 아래 살아왔다. 유대인들이 유일하게 선택할 수 있던 길은, 현실 정치를 인정하고 그 안에서 자신들이 신앙생활을 할 수 있는 자유를 보장받는 것이었다. 그런데 오늘날 대부분 자국민들이 선출한 민주 정부가 국가를 다스리는데도, 교회는 여전히 강력한 제국의 식민지 백성 흉내를 낸다는 것이 문제다.

그러므로 신약에서 구약 성취 문제는 단순히 인용구로 해결될 수 있는 문제가 아니다. 가장 중요한 것은 세세한 자구字句가 아니라 구약이 줄기차게 말하는 것이다. 신약이 인용한 구약 구절을 구약이 전하는 거대한 서사 위에서 바라보아야 한다는 것이다. 그렇지 않았기에 신약의 구약 인용을 이제까지 제한적이고 개별적으로 해석해왔다.

아브라함의 삶은 온 인류를 향한 하나님의 경륜의 시작이다. 왕으

복음의

공공성

로서 아브라함은 온 인류를 향한 하나님의 행하심이다. 그러므로 하나님의 통치, 하나님의 형상, 하나님을 닮아가는 삶의 의미는 서로 연결되며, 구약에서 말하는 하나님나라의 삶은 정의와 공의를 기초로 한다. 이것은 구약의 일부분이 아니다. 구약이 하나님나라를 말한다면, 사무엘에서 다루는 왕정에 대한 요구가 구약의 핵심 본문이라면, 정의와 공의는 구약의 중심에 있다. 하나님은 아브라함에게 정의와 공의를 요구하셨고, 다윗은 그것을 실행하였다. 시편과 예언서들은 정의와 공의의 중요성을 뚜렷이 보여주며, 레위기를 비롯한 오경도 그러하다. 이것은 욥기와 잠언에서도 관찰할 수 있다. 그런데 우리는 어쩌다가 정의와 공의를 잃어버렸는가? 우리는 기껏해야 주변적인 요소의 하나로 정의와 공의를 다룰 뿐이다.

유대인들이 이 세상 나라를 잃어버리면서 참된 나라, 즉 하나님나라가 또렷해졌는데, 이와 더불어 신앙의 개인화도 진전되어버렸다. 그리고 이러한 모습은 예수님을 넘겨버린 유대인들의 외침, 즉 자기들에게는 가이사 외에는 왕이 없다는 말에 반영되어 있다. 구약 신앙이 철저하게 비역사화되면서, 하나님을 믿고 왕으로 섬기는 것은 하나의 종교로 전락했고, 종교는 내면을 치료하고 위로하며 혹독한 현실을 견뎌내게 하는 심리적 기제가 되었다.

예수 그리스도의 왕 되심은 구약에서 하나님의 왕 되심에 대한 증언을 기초로 한다. 구약에 나오는 진술을 명확하게 정리하면, 그러한 구약 흐름의 성취로서 예수 그리스도의 왕 되심이 드러난다. 구약은 왕 되심의 의미를 보여준다. 이것은 실제 이스라엘 역사에서 왕들의 통치에서 실험되었다. 그리고 이 실험을 통해 나온 결론이 예수 그리스도의 오심과 사역이다. 구약이 없다면 예수님의 낮아지심은 그저 겸손이며, 그저 온유함이다. 그러나 구약이 있기에 예수님의 낮아지심은 왕의 통치가 되며 이 땅에 오신 하나님의 다스리심이 된다. 구약이 없다면 신약은 개인 윤리를 전하는 책이 되어버린다. 그러나 구약이 있기에 신약은 하나님나라의 성취가 된다.

톰 라이트의 견해를 다시 언급해 보자. 라이트는 교회가 전통적으로 고백하는 신조에 예수님의 삶과 사역을 전하는 복음서 내용이 거의 없다는 점, 구약이 전혀 언급되지 않는다는 점을 발견했을 때 당혹스러웠다고 한다.[6] 이스라엘의 지난 역사가 빠지니, 인간의 전적인 타락과 회복으로서 십자가가 신약을 대표해버린다. 구약은 기껏해야 죄 많은 인간의 실상을 보여주는 예가 될 뿐이다. 인간이 얼마나 타락했는지를 보여주기 위해 구약 전체가 존재하는 셈이다. 이렇게 본다면 구약은 지독한 지면 낭비, 역사 낭비가 아닌가? 그러나 구약의 진정한 국면은 구약이 그리고 보여주는 세상이다. 구약은 하나님이 지으신 세상이 얼마나 아름다운지, 하나님이 당신 백성에게 기대하고 찾으시는 것이 무엇인지 보여준다. 비록 실패하고 하나님을 떠났지만 어느 지점으로 돌아가야 하는지, 회복할 이상이 무엇인지를 보여준다. 구약이 없어진다는 것은 회복할 내용 자체가 사라진다는 의미다. 구약이 없으면 역사가 없고, 남는 것은 실존뿐이다.

이 점은 웨스트민스터신앙고백서에 대한 라이트의 깨달음에서도 볼 수 있다. 이 고백서는 예수님의 신성과 인성을 말하고 있지만 예수님의 활동은 전혀 언급하지 않는다. 주님의 낮아지심을 말하지만, 주님이 하신 일의 의미는 풀이하지 않는다. 이러한 종류의 신앙고백서에서는 복음서가 말하는 예수님의 생애가 큰 의미가 없는 셈이다. 이제 문제가 뚜렷해진다. 고백서 자체가 신앙을 내용 없는 형식으로, 라이트의 표현

복음의
공공성

대로라면 '빈 망토'로 만들고 있다. 신앙고백서 자체가 지극히 개인적이고 사적인 신앙 실천으로 이끈다. 이것은 신앙 교육, 교리 교육의 틀 자체의 문제이기도 하다. 이것은 매우 본질적 문제다. 교회에서 선행을 강조하기는 하지만, 하나님나라라는 큰 틀 안에서 강조하지는 않는다. 또 새로운 피조물이라는 관점에서 선행을 다루지 않기 때문에 지극히 미미하고 약하다. 선행은 해도 되고 안 해도 그만인 규정에 불과하다. 이것은 구약을 셋으로 구분하는 관행과도 연결된다. 이런 식의 접근은 구약을 그야말로 옛날 언약으로 만들어버린다. 구약의 약화는 구약의 약화에서 그치지 않고 반드시 삶의 붕괴, 외식적이고 위선적인 신앙, 잘해야 지극히 개인적인 신앙으로 이어진다.

다시 신약과 하나님나라로

초대교회와 바울이 전한 복음은 하나님나라였다.

> 빌립이 하나님나라와 및 예수 그리스도의 이름에 관하여 전도함을 그들이 믿고 남녀가 다 세례를 받으니(행 8:12).

> 바울이 회당에 들어가 석 달 동안 담대히 하나님나라에 관하여 강론하여 권면하되(행 19:8).

> 그들이 날짜를 정하고 그가 유숙하는 집에 많이 오니 바울이 아침부터 저녁까지 강론하여 하나님의 나라를 증언하고 모세의 율법과 선지자의

말을 가지고 예수에 대하여 권하더라(행 28:23).

(바울이) 하나님나라를 전파하며 주 예수 그리스도에 관한 모든 것을 담대하게 거침없이 가르치더라(행 28:31).

하나님의 나라는 먹는 것과 마시는 것이 아니요 오직 성령 안에 있는 의와 평강과 희락이라(롬 14:17).

그런데 정작 바울서신에서 하나님나라의 내용을 구체적으로 파악하기가 쉽지 않다. 그로 인해 하나님나라를 신약의 중심으로 알기는 하지만, 신약이 개인 윤리를 넘어서 사회와 틀까지 다루지는 않는다는 생각이 만연하다. 주후 2세기 중반까지 기독교 교회의 구속력 있는 권위는 구약뿐이었다는 점[7]을 간과하는 데서 이러한 문제가 발생한다. 초대 교회 그리스도인들은 당연히 구약을 근거로 말하고 행동하고 살았다. 그러므로 그들이 전한 하나님나라 역시 구약에 기반을 둔다. 앞서 이야기했지만, 복음서를 비롯하여 바울의 편지들을 읽는 가장 기본적이면서도 중요한 문맥은 모세의 율법과 선지자의 글, 즉 구약이다. 바울서신의 전제는 하나님나라다. 바울은 하나님나라에서 살아가는 삶을 전한다. 다음 구절을 이해하는 문맥 역시 구약과 구약이 증거하는 하나님나라다.

너희는 유혹의 욕심을 따라 썩어져 가는 구습을 따르는 옛 사람을 버리고 오직 너희의 심령이 새롭게 되어 하나님을 따라 의와 진리의 거룩함으로 지으심을 받은 새 사람을 입으라(엡 4:22-24).

이 구절은 하나님 형상대로 지음 받은, 하나님나라의 삶을 회복하는 것을 말한다. 이 말씀의 알맹이는 하나님이 통치하시는 삶이며 그 내용은 구약에서 드러난다. '의와 진리', '하나님을 따라'와 같은 표현의 문맥은 바울서신이 아니라 구약이다.

> 그런즉 누구든지 그리스도 안에 있으면 새로운 피조물이라. 이전 것은 지나갔으니 보라 새 것이 되었도다(고후 5:17).

'새로운 피조물'이라는 말씀의 문맥 역시 창세기로 대표되는 구약이며, 하나님나라다. 하나님나라가 없으면 새로운 피조물의 내용이 없어진다. 새로운 피조물은 단순히 모든 문제가 해결된 것을 가리키지 않는다. 이제 하나님의 창조를 따라 우리에게 주신 사명, 즉 다스리고 정복하라는 사명을 지금도 감당해 나가야 한다는 의미다. 창세기가 그리스도 안에서 새로 시작하는 것이다. 창조의 순간이 예수 그리스도의 십자가로 말미암아 다시 모든 인류의 몫이 된 것이다. 그러므로 고린도후서 말씀은 반드시 구약의 말씀으로 보완해야 한다. 그렇지 않으면 '새로운 피조물'의 내용이 없어진다.

주님은 엠마오로 내려가는 제자들에게 나타나셔서 모세와 모든 선지자의 글로 시작하여 모든 성경에서 자신에 관해 쓴 내용을 설명하셨다(눅 24:27). 모든 성경, 즉 구약에 예수님에 관해서 무슨 내용이 들어 있는가? 그것은 단순히 예수님을 예언한 구약의 몇 구절을 가리키지 않는다. 주님은 구약 전체를 하나님이 보내신 메시아의 관점에서 풀어주셨다. 달리 말해 하나님나라의 관점에서 성경을 풀어주신 것이다. 그러할 때 구약 전체는 하나님에 관한 책이며 예수님에 관한 책이다. 구약의 특정 구절이 필요한 것이 아니다. 하나님나라의 관점으로 구약 전체를 볼 때 예수님에 대한 내용이 바르게 보이는 것이다.

복음의 결여, 복음의 '텅 빔'

예수님으로 말미암는 나라는 이 세상의 왕과 영토를 두고 다투는 나라가 아니다. 그러나 예수님의 나라가 임하자 세상 왕들은 자신들이 더는 사람들의 두려움의 대상이 아님을 알게 되었다. 예수님을 왕으로 고백하는 이들은, 현실의 왕을 하나님이 필요에 따라 세우신 사람으로서 존중할 뿐이며, 그들의 참된 충성심은 하나님에게만 있다. 세상 왕은 악을 징벌하고 선을 포상하기 위해 존재한다(롬 13:1-7). 이러한 목적을 거스른다면 그를 왕으로 세우신 하나님의 뜻을 거역하는 존재일 뿐이다. 그래서 세상 왕은 그리스도인을 용납하기 어렵다. 그리스도인은 체제의 안정에 위협적인 존재다. 언제든 왕이 하나님의 뜻에서 떠나면 그리스도인은 하나님에게로 열심을 돌릴 것이기 때문이다. 그래서 세상 왕들은 왕권신수설을 더욱 주장한다.

하나님의 왕 되심은 참으로 현실의 왕들에게 위험한 사상이다. 그렇기에 왕들은 종교가 개인적이고 내면적인 부분에 집중하게 한다. 구약을 읽지 못하게 하거나 구약의 의미를 축소하게 한다. 구약을 축소할수록, 신약을 '영적'으로 해석할수록, 교회는 현실에 더욱 무관심해진다. 세상의 눈물은 더욱 많아지고, 왕들의 권세는 더욱 견고해진다. 사람들은 이 모든 슬픔으로 인해 더욱 '영적'이고 내면적 위로만 추구한다. 이렇게 교회와 권력은 서로 뒷받침해주며 견고해진다.

복음의

공공성

새장에 새들이 가득함 같이 너희 집들에 속임이 가득하도다. 그러므로 너희가 번창하고 거부가 되어 살지고 윤택하며 또 행위가 심히 악하여 자기 이익을 얻으려고 송사 곧 고아의 송사를 공정하게 하지 아니하며 빈민의 재판을 공정하게 판결하지 아니하니 … 선지자들은 거짓을 예언하며 제사장들은 자기 권력으로 다스리며 내 백성은 그것을 좋게 여기니 마지막에는 너희가 어찌하려느냐(렘 5:27-28, 31).

그러므로 복음의 내면화, 복음의 개인화는 복음을 심각하게 왜곡한 것이다. 복음을 뒤틀어버린 것이다. 복음을 이 세대의 왕이 기뻐하는 형태로 변질시킨 것이다. 그러므로 오늘 우리의 문제는 사회에 대한 관심의 결여가 아니다. 구제의 부족도 아니다. 사회 정의를 추구하는 활동의 부족도 아니다. 문제의 핵심은 복음의 결여, 라이트가 말한 복음의 '텅 빔'이다. 이것은 복음을 개인적, 사적 차원에 국한한 데서 비롯되었다. 바로 이것이 '공중의 권세 잡은 자'의 핵심 전략이다.

1부

구약으로
읽는
복음과
그
본질

01
하나님의 형상 1

창세기로 시작하는 성경은 하나님의 통치, 즉 하나님의 나라가 어떻게 사람들이 살아가는 이 땅에 선포되고 제시되며 성취되는지를 보여준다. 현재 우리가 보는 구약성경에서 창세기가 가장 첫 자리를 차지한 때는 아마도 포로기 이후일 것이다. 창세기가 다루는 내용은 까마득히 오래전 일들이고 각 내용들은 매우 오래 전부터 구전이나 글로 전해졌을 것이지만, 현재와 같은 배열과 모양으로 구성되고 확정된 것은 포로기 이후로 보인다. 다시 말해, 창세기를 이루는 각 부분의 고대성과 창세기라는 작품의 최종 형성 시기는 서로 구분해야 한다.

에덴동산에서 쫓겨난 아담과 하와, 가인, 죄악으로 심판 당한 세상을 그리는 노아 홍수, 나그네로 가나안과 애굽을 떠도는 아브라함, 애굽으로 내려간 야곱과 요셉 이야기 들은 하나님이 허락하신 약속의 땅에서 쫓겨나 포로가 된 이스라엘을 반영한다. 다시 말해, 포로 된 이스라엘은 창세기를 읽으면서 자신의 모습을 발견하였을 것이다. 그런 점에서 창세기는 바벨론 포로를 거친 이스라엘의 신학적, 신앙적 반성과 새로운 미래를 향한 소망과 전망을 반영한다. 창세기가 단순히 아주 오랜 옛날에 우주와 지구가 어떻게 생겨났고 동물과 사람은 어떻게 존재하게 되었는지를 설명하는 책이 아니라는 의미다. 처음부터 창세기는 지난 시대와 현재와 미래를 알리려는 신학적 의도가 담긴 글이다.

이를 생각할 때, 첫 책인 창세기의 첫 장은 매우 강렬하면서도 뚜렷하게 신학적 의도가 담긴 글이다. 창세기 1장은 하나님의 창조를 이론적이고 과학적인 그림으로 보여주는 글이 아니다. 창세기 1장에서는 7일 창조 패턴을 통해 창조의 특징을 강렬하고 핵심적으로 제시한다. 온 세상은 하나님의 뜻 가운데 창조되었고, 보시기에 좋았다. 어느 시대에나 사람들은 말세를 이야기했고 그들이 살아가는 세상은 부패하였고 끔찍하였지만, 창세기 1장은 이 세상이 본래는 하나님 보시기에 심히 좋았다고(창 1:31) 단호하게 선포한다. 오늘날 사람들은 7일이라는 숫자에 집중하여 이것을 오늘 우리가 생각하는 7일과 동일하게 여긴다. 그러나 창세기 2장의 창조 이야기는 전혀 7일 창조와 관계가 없으며, 구약 전체를 보아도 7일 창조가 전혀 언급되지 않는다. 이것은 숫자 7이 아니라 하나님이 모든 완전하심과 충만하심으로 이루신 창조가 창세기 1장의 초점임을 분명히 보여준다. 여리고 성 함락의 본질이 숫자 7이 아니라 하나님의 능력에 있다고 풀이하는 것과 마찬가지다. 그러므로 창세기 1장의 관건은 숫자 7을 그대로 받는 것이 아니라, 지금 우리가 사는 세상을 포기하지 않으면서 동시에 이 세상이 하나님 보시기에 심히 좋은 세상이었음을 확고하게 붙잡는 것이다.

숫자 7과 창세기 1장 내용을 문자 그대로 받아들이는 신학 성향을 가진 이들 대부분은 이 세상의 아름다움과 선함을 너무 쉽게 포기해 버린다. 이 세상은 썩었고 다가올 내세만 전부인 것으로 여긴다. 이렇게 쉽게 지금 사는 세상을 '불타는 집'으로 포기하는 까닭은 흔히 말하는 아담과 하와의 타락 사건 때문일 것이다. 이러한 이해는 선입견과 고정관념으로 가득해 보인다. 창세기 3장의 범죄 이야기는 세상 전체가 썩어버려서 도무지 기대할 것이 없으니 하늘만 바라보라는 것을 정당화하는 글이 아니다. 차근차근 살펴보겠지만, 일단 창세기 1장의 장엄하고도 웅장한 선포는 하나님이 지으신 세상이 참으로 좋은 곳임을 분명히 한다.

　창세기는 날과 달, 절기와 계절이 바뀌는 것, 세상의 바다와 육지, 하늘의 해와 달과 별, 이 모든 것을 하나님이 만드셨음을 분명히 한다. 이러한 웅장하고 세밀한 피조 세계 자체는 힘을 가진 숭배의 대상이 될 수 없다. 오직 하나님만 이 모든 것을 세우시고 뜻대로 주관하신다. 동서를 막론하고 고대의 사람들은 어제나 오늘이나 변함없어 보이는 해와 달과 별을 보고 그 높음과 한결같음을 감탄하며 숭배했다. 그러나 창세기는 처음부터 해와 달도 하나님이 지으시고 만드신 것임을 확실히 한다. 우리가 정말 예배할 대상은 해와 달이 아니라, 이것들을 조성하신 하나님이다. 우리는 해와 달의 힘이 아니라, 이 모든 것을 제자리에 두신 하나님에게 놀라야 한다. 달리 표현하면, 하나님이 조성하셨다는 점에서 우리는 해와 달과 피조 세계의 세밀한 변화와 진전에 경탄해야 한다. 그래서 창세기를 읽는다는 것은 피조 세계의 크고 놀라운 힘에 지배되지 않겠다는 의미다. 하나님 경배를 하나님 만드신 것에 대한 경배로 엉뚱하게 바꾸지 않겠다는 결단이다.

복음의

공공성

하나님의 형상과 모양으로 지음 받은 사람

창세기 1장에서 창조의 절정은 하나님이 엿새째 만드신 사람이다. 사람 역시 땅 위에서 움직이는 생물이지만, 창세기는 사람 창조를 따로 설명하면서 이전 창조 설명에는 없는 표현을 여럿 사용한다.

> 하나님이 이르시되 우리의 형상을 따라 우리의 모양대로 우리가 사람을 만들고 그들로 바다의 물고기와 하늘의 새와 가축과 온 땅과 땅에 기는 모든 것을 다스리게 하자 하시고 하나님이 자기 형상 곧 하나님의 형상대로 사람을 창조하시되 남자와 여자를 창조하시고 하나님이 그들에게 복을 주시며 하나님이 그들에게 이르시되 생육하고 번성하여 땅에 충만하라, 땅을 정복하라, 바다의 물고기와 하늘의 새와 땅에 움직이는 모든 생물을 다스리라 하시니라(창 1:26-28).

이 구절에 쓰인 '우리'는 학문적 논의가 많은 단어다. 전통적인 견해는 이 구절을 삼위일체와 연관하여 풀이한다. 그러나 이런 식의 접근은 후대에 만든 개념으로 아주 오래 전인 고대 시대를 규정하는 방식이라는 점에서 현실을 왜곡할 수밖에 없다. 구약성경이 삼위일체라든지 여럿으로 존재하시는 하나님은 조금도 고려하지 않는 것이 분명하기 때문이다. 그보다는 구약에서 발견한 배경과 사고를 기반으로 해서 신약 이후에 등장하는 개념을 풀어가는 것이 논리적으로도 시간적으로도 올바른 방법이다.

구약의 맥락에서 '우리'라는 복수형의 배경은 천상에서 열린 회의 heavenly divine council라고 할 수 있다. 열왕기상 22장 19-23절은 여호와께서 보좌에 앉으시고 하늘의 만군이 그 앞에 모셔 선 채 진행하는 천상의 회의 장면을 묘사한다. 천상에서 하는 '여호와의 회의'에 참여했는지 여부가 여호와께서 보내신 참 예언자의 핵심적 특징이라는 진술(렘 23:18, 22; 참고. 욥 15:8) 역시, 그러한 천상 회의에 대한 구약의 이해를 반영한다. 이사야 6장에서도 여호와께서 주관하시는 회의를 보여준다.

> 내가 또 주의 목소리를 들으니 주께서 이르시되 내가 누구를 보내며 누가 우리를 위하여 갈꼬 하시니 그때에 내가 이르되 내가 여기 있나이다 나를 보내소서 하였더니(사 6:8).

이 구절에서 볼 수 있는 '우리'는 명백히 천상의 존재들이 참여한 '여호와의 회의'를 가리킨다. 이러한 천상 회의에 참석하는 존재는 '하늘의 만군'(왕상 22:19; 대하 18:18), '하늘 군대'(단 8:10), '천군'(시 103:21), '군대'(수 5:14; 시 148:2)로 불린다. 이 회의에 참석한 존재 가운데 한 '영'이 하나님께 제안하기도 한다(왕상 22:21). 또 그들은 '스랍'(사 6:2, 6), '그룹'(겔 10:3, 7-8 등)으로, 혹은 그저 '천사'(슥 3:1-5)라고도 불리며, '하나님의 아들들'(욥 1:6; 2:1)이라고도 불린다. 그 가운데는 심지어 '사탄'도 있다(욥 1:6-12; 2:1-6).

창세기 1장의 '우리'는 이러한 천상 회의의 맥락에서 이해하면 자연스럽다. 창세기 1장 본문은 오직 사람만 천상 회의에서 의논을 통해 창조되었음을 보여준다. 또 다른 전통적 견해는 이 복수형을 '장엄의 복수'라고 부르기도 하지만, 이러한 복수형이 구약에서 달리 사용되지 않는다는 점에서 부적절하며, 이상의 용례들을 반영할 때 '의사소통의 복수'라는 표현이 더 적절하다.¹ 몰트만이 사용한 '심사숙고의 복수'라는 표현은 이러한 맥락에서 가능하다. 그러나 이러한 '숙고'의 의미는 어디까지나 의논과 회의가 있다는 것을 전제로 함을 유념해야 한다. 하나님은 사람을 깊은 논의와 회의 가운데, '심사숙고' 가운데 창조하셨다. 그것이 "우리의 형상과 모양대로 사람을 만든다"의 첫째 의미다.

이 점과 연관하여 창세기 1장 27절을 좀 더 살펴보자.

> 하나님이 자기 형상 곧 하나님의 형상대로 사람을 창조하시되 남자와 여자를 창조하시고(창 1:27).

한글 성경에서는 번역하지 않았지만, 이 구절에서는 '창조하다'를 의미하는 히브리어 동사 '바라'가 세 번 나온다. 그러므로 이 구절은, "하나님이 사람을 그분 형상대로 창조하셨다. 하나님의 형상대로 그분이 그를 창조하셨다. 남자와 여자로 그분이 그들을 창조하셨다"로 직역할 수 있다. 세 문장 모두 하나님이 사람을 창조하셨다는 내용이지만, 점점 더 구체적으로 표현한다. 점층법을 사용하여 의미를 구체화하는 것이다. 이에 따르면 하나님의 형상대로 사람을 창조하셨다는 말씀의 구체적 의미는 '남자와 여자로', '그들', 즉 복수로 창조하셨다는 것이다. 이러한 언급은 하나님의 모양을 언급하는 또 다른 구절인 창세기 5장 1-2절에서도 볼 수 있다.

> 이것은 아담의 계보를 적은 책이니라. 하나님이 사람을 창조하실 때에 하나님의 모양대로 지으시되 남자와 여자를 창조하셨고 그들이 창조되던 날에 하나님이 그들에게 복을 주시고 그들의 이름을 사람이라 일컬으셨더라(창 5:1-2).

한글 성경에서는 모호하지만, 여기에도 남녀 창조를 말하는 데 세 문장을 사용하였다. 이 구절도 "하나님이 사람을 창조하실 때, 하나님의 모양대로 그분이 그를 지으셨다. 남자와 여자로 그분이 그들을 만드셨다"로 직역할 수 있다. 창세기 1장 27절의 표현 방식을 고스란히 따르고 있으며, 1장 27절은 '형상'을 언급하고 5장 1절은 '모양'을 언급한다는 점에서도 이 두 구절이 서로 대응을 염두에 둔 것으로 보인다. 창세기 9장 6절에서도 하나님이 사람을 하나님의 형상대로 지으셨다고 다시 한 번 언급한다. 창세기 5장 2절은 "하나님이 … 그들의 이름을 사람[아담]이라 일컬으셨다"고 선언한다. '아담'이라는 단어는 단수형이지만 실제로는 복수의 의미임을 창세기 1장 27절과 5장 1-2절이 잘 보여준다.

이상에 따르면, '하나님의 형상과 모양'의 실질적 의미는 복수로 존재하는 사람이다. 이 점은 앞에서 논의한 대로 '우리의 형상'대로 지음 받은 사람이라는 점에서 논리적으로도 지극히 타당하다. '우리의 형상과 모양대로' 지음 받았으니 당연히 사람은 남자와 여자, 복수일 수밖에 없다. 흔히 우리는 창세기 1장과 2장을 읽으면서 하나님이 태초에 부부 혹은 가정을 만드신 것으로 생각하지만, 근본적으로 따지면 하나님이 태초에 만드신 것은 관계 혹은 공동체다. 창세기 1-2장에서 아홉 번 반복되는 '좋다'에 비해, 유일하게 '좋지 않다'로 표현한 것이 "사람[아담]이 혼자 사는 것"(창 2:18)이다. 복수형의 하나님이 복수의 사람을 만드셨다. 함께 살아가는 관계, 달리 표현해서 공동체야말로 하나님의 형상대로 지음 받은 인간의 본질이다. 창세기 5장 2절에서 그렇게 복수형으로 존재하는 이들을 '아담'이라 부르셨으니, 당연히 '아담이 혼자 사는 것'은 좋지 않을 수밖에 없다.

처음에는 남자와 여자 두 사람만 존재했지만, 그들의 존재는 이 땅

복음의

공공성

에 드러난 하나님의 형상이었다. 하나님의 형상을 따른 삶을 홀로 살아갈 때는 구현할 수 없다. 하나님의 형상과 모양은 함께 모인 공동체, 즉 '관계'를 통하여 구현할 수 있다. 이것이 "교회는 그[그리스도]의 몸이며 만물 안에서 만물을 충만하게 하시는 이의 충만함이니라"(엡 1:23)는 말씀의 의미다. 그러므로 오직 공동체를 통해서만 그리스도가 드러난다. 관계야말로 그리스도가 드러나는 통로이며, 관계야말로 하나님의 형상이다.

그러므로 '개인 윤리'라는 용어는 창세기의 논리에 비추어 볼 때 지극히 어색한 말이다. 창세기에 따르면 처음부터 사람은 관계 안에 존재할 때만 사람이다. 관계에서 떨어진 채 홀로 존재하는 사람의 윤리는 아무 의미가 없다. 홀로 존재하는 이의 정직함이나 진실함, 참됨은 전혀 미덕일 수 없고 권장 사항일 수도 없다. 공동체 안에서 혹은 관계 안에서 자신이 어떻게 행동하느냐 하는 의미라는 점에서 '개인 윤리'는 처음부터 공동체 윤리일 수밖에 없다. 나아가 부부라는 관계는 다른 부부라는 또 다른 관계와 얽히며, 한 교회 공동체는 다른 교회 공동체, 그리고 그들이 속한 사회, 국가라는 좀 더 규모가 큰 공동체와 얽힌다. 그리고 한 국가는 다른 국가와 관계 안에서 얽힌다. 그런 점에서 다른 공동체를 고려하지 않는 자신들 공동체만의 윤리라는 것도 근본적으로 무의미하다. 그런 점에서 세상에서 고립된 공동체는 성경과 연관해 원칙적으로 온당하지 않다. 이러한 모든 관계를 고려한다면, 우리 신앙은 수많은 관계 안에서 함께 살아가기를 추구한다는 점에서 근본적으로 '공적'일 수밖에 없다.

이렇게 함께 살아가는 존재의 근거는 모든 사람이 하나님의 형상대로 지음 받았다는 점이다. 그러므로 피부색이나 민족, 인종, 종교가 다르더라도 사람은 근본적으로 상대를 인정하고 존중하며 함께 살아가야 하는 공적 존재다. 여호와 하나님을 믿는 신앙은 출발부터 '공적 신앙'이다. 그리고 개인 이기주의와 가족 이기주의, 신앙을 기반으로 한 집단 이기주의, 민족과 나라를 중심에 둔 민족주의는 모두 성경에 비추어 볼 때, 근본적으로 부적절하며 온전치 못한 개념이다.

서양 관념론은 "나는 생각한다. 고로 나는 존재한다", 즉 '생각하는 나'를 모든 것의 출발과 기초에 둔다는 점에서, 창세기의 논리와 구별된다. 반면 본회퍼는 기독교의 인격 개념이 철저히 관계 안에 있음을 매우 적절히 풀이한다.[2] 그리스도의 형상이 관계 안에서 성취됨을 기억할 때 우리는 상대방을 객체가 아니라 주체로 존중한다. 사람이 관계 안에 존재함을 생각할 때 우리는 비로소 주체 대 주체로 만난다. 가난하고 고통 받는 이웃은 그저 도움이 필요한 대상이 아니다. 우리를 온전케 하고 하나님 형상을 이루게 하는 존재다. 그래서 그들은 객체가 아니라 주체다. 다른 이를 돌아보아 나눔은 그저 남을 돕는 것이 아니라, 나를 온전케 하며 그리스도의 형상을 이루는 것이다. 본회퍼에 따르면, 개인은 단독자가 아니다. 타자가 있어야 비로소 개인일 수 있다. 사람은 관계 안에 존재하기 때문이다. "교회는 공동체로서 존재하는 그리스도다"라는 강력한 주장과 더불어[3] "교회는 세상을 위해 존재한다"는 본회퍼의 단언은 관계 안에 존재하는 사람의 논리적 결론이다.[4] 이것이 사실 그리스도인이 세상의 빛이라는 말씀의 의미다. 타자를 밝혀주는 것이 빛의 근본적인 존재 목적이기 때문이다.

이것이 후대의 신학적 안목인 삼위일체의 의미다. 삼위일체라는, 이성으로 설명하기 어려운 사실의 실질적인 의미 가운데 하나는, 하나님은 관계 안에 존재하시며 의논과 합의를 통해 행하신다는 것이다. 구약이 삼위일체를 명시적으로 언급하지 않지만, 이미 구약의 여러 구절들은 홀로 한 분이신 하나님이 천상 회의를 통해 일을 결정하시는 것을 보여준다. 그리고 그러한 하나님의 형상대로 지음 받은 인간은 복수형으로 창조되었다. 이를 생각할 때, 후대에서 발견하고 깨달은 삼위일체의 본질은 관계 안에 거하시는 하나님, 의논과 심사숙고와 충분한 고려와 협력 가운데 행하시는 하나님이다. 구약이 제시하는 이러한 하나님 상이야말로 후대의 삼위일체 하나님을 이해하는 기반이다. 후대의 논의로 고대의 문서를 해석할 것이 아니라, 구약에서 발견할 수 있는 의미와 개념으로 후대에 전개된 실체를 이해하고 풀이하는 것이 타당하다.

기독교와 이슬람 사이의 갈등에 대해 이슬람의 원로 지도자들이 작성한 "우리와 여러분 사이에 있는 공통의 말씀 A Common Word Between You and Us"에 대한 응답으로 2008년 7월 15일 영국의 캔터베리 대주교 로완 윌리엄스Rowan Williams는 "공공선을 위한 공통의 말씀 A Common Word for the Common Good"을 발표한다. 그 글에서 윌리엄스는 삼위일체를 다음과 같이 풀이한다.

하나님이 이러한 상호의존적인 행동이라는 삼중 패턴으로 존재하시므로, 아버지와 아들, 성령 사이는 항상 서로 '자리를 내어주고' 서로 든든히 지지하여 상대방이 행하도록 하는 관계입니다. 이러한 것을 유일하게 표현할 인간적인 표현이 있다면 바로 사랑입니다. 하나님의 행하심의 세 가지 차원은 자기희생 혹은 자기 내어줌 안에서 서로 관련됩니다. 삼위일체 교리는 왜 우리가 하나님이 사랑을 보여주셨다고만 말하지 않고 하나님은 사랑이시라고 말하는지를 설명하는 한 방식입니다.[5]

삼위일체는 관계 안에 계신 하나님이 어떻게 서로 관계를 맺으며 살아가는지를 보여주며, 궁극적으로 사랑을 설명한다. 셋이 함께 존재한다는 것을 가능케 하는 유일한 사항은 사랑일 수밖에 없다. 삼위일체에 대한 오늘날 학자들의 이러한 이해는 창세기가 제시하는, 관계 안에 존재하시는 하나님과 곧바로 연결되며, 사람을 관계로 지으셨다는 말의 의미도 보여준다.

창세기 9장 6절은 다른 사람의 피를 흘리면 그 사람의 피도 흘릴 것이라고 규정하면서 그 근거로 "하나님이 자기 형상대로 사람을 지으셨음"을 이야기한다. 하나님의 형상으로서 사람은 함께 존재하며, 서로 인정하고 존중해야 하는데 상대방을 죽인다면 형상의 근본을 파괴하는 것이다. 이 구절은 단순히 살인에 대한 처벌을 말하는 것이 아니다. 다른 사람을 죽이는 것은 사실상 자기 자신을 죽이는 것과 마찬가지임을 선언하는 것이다. 사람은 하나님의 형상이기에 서로 사랑하며 함께 살아가도록 지음 받았다는 의미다.

구약시대에 천상 회의와 같은 개념을 통해 복수형으로 하나님을 표현했다면, 신약성경과 초대교회 시대에는 성부와 성자, 성령의 삼위일체로 하나님을 표현했다. 초대교회 시대에 삼위일체의 신비는 하나님이 관계 안에 존재하심을 확연하게 드러내주었고, 하나님이 사람을 남자와 여자라는 관계와 공동체 안에서 창조하신 의미도 한층 뚜렷하게 보여주었다. 이 점에서 보아도 삼위일체의 의미가 구약을 통해 훨씬 분명해진다. 처음부터 사람은 관계 안에 존재하도록 지음 받았다. 관계 안에 존재한다는 것은 서로 책임을 지며 서로 용납하고 수용하는 사랑의 삶을 의미한다. 사랑을 기반으로 하는 관계나 공동체는 단지 함께 살 때 얻을 수 있는 유익을 위해 존재하지는 않는다. 그 관계 자체가 하나님의 형상, 하나님을 닮아가는 삶이다. 관계를 통해 하나님의 형상을 이룰 수

복음의
공공성

있기에, 관계가 파괴될 때 하나님의 형상도 파괴된다. 우리는 함께 만들어져 가는 하나님의 형상이다. 그러한 의미에서 바울이 다음과 같이 주장한다.

> 너희는 사도들과 선지자들의 터 위에 세우심을 입은 자라. 그리스도 예수께서 친히 모퉁잇돌이 되셨느니라. 그의 안에서 건물마다 서로 연결하여 주 안에서 성전이 되어 가고 너희도 성령 안에서 하나님이 거하실 처소가 되기 위하여 그리스도 예수 안에서 함께 지어져 가느니라(엡 2:20-22).

> 그에게서 온몸이 각 마디를 통하여 도움을 받음으로 연결되고 결합되어 각 지체의 분량대로 역사하여 그 몸을 자라게 하며 사랑 안에서 스스로 세우느니라(엡 4:16).

결론적으로, 창세기 1장은 사람이 하나님의 의논 가운데 지음 받은 존재임을 증거한다. 그렇기에 하나님의 형상대로 지음 받은 사람은 반드시 관계 안에, 공동체 안에 존재해야 한다. 함께 살아가는 사람이야말로 가장 사람답고, 가장 하나님을 닮았으며, 가장 존귀하다. 처음부터 사람은 함께 존재하도록, 상대방을 통해 서로 온전하게 되도록 지음 받았다. 달리 말해, 사람은 처음부터 공적으로 존재했다.

02
하나님의 형상 2

하나님이 "우리의 형상을 따라 우리의 모양대로" 사람을 만드셨다는 것은 사람을 관계 안에 존재하도록 지으셨다는 의미다. '형상과 모양대로 지으심'은 사람이 하나님의 통치의 대행자, 중재자라는 의미로 볼 수도 있다. 하나님의 형상을 '통치'와 연관하여 풀이하는 것은 이 표현에 대한 구약학자들의 가장 설득력 있는 견해이기도 하다.[6] 이 견해를 차근차근 살펴보자.

첫째, 우리가 창세기 1장에서 볼 수 있는 하나님은 온 세상을 지으시고 질서를 세우시며 명령하시는 분이다. 하나님은 세상을 향해 왕처럼 명령하시고,[7] 세상은 그분의 명령을 따른다. 창세기 1장에 나오는 반복적인 문학 패턴과 1장이 지닌 장엄함은, 왕으로서 명령하시면서 온 세상을 창조하시는 하나님의 통치를 한층 두드러지게 한다. 그러므로 여기에 이어서 등장하는 '우리의 형상, 우리의 모양'은 왕이신 하나님, 온 세상을 통치하시는 하나님과 곧바로 연결될 수밖에 없다.

둘째, 학자들은 고대에 통치자가 곳곳에 자신의 형상을 세움으로써 그 지방에 미치는 자신의 통치권을 표현했으며, 왕은 신의 형상이라고 자처했다는 점 등을 들어서, 하나님의 형상으로서 사람이 이 세상을 향한 하나님의 통치와 연관된다고 보았다.[8] 고대 중동에서 많이 보이는, 왕은 신의 형상이라는 언급과 흔적은, 땅 위에 존재하는 제왕의 특별함과 신적 기원을 주장하는 일종의 제왕 이데올로기다. 창세기 본문은 하나님이 자신의 형상으로 사람을 만드셔서 하나님이 지으신 세상에 두셨다고 증거한다. 그러므로 하나님의 형상인 사람은 이 땅에 임하는 하나님의 통치를 나타낸다. 하나님의 형상인 사람은 하나님의 통치를 중재하고 대행하는 존재다.

셋째, 하나님이 형상과 모양대로 사람을 지으시고 사람에게 "다스리게 하자"(창 1:26) 혹은 "정복하라 … 다스리라"(창 1:28) 명령하셨다는 점에서도, 이 구절의 배경에 통치가 있음을 알 수 있다. 하나님은 형상대로 지으신 사람에게 '다스림', '통치'를 명령하셨다.

이상의 논의를 종합할 때, 하나님의 형상대로 지음 받았다는 것은, 하나님은 당신이 세상을 다스리심을 드러내고 증거하는 존재로 사람을 세우셨으며 사람 역시 그러한 다스림을 통해 하나님의 세상 다스림, 달리 말해 하나님나라를 증거하게 되었다는 의미다.

앞서 간단히 언급하였듯이, 구약의 배경이 되는 고대 중동의 여러 신화와 이야기는 왕이야말로 신의 형상을 닮은 존재라고 언급한다. 한국 고대 신화에도 여느 사람과 달리 알에서 태어난다거나 물에 떠내려온다는 식으로 비범한 출생 설화를 지닌 왕이 있다. 이러한 설화는 그렇게 태어나서 자라난 왕은 신이 선택한 사람이라는 주장을 함으로써, 신이 보낸 자, 신을 닮은 자, 신의 아들인 왕의 통치를 정당화하고 그 왕에게 복종할 것을 요구하는 근거가 되었다. 왕이 신의 현현, 신의 형상이라는 점에서, 왕을 섬기는 것은 그 왕을 세우신 신을 섬기는 것이다.

그에 비해 우리가 받은 구약성경은 첫 장부터 비범한 탄생 설화를 지닌 극소수의 왕이 아니라 땅 위에 존재하는 모든 사람이 하나님의 형상을 따라 지음 받았다고 선언한다. 창세기는 모든 사람이 하나님의 통치에 참여하고 대행하는 왕과 같은 존재라고 선언하고 있으니, 그야말로 '제왕 이데올로기의 민주화'라고 부를 수 있다.⁹ 왕을 둘러싼 거짓된 신화를 모두 깨뜨리되, 모든 사람이 하나님의 형상대로 지음 받은 왕적 존재라는, 사람을 둘러싼 참된 이야기를 창세기가 증언한다. 이후 인간 세상에 등장하게 될 왕정은 신이 어느 특별한 존재를 세웠다는 것을 보여주는 것이 아니라, 모든 인간이 어떻게 하면 자신의 삶을 왕과 같이 감당하여 살 수 있는지를 보여주는 예다.

이 점은 다윗을 이해하는 데 도움을 준다. 시편의 많은 내용들이 다윗의 이름과 연관되는데, 그러한 시편 대부분에서 우리가 흔히 생각하는 왕에 대한 내용은 거의 찾아볼 수 없다. 다윗이라는 이름과 결부된 시편들에서, 다윗은 지위가 높고 매우 특별한 왕이라기보다는 우리 곁에서 때로는 고통과 질병과 괴로움을 안은 채 신음하고 때로는 찬송하며 살아가는 사람이다. 그런 점에서 시편의 다윗은 특별한 왕이 아니라 모든 사람의 대표요, 전형이다. 그런데 사실 다윗은 이스라엘의 매우 특별한 왕이었다. 그런 점에서 다윗은 왕인 사람이 어떻게 하나님 앞에서 탄식과 기쁨이 교차하는 삶을 살아가는지 보여주며, 하나님의 형상대로 지음 받은 왕인 모든 사람들을 대표한다. 이렇게 생각할 때 다윗 가문의 왕들을 위해 "하나님이여 주의 판단력을 왕에게 주시고 주의 공의를 왕의 아들에게 주소서" 하는 기도로 시작하는 시편 72편은 단지 왕들을 위한 기도가 아니라 왕인 모든 사람을 위한 기도다. 실제로, 여기에서 왕에게 주시기를 구하는 '판단력과 공의'(시 72:1), 혹은 '공의와 정의'(시

72:2)는 하나님이 아브라함에게 요구하신 것이기도 하다(창 18:19).

베드로전서 2장 9절은 그리스도인을 "왕 같은 제사장"이라고 부른다. 우리말로는 뜻이 분명치 않지만 헬라어 표현[바실레이온 히에라튜마]과 이를 옮긴 영어 표현[royal priesthood]은 그리스도인이 '왕이면서 제사장'임을 선언한다. 사실 이 구절은 출애굽기 19장 6절을 인용한 것인데, 히브리어로 '제사장 나라'에 해당하는 표현을 칠십인경이 '왕적인 제사장'에 해당하는 표현으로 옮겼고 이것을 베드로전서가 반영하였다. 히브리어 본문과 칠십인경 본문의 의미 사이에 간격이 존재하는데, 이를 통해 그리스도인은 왕이라는 근본적인 사실이 베드로전서에 또렷하게 표현되었다. 요한계시록의 한 구절 역시 동일한 출애굽기 구절에서 인용한 것으로 보인다.

그들이 새 노래를 불러 이르되 두루마리를 가지시고 그 인봉을 떼기에 합당하시도다. 일찍이 죽임을 당하사 각 족속과 방언과 백성과 나라 가운데에서 사람들을 피로 사서 하나님께 드리시고 그들로 우리 하나님 앞에서 '나라와 제사장들'을 삼으셨으니 그들이 땅에서 왕 노릇 하리로다 하더라(계 5:9-10).

표현은 다소 달라졌지만, 의미하는 바는 동일하다. 성도들로 나라를 삼으셨고, 그들이 '왕 노릇' 할 것이다. 성도들이 왕으로서 다스릴 것이라는 언급은 요한계시록 다른 곳에도 나온다(계 20:4-6; 22:5). 그러므로 성경은 그 처음인 창세기와 끝인 요한계시록에서 사람들의 왕 노릇, 통치를 선언하고 있다. 특정 소수가 아니라 모든 사람이 왕으로 세움 받은 세상이 성경이 제시하고 지향하며 약속하는 세상이다.

하나님의 왕 되심과 다원사회

우리 모두는 왕이다. 모든 사람이 하나님의 형상과 모양대로 지음 받은 존재이기 때문이다. 그런데 우리의 왕권의 근거는 오직 하나님에게만 있다. 그러니 참된 통치는 오직 하나님을 왕으로 인정할 때만 가능하다. 그렇기에 이스라엘이 다른 나라들처럼 자신들에게도 왕이 있어야겠다며 왕을 세워주시기를 요구할 때, 하나님은 이스라엘 백성에게 어느 왕이 존재한다 할지라도 여호와를 따르고 그분 백성으로 사는 데서 돌이키지 말아야 함을 사무엘을 통해 강력하게 경고하신다(삼상 12:12-25). 이스라엘의 참된 왕은 하나님뿐이심을 단호하게 선언하신 것이다. 왕이 아무리 강력한 존재라고 해도 하나님만 모든 권위의 원천이며 출처임을 기억해야 한다.

그런 점에서 온 세상을 다스리시는 유일신 하나님을 믿는 신앙은 논리적으로 지배와 군림의 체제가 아닌, 다원 체제를 가능케 한다.[10] 하나님만 참된 왕이시며, 모든 사람이 그 통치에 참여하는 왕으로 세움 받았으니, 사실상 하나님 아닌 모든 권력은 상대화되기 때문이다. 하나님이 우리를 왕으로 세우셨으니, 하나님이 참된 왕이심을 기억해야 하고, 세상 그 어느 권력일지라도 상대화해야 한다. 겉모습이 어떠하든지 우리는 하나님을 닮은 왕이다. 나는 왕으로서 걸어가고 행동한다.

이 점은 우리가 살아가는 사회가 한 가지 신앙, 한 가지 가치로 통일된 세상이 아니라는 점에서도 의미심장하다. 오늘날은 한 가지 가치로 묶을 수 있는 세상이 아니다. 종교도 정치도 한 가지 가치만 관철할 수는 없다. 기독교 신앙으로 온 사회를 강제할 수 없다는 점이 신앙인들을 불편하게 할 수 있지만, 기본적으로 그 다원성을 인정할 때 우리는 함께 살아갈 수 있다. 그리고 보이지 않는 하나님만 왕이시라는 사실은 존재하는 모든 가치를 상대화한다. 그럴 때 우리는 우리가 믿고 확신하는 가치를 다원화한 가치 체계 안에서 보편적이고 설득력 있는 언어로 표현하도록 노력해야 할 것이다.

왕적인 존재와 공적 실천

하나님의 형상대로 지음 받았다는 것이 모든 사람이 하나님의 통치에 참여하는 존재라는 의미라면, 필연적으로 사람의 모든 행함은 공적일 수밖에 없다. 한 나라의 왕의 통치는 그 왕의 사사로운 이익을 위한 것일 수 없다. 왕의 통치는 반드시 그 나라에 사는 모든 이들을 향한 '공적'인 통치다. 왕은 모든 이를 위해 '공동의 선'을 추구해야 한다. 이처럼 왕으로 세움 받았다는 것은 사람의 신분이 존귀하다는 의미만은 아니다. 사람이 행하는 일의 근본적인 속성에 '공공성'이 존재한다는 의미이기도 하다. 왕이 자기 신분과 존재를 망각한다면, 왕권을 이용하여 자기 욕심을 채우고 사사로운 이익을 위해 통치 행위를 할 것이다. 동서고금을 막론하고 그러한 왕은 결국 오래 가지 못해 축출되었다. 그러므로 사람이 하나님의 형상이라는 이 존엄한 선언에 유의한다는 것은 우리의 삶과 행위가 필연적으로 공적임을 기억하는 것이다. 특히 베드로전서의 구절처럼, 성도가 왕이라는 선언은 이 땅을 살아가는 그리스도인의 삶과 행위가 더더욱 '공적'이어야 하고, '공동의 선'에 부합해야 함을 확실히 보여준다. 만일 그리스도인들이 사사로운 부귀영화와 욕심의 충족을 위해서만 존재한다면, 교회가 교회 자신의 유익을 위해서만 존재한다면, 존재와 신분에 부합하지 않는 것이다.

　에베소서 1장에서 바울은 "교회는 그[그리스도]의 몸이며 만물 안에서 만물을 충만하게 하시는 이의 충만함이니라"(엡 1:23) 선언한다. 1장의 결론을 이루는 이 구절 앞부분에는 하늘에서 하나님 보좌 우편에 앉으시고, 모든 통치와 권세와 능력과 주권과 이 세상뿐 아니라 오는 세상에 일컫는 모든 이름 위에 뛰어나게 되신 예수님에 대한 서술이 있다. 그 긴 서술은 예수 그리스도가 왕이심을 의미한다.

　왕 되신 예수 그리스도의 몸이 교회라는 것은, 교회야말로 세상 가운데 주님의 왕 되심을 드러내는 유일한 통로라는 의미다. 교회가 그분의 몸이라는 것은 왕이신 주님의 세상 통치의 맥락 속에 있다. 왕이신 그리스도의 몸인 교회는 세상에서 그리스도의 그러한 왕 되심을 구현하고 드러내는 주체다. 그러므로 교회, 즉 믿는 이들의 공동체로서 그리스도인은 세상에 왕으로 존재한다. 하나님은 우리를 왕으로 부르셨다. 이 직무가 우리를 존귀하게 하며, 이 사명이 우리를 존엄하게 한다. 문제는 왕에 대한 이미지가 혼탁해져버렸다는 점이다. 참된 왕의 모범은 하나님이건만, 우리들은 이 세상 왕의 모습에 휩쓸려 참된 왕의 모습을 잃어버렸다. 그 점에서 예수 그리스도는 진정한 왕의 모습을 다시 보여주신 분이다.

다스림의 구현: 노동하는 그리스도인

창세기 2장 4절부터는 1장에서는 한 번도 나오지 않은 '여호와 하나님'이라는 이름이 등장한다. 이것은 여러 추측이 나올 정도로 특이한 점이다. 출애굽기 6장 3절에서 하나님이 모세에게 말씀하시면서, 당신이 아브라함, 이삭, 야곱에게는 전능의 하나님으로 나타나셨지만 여호와라는 이름을 알리지 않으셨다고 하시기에 더욱 특이하다. 이 구절대로라면 여호와라는 이름은 모세 이후에 알리신 이름이기 때문이다. 이를 생각하면 창세기 1장과 2장은 상당히 구별된다. 그러다 보니 두 본문의 세부 내용이 차이가 나는 점도 짐작할 만하다. 예를 들어서, 창세기 1장에서 중심을 이루는 구조인 7일 창조가 2장 4절 이하에서는 흔적도 없다. 창세기 1장은 동물 창조 후 사람 창조를 서술하지만, 2장은 남자, 동물, 여자 순으로 창조를 제시한다. 창세기 1장에서는 하나님이 명령하시자 동물이 땅에서 나왔지만, 2장에서는 하나님이 흙으로 동물을 지으셨다.

이것을 기존 연구들은 서로 다른 두 자료를 결합한 것으로 보았고, 이 견해는 충분히 타당성이 있다. 그러나 그만큼이나 중요한 또 다른 관찰은, 이렇게 확연히 구별되는 두 창조 이야기가 왜 나란히 있느냐 하는 것이다. 우리 교회가 고백하는 성경은 학자들이 '야휘스트 자료'(J; 창 2:4b-4:26)와 '제사장 자료'(P; 창 1:1-2:4a)로 구분하는 쪼개진 글이 아니라, 창세기 1-4장으로 나란히 연결된 글이다. 야휘스트 자료와 제사장 자료의 구분과 신학적 특징에 대한 연구는 앞으로도 계속 진지하게 다룰 분야이지만, 오늘 우리에게 있는 창세기의 배열에 중점을 두고서 본문을 풀이하는 것 역시 꼭 필요한 작업이다.

장엄하고 엄숙하게 말씀으로 세상을 창조하신 하나님의 위엄을 보여주는 창세기 1장은, 사람처럼 무엇을 만드시고 사람과 대화하며 함께 행하시는, 사람 같으신 하나님을 보여주는 2장과 결합되었다. 이러한 배열은, 두 창조 이야기를 서로 보완하고 연결하여 읽으라는 제안으로 보아야 한다. 창세기 1장은 온 세상을 하나님이 지으셨다고, 그 안에 살아가는 사람을 하나님이 그분의 형상과 모양대로 지으셨다고 전하였다. 세상이 끔찍하고 사람도 끔찍할 때가 있지만, 하나님은 이 세상을 보시기에 좋다 하셨고, 사람은 놀랍게도 하나님의 형상과 모양대로 지음 받았으며, 하나님을 대신하는 왕적인 통치자다. 사람은 온 세상을 다스리라고 부름 받았다. 창세기 2장은 장엄한 1장의 창조 본문과 나란히 있다. 창세기 2장 5-6절을 비롯하여 2장의 서술은 1장이 장엄하고 웅장하게 선포하는 창조를 더욱 세부적으로, 꼼꼼하게 들여다 본다.

창세기 2장은 하나님이 만드신 세상으로 에덴동산을 제시한다(창 2:8). 하나님은 에덴에 동산을 창설하시고 지으신 사람을 거기에 두셨다. 하나님은 사람을 흙으로 지으셨다. 흙으로 지은 존재에 하나님이 생기를 불어넣으시니 사람이 살아 있는 존재가 되었다. 하나님이 사람의 코에 호흡을 불어넣으시니 흙으로 된 존재가 그제야 움직일 수 있게 되었다. 사람이건 동물이건 모두 '살아 있는 생명[네페쉬 하야]'이다. 창세기 1장 20, 24절은 물에 있는 것과 땅에 있는 것을 모두 '네페쉬 하야'라고 부르고, 2장 7절은 사람이 어떻게 해서 '살아 있는 생명'이 되었는지를 보여준다. 사실 창세기 2장에서는 19절에 가서야 동물들이 등장한다는 점에서 1장과 차이가 있지만, 2장은 하나님의 창조에서 사람이 중심이라는 것을 보여준다. 하나님은 사람을 지으셨고, 사람과 관계 가운데서 동물들을 지으셨다.

창세기 2장은 사람이 중심이라는 것뿐 아니라, 사람이건 동물이건 모두 하나님이 흙으로 지으셨다고 언급함으로써 만물을 다스리는 자인 사람이 얼마나 겸손해야 하는지도 일러준다. 모든 사람은 하나님이 흙으로 지으신 존재이며, 하나님이 코에 그 호흡을 불어넣으시니 비로소 살아 있는 존재가 되었다. 하나님이 코에서 숨을 거두시면 아무도 더는 살 수 없다. 다시 원래 있던 곳인 흙으로 돌아가게 된다(전 3:18-21). 그러므로 살아 있는 존재라면 마땅히 겸손해야 한다. 그래서 하나님은 모든 교만함을 미워하시고 대적하신다. 교만은 단지 잘난 체하는 것이 아니다. 자신의 한계와 근원을 잊어버리는 행동이 교만이다. 잘난 체하지 않지만 교만한 사람들도 많다. 하나님이 사람의 생명을 주관하시는데, 자신의 삶을 스스로 규정하고 결정해버리는 것 역시 교만이다. 우리는 어떠한 능력이 있어서 강한 것이 아니라, 주님이 우리를 참되고 바른 삶으로 부르시니 강한 것이다. 그렇기에 하나님 앞에 나올 때마다 우리에게는 자신에 대한 긍정이 아니라 하나님에 대한 긍정이 필요하다. 내 욕망과 욕심에 대한 긍정이 아니라, 나를 향한 하나님의 기대와 은혜에 대한 긍정이 필요하다.

하나님은 에덴동산을 지으시고 사람을 그곳에 거하게 하셨다. 하나님은 사람을 에덴동산에 두셨고, 사람에게 그 동산을 경작하고 지키게 하셨다. 창세기 2장 15절에서 '경작하다'로 옮긴 히브리어 동사는 '아바드'다. '아바드'는 기본적으로 '일하다, 노동하다'는 의미인데, 목적어가 땅일 때는 '경작하다, 가꾸다'라는 의미다(창 2:5; 3:23; 신 28:39; 삼하 9:10; 사 30:24). 한편 사람이 에덴동산과 연관하여 행할 또 다른 행위는 '지키다'라는 단어로 표현하였다. 들짐승들에게서 양떼를 지키고 보호하듯이, 사람은 하나님이 조성하신 공간을 지키는 존재다. 경작이 땅을 쓸모 있는 곳으로 만드는 작업이라면, 지키는 것은 땅을 보호하고 보존하는 작업이다. 그런 점에서 사람은 땅을 개발하는 존재이면서 동시에 지키고 보호하는 존재이기도 하다. 개발과 보존은 아담 이래로 지구를 살아가는 모든 인간의 사명이다. 개발하는 것뿐 아니라, 보존하고 지키는 것도 사명이다. 땅을 모두 개발하여 사용해버리는 것이 아니라, 다음 세대와 그 다음 세대를 위하여 지키고 보호하는 것도 우리 시대의 사명이다. 그런 점에서 지구를 보호하고 보존하는 것 역시 하나님이 사람에게 주신 존귀한 사명이다. 거룩함의 근본이 속성이나 성품이 아니라 유일하게 거룩하신 하나님과의 관계에서 파생된다는 점에서, 지구를 보존하고 환경을 보호하는 일 역시 하나님이 우리에게 명하신 거룩한 사명이다. 그리고 처음부터 사람의 일, 사람의 노동에 개발과 보존이라는 공공의 사명이 있다는 점도 주목할 만하다.

개발과 보존 모두 사람이 행하는 일, 노동이다. 그러므로 사람은 기본적으로 일하는 존재다. 하나님이 처음 지으실 때부터 사람은 일하는 존재, 노동하는 존재다. 창세기 1장에서 하나님은 당신의 형상대로 지음 받은 사람에게 땅을 정복하고 다스리라 명령하셨다. 그리고 창세기 2장의 에덴동산에서 사람은 동산을 경작하고 지키는 노동을 한다. 그러므로 땅을 정복하고 다스리는 것은 다름 아닌 땅을 경작하고 지키는 노동을 의미한다. 노동은 다스림을 구체화한다. 온 세상의 왕이신 하나님이 창조하시고, 제자리에 두시고, 구분 지으시고, 때로는 흙으로 만드시며 노동하셨다. 그분 형상대로 지음 받아 그 왕적인 통치에 참여하는 사람 역시 노동으로 그 통치를 구현하는 것이 당연하다. 그런 점에서 '일하는 자' 혹은 '노동자'는 하나님 형상대로 지음 받은 사람을 가리키는 가장 기본적이고 근원적인 호칭이다. 주님이 "내 아버지께서 이제까지 일하시니 나도 일한다"(요 5:17) 하신 말씀도 이러한 맥락과 연결할 수 있다.

전국교직원노동조합이 처음 생겨났을 당시, 이들의 활동을 반대하고 비웃던 이들이 흔히 하던 말 중 하나가 "교사가 어떻게 노동자냐?"였다. "당신들은 교사이면서 그렇게도 노동자라고 불리고 싶소?"

냉소하며 묻는 사람도 있었다. 그런데 목사가 노동자라고 하면 아마 더 크게 펄쩍 뛸 사람이 많을 것이다. 목사뿐 아니라, 그 목사가 사역하는 교회의 교인들도 마찬가지일 것 같다. 목사를 노동자라고 부르면 난리가 날 가능성이 크다는 현실은 몇몇 선입견과 편견에서 비롯된 것이다.

여기에는 먼저 노동자라는 호칭과 노동하는 사람이라 불리는 것을 부정적으로 여기는 사회의 편견이 있다. 목사가 노동자라고 불리는 것에 대한 거부감의 원인 중에는 목사는 돈 때문에 하는 일이 아니라 사명 때문에 하는 일이라는 사고도 있을 것이다. 대체로 교역자들은 하나님이 주시는 대로 받는 것이지, 사례를 더 받기를 주장할 수 없다고 생각한다. 교회에서 사례를 받지만 자신은 하나님이 부르신 소명에 따라 목사라는 직분을 감당하는 것이지, 직업으로 선택한 것은 아니라고 생각한다. 목사라는 직업뿐 아니라, 그리스도인이 하는 다른 직업에서도, 하나님이 부르시고 보내셨음을 확신하며 그 일을 사명으로 강조할수록, 노동자로 불리기를 꺼려하는 경향이 있으며, 이와 연관하여 연봉이나 월급을 드러내놓고 다루기를 꺼리는 경향이 있다. 그러나 이것은 전혀 성경을 근거로 한 견해가 아니다.

특이하게도 창세기 1-2장에서는 하나님이 만드신 사람이 하나님을 예배하거나 경배하는 것을 찾아볼 수 없다. 전통적인 교리에서는 하나님을 예배하는 것이 사람의 제일 되는 목적이라고 확고하게 선언하지만, 정작 창세기 1-2장은 이에 대해 아무런 언급도 하지 않는다. 도리어 이 본문은 다스리는 것이 사람의 존재 이유라고 선언하며, 노동이 그 다스림의 구체적인 내용이라고 선언한다. 이를 생각하면, 하나님은 예배하라고 사람을 지으신 것이 아니다. 하나님은 일하라고 사람을 지으셨다. 노동은 하나님이 그분 형상대로 지으신 인간의 존재 근거다. 사람에게 주신 사명은 제의祭儀가 아니라 일상의 일이었다. 그리고 아담은 경작하고 지켰다. 일상의 일이야말로 창조된 인간의 사명이다.

그리고 이 점은 하나님을 닮은 거룩함을 명령하는 레위기 19장에서도 확인된다. 하나님을 닮아가는 거룩함은 무엇으로 드러나는가? 레위기 19장에 따르면 농부의 거룩함은 수확할 때 자기 밭의 한 모퉁이를 가난한 이들을 위해 남겨 놓는 데서 구체적으로 나타나고(레 19:9-10), 고용주의 거룩함은 자기가 고용한 이들의 일당을 제시간에 정확하게 지급하는 데서 실질적으로 드러난다(레 19:13). 재판관의 거룩함은 외모를 보지 않는 정의로운 판결에서 나타나며(레 19:15), 장사하는 이들의 거룩함은 공정한 저울과 추에서 나타난다(레 19:35-36). 기도나 말씀 읽기, 예배 같은 행위가 아니라 일상의 현장에서 행하는 노동이 거룩함을 구현한다. 아무든지 자기 일터에서 이익을 위해 다른 이를 속이지 않고, 힘있는 사람이건 힘없는 사람이건 간에 모든 사람을 공정하게 대하며 노동을 수행하고, 가난한 이웃을 배려한다면, 그 사람은 거룩하다. 정직한 노동은 거룩하다. 노동한다는 것은 하나님을 닮아가는 것이다.

엄밀히 말하면 노동하는 것이야말로 하나님을 예배하는 것이다. 히브리어 '아바드'에는 '일하다' 하는 의미와 더불어, '하나님을 섬기다, 예배하다' 하는 의미도 있다(출 3:12; 시 22:30). 교리에서는 사람의 제일 되는 목적이, 하나님을 영화롭게 하고 그분을 즐거워하는 것이라 고백한다. 그런데 에덴동산의 사람은 자신이 맡은 에덴동산을 경작하는 노동을 통해 하나님을 영화롭게 했다. 노동과 예배는 분리할 수 없으며, 사람의 노동은 그 자체로 자기를 지으신 하나님을 예배하는 것이다. 그런 점에서, 하나님이 사람에게 주신 사명은 제의적이라고 말할 수도 있다. 노동이야말로 예배이기 때문이다.

복음의

공공성

에덴동산은 하나님이 조성하신 공간이며, 사람은 그곳에 거하면서 경작하고 지킨다. 처음 사람들에게 에덴동산은 자신들이 살아가는 세상 전체였다. 사람이 에덴을 경작하고 지키듯이, 이스라엘은 하나님이 주신 땅을 경작하고 지킨다. 약속의 땅에서 이스라엘은 하나님에게 땅을 기업으로 받고, 그 땅의 소유자가 아니라 그 땅을 경작하는 자로 살아간다. 아담이 하나님 주신 땅에서 경작하며 살았고, 이스라엘은 그들에게 주신 기업을 경작하며 살아간다. 사람에게 에덴동산은 소유의 대상이 아니라 노동하며 살아가는 삶의 공간이다. 이스라엘에게 가나안 땅은 소유의 대상이 아니라 노동하며 살아가는 삶의 공간이다. 그런 점에서, 에덴동산에 살던 사람과 가나안 땅에 살던 이스라엘은 서로 대응한다. 그리고 이 모습은 이 시대를 살아가는 우리에게도 근본적으로 해당된다. 우리가 살아가는 세상은 소유의 대상이 아니라 노동하며 살아가는 삶의 공간이다.

이러한 생각이야말로 청지기라는 말의 배경이다. 우리는 이 땅을 소유하지는 않았으나 하나님이 우리에게 맡기셨다. 하나님이 세상을 다스리시듯이, 사람은 자신이 놓인 에덴동산을, 이스라엘은 가나안 땅을 다스려 경작하며 지켜야 했다. 우리에게 청지기라는 말은 돈과 연관되는 경우가 많다. 그러나 재물이 아니라, 우리는 우리가 사는 세상 전체에게 청지기로서 살아간다. 청지기이기에 우리는 우리가 사는 세상에서 열심히 노동자로 존재하고 살아간다. 노동자로 살아가는 것이야말로 청지기로 살아간다는 말의 진정한 의미다.

고대 중동의 창세 설화와 노동

이스라엘과 이방 민족의 차이가 여럿 있겠지만, 그 중 하나가 노동에 대한 인식이다. 고대 중동 지방에도 신들이 사람을 창조한 이야기가 전해지는데, 대부분은 신이 흙으로 사람을 지었다는 내용이다. 성경과 달리 고대 중동 신화들에는 사람을 신의 형상으로 창조했다는 언급이 없으며, 신은 자기가 하기 싫은 일을 시키려고 사람을 만든다.

수메르 신화 가운데 인간 창조를 다루는 "사람이 태어난 이야기"에서 주신主神 엔키가 사람을 만든 동기는, 강바닥을 파내어 수로를 정비하는 일을 하는 작은 신들이 노동의 고역으로 인해 불평을 했기 때문이었다. 엔키는 흙과 피를 섞어 사람을 만들어서 작은 신들 대신 수로를 정비하는 일을 시켰다. 수메르 창세 신화인 "지우수드라"에 따르면, 신들이 만든 인간들이 수로를 파는 노동을 하였고, 노동의 고역으로 불평하는 인간들을 주신主神 엔릴이 홍수로 멸할 계획을 세운다. 바벨론 신화인 "아트라하시스"에서는 이 두 가지 내용을 결합했다. 노역에 시달리던 작은 신들이 반란을 일으키자 큰 신들이 반란을 제압하고서 주동자 신을 죽여 그 피와 흙을 섞어 사람을 만든다. 그리고 그 사람에게 작은 신들을 대신해서 노역을 시켰으나, 사람들이 노역으로 인해 불평하자 사람들을 없앨 홍수를 계획한다. 신이 만든 인간이 신이 하던 노역을 대신해서 하고, 신들은 쉰다는 내용은 다른 바벨론 창조신화인 "에누마 엘리쉬"에서도 볼 수 있다.

고대 중동 신화들에서 노동은 괴롭고 고통스러운 것이며, 가능한 한 피해야 하는 것이다. 그래서 하급 신들이 이 일을 감당하다가, 주신이 사람을 만들면 사람에게 이 일을 떠넘긴다. 노동은 '아랫것들'이 하는 것이며, 조금이라도 지위가 높아지면 결코 하지 않는 것이다. 그에 비해 창세기에서 여호와 하나님은 처음부터 일하시는 하나님으로 등장한다. 신약도 일관되게 하나님을 지금도 일하시는 분으로 표현한다. 노동은 처음부터 하나님이 모든 사람에게 부여하신 거룩한 사명이다. 사람이 살아가는 공간을 경작하고 지키는 것, 즉 개발과 보존은 인간의 기본 사명이다.

그러므로 구약의 하나님을 믿는다는 것은 노동의 가치와 의미를 이해하고 존중하며 따르는 것이다. 구약의 여호와 하나님과 고대 중동 신화에 등장하는 신들의 차이는 단순히 이름 몇 글자의 차이가 아니라, 노동에 대한 근본적인 견해 차이이다. 여호와 하나님을 믿는다고 하면서, 노동을 벗어버릴 짐으로 여긴다면 그 사람은 우상을 섬기는 것이다.

중동의 창조 이야기는 인간을 신들에게 노동력을 제공하는 존재로 설정하며, 이를 통해 신, 신의 대행자인 왕, 신과 왕을 위해 일을 하는 일반 하층민이라는 수직적 질서 체계를 합법화하고 정당화한다. 그러나 구약은 왕만 신의 형상이 아니라 모든 사람이 하나님의 형상이라고 선언한다. 그런 점에서 구약의 창조 이야기는 고대 중동 지방의 문화와 사상에 대한 강력한 반대이며 새로운 가치의 선언이다. 관계를 지으신 하나님은 인간으로 하여금 노동을 통해 왕으로서 사명을 감당하게 하셨다. 노동은 하나님이 지정하신 거룩한 것이며, 사람은 노동을 통해 하나님의 창조 역사에 참여한다.

그러므로 사람은 노동할 때 사람답다. 그리고 노동은 하나님의 형상대로 지음 받은 인간의 세상 다스림의 실현이다.

03
선악과, 죄, 죽음

하나님은 사람을 하나님의 형상과 모양대로 만드셨다. 하나님이 온 세상을 다스리시듯 사람도 온 세상을 다스린다. 그리고 그 다스림은 경작하고 지키는 노동을 통해 현실이 된다. 그런데 처음 창조의 영광스러운 이야기는 곧바로 처음 사람의 추방 이야기로 이어진다. 창세기는 우리로 하여금 창조의 아름다움 안에 머물게 하지 않고, 곧바로 사람의 죄악, 하나님에게서 숨어버림, 관계의 파괴에 직면하게 한다. 그리고 이러한 죄와 파괴 이야기가 가인과 노아 시대를 거쳐 바벨탑까지 확장된다는 점에서, 창세기는 우리가 지독한 현실이라는 배경에서, 즉 죄의 현실 속에서 어떻게 살아가야 하는지를 다루는 책이다.

첫 가정인 아담과 하와의 가정에서 일어난 비극, 가인 후예의 모습, 셋의 후손이 이룬 세상에 가득한 죄악, 심지어 홍수심판에서 구원받은 노아의 후손이 건설한 바벨탑까지, 창세기 첫 부분은 인류 가운데 가득한 죄악을 집중적으로 강렬하게 다룬다. 어찌 보면 창세기 첫머리는 죄악 가득한 현실에 초점을 두었다고 말할 수 있다. 그리고 그 출발이 되는 죄를 3장에서 다룬다. 2장에서 창조된 사람이 3장에서 죄를 짓는 것을 보아도, 창세기는 사건을 상세히 기록하기보다는 매우 신학적인 관점에서 사람과 죄를 서술하는 책이다.

흔히 창세기 3장은 '타락Fall'이라는 주제어로 대표된다. 이와 연관해 우리는 3장에서 '원죄original sin'를 곧바로 떠올리며, 이 본문을 "태어날 때부터 사람은 죄인이다" 하는 선언의 배경으로 이해하곤 한다. 그렇지만 '원죄'라는 단어가 구약과 신약에서 전혀 쓰이지 않는 단어이고 그 내용도 분명치 않으므로, 우선은 본문이 말하는 바에 귀를 기울여야 한다.

먼저 기억할 것은 창세기 2장과 3장이 긴밀하게 연결되었다는 점이다. 가장 중요한 근거는, 앞서 언급한 것처럼 창세기 1장에서는 오직 '하나님[엘로힘]'이라는 칭호만 쓰지만, 2장과 3장에서는 줄기차고 일관성 있게 '여호와 하나님'이라는 호칭을 사용한다는 점이다. 이야기에 등장하는 대화에서 뱀과 여자와 남자는 그저 '하나님'이라 말하지만(창 3:1, 3, 5, 10, 12), 2-3장 전체 이야기의 화자는 한 번도 예외 없이 '여호와 하나님'을 사용한다. 개역개정은 이 점에 주목하지 못하고 3장 24절의 주어를 '하나님'으로 옮겼지만, 24절이 히브리어 본문에서는 앞 절에서 이어지는 문장이므로 23절과 연결하여 "여호와 하나님이 … 같게 하시고 그 사람을 쫓아내시어"로 번역하는 것이 더 적절하다. 그에 비해 창세기 4장에서는 하나님의 이름을 '여호와'로만 언급한다. 5장에서는 다시 일관되게 '하나님'을 사용한다. 그러므로 창세기의 처음 다섯 장은 하나님의 이름 사용에 있어서 매우 일관되게 분류되며, 2장과 3장은 하나의 본문 단위로 보아야 한다.

뱀=사탄?

창세기 3장의 첫 단어는 '뱀'이다. 대개 히브리어 문장은 동사가 먼저 나오고 주어가 나오지만, 1절의 경우 주어인 '뱀'을 문장 첫머리에 놓아서 강조한다. 흔히 이 뱀을 사탄이라고들 생각하지만 3장 1절에서 "뱀은 여호와 하나님이 지으신 들짐승"이라고 표현하는 것을 보면, 이 뱀을 사탄 혹은 마귀라고 단정하는 것은 매우 부적절하다. 3장과 한 덩어리로 연결된 2장 19절은 여호와께서 흙으로 모든 들짐승을 지으셨다고 한다. 아울러 현재의 배열에서 가장 앞에 놓인 1장 25절은 '땅의 짐승'을 하나님이 종류대로 만드시니 보시기에 좋았더라고 선언하기도 한다. 그러므로 하나님이 마귀를 만드셨다는 황당한 결론을 내리지 않는 이상, 이 뱀을 마귀라고 볼 수는 없다. 뱀이 사탄에게 조종되었다고 말할 수도 있겠지만, 창세기를 포함하여 구약은 그러한 사탄의 존재를 거의 언급하지 않는다. 아담과 하와를 사탄이 조종했다는 표현도 성경에서는 찾아볼 수 없다. 2장에서 만물을 지으신 하나님의 창조 사역 가운데 뱀의 이야기가 있다. 마귀를 이야기하지 않고 하나님의 피조물을 이야기한다.

이를 생각하면 오늘날 사탄이나 마귀가 우리를 조종한다는 표현을 너무 쉽게 사용하는 것도 그리 적절치 않다. 마귀나 사탄에게 모든 책임을 넘기기 전에 우리 자신을 돌아보아야 하고, 그렇게 할 때 마귀나 사탄을 대적한다는 의미가 좀 더 분명해질 것이다. 그렇지 않으면 마귀를 대적하는 것을 '영적' 차원에서 축사逐邪하는 것으로 좁혀버리기 쉽다. 야고보서의 한 구절은 명백하게 "마귀를 대적하라"고 명령한다.

그런즉 너희는 하나님께 복종할지어다. 마귀를 대적하라. 그리하면 너희를 피하리라(약 4:7).

여기서 '마귀를 대적'하는 것은 축사하는 것이 아니다. 자신들의 욕망을 채우기 위해 기도하고 세상에서 부를 얻기 위해 온갖 애를 쓰는 사람들에게 야고보는 하나님에게 복종하고 마귀를 대적하라 권면한다. 여기서 하나님에게 복종하고 마귀를 대적하는 것은 겸손히 하나님을 구하는 것(약 4:6), 슬퍼하고 애통하며 우는 것(약 4:9), 주 앞에서 자신을 낮추는 것이다(약 4:10). 마귀를 대적하는 것을 자칫 이상한 '영적' 차원으로 생각하기 쉽지만, 야고보서는 탐욕과 욕심에 맞서는 것이 마귀와 싸우는 것이라고 분명히 풀이한다. 마귀가 이러한 형태로 나타난다는 것은, 바울이 "공중의 권세 잡은 자"를 가리켜 "지금 불순종의 아들들 가운데서 역사하는 영"이라고 하는 에베소서 2장 2절에서도 볼 수 있다.

그는 허물과 죄로 죽었던 너희를 살리셨도다. 그때에 너희는 그 가운데서 행하여 이 세상 풍조를 따르고 공중의 권세 잡은 자를 따랐으니 곧 지금 불순종의 아들들 가운데서 역사하는 영이라. 전에는 우리도 다 그 가운데서 우리 육체의 욕심을 따라 지내며 육체와 마음의 원하는 것을 하여 다른 이들과 같이 본질상 진노의 자녀이었더니(엡 2:1-3).

바울은 그러한 영을 따르는 이들을 한 마디로 "육체의 욕심을 따라 지내며 육체와 마음의 원하는 것"(엡 2:3)을 하는 이들이라 규정한다. 그 점에서 바울의 진술과 야고보의 진술은 서로 통하며, 앞으로 보겠지만 창세기 3장과도 일맥상통한다. 나아가 바울은 이를 가리켜 "이 세상

풍조"(엡 2:2)를 따른 것이라 말하기도 한다. 그러므로 오늘 우리도 이 시대를 주관하고 지배하는 마귀의 계략이 어떠한 형태로 나타나는지를 성찰해야 한다. 그러한 성찰 없이 마귀와 사탄을 운운하면 모든 책임을 사실상 마귀에게 떠넘긴 채, 그저 "사탄아 물러가라"만 되뇌면서 오로지 더 많은 예배, 더 많은 기도에만 치중할 수 있다.

그러므로 창세기 3장에서 뱀이라는 단어를 보고 사탄과 마귀를 떠올리기보다는 뱀이 무슨 말을 하는지, 그리고 그 말에 사람이 어떻게 반응하는지를 먼저 유심히 보아야 한다. 본문에서 뱀은 여호와 하나님이 지으신 들짐승 가운데 가장 간교하다고 했다. 여기서 '간교'로 번역한 히브리어 '아룸'은 '슬기로움'이라는 의미이기도 하다. 특히 잠언에서 이 단어를 그렇게 사용한다.

> 어리석은 자는 온갖 말을 믿으나 슬기로운 자는 자기의 행동을 삼가느니라. … 어리석은 자는 어리석음으로 기업을 삼아도 슬기로운 자는 지식으로 면류관을 삼느니라(잠 14:15, 18).

잠언에서 이 단어는 신중하고 사려 깊으며 함부로 말하거나 행동하지 않는 것을 가리킨다. 그러므로 뱀에게 있는 이 특징은 간교함일 수도 있고 슬기로움일 수도 있다. 창세기 3장은 뱀이 일찍부터 매우 지혜로운 들짐승이었음을 보여준다. 마태복음 10장에서 예수님이 지혜로움의 대표로 뱀을 언급하신 것은 창세기의 이 구절과 연관이 있을 것이다. 뱀과 같은 지혜는 무슨 일을 요리조리 피하고 잔머리 굴리는 것이 아니라, 행동과 말이 슬기로움을 가리킨다. 뱀이 지혜롭다는 것이 실제로 무엇을 의미하는지를 오늘 우리가 온전히 이해하기는 어렵다. 그리고 뱀이 말을 한다는 것도 오늘 우리가 이해하기 어렵다. 처음에는 뱀이 말을 할 수 있었는데 이 범죄사건 이후에는 말을 못 하게 되었다 식으로 풀이할 수도 없다. 이러한 내용은 창세기가 말하는 바를 위한 소재라고 볼 수 있다. 창세기는 말하는 뱀과 '지혜'를 소재로 하여 사람들 가운데 죄가 어떻게 시작되었는지를 그린다. 그러므로 창세기 3장에 나오는 뱀을 사탄이라고 단정 짓기보다는 이 본문에서 지혜가 어떻게 사용되는지에 주목해야 한다.

뱀의 말

지혜가 있던 말하는 뱀은 자기 지혜를 동원하여 하나님의 말씀에 불평하도록 자극한다. 하나님이 이르신 말씀과 뱀의 말은 매우 대조적이다. 하나님은 사람에게 "동산 모든 나무 열매는 마음껏 먹되 선악을 알게 하는 나무 열매는 먹지 말라. 먹으면 반드시 죽게 된다"(창 2:16-17) 하셨다. 하나님은 모든 것을 풍성하게 먹도록 허락하시되, 한 가지를 금하셨다. 여기에 사용한 '모든'(개역개정은 '각종'으로 옮김), '마음껏'(개역개정은 '임의로'로 옮김), '반드시' 같은 표현은 하나님 말씀이 의미하는 바를 강조한다. 그에 비해 "하나님이 참으로 동산 모든 나무 열매를 먹지 말라 하시더냐" 묻는 뱀의 말은 하나님이 금하신 한 가지에 초점을 두어, 하나님의 풍성하신 은혜 전체를 부정적으로 표현한다. 뱀은 하나님을 모든 것을 금지하시는 분, 즉 "이것을 하지 말라, 저것을 하지 말라" 하시는 분으로 교묘하게 비틀어 표현한다. 그리고 곧이어 하나님의 말씀을 강력하게 부정한다. 선악을 알게 하는 나무 열매를 먹어도 결코 죽지 않는다고 선언하며, 죽기는커녕 눈이 밝아져 선악을 아는 일에 하나님처럼 될 것이라고 한다(창 3:4-5). 뱀의 말에 따르면, 하나님은 사람들이 하나님처럼 될까봐 선악을 알게 하는 나무 열매를 못 먹게 하시는 존재다. 뱀의 지혜는 하나님의 의도를 부정해버리며, 하나님이 주신 명령을 불평하고 거추장스러운 것으로 여긴다. 외부에서 내리는 모든 명령과 원칙 자체를, 사람이 하나님처럼 스스로 선악을 판단하는 것을 가로막고 사람을 얽매는 것으로 본다. 그것이 뱀이 자기 지혜를 사용한 방식이다. 실제로, 사람이 이 열매를 따먹자 하나님이 "이 사람이 선악을 아는 일에 우리 중 하나 같이 되었으니" 하고 말씀하신 점에서(창 3:22), 과연 뱀은 지혜로운 존재라 할 만하다.

여자의 말

뱀이 하나님 명령을 부정적으로 표현하며 과장할 때, 하와는 또 다른 방향으로 하나님의 명령을 과장하며 슬쩍 바꾼다. 다시 하나님의 명령을 기억해 보면, 하나님은 사람에게 "동산 모든 나무 열매는 마음껏 먹으라. 그런데 선악을 알게 하는 나무 열매는 먹지 말라. 먹으면 반드시 죽는다" 하셨다. 여기서 '모든', '마음껏', '반드시'와 같은 강조 표현이 쓰였다. 그에 비해 하와는 "동산 나무 열매를 먹을 수 있다", "동산 중앙에 있는 나무 열매는 먹지도 말고 만지지도 말라. 너희가 죽을까 하노라 하셨다" 표현한다. 하나님은 모든 나무를 마음껏 먹으라 하셨으나, 여자는 동산 나무를 먹으라고 하셨다고만 표현한다. '모든'과 '마음껏'을 언급하지 않으면서, 그 열매들을 먹게 된 것을 그리 고마워하거나 귀하게

복음의
공공성

여기지 않는다는 뉘앙스를 풍긴다. 하나님은 "먹지 말라. 반드시 죽으리라" 하셨으나 여자는 "먹지도 말고 만지지도 말라. 죽을까 하노라" 표현한다. '만지지도 말라'를 집어넣어 하나님의 금지를 과장하고, '반드시'를 빼버리면서 결과의 심각성을 축소한다. 하나님이 주신 것을 별것 아닌 것으로 표현해버리고, 금하신 것을 과장하여 반발심을 표현하며, 경고하신 것은 축소해버린다.

"만지지도 말라"를 추가한 것은 의미심장하다. 하나님은 선악의 기준, 하나님의 율법, 인간의 한계를 명령하셨다. 그런데 이 명령에 여자가 "만지지도 말라"를 추가하자, 하나님에게 순종하는 것이 이것저것을 하지 말라고 강요하는 규범과 율법의 종교로 굳어버렸다. 먹고 먹지 않음이 관건이라기보다는 하나님이 하나님이시며 왕이심을 드러내는 것이 관건이던 명령이, 이제는 먹지도 말고 만지지도 않음으로써 따라야 하는 율법 규례가 되어버렸다. 여자는 하나님에 대한 신앙을 율법주의 종교로 바꾸어버렸다.[11] 신앙을 율법주의 체계로 만들려는 노력은 참으로 오래된 것이며, 그러한 노력은 대부분 제사 체계의 정교화, 여러 금기禁忌 설정, 많은 제의적 정결 설정으로 나타난다. 그리고 이러한 정교한 제의는 본질을 밀어내고 신앙의 중심을 차지하기 마련이다.

특히 여자는 '선악을 알게 하는 나무'라고 표현하지 않고 그저 '동산 중앙에 있는 나무'라고 표현한다. '선악을 알게 하는 나무'라는 표현을 사용하면 하나님이 그 나무 열매를 금하신 까닭을 짐작하고 숙고하게 된다. 그러나 여자는 굳이 위치만 나타내는 표현인 '동산 중앙에 있는 나무'라고 표현함으로써 이 나무를 수많은 나무들 중 하나로 만들어버린다. 사실 동산 중앙에 있는 나무로 2장에서 먼저 언급하는 것은 생명나무이며, 선악을 알게 하는 나무는 그 다음에 나온다(창 2:9). 그러나 여자는 선악을 알게 하는 나무 열매를 먹지 말라는 하나님의 명령을, '동산 중앙에 있는 나무' 열매를 먹지 말라는 표현으로 바꾸면서 하나님 명령이 터무니없고 근거 없으며 부당해 보이게 만든다. 이것은 그 나무에 대한 여자의 판단과 마음을 반영한다고 해석할 수 있다. 의미가 담긴 나무를 그저 위치를 기반으로 한 기호로 바꾸어버린 여자의 말은, 의미를 모른 채 반복하는 율법주의적, 제의적 종교를 만들어내며, 근거도 제시하지 않은 채 부당하게 명령하시는 하나님이라는 이미지를 만들어낸다. 선악을 알게 하는 나무는 특별한 나무지만, '동산 중앙에 있는 나무'라는 표현은 그 나무의 특별하고 고유한 색깔을 모두 없앤다. '선악을 알게 하는 나무의 열매'를 먹지 말라는 명령은 그 의미를 생각해보게 하지만, 이 명령을 '동산 중앙에 있는 나무의 열매'를 먹지 말라는 표현으로 바꾸자 일방적이며 권위적인 명령이 되어버린다.

여자의 표현은 일종의 언어 조작이다. 여자는 '선악을 알게 하는 나무'라는 많은 내용을 함축한 구체적인 표현을 '동산 중앙에 있는 나무'라는 일반적인 표현으로 바꿈으로써 하나님 명령을 조작해버린다. 이러한 언어 조작은 현실을 추상화하고 무채색으로 만든다. 일찍이 나치는 유대인 대학살을 '유대인 문제에 대한 최종 해결책'이라고 불렀다. 그런데 무고한 이들을 포함한 수많은 이들을 정당한 절차 없이 잡아가고 격리한 조치를 '사회 정화'라고 부르거나, 하루아침에 노동자들을 해고하는 것을 '인력 수급 조절'이라는 비인간적인 말로 표현하는 것도 마찬가지 언어 조작이다. 그러므로 구체성을 잃은 언어 사용은 특정한 의미를 감추려는 의도적 조작이다.

복음의

공공성

여자와 남자

여자가 뱀과 이야기할 때 남자는 그 곁에 있었다. 여자가 그 나무 열매를 먹고 자기와 함께 있는 남자에게도 주었다는 6절 표현을 보면, 남자는 여자와 뱀이 대화하는 바로 곁에 있었다. 아울러 1-5절에 여러 번 쓰인 '너희'와 '우리'라는 복수형 역시, 남자가 여자 곁에 있었음을 보여 준다. 그런데 이 남자는 여자가 뱀과 주고받는 말을 전혀 교정하지 않는다. 하나님이 처음에 먹지 말라 금하신 것은 남자에게 하신 명령이다. 그래서 창세기 2장 16-17절의 명령은 2인칭 단수형이다. 그러므로 여자가 과장하고 축소하여 대답한 것은 남자가 여자에게 잘못 가르쳐 준 결과일 수도 있고, 잘 가르쳐 주었지만 여자가 그렇게 바꾼 것일 수도 있다. 어느 쪽이든 지금 남자는 여자의 대답을 고치거나 바로 잡으려고 하지 않는다. 그저 가만히 지켜볼 따름이며, 마침내 여자가 그 열매를 먹는 순간까지도 가만히 있다가 열매를 먹은 여자가 권하자 남자도 열매를 먹는다. 그러므로 남자의 마음에도 이미 여자와 마찬가지로 하나님이 주신 명령에 대한 부정과 반발이 있었다고 볼 수 있다. 타락 이전에 남자와 여자에게는 이미 하나님의 명령에 대한 적절치 못한 마음이 있었다.

아담에게 있던 이 마음을 무엇이라 표현해야 할까? 자기에게도 마음이 있었지만 호기심 많은 상대가 말하는 것을 들으며 그 상대가 먼저 선을 넘어 가기를 기다린다. 먹으면 반드시 죽는다고 하였으니, 아마도 남자는 그 열매를 먹은 이에게 무슨 일이 일어나는지 지켜보다가 아무 일이 없자 열매를 같이 먹은 것인지도 모른다. 처음에 여자를 보고 "뼈 중의 뼈요 살 중의 살"이라 하였지만(창 2:23), 이미 남자는 여자를 그렇게 여기지 않는다. 남녀 관계는 이미 깨졌다.

여자가 그 나무 열매를 보는데 "먹음직도 하고 보암직도 하고 지혜롭게 할 만큼 탐스럽기도" 하였다. 보암직과 탐스러움에 쓰인 단어는 '무엇무엇을 갈망하다, 탐내다'를 의미하는 '아봐'와 '하마드'라는 동사에서 파생한 명사와 분사다. '보암직'에는 '바랄 만한 것', '갈망', '욕망'이라는 히브리어 '타아봐'를 사용했다. 이 단어는 부정적으로는 '욕망', '탐욕'을 의미하지만, 긍정적으로는 '소원', '바라는 것'을 의미하기도 한다.

악인은 이를 보고 한탄하여 이를 갈면서 소멸되리니 악인들의 욕망은 사라지리로다(시 112:10).

여호와여 주는 겸손한 자의 소원을 들으셨사오니 그들의 마음을 준비하시며 귀를 기울여 들으시고 고아와 압제 당하는 자를 위하여 심판하사 세상에 속한 자가 다시는 위협하지 못하게 하시리이다(시 10:17-18).

하나님은 악인의 '욕망'을 심판하시되, 가난한 이들의 '소원'을 들어주신다. 그러므로 이 단어 자체는 중립적이다. 개역개정이 '탐스럽다'고 번역한 부분에도 갈망을 의미하는 단어가 쓰였다. 즉 처음 지음 받은 사람의 마음에 탐내고 바라는 마음이 있었다. 이러한 갈망, 탐내는 마음은 죄의 결과가 아니다. 나무 열매를 따 먹기 전에 이미 사람 안에 그러한 마음이 있었다. 그러므로 이러한 욕망, 탐내는 마음 자체가 문제는 아니다. 또 먹기에 좋다는 표현과 보기에 탐스럽다는 표현이 창세기 2장 9절에서 동산 모든 나무를 가리키는 데 쓰인 것을 보아도 이러한 마음 자체는 문제가 아니다. 롯이 소돔 땅을 보는데 아주 좋아 보였다. 그 땅이 여호와의 동산 같고 애굽 땅 같다고 표현한다. 그러므로 이 단어는 이중적이다. 롯은 단순히 풍요를 선택한 것이 아니다. 좋은 것을 좋은 것으로 아는 것이 문제가 아니다. 함께 살아가는 이를 돌아보느냐 하는 것이 중요하다. 그리고 아담과 하와의 경우, 하나님이 자기들에게 명하신 말씀을 기억하는 것이 중요하다. 그렇지 않으면 좋은 것이 더는 좋은 것이 아니게 된다.

'보암직'과 '탐스러움'에 쓰인 두 동사는 십계명에서도 함께 쓰였다(신 5:21). 어근이 동일한 단어가 십계명에도 쓰였다는 것은 현재 아담과 하와의 행위 자체가 십계명과 연관이 있음을 암시한다. 갈망과 탐냄 자체는 문제가 아니다. 그러나 하나님은 그러한 갈망과 탐냄을 모두 자기 소유로 만들어버리는 것을 금하셨다. 우리에게 하나님은 선악을 알게 하는 나무 열매를, 우리 이웃의 아내와 밭과 소유를 탐내지 말라 하셨다.

완전하신 창조, 인간의 존엄

타락 이후에 탐심이 생긴 것이 아니다. 타락 이전에 여자에게도, 하나님에게 직접 명령을 들었는데도 여자를 제지하지 않고 가만히 지켜보고만 있는 아담에게도 이미 탐심이 있다. 이를 보면, 하나님은 사람을 순진무구하여 아무 탐심도 아무 유혹도 없는 존재로 짓지 않으셨다. 사실 순진무구하여 일체의 죄를 생각도 할 수 없고, 아무런 탐욕도 품지 않는 인간을 의도하셨다면 하나님은 선악을 알게 하는 나무 열매 자체를 아예 조성하지 않으셨을 것이다. 그러나 태초의 에덴동산에는 먹는 것이 허용되지 않는 나무가 있었고, 그 나무를 바라보는 여자의 마음에 탐심이 있었다. 그리고 그 여자 곁에 있는 뱀에게는 교활함이 있었다. 창세기에 따르면 하나님은 인간과 세계를 순결한 백지 상태로 만드신 것이 아니라, 얼마든지 악용될 소지가 있는 참으로 자유로운 상태로 만드셨다. 하나님은 여자와 남자에게 스스로 하나님의 말씀에 순종하고 따를 자유를 주셨다. 하나님이 가인에게 하신 말씀이 여기에도 해당될 수 있다. "죄가 너를 원하나 너는 죄를 다스릴지니라"(창 4:7).

하나님은 사람에게 완전한 자유를 주셨다. 하나님의 창조가 완전하다는 것은, 사람이 온통 선만 행하는 존재라는 의미가 아니다. 하나님은 사람을 입력된 대로 행하는 기계 같은 존재로 만들지 않으셨으며, 보고 바라고 갈망하는 마음이 있는 존재로 만드셨다. 하나님은 선악을 알게 하는 나무도 만드시고 사람에게 그 나무 열매를 먹지 말라 하셨다. 그 나무가 없었더라면 죄를 짓는 일도 없었을 텐데, 하나님은 탐내는 마음을 지닌 사람 곁에 그 나무를 두셨다. 이것이야말로 하나님이 사람에게 주신 존엄의 본질적 측면이다. 사람은 기계나 동물이 아니라 탐내는 마음과 그러한 탐내는 마음이 향하는 대상이 함께 존재하는 상태로 지음 받았다. 그러므로 선악을 알게 하는 나무는 사람을 넘어지게 만드는 시험거리가 아니다. 하나님이 사람을 빠뜨리려고 만드신 함정도 아니다. 선악을 알게 하는 나무는 사람으로 하여금 자신이 하나님의 형상과 모양대로 지음 받은 존재지만, 하나님은 아님을 잊지 않게 하는 대상이다. 이 나무를 볼 때마다, 그 나무를 향한 갈망이 있을 때마다, 사람은 자신이 하나님이 아님을 생각하고 그 나무 열매를 먹지 않는 결단을 하도록 부름 받았다. 하나님은 사람을 스스로 하나님의 명령을 따르는 삶을 살라고 부르시고 초대하신다. 그러므로 선악을 알게 하는 나무는 하나님의 형상대로 지음 받은 인간의 존엄을 보여주는 대상이다.

인간 존엄의 또 다른 측면은 질문하시는 하나님이다. 하나님은 아담에게 "네가 어디 있느냐", "누가 너의 벗었음을 네게 알렸느냐", "그 나무 열매를 네가 먹었느냐" 물으시고, 여자에게도 "네가 어찌하여 이렇게 하였느냐" 물으신다. 반면 뱀에게는 질문하지 않으시고 선언하신다(창 3:14). 가인을 향해서도 "네가 분하여 함은 어찌 됨이며 안색이 변함은 어찌 됨이냐", "네 아우 아벨이 어디 있느냐" 물으신다. 하나님은 사람에게 끊임없이 물으시며 사람이 스스로 대답하도록 부르신다. 사람은 하나님과 대화하도록 초대 받은 존재다.

죄의 시작인 자기애

그러나 뱀은 자기가 받은 슬기를 간교로 바꾸어 하나님 말씀을 왜곡하였고, 여자는 탐심을 충족하기 위해 말씀을 왜곡한 후 그 말씀을 어겼다. 그리고 여기에는 남자도 한 치의 다름이 없었다. 자신의 욕망, 자신의 탐심을 충족하기 위해 하나님을 떠나는 것, 자신이 받은 말씀을 그 욕망과 탐심 충족을 위해 왜곡하는 것이 죄의 출발이요 본질이다. 탐욕을 행하는 것, 바울의 표현을 따르자면 육체의 소욕을 좇는 것은 하나님의 은혜 안에 살아가는 삶과 정반대다. 탐욕으로 행하는 것은 자기 속에 있는 것을 하나도 내려놓거나 직시해서 성찰하지 않고, 그대로 충족하려고 한다는 점에서, 철저한 자아집착이다. 그런 점에서 탐욕의 근원은 자기애自己愛다.

선악을 알게 하는 나무 열매 자체가 문제가 아니라, 그 나무 열매가 하나님이 금하신 열매였다는 것이 문제다. 사람이 그 열매를 먹은 것은 무엇보다도 자신과 하나님의 관계를 깨뜨린 것이다. 열매를 향한 욕망을 포기하고 내려놓으면 자기가 부정되고 없어질 것 같아서 그들은 하나님의 명령을 부정해버렸다. 사람은 욕망의 충족과 채움을 통해 자기 존재를 확인하려고 한다. 이렇게 자아 정체성을 찾으려고 하는 한, 사람은 탐욕을 버릴 수가 없고, 이를 위해서라면 다른 이들을 배제해버리고 말 것이다. 그래서 뱀과 사람의 관계가 파괴되었고, 남자와 여자의 관계가 파괴되었다. 그리고 하나님이 그들이 사는 동산에 거니실 때, 아담과 아내는 하나님을 피하여 숨었다. 하나님과 사람의 관계가 파괴되었다. 열매를 먹을 때 이미 그들과 하나님의 관계가 깨졌다는 점에서, 아담과 아내가 나무 사이에 숨은 것은 그 필연적인 귀결이며 단적인 표현이다.

오늘날 '원죄'라는 모호한 표현이 교리적으로 널리 쓰이지만, 사실 원죄는 추상적인 개념이 아니다. 오늘날에도 우리는 여전히 자신의 욕망을 위해 하나님 말씀을 왜곡하고, 내 탐심 충족을 위해 하나님을 떠나는 경우가 허다하다는 점에서, 아담과 하와 안에 있던 죄는 우리 안에도 생생하게 살아있다고 인정할 수밖에 없다. 그러므로 자기애야말로 말 그대로의 '원죄original sin'이며 원죄의 가장 근본적인 결과는 관계의 파괴다. 죄는 홀로 있는 개인의 잘못이 아니라 하나님이 사람을 존재하게 하신 관계의 파괴다.

이것이 우리를 죄짓게 하는 지체에 대해 주님이 마가복음 9장에서 "손과 발, 눈이 너를 범죄하게 하면 그 부분을 제거해버리라"(막 9:43-47)고 강경하게 말씀하시는 맥락이다. 이 본문을 두고서 우리는 흔히 우리가 눈으로 악하고 못된 것을 보고 유혹받아서 죄를 짓느니 차라리 눈을 뽑아 버릴 마음까지 먹어야 한다고 생각한다. 그러나 이 말씀은 주님이 제자들 외에는 주님의 이름을 귀신 쫓는 것을 금지하려는 제자들에게, 주님을 믿는 작은 자들을 대접하되 실족케 하지 말아야 한다고 엄하게 이르시는 맥락에서 하신 말씀이다. 그러므로 여기서 손과 발, 눈이 저지르는 죄는 개인의 죄악을 가리키지 않는다. 우리가 손과 발, 눈을 곁에 있는 이들을 영접하거나 섬기는 데 쓰지 않고 도리어 배타적으로 대하는 데 쓰는 죄악을 가리킨다. 달리 말해 함께 살아가는 사람들과 자신의 관계를 파괴하는 것을 가리킨다. 주님은 우리가 손으로 부지런히 일하고 발로 부지런히 다니면서 작은 자들을 배제하고 억압하고 실족케 한다면, 세상 권세와 부귀 영광을 바라보느라 곁에 있는 작은 자들을 함부로 대하고 못 본 체한다면, 차라리 그 손과 발을 자르고 눈을 뽑는 것이 낫다고 말씀하신 것이다. 이렇듯 죄의 본질은 함께 살아가는 이웃과 자신의 관계를 파괴하는 것이다. 이 단락의 결론이 사람들 가운데 소금을 두고 서로 화목하라는 말씀(막 9:50)이라는 점 역시, 죄의 본질에 대한 이러한 이해가 매우 타당함을 보여준다.

"원죄를 물려받았다"는 말은 무척이나 모호하며 구체적이지 않아서 책임을 전가하기 쉽다. 창세기 3장이 보여주는 '최초의 죄'는 사람이 어떤 존재인지 매우 구체적으로 보여준다. 우리는 아담처럼 자기애를 기반으로 다른 사람과 자신의 관계를 파괴하고 하나님을 부정하는 욕망 앞에 언제나 노출되어 있다. 아담처럼 굴복할 것인가, 예수 그리스도처럼 맞설 것인가? 예수 그리스도의 승리, 십자가, 부활은 우리로 하여금 그분의 뒤를 따라 죄와 맞서는 삶으로 걸어가게 한다.

뱀은 자신의 지혜로 하나님까지 부정해버리고 하나님과 같이 되기를 구한다. 하나님과 같이 되면 무엇인가 다른 단계가 있을 것이라며 뱀은 사람을 유혹하고 사람은 서로 유혹한다. 그러나 하나님이 만드신 나무와 열매들 중에는 '보기에 아름답고 먹기에 좋은'(창 2:9) 것들이 이미 있었다. 후에 아담과 하와가 선악을 알게 하는 나무를 보는데 그 역시 먹기에 좋았고 보기에 바랄 만했고, 지혜롭게 할 만큼 탐나는 것이었다. 다른 나무들도 먹고 보기에 좋고 바랄 만한 것들이었다. 그리고 아담은 자기에게 하나님이 이끌어오신 모든 동물들에게 이름을 지어줄 지혜를 이미 지녔다. 각 동물을 보고 그 차이를 인식하며 가장 어울리는 이름을 지어줄 수 있었다. 그리고 하와를 보고서 하와가 자기에게 꼭 맞는 짝이라는 것도 알았다. 아담은 참으로 지혜로운 이였다. 하나님은 아담에게 이미 '먹음직하고 보암직하고 지혜롭게 할 만큼' 충분히 주셨다. 그러나 하나님이 뱀과 사람에게 주신 지혜는 심지어 자기들을 지으시고 만드신 분을 부정하는 데까지 생각이 미친다. 이미 사람은 충분히 지혜로운데 자기가 하나님처럼 선악의 기준마저 판단하게 되기를 구한다. 사람이 선악을 판단하게 될 때, 모든 선과 악은 상대적인 것이 된다. 그러므로 선악을 알게 하는 나무는 인간의 또 다른 지혜를 점검하게 한다. 자신의 욕망을 전부로 여겨 그것만 내세울 때, 결국 사람은 자기를 하나님이 보지 못하시게 숨는다. 더는 하나님과 함께 존재하기 어렵게 되어버린 것이다.

선악을 아는 일에 하나님처럼 되다

히브리어에서 '알다'는 그저 지적인 앎만 가리키는 동사가 아니다. 아담이 하와를 알자 가인을 낳았고, 하나님은 천하 모든 민족 가운데 이스라엘만 아셨다. 그런 점에서 아모스 3장 2절에서처럼 '누군가를 안다는 것'을 '누군가를 선택하는 것'으로 번역하기도 한다. 아울러 하나님이 먹지 말라 하신 것을 아담과 하와가 알았다는 점에서, 그들은 옳고 그름의 의미를 이미 알았다. 그렇다면 선악을 알게 하는 나무 열매를 먹으면 선악을 알게 된다는 것은, 선악의 결정과 판단의 주인, 선택의 주인이 자신이 된다는 의미라고 보아야 한다. 이것이야말로 뱀이 말하고(창 3:5), 하나님이 평가하신(창 3:22) "선악을 아는 일에 하나님처럼 되었다"는 말의 의미다. 사람이 선악의 선택자가 되었다는 것은 스스로 선악을 결정하게 되었다는 의미며, 하나님의 선택과 결정이 더는 필요치 않게 되었다는 의미다. 선악과를 먹어서 그렇게 되었을 수도 있지만, 이미 사람은 이 열매를 먹는 행동을 함으로 스스로 선과 악을 결정하였다.

선악을 알게 하는 나무 열매를 먹지 말라는 명령은 그 나무 열매 자체에 무엇이 함유되어 있기 때문에 먹지 말라는 뜻이 아니다. 이 명령의 본질은 하나님이 사람에게 금하신 것이 있다는 것이다. 그러나 뱀은 그것을 먹어도 죽지 않는다고 단언하며, 도리어 그것을 먹으면 하나님과 같이 된다고 선언한다. 뱀의 지혜는 일체의 권위와 일체의 명령을 거부하고 맞서는 것을, 사람 자신이 선악의 척도와 기준이 되기를 추구하는 것을 상징한다.

선악을 스스로 결정하는 것이 얼핏 인간의 존엄에 합당한 것으로 보일 수 있다. 그러나 아담과 하와의 예에서 보듯이, 사람은 자신이 기준이 되면 필연적으로 자기에게 유리한 방향으로 결정하기 마련이다. 근본적으로 사람들은 자신 깊은 곳에 어떠한 절대적인 것이 있어서 자기 유익만 따라 살아서는 안 된다는 것을 인식한다. 이것을 자연법이라고 부를 수도 있고, 양심이라고 부를 수도 있다. 그리고 성경은 이것을 하나님이 선악의 기준이요 판단자가 되신 것이라고 표현한다. 우리가 스스로 무엇을 판단한다 하더라도 우리 속 깊은 곳에는 어떠한 절대적인 것, 자신을 넘어서는 것이 있다. 그런 점에서, 선악을 알게 하는 나무 열매를 금하신 것은 우리 자신을 넘어서는 절대적인 것에 대한 표현이라고 이해할 수 있다. 사람은 에덴동산의 모든 나무 열매를 마음껏 먹을 수 있었다. 그러나 선악을 알게 하는 나무를 볼 때마다, 자기가 사람이라는 것, 자기에게 모든 자유가 있지만 자신이 하나님은 아님을 늘 돌아보아야 했다. 달리 표현해서, 우리는 스스로 선과 악을 판단하고 결정하되 자신이 신이 아님을 늘 생각해야 한다. 그러면 우리는 영원한 하나님의 말씀인 성경에 귀를 기울이고, 하나님이 세우신 기준을 묵상하고 음미하게 된다.

하나님이 선악의 기준이 되실 때, 사람이 살아가는 세상은 온 세상을 지으시고 조성하신 하나님의 법을 따라 통치된다. 원칙적으로 이 세상은 모든 이를 위한 세상, 전체 공동체를 위한 세상이다. 하나님의 법은 한 사람만 위한 법이 아니라 하나님의 형상대로 지음 받은 모든 이를 위한 법이기 때문이다. 그러므로 하나님의 법을 따라 살아간다는 것은 곧 공적 삶을 살아간다는 의미다. 그래서 선악을 알게 하는 나무 열매를 먹지 말라는 하나님 말씀은 근본적으로 공적 삶, 공동체가 함께 살아가는 삶과 연관된다.

창세기 1장은 세상 모든 것을 하나님이 창조하셨으며, 사람은 하나님의 형상과 모양임을 증거한다. 사람은 아무것에도 좌우되지 말고 아무것도 숭배하지 말아야 하며, 자신의 존재와 노동을 통해 하나님의 통치를 드러내고 구현하는 존재다. 그러나 뱀은 사람으로 하여금 하나

복음의

공공성

님의 명령까지도 넘어서서 스스로 기준과 척도가 되도록 이끈다. 사람이 선악을 아는 일에 하나님과 같이 되자, 선악이 더는 객관적이고 절대적인 것일 수 없었다. 사람이 스스로 선과 악의 기준이 되자, 선악을 상대화하고 자기에게 유리한 대로 판단하게 되었다. 자신의 필요를 위해 선을 악이라 하고 악을 선이라 하는 일(사 5:20-21)은 그 필연적 결과다. 이런 세상에서는 권력과 돈이 가장 큰 능력이라서 "뇌물로 말미암아 악인을 의롭다 하고 의인에게서 그 공의를 빼앗는다"(사 5:23). 선악을 아는 일에 사람이 하나님과 같이 되면 함께 살아가는 삶은 이처럼 붕괴되고 만다. 자신의 유익이 최우선의 기준이기 때문이다. 앞서 본 에베소서 구절은 이렇게 자기 욕심을 따르는 것을 "세상 풍조를 따른 것", "공중 권세 잡은 자를 따른 것"이라 표현한다(엡 2:2-3). 그리고 이렇게 자기가 선악의 기준이 된 사람은 필연적으로 "하나님이 없다" 할 것이며 "다 치우쳐 함께 더러운 자가 되고 선을 행하는 자가 없으니 하나도 없을 것이다"(시 14:1-3). 사람이 선악을 아는 일에 하나님처럼 되면, 사람은 당연히 온 세상을 주관하시는 하나님이 없다고 할 수밖에 없다.

그러므로 뱀의 유혹은 근본적으로 함께 살아가는 삶, 공동의 삶, 달리 말해 공공의 삶 전체를 무너뜨리는 것이며 이것은 하나님에 대한 부정과 거부로 곧장 이어진다. 하나님을 부정하는 것은 공적 삶을 부정하는 것으로 구체화된다. 자신이 선악의 기준이 되면, 자신의 유익을 위해 얼마든지 상대를 제거하고 죽일 수 있다. 이것을 아담과 하와가, 가인이, 라멕과 노아 시대가 보여준다. 사사 시대에서도 이것을 볼 수 있다. 사사 시대는 왕이 없으므로 사람들이 자기 소견에 옳은 대로 행하던 시기다. 하나님을 왕으로 삼는 것이 아니라 스스로 왕이 되어버린 시대다. 그리고 사사 시대에는 왕이 없고 사람이 각자 자기가 왕이므로 필연적으로 온 땅에 폭력이 가득하고 약자가 희생당했다. 자기들 지역에 머무르는 낯선 레위인과 관계하겠다며 위협하다가 레위인의 첩을 유린한 기브아 사람들은 스스로 가치의 판단자가 되어버린 폭력의 시대를 단적으로 보여준다(삿 19장; 호 9:9; 10:9). 이스라엘의 왕정도, 이후에 등장하는 앗수르와 바벨론 같은 세계 제국도 이 점을 확인해준다. 저주, 속임, 살인 속에서 피가 피를 뒤이었고(호 4:2), 폭력이 온 땅에 가득했다(창 6:11). 하나님이 금하셨는데도 사람이 선악을 알게 하는 나무 열매를 먹어버리니, 참으로 그들은 죽게 되었다.

    이것을 좀 더 쉽게 생각해볼 수도 있다. 두 당사자 사이에 다툼이 생기면 우리는 재판에 호소한다. 우리는 재판장이 사건을 객관적으로 재판하리라 기대한다. 이처럼 제3자를 통해 객관적인 판단을 내리려는 시도는 인간의 존엄에 대한 인정과 별개로 충분히 타당하고 의미가 있다. 그러므로 우리 바깥에 있는 하나님의 명령, 하나님의 법은 우리의 사사로운 기준과 행동이 올바른 방향을 잡게 하고 이웃과 관계 안에 제대로 기능하게 하는 틀이다. 그리고 하나님 명령을 따르는 삶이야말로 함께 살아가는 삶, 공동체적 삶, 달리 말해 공적 삶의 실체다.

    이상에서 보듯, 자기애는 단지 개인의 문제가 아니다. 내가 속한 교회 공동체의 유익만 앞세운다면 그 역시 한 치도 다름없는 자기애다. 내가 속한 내 나라 내 민족의 유익만 앞세운다면 그 역시 자기애일 따름이다. 아마도 대부분 '민족주의'는 아담과 하와가 저지른 바, 즉 자기가 선악을 판단하는 주체가 되어 자기에게 유리한 것을 선이라 규정하는 지독한 자기애의 또 다른 표현일 것이다. 자기 민족에게 유익이 된다면 얼마든지 다른 나라를 침략하고, 자기 기업에게 유익이 된다면 얼마든지 다른 기업을 붕괴시킨다. 자기가 속한 곳이 잘 되기만 한다면, 얼마든지 다른 집단을 무너뜨리는 것이야말로 흔히 우리가 두루뭉술하게 '원죄'라고 표현하는 것의 실체다.

주류 경제학이라 부를 수 있는 신고전파 경제학의 기본 가정은 자신에게 가장 유리한 결정을 내리는 합리적 경제인 *homo economicus*이다. 그러나 이미 앞에서 보았듯이, 사람은 처음부터 관계 안에 존재하도록 지음 받았다. 그런데 사람은 자신의 유익이 가장 소중하였기에 하나님이 금하신 선악을 알게 하는 나무 열매를 먹고 말았다. 그러므로 사람이 최초로 저지른 죄의 근본은 자신의 유익에 기반을 둔 결정이다. 이를 생각하면, 자신의 유익을 기반으로 하여 합리적 결정을 내리는 경제학을 바탕으로 하는 세상은, 필연적으로 자신이 속한 집단의 유익을 위해 다른 이를 얼마든지 희생시키는 세상일 수밖에 없다. 오늘날 신고전주의 경제학, 시장 만능 경제학을 내세우는 서방과 우리나라의 현실이 정확히 이에 들어맞는다. 합리적 경제인을 기반으로 한 세상은 필연적으로 힘이 지배하는 세상, 소수의 부유층과 힘 있는 이들을 위해 존재하는 세상일 수밖에 없다.

죄와 죽음

이 점은 우리를 죄와 죽음의 문제로 이끈다. 선악을 알게 하는 나무 열매를 먹으면 반드시 죽는다는 하나님의 말씀을 대부분은 육체의 죽음으로 풀이한다. 아담은 900년이 넘도록 살았지만, 노아 이후 사람들의 수명은 100세 정도로 줄었고 출애굽하던 시기나 이후 바벨론 포로 시기에는 100세보다 훨씬 더 줄어들었다. 창세기 본문은 모세와 그 이후

시대 독자들에게 사람의 수명이 이렇게 유한한 이유를 설명한다. 첫 범죄, 즉 자신의 욕망을 하나님의 말씀보다 더 위에 둔 범죄로 인해 인간에게는 죽음이 찾아왔다.

반드시 죽는다는 말씀을 영적 죽음으로 이해하기도 한다. 사람이 범죄로 인해 에덴동산에서 쫓겨나고 하나님과 관계가 끊겼다는 것이다. 그러나 하나님이 사람을 에덴에서 쫓아내신 것은 직접적으로 죄의 결과라기보다는 사람이 생명나무로 가는 길을 차단하신 것이다(창 3:22-24). 죄를 범한 이후에도 하나님은 사람들에게 가죽옷을 지어 입히셨고, 하와는 여호와로 말미암아 출산하였으며(창 4:1), 가인과 하나님의 대화도 지속된다. 사람을 향한 하나님의 행하심은 노아와 아브라함에게도 이어진다. 그러므로 하나님이 사람과 관계를 단절하지는 않으셨다. 다만 범죄 이후 사람들이 하나님을 피해 숨기 시작했다(창 3:8)는 점에서, 사람이 하나님과 관계를 단절하기 시작했다고 말할 수 있다. 사람들은 하나님을 떠나 하나님 없는 채로 살아가기 시작했다. 하나님 없는 삶이야말로 살아도 산 것이 아닌 삶, 죽음이다.

이러한 전통적인 이해들과 더불어 죄로 인한 죽음을 설명하는 또 한 가지 방식은, 최초의 범죄로 인해 사람과 사람 사이의 관계가 단절되었다는 것이다. 사실 창세기에서 죽음을 이야기하지만, 성경의 첫 책에서 증거하는 최초의 죽음은 가인에게 억울하고 부당하게 죽임 당한 아벨의 죽음이다. 앞에서 보았듯이, 자신의 욕망이 하나님의 계명보다 앞서버린 아담은 하와를 이용하고 하와에게 책임을 전가한다. 나아가서 가인은 자신을 불편하게 하는 아벨을 아예 실제로 죽인다. 사람이 하나님처럼 스스로 선악의 판단자가 되자, 실제로 사람이 사람을 죽이는 일이 발생했고, 가인의 후예 라멕의 대에 이르러서는 이러한 죽임이 더 강력해졌다. 마침내 노아 시대에는 온 땅에 폭력이 가득하게 되었다. 범죄로 인해 사람들은 서로 죽고 죽이게 되었다. 선악을 알게 하는 나무 열매를 먹으니 사람들은 서로 죽이게 되었다. 그러므로 최초의 범죄는 사람과 사람 사이 관계를 모두 끊어버렸다. 선악을 알게 하는 나무 열매를 먹은 이후, 그들이 곧바로 죽지 않았고 하나님과 관계가 곧바로 끊기지 않았지만, 남녀의 관계가 깨지고 형제가 서로 죽이게 되었다.

하나님의 명령을 어기고 자기가 선악의 판단 기준이 되면 인류는 죽을 것이다. 뱀을 사탄이라 규정하는 것보다 훨씬 중요한 것은, 공동체 전체의 유익, 인류 전체의 유익보다는 나 자신의 유익, 내가 속한 집단의 유익을 모든 선악의 기준으로 삼으라는 것이 바로 뱀의 유혹임을 깨닫는 것이다. 그것이 마귀 혹은 사탄의 실체다. 구약에서는 신약이 표현하는 '사탄'이나 '마귀'를 발견하기 어렵다. 그러나 창세기 3장은 자신의 욕망이 모든 것의 기준이 되어버린 현실을 뚜렷하게 고발하며, 이것이 바로 신약이 표현하는 사탄의 실체다. 그런 점에서 구약과 신약은 연속적이다. 구약이 그리고 제시하고 묘사하는 현실을 신약이 개념화한 것이다. 이미 우리는 그러한 예를 '삼위일체'에서도 확인한 바 있다. 마귀를 이렇게 이해할 때, 오늘날 우리 시대 가운데 마귀를 분별할 수 있다. 마귀는 자신의 욕망을 위해서라면 다른 이를 얼마든지 희생시키는 것으로 드러난다. 그래서 우리는 자본주의라는 체제 가운데 역사하는 사탄의 세력을 볼 수 있다. 자국의 이익을 위해 다른 나라를 얼마든지 공격하고 짓밟는 군국주의와 민족주의에서도 사탄의 세력을 확인할 수 있다. 인류 역사는 특정 집단이나 민족의 이익을 위해 다른 집단과 민족을 짓밟은 일들로 가득하다. 기업의 이익 극대화를 위해 노동자들의 삶을 비정규직과 정리 해고로 통제하려는 정책에서도 사탄의 세력이 역력히 나타난다. 구약을 기반으로 하여 마귀를 이해하지 않는다면, 오늘 우리의 마귀 이해는 지극히 '영적인' 것이 되고, '축사자逐邪者'의 영역으로 축소된다. 그러나 그것은 구약적인 이해가 아니며 신약적인 이해도 결코 아니다.

우리는 뱀의 모습에서 우리의 현실도 발견한다. 사람들은 권위에 눌려 있다. 그러다 보니 모든 권위를 부정하고 권위의 상징인 하나님도 거부한다. 통제를 거부하고 속박을 거부하며 하나님의 율법을 부정한다. 그것을 지혜로운 것으로 여기기도 한다. 그러나 하나님의 명령을 떠난 결과가 얼마나 참혹한지는 이미 인류 역사가 적나라하게 보여주었다. 하나님의 율법에 따르는 삶은 그저 종교적인 삶이 아니라, 참으로 인류 공동체가 함께 살도록 하는 삶이다.

근본적으로 이것은 누가 왕이냐 하는 질문에 닿는다. 아담과 하와의 첫 장면의 핵심은 누가 왕이냐 하는 것이다. 그리고 왕으로 통치하는 것이 무엇이냐 하는 것이다. 하나님이 명하신 규례를 따르는 삶이 있고, 자신의 욕망과 갈망을 따라 모든 관계를 파괴해버리는 삶이 있다. 누가 우리의 왕인가? 하나님은 우리를 하나님의 형상대로 지음 받은 왕으로 만드셨다. 왕인 우리는 노동을 통해 우리의 왕 됨을 일상으로 만들어간다. 아울러 하나님의 형상인 우리는 우리의 본질인 하나님이 진정한 왕이심을 고백하는 이들이다. 첫 사람은 하나님이 왕이심을 부정했고, 자기 욕망의 극대화를 구하였으며, 모든 관계를 파괴했다. 자기애의 극대화를 통해 사적 이익을 추구하고 그로 인해 모든 공적 관계를 파괴한 것, 그것이 타락 사건의 본질이다.

이와 연관하여 한 가지 더 생각해볼 것이 있다. 그 열매를 따먹은 결과 사람이 선악을 아는 일에 하나님처럼 되었다는 것은, 하나님처럼 선악을 아는 것이 사람에게는 합당치 않음을 보여준다. 하나님이 지으신 사람으로 살아가는 한, 우리의 앎에는 제한이 있다. 우리는 모든 것을 알려고 하고 모든 것을 설명하려고 한다. 그러한 노력을 결코 나쁘다 말할 수는 없다. 중요한 것은 우리의 지식과 앎이 한계가 있음을 인정하는 것이다. 모든 현상을 전부 설명하려는 것이 아니라, 그러한 설명을 하려고 노력하면서도 자신의 한계를 인정하고, 일어난 일을 그저 묘사하는 것으로 충분할 때가 많음을 인정해야 한다. 우리는 세상에서 일어난 참상과 비극을 어떤 식으로든 설명하려고 한다. 그런데 그렇게 설명하려고 하는 것이 오히려 참상을 정당화하고 수용하며, 현실에 순응하는 결과를 낳기도 한다. 그러나 홀로코스트와 같은 재앙이나 세월호 참사와 같은 비극은 쉽게 설명할 수 없다. 우리는 아무 답도 내세우지 못한 채, 현실을 그대로 묘사하는 수밖에 없다. 그래서 선악을 알게 하는 나무 열매를 따먹지 않는다는 것은, 우리가 모든 일을 선악으로 설명해내지 않겠다는 결정이다. 우리가 모르는 것이 있음을, 우리의 무지를 고백하며 현실을 현실 그대로 바라보겠다는 결정이다.

죄악의 결과

탐내는 마음 자체가 문제는 아니다. 그러한 마음이 있기에 우리는 열심을 낸다. 그러한 마음이 있다는 점에서 하나님이 사람을 완전하게 지으셨음을 우리는 안다. 우리는 그 마음으로 열심을 내고 그 마음으로 최선을 다한다. 그런데 동시에 하나님이 주신 지혜로 우리는 넘지 말아야 할 선을 생각하고 분별한다. 하나님이 우리를 그분 형상대로 지으셨다는 것은 우리가 그렇게 자신을 하나님에게 드릴 수 있다는 의미다. 그래서 바울은 자기 몸을 죄에게 종으로 줄 것이냐, 의에게 종으로 줄 것이냐 결단하라고 촉구한다(롬 6:12-17). 바울의 증거는 우리를 의에 드리는 삶으로 초대한다. 그것이 십자가의 능력이다. 그것이 그리스도의 보혈을 믿는 이의 능력이다. 우리 지체를 불의의 무기로 죄에게 내어 줄 것인가, 아니면 의의 무기로 하나님에게 드릴 것인가?

우리는 하나님이 아니기에, 하나님의 명령을 따라 사람이 하지 말아야 할 것이 있음을, 인간에게 제한된 영역이 있음을 돌아보아야 한다. 인간의 참된 존엄은 자유로운 결단과 선택으로 하나님에게 나아가는 것이다. 자신의 제약 속에 묶이지 않고, 하나님이 하시는 일에 동의하고, 하나님과 마음을 같이하는 것이다. 좋은 것이 좋은 것인 줄 아는 것은 중요하지 않다. 내 욕망만 따라 살아가는 것은 중요하지 않다. 하나님의 법이 명령하는 바, 우리가 함께 놓여 있는 관계를 돌아보는 것이 중요하다. 그리고 아담과 하와의 경우, 하나님이 자기들에게 명하신 말씀이 있다는 것을 기억하는 것이 중요했다. 그렇지 않으면 좋은 것이 더는 좋은 것이 아니게 된다.

사람이 저지른 행위에 대해 하나님은 아담에게 물으신다. 아담은 하와에게 책임을 전가하고, 하와는 뱀에게 책임을 전가한다. 열매를 따먹은 후에 하나님의 소리가 들려오자 사람들이 나무 사이로 숨어버렸다(창 3:8)는 사실은 하나님과 사람 사이의 친밀한 관계가 파괴되었음을 단적으로 보여준다. 이렇게 전가하고 숨는 모습은 죄의 본질이자 결과가 모든 관계의 파괴임을 명확히 보여준다. 하나님의 형상대로 지음 받은 것이 사람이며 그 형상의 의미가 관계이므로, 죄악은 하나님의 형상을 파괴한 것이다. 이제 모든 관계가 깨지고 개인의 사사로운 이익 추구가 그 모든 관계에서 최우선 사항이 되었다.

하나님의 책망은 뱀에서 시작하여 여자와 남자에게로 향한다. 뱀은 기어 다니며 흙을 먹게 되었다. 여자는 해산의 고통의 커졌다. 남자는 노동의 수고가 커졌다. 뱀과 사람은 두고두고 원수지간이 되었으며, 남자와 여자는 두고두고 지배하고 갈망하는 관계가 되었다. 서로 의논하며 노동을 통해 구현되었을 관계가 서로 지배권을 두고 다투는 관계가 되었다. 뱀과 여자의 후손의 관계가 어느 한쪽의 승리가 아니듯이, 여자가 남자를 원하고 남자가 여자를 다스리는 것 역시 어느 한쪽의 승리가 아니다. 특히 창세기 3장 15절의 경우, 전통적인 해석은 뱀이 여자의 후손인 메시아를 상하게 하되, 메시아가 궁극적으로 뱀의 머리를 상하게 하는 승리를 거둘 것을 예고하는 말씀으로 보는데 이는 부적절한 해석으로 보인다. 땅을 기어 다니는 뱀이 사람을 공격할 수 있는 부위는 발뒤꿈치일 것이고, 서 있는 사람이 뱀을 공격할 수 있는 부위는 당연히 머리일 것이다. 이 구절은 사람과 뱀이 끝도 없는 적대 관계 속에서 서로 해치게 될 것임을 이야기한다고 해석하는 것이 적절하다.

그러므로 죄악으로 인해 임하는 심판은 관계의 파괴 그 자체다. 관계 가운데 갈등과 대립, 차지하고 지배하고 군림하고 제압하려는 욕망이 서로 부딪히고 반복된다. 이것은 모든 관계 가운데 더는 평화가 없을 것을 보여준다.

또 사람이 하나님의 명령을 거역하자, 땅이 사람으로 말미암아 저주를 받는다(창 3:17). 땅이 저주를 받게 되면 사람이 일을 하여도 가시덤불과 엉겅퀴가 자라고, 많은 수고를 기울여야 땅의 소산을 먹을 수 있다. 가인에게 이르면 이러한 저주가 더욱 심해져서 노동을 해도 땅이 그 소산을 주지 않는다(창 4:12). 하나님의 형상의 또 다른 의미가 하나님에게 위임 받은 왕적인 통치이며, 그 통치는 노동을 통해 구현된다. 그러나 죄악으로 말미암아 노동이 고역이 되고 수고가 되었다. 사람은 평생 수고하고 땀을 흘려야 하며 결국에는 흙으로 돌아간다. 더 나아가 죄를 지은 사람은 자신이 행한 죄에 매여 살게 되었다. 죄의 결과에 매여 살고, 죄책감에 매여 산다. 그 죄를 애써 부인하고 모른 체하고 덮기 위해 더 큰 죄를 짓기도 한다. 그야말로 죄의 종이 된 것이다. 하나님의 형상인 사람은 왕으로 지음 받았으나, 어느새 종이 되어버렸다.

그러므로 죄는 하나님의 형상을 완전히 파괴한다. 이것은 추상적인 선언이 아니다. 죄로 말미암아 관계가 깨지고, 노동이 고역이 되었으며, 사람은 종이 되었다. 하나님은 사람이 선악을 알게 하는 나무 열매를 먹으면 반드시 죽는다 말씀하셨다. 창세기 3장 14-19절은 그러한 죽음의 의미를 풀이한다. 그러한 죽음은 무엇보다도 관계의 파괴다. 뱀과 사람의 관계가 파괴되었고, 남자와 여자의 관계가 파괴되었다. 아울러 그 죽음은 사람이 마침내 흙으로 돌아가게 되며 생명나무에게서 차단된다는 의미다. 더 나아가 자기 욕망이 무엇보다도 앞서는 사람은 피차 죽고 죽일 것이니, 선악을 알게 하는 나무 열매를 따먹고 참으로 그들은 죽게 되었다.

'타락'과 새출발

사람은 하나님의 형상과 모양으로 지음 받았으며, 이 땅에서 하나님의 통치를 드러내는 왕적인 존재로 부름 받았고, 노동을 통해 이를 실현한다. 동시에 사람은 하나님이 주신 존엄에도 불구하고 자기 욕망을 끝까지 고수하여 모든 관계를 파괴하면서까지 하나님처럼 되고자 하였다. 결국 관계가 파괴되고 수고, 노동, 죽음이 일상이 되었다. 하나님의 명령보다 개인의 욕망을 최우선으로 삼았다는 점에서, 모든 영역을 사적 욕망의 영역으로 삼아버린 것이 문제의 근원이라고 풀이할 수 있다.

그러나 이것이 성경의 결론이거나 마지막이 아니다. 각자가 받은 책망이 예상보다 크지 않아 보인다는 것이 특이하다. 오히려 이 본문은 현재 존재하는 상황이 어디에서 비롯되었는지를 설명하는 본문으로 보인다. 뱀이 왜 배로 기어 다니게 되었는지, 사람에게는 왜 근본적으로 뱀에 대한 적개심과 두려움이 있는지, 남자와 여자의 관계는 왜 이렇게 되었는지, 사람이 왜 결국은 죽는지, 창세기 2-3장 본문은 이러한 여러 질문에 답을 한다. 이 점을 생각할 때, 3장은 이야기의 끝이 아니라 시작이다. 구약성경의 첫 책인 창세기의 가장 첫 부분은 우리가 살아가는 현실이 어떠한지를 기본적으로 제시한다. 즉 창세기 1-3장은 사람이 살아가는 현실의 기본 배경을 보여준다.

그러므로 타락은 인간의 절망적인 결론이 아니다. 성경은 이러한 현실을 출발점으로 삼는다. 하나님이 아담과 그 아내를 위해 가죽옷을 지어 입히셨다(창 3:21)는 것은 아담과 그 아내가 끝이 아니라 새로운 시작점에 서 있음을 확실히 보여준다. 아울러 주목해야 하는 것은, 성경이 에덴에서 쫓겨난 이후의 인간을 묘사할 때도 여전히 사람이 "하나님의 모양대로"(창 5:1-2), "하나님의 형상대로"(창 9:6) 지음 받았음을 명시한다는 점이다. 흔히 말하는 '타락' 이후에 우리는 우리 안에 있는 하나님의 형상과 모양이 모두 혹은 일정 부분 파괴되었다 여기며 '체념'한다. 그러나 창세기는 사람이 여전히 하나님의 형상과 모양임을 명확하게 진술한다. 사실 아담과 하와의 타락에 대해 구약성경은 더는 일절 언급하지 않는다. 주전 3세기 내지 2세기 초반의 글로 보이는 《토빗서》가 아담과 하와를 언급하지만, 그들이 협력자로 결합하는 것을 강조할 따름이다.[12] 형상 파괴의 실제는 관계의 파괴임을 기억할 때, 창세기 본문은 우리에게 강력하게 질문을 던진다. 우리는 하나님의 모양대로 지음 받은 그 존귀한 삶을 살아갈 것인가, 아니면 하나님의 형상과 모양을 포기하고 자기애를 끝까지 내세우며 폭력으로 살아갈 것인가.

그 점에서 인간의 전적 부패에 대한 지나친 강조, 전적 타락에 대한 신념 같은 확신은 도리어 우리 안에 일어나는 죄악을 정당화할 수 있다. 다음과 같은 존 바턴의 언급은 귀 기울일 만하다.

> 인간의 존엄성과 가치를 너무 낮게 평가하면 종종 그렇듯이 인권 경시로 이어질 수 있다. 그 결과는 엄청난 잔인함이었다. 역설적이게도 인간의 죄성에 대한 신념은 회개로 이어지는 것이 아니라, 인간적으로 대우받을 권리와 너무 동떨어져 보이는, 사람에 대한 억압으로 이어질 수 있다.[13]

하나님의 형상은 포기되거나 기각되지 않았다. 우리가 선을 행하려고 할 때 맞닥뜨리는 인간의 부패는 우리의 전적인 죄성을 절감하게 한다. 그러나 구약은 사람이 하나님의 형상임을 포기하지 않는다. 그리고 그것이야말로 우리가 사람을 바라보는 올바른 시각이다.

사람이 하나님의 형상이라고 할 때, 그 형상은 사람의 어디에 깃들어 있는가. '원죄'가 유전된다고 할 때, 그 '원죄'는 사람의 어디에 깃들어 있는가. 형상도 원죄도 사람의 몸이나 유전인자 어딘가에 있는 것은 아닐 것이다. 예수 그리스도로 말미암아 죄 용서를 받을 때도 주님은 우리 몸 어딘가에 있는 죄의 유전인자를 파괴하시는 것이 아니라 일방적으로 선포하시며, 주님의 십자가와 사죄 선포를 믿는 이는 용서를 누리게 된다. 그러므로 용서는 선포이며, 우리가 믿음으로 응답할 때 우리에게 임한다. 형상 역시 선포다. 사람과 동물 모두 흙으로 만들어졌고, 똑같이 코에 숨이 있는 존재다. 그러면 차이는 무엇인가? 사람은 하나님의 형상이라는 것이다. 재료의 차이가 아니라 하나님이 선언하신 선포의 차이이다. 그 선포에 믿음으로 응답하는 데 차이가 있다. 사람이 하나님의 형상임을 믿지 않는다면 사실 사람과 동물은 무슨 차이가 있을까? 실제로 인류 역사 가운데 동물과 하등의 차이가 없는, 아니 오히려 동물보다 못한 사람을 우리는 이미 수없이 목격했다. 그 점에서 사람의 존엄은 사람이 하나님의 형상임을 믿고 살아가는 데 있다.

사실 '창조-타락-재창조'라는 틀은 구약 곳곳에서 보인다. 하나님이 십계명을 주셨으나 이스라엘이 범죄하였고, 하나님은 다시 십계명을 주신다. 출애굽기 25-40장은 정확히 '창조-타락-재창조'의 틀을 따른다.[14] 사실 이러한 틀은 바벨론 포로를 경험한 이스라엘이 지난 역사를 회고하고 반성하는 틀이다. 그럴 때 이러한 틀 가운데 있는 '타락'은 사람의 본질을 전적으로 규정해서 옭아매는 것이 아니다. 근본적으로 '타락'은 과거의 어리석음에 대한 반성, 현재 처한 참상에 대한 해석이다. 그리고 이렇게 문제의 원인을 발견함으로써 그들은 앞으로 다가올 새로운 세상을 살아가고자 한다. 이를 생각할 때, 기독교의 패러다임이 '창조-타락-재창조'인 것은 구약의 패러다임이 그러하기 때문이다. 사사기에서 반복하는 패턴(삿 2:11-23)도 이 점을 보여준다. 하나님이 은혜를 주셨는데도 불순종함으로 고통 받던 이들이 하나님에게 구하면 하나님이 그들을 건지심을 반복해서 이야기하는 시편 107편도 그러한 패턴을 보여준다. '창조-타락-재창조'는 '은혜-불순종-새로운 부르심'과 동일하다. 그러므로 창세기 이야기는 그들의 현재 상황을 설명한다. 그리고 새로운 삶으로 초대한다. 이것을 제대로 다룰 때, 우리는 아브라함에게 주신 명령(창 12:1-3; 18:18-19)은 단순한 명령이 아니라 새로운 출발, 새로운 창조를 만들어가는 본질적 부르심임을 깨닫는다. 그리고 이것을 제대로 다루지 않으면, 아브라함에게 주신 명령의 위치가 어정쩡하게 된다. 이것이 어정쩡할 때, 이 땅에 오신 예수 그리스도의 사역이 어정쩡하게 된다. 그분의 사역이 구약과는 아무 상관없는 종교 행위와 종교 설파가 되어버린다.

곰곰이 생각해 보면, 요단 강 도하를 목전에 두고 모세가 이스라엘에게 권면하는 내용 역시 이스라엘로 하여금 실패라는 현실 위에서 새로운 미래와 직면하게 한다. 모세가 이스라엘 앞에 놓인 '생명'과 '사망'으로 권면을 끝맺는 것은 우연이 아니다(신 30:15-20). 이를 생각하면, 하나님이 모세를 통해 주신 시내 산 율법은 아담과 하와에게 주신 "선악을 알게 하는 나무 열매를 먹지 말라"는 명령과 본질적으로 동일하다.[15] 그러므로 타락 사건은 우리를 아담과 하와가 서 있던 자리에, 그리고 광야 생활이 끝나던 시점의 이스라엘의 자리에, 나아가 바벨론에 포로로 끌려간 이스라엘의 자리에 세운다. 이제 우리는 하나님의 형상대로 지음 받은 존엄한 사람으로서 하나님과 함께 살아갈 것이냐, 아니면 처음의 죄악 그대로 자신의 욕망을 위해 관계를 모두 깨뜨리는 삶을 살 것이냐 하는 질문 앞에 서 있다. 원죄原罪를 반복하며 살 것인가, 아니면 원복原福을 따라 관계를 피차 회복하고 세우며 공적 본질을 지켜나가는 영광스러운 삶을 살 것인가.

복음의

공공성

04
두 갈래 길

하나님이 사람의 일을 아셨다. 물으시는 하나님에게 아담은 여자 때문이라고, 여자는 뱀 때문이라고 말한다. 자기들이 욕망을 최우선으로 내세운 것이 사태의 근본인데 다른 이를 탓한다. 그리고 거기에는 남자에게 여자를 주신 하나님, 사람과 함께 뱀을 만드시고 뱀에게 지혜를 주신 하나님을 향한 원망이 들어 있다. 하나님이 사람에게 베푸신 사랑이 도리어 하나님을 원망하고 탓하는 근거가 되었다. 우리 안에는 생각하는 기능이 완전히 사라진 채 사는 것을 선택하려는 노예근성이 있다. 모든 판단을 남에게 맡긴 채, 모든 책임도 남에게 맡긴 채 살아가려는 경향이 있다. 우리는 늘 주님이 우리 손을 꼭 잡고 걸어가기를 간절히 원한다. 이것이 한편으로는 소중한 신앙 표현일 수 있지만, 다른 한편으로는 스스로 아무런 판단도 하지 않은 채 그저 노예인 채 살려고 하는, 일종의 현실 회피일 수도 있다. 이렇게 우리는 나 아닌 외부의 '영적 권위'에 모든 것을 맡기고 순종해버리기도 한다. 그러다 보니, 어려움을 겪을 때마다 우리는 다른 이를 원망하고 궁극적으로는 하나님을 원망한다. 하나님은 우리에게 온전한 자유를 주셨고 우리가 스스로 선택하고 하나님에게 나아오기를 찾으신다. 아담과 하와는 함께 계명을 어겼으나, 하나님은 함께 의논하며 진리를 찾으려고 하신다. 사람을 향한 하나님의 질문이 그것을 단적으로 보여준다. 사람이 선악을 알게 하는 나무 열매를 먹은 후에 하나님은 "네가 어디 있느냐"(창 3:19) 찾으시며, "그 나무 열매를 네가 먹었느냐"(3:11) 물으신다. 이미 하나님은 모든 것을 아시지만, 사람에게 물으시며 사람이 스스로 답하기를 기다리신다. 가인이 아벨을 죽인 사건은 이 점을 좀 더 분명히 보여준다.

특별한 가인, 그저 '가인의 아우'인 아벨

에덴동산에서 쫓겨난 사건에 곧이어 4장은 아담과 하와가 가인을 얻었음을 이야기한다. 그들이 죄를 범하고 에덴에서 쫓겨났지만 하나님은 그들에게 가죽옷을 지어 입히셨고, 자식을 주셨다. 하와가 이 아들을 여호와로 말미암아 얻었다고 해서 히브리어로 '얻음'을 의미하는 '가인'이라고 이름 지은 것을 보면, 이들은 가인의 출생을 에덴에서 쫓겨난 자신들을 향한 하나님의 은혜로 받아들였다. 얼마 후에 둘째 아들 아벨을 얻었을 텐데, 아벨의 이름에는 아무런 설명이 없으며 그저 '가인의 아우'로 소개할 뿐이다. 그런데 특이하게도 '아벨'은 '헛됨, 수증기'라는 의미다. 가인은 아주 특별한 아들, 하나님에게 얻은 아들인 반면, 아벨은 그저 평범하게 태어난 아들이며 어찌 보면 세상의 수많은 사람들처럼 마침내는 수증기처럼 사라질 사람을 대변한다고 할 수 있다.

이러한 대조는 가인과 아벨의 직업에서도 드러난다. 가인은 땅을 경작하는 사람이었는데, 이 일은 창세기 2장 15절에서 하나님이 사람에게 명하신 일이기도 하다. 그에 비해 아벨은 양 치는 사람이었다. 여기에서도 가인이야말로 아담의 뒤를 잇는 존재임을 확실히 볼 수 있다. 그리고 아벨은 양을 치느라 이리저리 떠돌아다니는 존재라는 점도 짐작할 수 있다. 흔히 가인의 후예가 정착하지 못하고 떠돌아다니게 되었다 생각하지만, '양 치는 자'인 아벨은 이미 떠돌아다니는 이였을 것이다.

그런데 하나님이 무슨 연유인지 가인의 제사는 받지 않으셨고 아벨의 제사는 받으셨다. 이 점은 놀랍다. 구약성경의 매우 이른 본문인 창세기 4장에서 이미 성경은 세상에서 흔히 생각하는 질서의 역전을 보여주기 때문이다. 하나님은 모든 면에서 주목받을 만하고 뚜렷한 가인의 제사는 거부하셨고, 존재가 미미해 보이는 아벨의 제사는 받으셨다. 성경은 이처럼 일반적인 상식과 기대를 넘어서는 전환과 역전을 무수히 담고 있다.

본문은 하나님이 아벨의 제사를 받고 가인의 제사는 받지 않으신 이유를 전혀 말하지 않는다. 히브리서에서는 이와 연관해서 아벨은 믿음으로 가인보다 더 나은 제사를 드렸으며 '의로운 자'라는 증거를 얻었다고 한다(히 11:4). 구약이 이야기하는 '의로움'의 근본은 '올바른 관계'이니, 아벨은 하나님을 신뢰함으로 제사를 드렸으리라, 가인은 그러하지 않았으리라 짐작할 수 있다. 제물이 관건이 아니라 하나님에 대한 제사하는 자의 신뢰와 믿음이 관건일 것이다. 그리고 여기에는 가인이 하나님의 은혜로 얻은 특별한 아들이라는 점과 아벨이 헛됨이라는 의미인 이름으로 불리는 데다 잘 알려지지 않은 아들이라는 점이 아무런 영향도 미치지 못한다. 믿음으로 제사하는 이가 있는가 하면, 그렇지 않는 이가 있다. 놀라운 과정에서 출생했든지, 정착하지 못하고 떠도는 신세이든지 아무 상관없다. 하나님은 오직 '믿음으로' 만나게 되는 분이지,

세상의 조건, 개인의 능력, 처지, 상황과는 완전히 무관하신 분이기 때문이다.

그런데 이렇게 두 사람의 믿음을 근거로 두 제사를 이해하는 것은 후대의 히브리서에 나오는 것이고, 창세기 자체에서는 믿음에 관한 암시를 전혀 발견할 수 없다. 창세기에서 가인과 아벨의 제사 이야기는 오히려 다음에 이어지는 이야기의 발단 부분이다. 왜 가인의 제사는 거부되고 아벨의 제사는 받아들여졌느냐 하는 것보다는 그 사건에 대해 가인이 어떻게 반응을 했느냐 하는 것에 초점이 있다. 우리가 여기에서 주목하는 것은, 아담과 하와가 에덴동산에서 쫓겨나지만 그것으로 그들과 하나님의 관계가 끝나지 않았다는 점이다. 그들은 여호와로 말미암아 자식을 얻게 되며, 가인과 아벨은 하나님에게 제사할 수 있으며, 하나님이 받으시는 제사를 드릴 수도 있고 그렇지 않을 수도 있었다. 관계가 파괴된 후에도 사람의 수치를 가리기 위해 가죽옷을 지어 입히신 하나님은 여전히 사람들에게 나타나시고 대화하시며 응답하신다. 그러므로 가인의 제사를 하나님이 받지 아니하셨다는 것 역시 가인과 하나님의 관계가 끝났다는 의미가 아니다. 다만 이 사건은 가인에게 문제가 있음을 보여준다. 우리 삶에도 이렇게 하나님과 관계가 깨져버리고 엉망이 되는 순간이 있다. 그것은 결론이 아니라 시작일 뿐이다. 이제 우리는 어떻게 할 것인가?

죄가 너를 원하지만 너는 죄를 다스려라

가인은 하나님이 자기 제사는 받지 않으셨는데, 아벨의 제사를 받으셨

복음의
공공성

다는 데 화가 났다. 모든 면에서 가인의 제사야말로 하나님이 기쁘게 받으실 제사인 것 같은데, 정반대의 일이 일어난 것이다. 이러한 상황이 가인은 굉장히 불편했다. 마땅히 일어나야 할 일이 일어나지 않은 것이다. 마땅히 하나님이 가인 자신을 인정하셔야 하는데 도리어 아벨을 인정하셨다. 마땅히 받아야 할 칭찬과 평가와 인정이 자기에게 오지 않은 것이다. 그런데 하나님 앞에서는 아무것도 당연한 것이 없다. 아무도 하나님이 기뻐하시는 것을 당연하게 차지할 수 없다. 하나님의 받으심, 하나님이 기뻐하심을 사람이 확보하고 내내 간직할 수 없다. 하나님은 한 곳에 모아 둘 수 없는 분이다(렘 2:13).

가인은 몹시 화가 났고, 안색이 변했다. 안색이 변하였다고 번역한 히브리어는 직역하면 "그의 얼굴이 내려갔다"이다. 가인의 얼굴이 아래로 내려갔다. 아마도 가인은 눈을 내리깔았을 것이다. 하나님에게서 눈을 돌린 것이며, 하나님을 더는 보지 않겠다고 선언해버린 것이다. 그러나 하나님은 가인을 찾으신다. 그리고 가인에게 왜 그렇게 화를 내고 왜 그렇게 눈을 내리까는지 물으신다. 하나님은 사람에게 계속해서 물으신다. 모르셔서 물으시는 것이 아니라, 사람들과 관계를 맺으시고 동행하시기 때문에 물으시는 것이다. 이 점은 이어지는 하나님의 말씀에서도 잘 드러난다. 이를 볼 때, 가인의 제사를 하나님이 받지 않으신 것 자체는 어쩌면 큰 문제가 아닐 수 있다. 우리는 하나님이 이렇게 내가 드린 제사만 거부하실 때 당황스럽고 화날 수 있다. 그런데 그러한 우리에게 하나님은 계속 말씀하신다.

하나님은 가인에게 "선을 행하면 낯을 들지 못할 것이 없다. 죄가 너를 원하지만 너는 죄를 다스려라" 이르신다. 가인의 행동과 하나님이 가인에게 하신 말씀은 4장의 진정한 초점이 제사 열납 사건이 아니라 그 사건에 이어지는 부분에 있음을 확실히 보여준다. 우리가 드린 제사를 하나님이 받지 않으실 때 우리는 어떻게 응답할 것인가? 선을 행한다면 두려울 것도 없고, 좌절할 것도 전혀 없다. 여기서 선이라는 것도 어마하고 막대한 선행을 의미하지 않을 것이다. 하나님에게 향하고 하나님에게 돌이키고 하나님이 행하실 일을 신뢰하고 동의하는 것이 선이다. '원하나… 다스려라' 하는 표현은 3장 16절에서도 쓰인다. 여자는 남자를 원하고 남자는 여자를 다스릴 것이다. 3장에서 이 표현은 남자와 여자 사이에서 서로 상대방을 지배하기 위해 일어나는 끝없는 갈등과 싸움, 분쟁을 가리킨다. 4장에서 이 표현은 가인으로 대표되는 사람과 죄 사이에 일어나는 끝없는 싸움을 가리킨다. 이 싸움에 대해 하나님은 사람에게 "죄를 다스려라"고 명확하게 이르신다. 죄는 끊임없이 사람을 찾지만, 죄에 지배되지 말고 오히려 죄를 다스리라는 말씀이다. 죄가 우리를 삼키고 지배하려고 하지만, 죄에 지배당하지 말라고, 죄에 굴복하지 말라고, 도리어 죄를 다스리라고 하신다. 속상한 일이 있어도, 화나는 일이 있어도 죄에 지배당하지 말고, 다시 하나님에게 나아오라고 다시 일어서라고 하신다.

하나님이 이렇게 가인을 찾으시고 말을 거시며 권면하시는 것은 가인이 그럴 수 있는 존재임을 전제로 한다. 가인과 아벨도, 아담과 하와도 하나님의 형상대로 지음 받은 사람이니, 하나님은 그들을 향해 죄를 다스리는 삶을 살아가라고 촉구하신다. 그것이 사람이다. 그것이 사람에게 주신 존엄이다. 하나님은 가인이 아벨을 죽인 다음에는 아벨이 어디 있느냐고 물으신다. 하나님의 질문은 가인이 아벨을 지키고 살피는 자임을 전제로 한다. 하나님의 질문은 우리가 상대방을 서로 살피고 서로 어디에 있는지 돌아보는 존재임을 전제로 한다. 그것이 사람의 존

복음의
공공성

엄이다. 하나님의 형상대로 지음 받은 사람의 존엄은 함께 살아가는 사람이 어디에 있는지 돌아보는 것으로 드러난다.

 가인을 향한 하나님의 인식은 크고 깊다. 그런 점에서 하나님을 신뢰한다는 것은 사람을 향한 하나님의 지식, 사람을 향한 하나님의 기준에 동의하는 것이다. 믿음은 하나님의 전능하심을 굳게 믿는 것뿐 아니라, 우리를 향하신 하나님의 뜻에 끊임없이 동의하고 마음을 같이하는 것이다. 죄를 다스리는 것은 죄라는 실체에 강력하게 대적하는 것이 아니다. 가인 안에 있는 분노, 미움, 체념, 원한 등에 사로잡혀 살아가는 것이 아니라 사람을 향한 하나님의 부르심과 초대에 응하는 것이 죄를 다스리는 것이다.

폭력

그러나 가인은 하나님의 초대에 응하지 않았다. 들에 있을 때 가인은 아벨을 쳐 죽였다. 아마도 가인은 아벨보다 뒤떨어지는 자신을 인정할 수 없었을 것이다. 하나님이 받으시느냐 안 받으시느냐 하는 것보다 자기가 아벨보다 뒤떨어진다는 사실을 견딜 수 없었다. 하나님이 받으시는지 여부는 중요하지 않았고, 자신과는 다른 아벨이 사라지면 문제도 사라진다 생각한 것이리라. 가인은 자기보다 보잘것없어 보이는 아벨이 자신의 위상과 위치를 해친다는 사실에 마음이 상했고, 자신을 지키기 위해 자신을 불편하게 하는 아벨을 죽였다. 하나님은 가인으로 자신을 보고 아벨을 보며 죄를 다스리는 삶으로 부르셨는데, 가인은 자신과 비교되는 존재인 아벨을 죽이는 것으로 그 부르심에 응답했다. 자기에게 가장 중요한, 자기라는 존재를 초라하게 하는 아벨을 제거해버리는 것으로 대응했다는 점에서, 가인의 행동의 본질은 자기를 최우선에 두는 자기애를 끝까지 관철한 것으로 볼 수 있다. 이렇게 볼 때 아담과 하와의 죄는 가인에게서 좀 더 뚜렷하고 난폭하게 모습과 본질을 드러낸다. 자기애가 최우선이 된 이들에게, 지고의 선은 자기 자신이다. 참으로 가인은 선악을 아는 일에 하나님처럼 되었다. 가인은 자기를 불편하게 하는 아벨을 존재해서는 안 될 악으로 규정한 것이다.

    상대라는 존재 때문에 내가 불편하다면, 그 존재를 없애버린다. 상대 때문에 내 모습이 초라해 보인다면 상대를 없애버린다. 그렇다면 나는 어디에 가서 살 것인가? 우리는 다른 사람이 있기 때문에 내 모습이 어떠한지를 알게 된다. 남과 비교함으로써 자신을 과소평가하거나 과대평가하는 것은 문제가 있지만, 다른 이가 있을 때 우리는 자기 모습을 들여다볼 수 있다. 그래서 우리는 함께 살아간다. 그러나 가인은 아벨의 존재를 용납할 수 없었다. 하나님과 자신의 관계를 해결하는 대신 아벨을 제거하는 방법을 선택했다. 하나님 앞에 서는 것이 아니라, 다른 사람을 안 보는 것으로 해결하려 한다. 가인은 자기가 죄를 다스려야 함을 부정했고, 아벨을 지키는 자임을 부정했다. 하나님은 사람을 크고 깊고 놀라운 삶으로 부르시지만, 사람은 하나님의 부르심을 부정하고 자신을 죄악이 가득하고 명령을 거역하는 이로 축소시킨다.

    가인이 한 선택과 행동은 낯설지 않다. 자신의 모습을 돌아보기보다는 자기와 다른 이를 제거해버리는 것은 정치인이나 기업인들의 오랜 관행이다. 부패하고 탐욕스러우며 비민주적인 현실을 덮기 위해, 남한 정부는 끊임없이 북한을 공격하고 반대하고 분쟁을 확대한다. 북한 정부 역시 더하면 더했지, 조금도 덜하지 않다. 이것이 어찌 국가와 기업만 저지르는 일인가. 교회 역시 자신의 치부를 덮기 위해 '자유주의'에 전쟁을 선포하기 일쑤다. 요즘 우리네 교회의 죄악을 덮는 최고의 수단은 '동성애'와 '이슬람'이다. 동성애자와 무슬림이 한국 사회에서 실제로 악을 행하거나 다른 이에게 해를 끼친 사례가 있는지 여부와 무관하게, 교회는 '동성애'와 '이슬람' 자체를 두고 그야말로 맹공격을 퍼붓는다. 교회 안에 이미 가득한 온갖 세습과 불의는 조금도 처리하지도 고치지도 못하면서 말이다. 그야말로 가인의 형국이다.

결국 가인은 "지면에서 쫓겨나게" 된다. 가인이 한 일을 "땅에서부터 호소하는 아벨의 핏소리"가 알렸다(창 4:10). 창세기 4장 10-11절에서 언급하는 '피'는 히브리어로 복수형인데, 복수형으로 쓰일 때 '피'는 부당하게 흘린 억울한 피를 가리킨다. 억울한 죽음은 결코 감추거나 덮을 수 없다. 구약은 그렇게 흘린 피 때문에 땅이 더러워진다고 증거한다(참고. 레 18:24-30). 그러한 땅은 억울한 피가 흐르게 한 이들을 토해낼 것이다(참고. 레 20:22). 이제 아벨의 핏소리로 말미암아 땅이 저주를 내어 가인은 밭을 갈아도 효력이 없을 것이며 유리하며 피하는 자가 될 것이다. 결실 없는 삶의 원인은 부당하게 흘린 피, 폭력이다. 그러므로 풍성히 결실하는 삶을 추구하는 것은 부당하고 억울한 피가 발생하지 않게 하는 것과 직접적으로 연결된다. 경제를 살리고 회복하는 것은 억울한 피로 인한 눈물을 닦아주고 그 억울함을 풀어주는 것과 무관하지 않다.

폭력 그 이후

가인이 쫓겨나지만, 그것이 끝이 아니다. 그렇게 떠난 가인은 '여호와

앞을 떠나서' 에덴 동쪽으로 간다. 하나님이 거하게 하신 땅에서 사람이 쫓겨나는 것은 이번이 처음이 아니다. 아담과 하와 역시 에덴에서 쫓겨났고, 이제 가인도 쫓겨난다. 그러나 놀랍게도 하나님은 이러한 가인에게 '표'를 주셔서 가인이 자기와 만나는 사람에게 죽임을 당하지 않게 하신다(창 4:14-15). 가인의 가는 길은 하나님과 무관한 길이 아니다. 가죽옷을 지어 입히셔서 아담과 하와의 수치를 가려주신 하나님은 이제 가인에게 생명을 지킬 수 있는 표를 주셨다. 그러므로 가인의 삶은 결코 이것이 끝이 아니다. 가인이 계속 걸어가고 살아갈 길과 삶이 있다. 그러면 이제 가인은 어떻게 살 것인가?

가인은 극단적인 사례가 아니다. 극단적인 사례라면 구약 첫 책인 창세기의 첫 부분에 가인 이야기를 제시할 필요가 없었을 것이다. 사실 바벨론 땅에 포로로 끌려간 이스라엘이야말로 가인과 완전히 처지가 같았다. 이스라엘 백성은 하나님이 약속으로 주신 땅에 살 수 없었다. 계속 저지른 범죄로 말미암아 급기야는 그 땅에서 쫓겨났다. 가나안 땅에서 쫓겨나 동편에 있는 바벨론 땅으로 끌려갔다. 가인은 '에덴 동쪽' 놋 땅으로 쫓겨났고, 이스라엘은 약속의 땅인 가나안 동쪽에 있는 바벨론 땅으로 쫓겨났다. 그 땅에서 쫓겨나면 삶이 끝날 줄 알고, 그토록 난리를 부렸지만 결국은 모두 쫓겨났다. 이제는 어떻게 살 것인가? 가인의 모습은 바벨론 포로들의 모습을 담고 있다. 끊임없이 범죄하며 이웃을 모른 체하고 억울한 눈물을 방관하는 우리의 모습을 담고 있다. 우리는 어떻게 살 것인가? 체념하고 살 것인가? 이미 죄인이니, 더 아무렇지도 않게 이웃을 학대하고 방관하고 죽이며 살 것인가? 아니면 쫓겨난 땅에서라도 하나님을 바랄 것인가?

가인의 후예는 번성하였다. 그 가운데 라멕이라는 이가 있었다. 창

창세기 4장 23-24절은 라멕의 노래다. 라멕은 자신에게 상처 준 사람을 죽였다고 자랑한다. 자신을 상하게 했다는 이유로 소년을 죽였다고 자랑한다. 가인을 잘못 건드리면 대가를 7배로 치르지만, 자기를 잘못 건드리면 대가를 77배로 치르게 될 것이라고 자랑한다.

아내가 둘 있고, 아들들이 문명을 개발하는 존재가 된 것을 보면 라멕은 꽤나 대단한 집안이었다. 그렇기에 라멕은 노래한 것처럼 자기가 당한 것을 상대에게 갚아줄 수 있는 힘도 있었을 것이다. 자신에게 손해나 상처를 조금만 입혀도 몇 배로 되갚아줄 수 있는 것이 라멕이며, 가인의 후예다. 작은 상처를 몇 배의 폭력으로 맞받아치고 뭉개버리는 이들이었다.

가인은 특별한 존재였으며 라멕 역시 그러하다. 그런데 이들은 그 특별함으로 상대를 부정하고 상대를 짓밟아버린다. 이들에게 특별함은 자기는 남과 다른 대우를 받아야 하며 남에게 결코 뒤처지거나 업신여김 당하지 말아야 한다는 것이다. 그렇게 남에게 뒤지지 않고 자기가 당한 것은 몇 배로 갚아주려면 막대한 힘과 능력이 필요하다.

우리가 여기서 주목하는 것은 가인이 받은 표다. 하나님은 가인에게 표를 주어 에덴의 동쪽으로 가는 여행에서 위험을 당하지 않게 하신다. 하나님은 가인을 해치는 자는 벌을 7배로 받는다는 신학적 숫자로 가인을 반드시 지키신다는 표현을 강조하셨다. 그런데 이 표현이 라멕에게 이르러서는 77배로 되면서 한층 강화된다. 이와 결부되는 것이 자신에게 해를 조금이라도 끼치는 이에 대한 보복이다. 하나님이 가인에게 주신 표는 가인을 향한 하나님의 은혜의 표시였지만, 라멕에 이르러서는 가인-라멕 가족의 우월성과 특별한 신적 보호를 드러내는 수단이 되었다.

자기들만 신의 보호를 받고 있다거나 자기들만 신이 특별히 선택한 백성이라는 사고방식은 동서고금을 막론하고 줄기차게 등장한다. 세상에서 약하고 짓밟히고 배제당하는 이들을 향한 하나님의 보호를 악용하여 사람들은 자신들의 우월함과 지배를 정당화하고 다른 이를 차별하고 억압한다. 인종 차별주의와 백인 우월주의, 특정한 민족 우월주의가 그 대표적인 예다. 이러한 우월주의는 자신이 기독교 신앙을 가졌다는 이유로 다른 종교를 가혹하게 억압하는 것으로도 나타나기 일쑤다. 극심한 탄압과 핍박 속에서도 믿음을 지켜내던 확신이 어느새 자기와 생각이 다른 이를 핍박하고 억압하는 근거가 되어버린 것이다.

  그 점에서 가인의 표는 의미심장하다. 가인의 표는 쫓겨나서 유리하는 이를 지키시는 하나님의 은혜를 상징한다. 그런데 그것을 자신들만 보호하는 약속, 자신들에게만 하신 약속으로 여길 때, 가인의 표는 다른 이들을 향한 폭력으로 나타난다. 하나님의 은혜를 사사로운 집단 돌봄으로 이해할 때, 타인에 대한 폭력으로 귀결된다. 그러므로 약자를 향한 하나님의 은혜는 반드시 함께 살아가는 다른 이를 위한 배려와 이해를 수반해야 한다.

  사람이 하나님을 떠나는 것은 반드시 관계의 파괴로 이어진다. 가인은 자신과 아벨의 관계를 부정하고 깨뜨렸고, 자신과 부모의 관계 역시 깨뜨렸다. 라멕은 자신을 지키기 위해 다른 이들을 전부 부정했고, 관계를 폭력적으로 짓밟았다. 그런데 이것은 라멕이 대표하는 가인 후예의 문제만은 아니다.

  그때에 온 땅이 하나님 앞에 부패하여 포악함이 땅에 가득한지라(창 6:11).

복음의

공공성

하나님이 노아에게 이르시되 모든 혈육 있는 자의 포악함이 땅에 가득하므로 그 끝 날이 내 앞에 이르렀으니 내가 그들을 땅과 함께 멸하리라(창 6:13).

이 두 구절에서 '포악함'으로 번역한 히브리어 '하마스'는 '폭력'을 의미한다. '부패하다, 상하다'를 의미하는 동사가 11절에서는 온 땅을 표현하는 말로 쓰이고, 13절에서는 하나님의 행동을 표현하는 말(개역개정은 '멸하다'로 옮김)로 쓰인다. 온 세상이 망가졌으니, 하나님이 온 세상을 망하게 하실 것이다.

부패는 추상적인 개념이 아니다. 이 구절은 '땅의 부패함'이 땅에 가득 찬 폭력임을 보여준다. 폭력은 무엇인가? 자신의 뜻과 욕망을 관철하기 위해 상대를 짓밟고 힘으로 눌러버리는 것이다. 자신의 존재를 위태롭게 하고 자신의 부끄러움을 깨닫게 하는 상대를 제거해버리는 것이다. 자신의 필요를 채우기 위해 곤경에 빠진 이들을 눌러버리는 것이다. 폭력이 가득한 세상은 힘과 권력이 지배하는 세상이고, 무엇이든 남보다 더 많이 가진 사람들만 지배하는 세상이다. 아담과 하와가 자기 욕망을 앞세워 하나님의 명령을 짓밟아버린 것이 폭력의 시작일 것이며, 가인이 아벨을 죽인 것은 그 단적인 모습이고, 라멕이 자신의 상처로 인해 사람을 죽인 것도 그러하다. 인류가 선악을 알게 하는 나무 열매를 먹었기 때문에 폭력이 땅에 가득하게 되었고, 온 땅이 썩게 되었다.

이 세상은 어떤 이들에게는 끔찍한 세상이 아닐 수 있다. 일제강점기를 태평천하로 여긴 이들도 있었듯이,[16] 폭력이 가득한 세상은 힘 있고 권력 있는 이들에게는 참으로 행복하고 쾌적한 세상일 것이다. 그런데 그러한 세상은 하나님 보시기에는 부패한 세상, 진멸하지 않고는 견디실 수 없는 세상이다. 노아가 살던 시대는 라멕의 시대였고, 그 시대에 온 세상을 휩쓰는 가치는 오직 힘이었다.

노아

가인의 후예들에 대한 족보가 창세기 4장 16절 이하에 나오고, 5장 1절 이하에는 아담의 셋째 아들인 셋의 족보가 나온다. 두 족보에는 꽤 비슷한 이름이 많다. 에녹과 라멕이라는 이름은 두 족보에 모두 있고, 가인과 게난, 가인의 후예 이랏과 셋의 후예 야렛, 므드사엘과 무두셀라는 매우 흡사한 이름이다. 그런 점에서 이름으로 그들을 구별하기는 어려울 것이다. 특이하게도 가인의 족보에는 태어난 것만 언급되고 있고, 셋의 족보에는 죽은 것도 기록되어 있다. 이러한 대조를 통해 강함이 강함이 아니며 삶이 삶이 아님을 보여준다고 말할 수 있다.

　성경은 노아가 폭력이 가득한 세상에서 의인이요, 당대에 완전한 자였다고 증거한다. 의인에다 완전한 자라는 설명이 노아를 매우 특별한 존재로 여기게 한다. 그런데 사실 하나님이 그분 백성을 의로운 삶으로 부르신다는 점을 생각하면 노아에게 우리와 구별되는 특출함이 있었다고 볼 수는 없을 것이다. 완전 역시 하나님이 백성에게 요구하시는 것이다. 예수님은 이제 갓 부르신 제자들에게 "하늘에 계신 너희 아버지의 온전하심과 같이 너희도 온전하라"(마 5:48) 명령하셨다. 그러므로 노아의 의인됨과 완전함을 도덕적인 완전무결함으로 설명할 수는 없다. 홍수 후에 노아가 술에 취해 있는 모습 역시 노아를 그런 완전무결함으로 생각하지 말아야 함을 보여준다. 노아가 의인이며 완전한 자라는 설명에는 노아가 하나님과 동행하였다는 진술이 뒤따른다. 노아는 완전무결한 사람이기보다는 하나님과 동행하는 사람이었다. 하나님의 뜻을 구하고 하나님이 기뻐하시는 길을 찾으며 하나님과 함께 걸어간 이였다. 이것이 의인됨의 의미일 것이며, 완전의 의미일 것이다.

이것은 홍수 후의 노아에게 하나님이 하신 명령에서도 확인할 수 있다. 하나님이 노아와 홍수 후 인류에게 유일하게 당부하신 것은 "함부로 피 흘리게 하지 말 것"(창 9:4-6)이다. 동물을 먹는 것이 허용되지만 동물을 피가 있는 채로 먹지 말아야 하며, 무엇보다도 다른 사람의 피를 흘리지 말아야 한다. 다른 사람의 피를 흘릴 경우, 그 피를 흘리게 한 사람도 피를 흘리게 될 것이라는 말씀은 모세 율법에서 나오는 '눈에는 눈, 이에는 이' 원칙(출 21:24; 레 24:20; 신 19:21)을 달리 표현한 것이다. '동해복수법'이라 불리는 이 원칙은 무자비하고 뒤떨어진 규례가 아니다. 계급과 신분과 부귀와 무관하게 다른 사람의 눈과 내 눈이 똑같이 중요함을 명확히 선포하는 이 원칙은 "네 이웃을 네 몸과 같이 사랑하라"는 말씀과 본질적으로 동일하다. 이것은 예수님이 구약의 대강령으로 요약하신, "남에게 대접받고자 하는 대로 너희도 남을 대접하라"(마 7:12)는 말씀과도 동일하다. 이를 생각하면, 노아에게 주신 규례는 구약의 가장 본질적인 계명이다.

노아 시대에는 폭력이 난무하였다. 이러한 폭력은 필연적으로 약자를 짓밟고 유린하는 현실로 드러난다. 그에 비해 노아는 의인이었고, 홍수 이후에도 그러한 삶, 다른 사람의 생명을 내 생명처럼 존중하는 삶으로 초대받았다. 노아는 폭력 가득한 세상을 당연한 것으로 여기지 않고, 자신을 향한 하나님의 부르심과 뜻에 동의하고 공감하며 살아갔다.

노아가 의인이며 완전하다는 것은 이웃의 몸을 내 몸처럼 여기는 삶과 연관이 있다.

누가 그렇게 특출한 능력을 지녔을까? 하나님이 사람에게 찾으시는 것은 특출함과 특별함이 아니다. 하나님을 구하고 하나님에게 동의하고 공감하고 하나님과 함께 걸어가기, 그것을 하나님은 찾으신다. 그 반대의 삶은 무엇인가? 자기 힘을 자랑하는 삶, 자신의 능력을 자랑하는 삶이다. 자신의 힘과 능력과 특출함으로 상대를 무시하고 짓밟고, 자기보다 나아보이는 이는 어떻게 해서든지 죽이고 제거하고 없애버리는 삶이다. 완전한 삶으로 제자들을 초대하시면서 주님은 노아와 같은 완전함을 회복하는 자리로 부르신 것이며, 복을 회복하는 자리로 부르신 것이며, 하나님 형상대로 지음 받은 사람의 모습으로 회복하는 자리로 부르신 것이다.

그러므로 가인과 라멕이 대표하는 폭력 가득한 세상과 노아의 세상은 가치관이 다른 세상이다. 가인과 라멕의 세상이 능력과 힘이 전부인 세상, 능력과 힘을 자신의 욕망을 위해 한 치도 포기하지 않는 세상이라면, 노아의 세상은 하나님에게 능력이 있음을 믿고 우리를 향하신 하나님의 부르심과 기대에 자신을 내려놓고 공감하고 동의하는 세상이다.

바벨탑과 아브라함

자신을 결코 포기하지 않고 자기 힘으로 강하고 견고해지려는 인간의 노력은 홍수조차 무색하게 해버린다. 홍수에서 살아난 사람들은 바벨탑을 짓는다. 바벨탑은 하나님이 아무리 홍수를 내리셔도 결코 물에 잠기지 않을 정도로 높은 탑이었다.

그렇게 높은 탑을 짓기 위해 모든 문명과 기술을 총동원한다. 더 높이 올라가려면 규격에 맞춘 벽돌이 필요했다. 높은 탑이 무너지지 않으려면 벽돌을 단단히 붙일 역청이 필요했다. 높이 쌓으려면 수많은 노예가 필요했다. 노예를 지휘 통솔하려면 하나의 통일된 언어가 필요했고 막대한 경제력이 필요했다. 그러니 바벨탑은 강력한 힘을 가진 제국이 아니면 짓는 것이 불가능했다. 바벨탑은 모인 사람들의 힘이 극대화된 것이다. 바벨탑은 사람들이 만들어낸 제국의 강력한 힘과 번성하는 문명을 집대성한 것이다.

아울러 바벨탑 건설에는 수많은 사람들이 관련되었는데, 이 역시 근본적으로는 지독한 집단 이기주의의 발현이다. 그 점에서 바벨탑은 아담과 하와의 죄악 이래 한결같이 지속되는, 자기 자신의 욕망, 자기애를 조금도 내려놓지 않는 인간의 굳어져 가는 죄악을 반영한다. 다만 '자기'가 꽤나 많은 사람들을 포괄하게 되었다는 점이 다를 뿐이다. 집단의 크기가 어떠하든, 자기애의 끝없는 발현은 함께 살아가는 세상의 평화를 근본적으로 파괴한다.

바벨탑을 짓느라 모인 큰 무리는 바벨탑 이야기에 이어지는 아브라함과 매우 대조적이다. 하나님은 수많은 사람들의 모의와 대조적으로, 한 사람 아브라함을 선택하셨다. 아브라함은 원래 바벨탑의 배경이 되는 갈대아의 바벨론 지역에 살았다. 그러나 하나님이 아브라함을 그곳에서 불러내셨고 팔레스타인 땅으로 인도하셨다. 팔레스타인은 좁고 긴 땅이다. 제국이 생길 수 없는 땅이며, 도리어 제국에게 언제나 침략당하는 땅이다. 그곳이 바로 하나님이 아브라함을 인도하신 곳이다. 팔레스타인은 변두리다. 주변부이며 외곽이다. 그런데 중심부에 강력한 힘이 생기면 반드시 영향을 받고 이용당하는 곳이 바로 이 주변부다.

하나님이 아브라함을 인도해 들이신 땅이 그곳이다. 하나님은 아브라함으로 하여금 세상의 변두리, 힘의 교차점에 있게 하셨다. 변두리지만 중앙에서 분리되지 않았다. 변두리지만 세력 갈등과 충돌이 전면적으로 등장하는 현장이다. 그를 통해 하나님과 맺은 관계가 두드러진다. 영향력 있는 자리는 그런 자리다. 영향력 있는 위치는 그런 위치다. 변두리인데 하나님을 의지하지 않으면 결코 설 수 없는 자리다.

어느 방향으로 갈 것인가

한나 아렌트는 "어떤 사회가 용서를 위한 장치를 갖추지 않았다면 그것은 그 구성원들로 평생을 범법 행위의 결과를 지니고 살게 만든 것이라는 점에서, 예수의 죄 용서는 가장 위험한 행동이 된다" 하였다.[17]

평생을 죄책감 속에서 아무것도 제대로 할 수 없는 자신을 발견할 때마다 우리는 오직 위로부터 임하는 은혜를 간절히 바라게 되고, 대개는 조금도 체제를 떠나지 못하고 조금도 종교를 떠나지 못한 채 살아간다. 바리새인과 대제사장은 사람들의 죄책감을 먹고 살아가는 사람들이다. 사람들의 죄에 관심이 있는 이들이다(호 4:8). 주님은 사람을 죄에서 자유하게 하셨다. "진리를 알지니 진리가 너희를 자유롭게 하리라"(요 8:32) 하셨다. 하나님의 사람이 되도록 사람들을 찾으셨고 부르셨고 세우셨다. 세상의 물질과 권력과 죄에서 자유롭게 하셨다. 다시는 죄의 멍에를 메지 말라 하셨다.

아담과 하와의 범죄는 평생을 원죄의 굴레 아래 살아가라고 주신 말씀이 아니다. 우리가 얼마나 존엄한 존재인지, 하나님이 우리를 얼마나 영광스러운 일상으로 부르셨는지를 보여주며, 우리의 실패와 연약함도 보여주되, 그 모든 실패와 연약함을 넘어서는 하나님의 풍성하신 은혜와 새로운 출발을 보여준다. 무엇보다도 우리의 실패의 근원이 자기애를 기반으로 한 관계의 파괴, 달리 말해 공적 삶의 상실에 있음을 보여준다. 그러나 우리는 애써 원죄에 주목하며 죄 때문에, 소위 부정탈까봐 눈치 보며 살아간다. 그리고 여기에 기여하는 것이 '율법의 의'다. "만지지도 말라"는 정교한 율법 체계 준수를 통해 스스로 만족하려 하지만 바리새인이 아닌 이상 그렇게 하기 어렵다. 그리고 그렇게 해낸 이들은 마치 그것으로 무엇이 보장된 양 기고만장하게 된다. 그러니 이 율법 체계가 도리어 사람을 죽인다. 지킨 이들은 교만하여 죽고, 못 지킨 이들은 죄책감 속에 죽는다.

가인은 특별한 존재였으나 정작 하나님이 열납하실 예배를 하지 않았고, 자신을 돌아보기는커녕 상대를 부정하고 제거하고 없애버렸다. 라멕은 상대에게 받는 어떤 공격도 용납하지 않았고, 몇 배로 되갚아주고 복수했다. 사람들은 온 힘과 능력과 권세를 다해 하늘에 닿는 탑을 쌓고자 하였다. 그러나 헛됨이라는 이름을 지닌 아벨은 하나님에게 합당한 예배를 했고 죽임 당하였다. 폭력 가득한 세상에서 노아는 하나님과 겸손히 동행하는 의인이었다. 그리고 아브라함은 하나님의 부르심을 받아 변두리로 나아간다.

하나님은 모든 멍에를 벗어버리고 바로 서서 걷는 삶을 살라고 사람을 부르신다(레 26:13). 우리는 어느 길을 걸어갈 것인가? 어느 능력을 사모할 것인가? 어느 방향을 향해 나아갈 것인가?

05

내가 너에게 보여줄 땅으로 가라:
정의와 공의로 부르심

아담과 하와가 시작한 죄는 하나님의 엄청난 심판에도 사라지지 않는다. 가인의 후예의 족보가 창세기 4장 16절 이하에 나오고, 5장 1절 이하에는 아담의 세 번째 아들인 셋의 족보가 나온다. 앞에서 살펴보았듯이, 두 족보에는 비슷한 이름이 많이 있다. 그런 점에서 그들을 이름으로 구별하기는 어려울 것이다. 셋의 후손이라고 특별하지 않다. 노아 시대가 되었을 때 온 땅에는 죄가 가득 찼다. 셋의 후손이건 가인의 후손이건 차이가 없었다. 홍수를 경험하고서도 다시 인간들은 새로운 차원의 죄를 도모한다. 한데 모이기 시작한 것이다. 홍수에서 살아난 사람들은 바벨탑을 짓는다. 바벨탑 사건은 공동체적인 음모의 차원을 보여준다. 사람들이 이룬 엄청난 업적인 거대한 탑은 그대로 하나님을 향한 공동체적 도전이다. 죄가 사람들을 모은다. 그래서 원역사는 비극으로 결말을 짓는다. 죄의 강한 힘 앞에서 모든 사람이 무기력하다. 죄는 사라지지 않고 오히려 더 강해지기만 한다.

이제 어찌할 것인가? 창세기 11장 27절은 아브라함의 족보를 다룬다. 참으로 평범한 구절이지만, 이후에 전개되는 내용은 굉장하다. 이제 하나님은 한 사람을 선택하신다. 이를 고려하면 교회를 노아의 방주에 비유하는 것은 적절치 않을 수 있다. 하나님이 택하신 가정이 물에 빠진 이를 건져내는 장면이 노아의 방주라면 이 방법은 세상과 사람을 변화시키지 못하고 결국 바벨탑으로 귀결한 방법이 된다. 노아는 타락한 세상에서 홀로 의인이었던 사람이며, 방주를 만들어 새로운 세상을 준비하는 사명을 받았다. 반면에 아브라함을 통한 방법은 세상 가운데 하나님의 사람을 보내신 방법, 세상에서 나그네로 살아가게 하신 방법이다. 그리고 그 절정은 하나님의 아들이 사람으로 이 땅에 오셔서 나그네로 살아가신 것이다. 그런 점에서 교회는 방주에 탄 채 다른 이를 건져내는 모델로 볼 수 없다. 그리스도께서 행하신 방법은 그러한 것이 아니다. 하나님은 아브라함을 통해 천하 만민에게 복을 주고자 하셨다.

내가 너에게 보여줄 땅으로 가라

창세기 12장 1-5절은 조상들의 역사를 규정 짓는다. 인류 전체의 거대한 죄악을 보시면서, 하나님은 이제 당신의 구원을 새롭게 이루신다. 이를 위해 하나님은 한 사람을 선택하시고 그와 언약을 맺으신다. 창세기 15장은 하나님이 아브람과 언약을 맺으시는 것을 보여준다. 이후 이야기들은 이 언약을 재확인하는 과정이다. 이 모든 일의 출발이면서 바벨탑까지 이르는 사람들의 죄악의 확장과 심화의 결론은, "너는 내가 너에게 보여줄 땅으로 가라"(창 12:1)는 명령이다.

창세기 12장 1절에서 아브람은 '고향과 친척과 아버지의 집'을 떠나라는 명령을 받았다. 직역하면 '너의 땅, 너의 친척, 너의 아버지의 집'

을 떠나야 했다. 너의 땅이나 고향, 아버지의 집이 갈대아 우르를 가리키는지, 하란을 가리키는지 분명하지 않다. 개역개정에서 '고향'이라 옮긴 히브리어 단어는 '땅'이라는 뜻인데, 이 단어는 1절 후반절에 '네게 보여줄 땅'을 표현하는 데도 쓰인다. 즉 1절에는 '땅'이라는 단어가 두 번 나오는데, 첫째 땅은 아브람이 떠나갈 땅이고 둘째 땅은 아브람이 옮겨갈 땅이다. 첫째 땅을 꾸며주는 말은 '너의 친척, 너의 아버지의 집'이고, 둘째 땅을 꾸며주는 말은 '내가 너에게 보여줄 땅'이다. 이 명령이 가나안이라는 지명은 언급하지 않는다는 점은 특이하다. 5절에서 아브람이 마침내 가나안 땅으로 간 것을 보면, 하나님이 가라 하시는 땅이 가나안이라고 볼 수 있지만, 11장 31절에서 데라도 가나안 땅으로 가고자 했다는 것을 보면 1-3절에서 가나안을 굳이 언급하지 않는 것이 의미심장하다. 즉 1절은 특정한 땅인 '가나안'보다는 '내가 너에게 보여줄 땅'에 초점을 맞추고 있다고 풀이할 수 있다. 아브람이 가야 할 땅은 가나안이라기보다는 하나님이 아브람에게 보여주시는 땅이다. 첫째 땅이 고향처럼 익숙하고 편안한 곳이라면 둘째 땅은 가보지 않은 곳, 낯선 곳, 새로운 곳이다. 그러므로 '내가 너에게 보여줄 땅'은 단순히 가나안만 가리키지는 않는다.

    1절은 명령인 반면, 2-3절은 하나님이 아브람을 위해 하실 일이다. 2-3절의 핵심 단어는 '복'이다. 이 두 절에서 '축복하다'를 의미하는 동사가 네 번, 이 동사에서 파생한 명사인 '복'이 한 번 쓰인다. 그러므로 하나님이 아브람에게 하실 일의 핵심은 복 혹은 복 주심이다. 그 복의 내용은 아브람의 후손이 큰 민족을 이루게 하신다는 것, 아브람의 이름을 크게 하신다(개역개정에서는 '창대하게 하다'로 옮김)는 것이다. 여기에는 '크게 하다'라는 동사와 그 동사의 형용사형인 '큰'이 한 번씩 쓰인다.

복음의

공공성

아브람을 위해 하나님은 아브람에게 복을 주시고 아브람을 크게 하시는 두 가지 일을 행하실 것이다. 복과 큼, 축복과 크기는 오늘 우리네 교회가, 우리 안에 있는 욕심이 참으로 바라고 구하는 것인데, 그것을 하나님이 약속하신다. 그러므로 복과 큼 자체는 전혀 문제가 되지 않는다고 할 수 있다. 그런데 2-3절에 따르면 그것은 하나님이 하시는 일이다. 우리가 추구하고 바라고 소망하고 꿈꿀 일이 아니라 하나님이 당신이 부르신 백성을 위해 행하실 일이다. 그리고 아브라함이 어떻게 복을 받고 어떻게 커졌는지 우리는 안다. 아브라함의 복의 본질은 아브라함에게서 이어진 다윗과 이 땅에 오신 예수 그리스도이며, 아브람의 이름이 커진다는 것은 지금도 이 땅의 수많은 그리스도인들이 아브라함의 이름을 기억하고 기념하고 묵상하고 아브라함이 살아간 삶을 따라 산다는 의미다. 그러므로 그 복과 커짐은 우리가 흔히 욕망하고 갈망하는 것과는 차이가 있다. 하나님은 당신이 불러내신 이들에게 복을 주시며 그들을 크게 하실 것이다.

아브람에게 복을 주시고 아브람의 이름을 크게 하시니, 결국 아브람으로 말미암아 땅의 모든 족속이 복을 얻을 것이다. 이 표현은 매우 중요하다. 아담을 세상에 지으신 이래 하나님은 온 인류를 상대하셨다. 가인과 셋의 후손, 노아와 후손, 바벨탑에 이르기까지 창세기는 온 인류의 이야기를 다룬다. 그런데 창세기 12장 1절부터 창세기는 온 인류가 아니라 아브라함과 그 후손 이야기로 범위를 좁히며, 이것은 출애굽기 이후 구약의 모든 책에서 일관된다. 그런데 그렇게 좁히는 첫머리인 3절에서 땅의 모든 족속을 언급한다. 땅의 모든 족속이 아브람으로 말미암아 복을 받을 것이다. 땅의 모든 족속이 하나님의 복에서 배제된 것이 아니라 아브람 안에서, 아브람으로 말미암아 복을 받을 것이다. 창세기가 처음부터 모든 인류를 아담에게서 비롯된 한 형제로 묶고 있다는 점, 그리고 인류 전체를 향한 11장까지의 논의에 이어 아브람이 등장한다는 점에서, 아브라함 이야기는 수많은 사람 가운데 하나님이 아브람을 선택하셔서 아브람과 그 후손만 건지시고 구원하신다는 의미가 아니다. 아브람과 그 후손을 통하여 인류 전체를 회복하시고 건지시겠다는 의미다. 이제 하나님은 한 사람, 한 가족, 한 민족을 통해 모든 이에게 복을 주실 것이다. 아브람이 복이 된다는 말씀은, 하나님이 아브람을 축복하는 자에게 복을 주시고 저주하는 자를 저주하실 것이니, 땅의 모든 민족이 아브람으로 인하여 복을 받을 것이라는 의미다. 아브람으로 인해 다른 모든 사람이 복을 받는 것, 그것이야말로 복된 삶일 것이고, 아브람은 그러한 삶으로 부름 받았다. 이 약속의 말씀은 반복되어 증거된다(창 18:18; 28:14).

아브라함의 행동에 땅의 모든 족속이 결부되어 있다는 점에서, 아브라함의 삶은 그저 '개인적'이고 '사적'인 차원이 아니라, 땅의 모든 족속과 연결된 '공적'인 차원이다. 아브라함 이전까지는 인류 전체를 향하시던 하나님의 행하심이 아브라함 이래 한 사람, 한 가정, 한 민족으로 초점이 집중된다는 점에서, 우리는 흔히 아브라함을 '믿음의 조상'이라고 부른다. 그러므로 아브라함으로 상징되는 그 처음부터 우리 신앙은 '공적'인 차원을 지닌다. 아브라함의 후예가 된 이들의 행동은 근본적으로 땅의 모든 족속을 복되게 한다. 여기에서 '땅의 모든 족속'을 언급하는 것은 매우 중요하다. 그렇지 않으면 아브라함의 행동으로 그 후손들만 복을 받는다고 볼 수 있기 때문이다. 그럴 경우 아브라함의 행동이 그 후손이라는 특정 집단에만 결과를 미친다는 점에서, 좀 더 큰 단위일 뿐 '개인적'이고 '사적'인 것은 마찬가지다.

복음의

공공성

4절은 아브람이 하나님의 명령을 따라 갔다고 간결하게 진술한다. 가라고 하신 하나님 말씀을 따른 아브람의 삶이야말로 하나님이 땅의 모든 민족, 바벨탑을 짓고 죄된 본성으로 헤매던 모든 민족에게 복 주시고 그들을 건지시는 통로다. 그것이 하나님이 한 사람을 선택하셨다는 말씀의 의미다. 하나님 백성으로 선택 받는 것은 열방을 위한 순종의 선택이요, 부르심이다. 그렇기에 하나님 백성은 근본적으로 공적 존재다. 하나님 백성은 자신의 복을 위한 존재가 아니라 열방의 복을 위한 존재이기 때문이다. 그리고 이것이야말로 우리가 '세상의 빛과 소금'이라는 말씀의 의미이기도 하다. 빛과 소금은 자기를 위해 존재하지 않고 타인을 위해 존재하기 때문이다.

하나님은 그 땅을 아브라함과 그 자손이 세상에서 사는 동안에는 주지 않으셨고, 아브라함 시대에서 600년 가까이 지나고 나서야 주셨다. 하나님이 약속의 땅의 경계를 거듭 확인하시지만(창 15:18; 수 1:4), 이스라엘은 솔로몬 시대의 일시적인 기간을 제외하고는 실제 그 경계만큼 땅을 차지하지 못하였다. 하늘의 별처럼 무수한 자손에 대한 약속도 마찬가지다. 아브라함으로 말미암아 열방이 복을 받는다는 약속 역시 어떻게 성취되는지 선뜻 말하기 쉽지 않다. 아울러 여호수아 때 이르러 이스라엘 백성이 마침내 땅을 얻지만 불순종 때문에 그 땅에서 쫓겨나고 말았으며, 창세기는 그렇게 바벨론 포로로 쫓겨난 이들이 현재와 같은 형태로 구성하였다는 점에서, 이 구절이 이야기하는 '땅'은 단순한 땅이 아니다. 땅은 단지 내가 차지한 땅, 내가 얻은 땅이 아니다. 하나님이 인도하시는 땅이 단순히 '가나안'은 아니라고 전술했는데, 하나님이 아브라함을 보내신 곳은 특정 장소가 아니라 삶이라고 말할 수 있다. 12장 1절에 나오는 '내가 네게 보여줄 땅'을 명시하지 않은 채, 5절에 보면 그들이 가나안에 들어갔다는 진술이 있다. 문맥상 그 땅은 가나안 땅이지만, 근본적으로는 하나님이 보내시는 삶, 하나님이 명하시는 삶이다.

'내가 네게 보여줄 땅'에서 주목할 또 다른 면은, 땅 자체보다 '내가 네게 보여줄' 땅이라는 점이다. 선악을 알게 하는 나무 열매를 먹지 말라는 명령을 어긴 것은, 먹으면 해롭게 되는 어떤 독이 그 열매에 있다는 것보다는 하나님이 명하신 것을 거역했다는 것이 문제였다. 그리고 이제 하나님은 아브라함에게 땅을 '보여주신다', 즉 명령하신다. 그리고 아브라함은 "여호와의 말씀을 따라" 갔다! 여기서 순종을 그토록 부각하고 중시하는 까닭은 아담과 하와의 실패의 근본이 하나님 말씀에 불순종하고 자기애를 기반으로 스스로 선악을 판단한 것이기 때문이다. 이제 아브라함은 하나님의 명령에 순종하여 간다.

아브람은 그의 땅, 그의 친척, 그의 아버지 집이 의미하는 이전 삶에서 바야흐로 이제 하나님이 보여주실 삶으로 부름 받았다. 하나님이 아브라함을 새로운 삶, 낯선 삶으로 부르셨다. 그리고 그 삶을 통해 열방이 복을 받는다. 그렇기에 가나안 땅 진격을 목전에 둔 여호수아에게 하신 하나님의 격려 역시 "율법 책을 주야로 묵상하고 기록한 대로 지켜 행하는 것", 즉 삶에 관한 것이었다.

하나님이 반드시 살아갈 공간으로서 땅을 약속하시지만 이 약속이 글자 그대로 땅을 가리킨다고 여길 경우, 구약은 팔레스타인 땅에 살아갔던 한 민족의 이야기로 끝맺고 만다. 그러나 하나님이 가라고 명하신 땅이 그 땅에서 이루는 삶임을 생각할 때, 구약의 모든 말씀은 모든 인류를 향한 보편적 말씀이 된다.

복음의

공공성

정의와 공의를 행하는 삶

그렇다면 하나님이 부르신 삶의 내용은 무엇인가? 아브라함을 부르신 목적을 이야기하는 유일한 구절인 창세기 18장 18-19절은 매우 중요하다. 하나님이 보내신 땅을 설명하는 구절이기 때문이다. 비록 지금은 아브라함이 한 가족에 불과하고 자기 땅도 없는 사람이지만, 마침내 아브라함은 강대한 나라가 되고 천하 만민은 아브라함 때문에 복을 받을 것이다. 18절에서 '강대한 나라'로 번역한 표현은 12장 2절에서 '큰 민족'으로 번역한 표현을 포함하는데, 아브라함으로 말미암아 모든 이들이 복을 받는다는 표현 역시 18절에 고스란히 담긴다. 그러므로 이 구절은 12장 1-3절을 염두에 두고 있다고 할 수 있다. 하나님이 아브라함을 불러내시고 땅과 자손의 약속을 주시는 까닭은 무엇인가?

> 내가 그로 그 자식과 권속에게 명하여 여호와의 도를 지켜 공의와 정의를 행하게 하려고 그를 택하였나니 이는 나 여호와가 아브라함에게 대하여 말한 일을 이루려 함이니라(창 18:19).

여기서 '택하다'로 옮긴 히브리어는 '알다'를 의미하는 '야다'다. 이 문맥에서 '알다'는 아모스 3장 2절과 호세아 13장 5절처럼 '선택하다'라는 의미로 볼 수 있다. 아모스에 따르면 하나님은 천하 모든 민족 가운데 이스라엘만 아셨다. 그리고 창세기 본문은 하나님이 아브라함을 아신 까닭을 "여호와의 도를 지켜 공의와 정의를 행하게 하려"는 것이라 명시한다. 다소 뜻이 불분명할 수 있는 '여호와의 도를 지키는 것'이라는 말의 의미를, '공의와 정의를 행하는 것'으로 명시한다. 즉 하나님은 아브라함과 그 자손이 공의와 정의를 행하게 하려고 천하 열방 가운데 아브라함을 아셨다. 아브라함이 이렇게 공의와 정의를 행할 때 아브라함으로 말미암아 천하 만민이 복을 받을 것이다. 이것이야말로 '여호와가 아브라함에 대하여 말한 일'을 이루시는 것이다. 그리고 앞서 언급한 아모스 3장 2절에서는 이스라엘만 아신 하나님이 이스라엘을 벌하시겠다고 선언하신다. 그것은 공의와 정의를 행하는 삶을 살라고 하나님이 이스라엘을 부르셨는데, 이스라엘이 그 부름을 잊어버리고 그 삶에서 떠났기 때문이다. 그래서 아모스는 공의와 정의가 사라진 이스라엘의 모습을 여러 곳에서 고발한다(암 3:10; 5:4-27; 6:12-13).

이를 생각할 때 '공의와 정의를 행하는 삶'은 천하 만민 가운데 하나님이 특별하게 선택한 사람이 존재하는 근본 이유임을 알 수 있다. 그리고 그렇게 선택 받은 이들이 공의와 정의를 행하는 삶이야말로 온 세상을 향한 하나님의 구원과 회복의 근거다. 그러므로 선택은 단순히 특혜가 아니라 그 선택에 합당한 삶을 통한 열방 회복을 의미한다. 하나님이 공적 이유로 그분 백성을 선택하셨다는 것이다.

창세기 구절에서 '의'로 번역한 히브리어는 '쩨다카'다. 이 단어는 기본적으로 '올바른 관계'를 뜻한다. 우리가 삶에서 하나님, 이웃과 기본 관계를 맺는다는 것을 생각할 때, 쩨다카는 하나님, 이웃과 어떤 관계를 맺느냐 하는 것과 관련 있는 개념이다. 하나님이 명하신 규례를 따라 올바르게 살아갈 때 이스라엘은 의롭다(신 6:25). 하나님이 밤하늘의 별처럼 자손을 많게 하시겠다는 약속을 들을 때 아브라함이 자신의 가능성만 보고서 그 약속을 무시하지 않고, 하나님의 가능성을 따라 그 약속을 믿었더니, 하나님은 이것을 아브라함의 의[쩨다카]로 여기셨다(창 15:6). 그러므로 하나님이 보시기에 의로움은 단지 계명과 규례와 법도를 지키는 것보다는, 하나님의 말씀과 명령을 자신의 처지에 따라 거절하거나 못 한다 하지 않고 자기에게 말씀하시는 하나님의 가능성에 자신을 맞추고 동의하는 것이다. 그런 점에서 사람이 하나님과 자신의 관계에서 취할 수 있는 올바른 관계의 본질은 자신을 향한 하나님의 말씀, 하나님의 가능성에 대한 순전한 동의, 달리 말해 믿음이다.

한편 이웃에게 쩨다카를 행하는 사람은 남을 허물하지 않고, 이웃에게 악을 행하지 않으며, 이웃을 비방하지 않는다(시 15:2-5). 굶주리고 어려운 사람을 불쌍히 여기는 마음을 품고 그런 이들을 돕는 이가 의로운 사람이다(사 58:6-9; 겔 18:5-9). 사람과 사람 사이의 쩨다카는 상대방을 무시하거나 함부로 여기지 않고 돕는 것이다. 그 점에서 쩨다카는 이웃의 어려움을 자신의 어려움으로 알고 이웃의 기쁨을 자신의 기쁨으로 아는 것과 연관 있다. 그 점에서 사람과 사람 사이 올바른 관계, 쩨다카 역시 이웃의 형편과 처지에 대한 깊은 동감, 마음을 같이함으로 표현할 수 있다. 쩨다카를 사용하는 또 다른 중요한 상황은 상거래다. 이웃을 진실하게 대하는 자세는 경제 거래에도 나타나야 한다. 그래서 이스라엘에서 상거래의 기본은 '쩨다카의 저울'이다(레 19:36; 신 25:15; 겔 45:10). 이 저울은 나와 남에게 동일하게 적용하는 저울을 뜻한다. 그러므로 사람과 사람 사이 쩨다카는 "네 이웃을 네 몸처럼 사랑하라", "남에게 대접받고자 하는 대로 남을 대접하라"와 본질적으로 의미가 동일하다.

하나님이 고통 중에 있는 사람을 보시고 그 처지를 불쌍히 여기시며 팔을 내미셔서 건지실 때 사람은 하나님을 향해 "하나님은 의로우시다" 찬양한다. 그래서 사람을 향한 하나님의 쩨다카는 실상 '하나님의 구원'과 동의어인 경우가 많다(사 56:1; 62:1).

하나님이 사람에게, 사람이 사람에게, 사람이 하나님에게 향하는 이 세 가지 관계를 생각하면, 올바른 관계를 의미하는 쩨다카로 규정할 수 있는 상황은 마음을 같이 하는 것, 동의하는 것으로 요약할 수 있다. 즉 쩨다카를 행하는 것은 다른 사람의 처지를 내 처지처럼 생각하는 것이다. 그러한 면에서 볼 때 쩨다카는 근본적으로 공적 문제다. 사사롭게 내 유익만 구하는 것이 아니라, 다른 사람의 처지에 서는 것이며 다른 사람의 처지를 내 처지로 생각하는 것이 쩨다카라는 점에서, 쩨다카는 사적 이익을 훌쩍 넘어선다.

창세기 18장에서 '정의'로 번역한 히브리어 '미슈파트'의 기본 의미는 '재판'이다(이 명사는 '재판하다'는 뜻인 '샤파트' 동사에서 파생된 단어다). 이 외에도 미슈파트에는 규례, 판결, 심판, 정의 등의 의미가 있다. 이렇게 확장된 의미는 서로 연관이 있다. 재판의 근거는 '규례'이며, 재판하여 내린 '판결'이 악한 이들에게는 '심판'이고 억울한 이들에게는 '구원'이다. 재판을 통해 상황이 바로잡히는 세상은 '정의'가 구현되는 세상이다. 미슈파트라는 단어 하나에 상당히 많은 의미가 들어 있지만, 이 모든 것을 '재판'이라는 기본 의미에서 유추할 수 있다. 하나님의 법도인 규례를 근거로 재판에서 판결을 내린다는 점에서, 미슈파트는 하나님의 법도를 근거로 올바른 사회 질서를 이루는 것이라고 요약할 수 있다.

구약에서 재판의 주된 현장은 '성문'이다. 성문은 이스라엘 공동체의 생활 중심지로, 성문에서는 덕행을 공개적으로 칭찬하고(잠 31:23), 상거래를 했다(왕하 7:1). 성문 곁에는 우물이 있기도 했다(삼하 23:15). 그런데 성문의 가장 중요한 기능은 재판이었다(삼하 19:8; 욥 5:4; 31:21; 잠 31:23; 사 29:21; 암 5:12, 15). 보아스가 성문에서 장로들에게 문제를 제기하고 룻을 아내로 맞아들였다(룻 4:1이하). 장로들과 모든 백성이 증인이 되어 문제 상황을 판결하고 해결한다(룻 4:11; 신 25:7). 문제를 일으키는 자녀를 부모가 징계해도 말을 안 들으면, 그 자녀를 성문으로 데리고 가서 성읍 장로들에게 자초지종을 고한다. 장로들은 이를 듣고 판정하고 장로의 판정을 성읍 사람들이 집행한다(신 21:18-21). 부부간에 문제가 생긴 경우에도 성문으로 가서 성읍 장로들에게 말하고 장로들은 그에 합당하게 판결한다. 장로들의 판결은 절대적인 권위가 있었으며, 사람을 살릴 수도 있고 죽일 수도 있었다(신 22:13-21). 이것이 이스라엘 가운데 죄를 제거하는 과정이다.

그런 점에서 성문에서 판결을 올바르게 내리지 않으면 사회 전체에 죄가 퍼진다. 억울한 일을 겪거나 부당한 것을 본 사람이 성문으로 가서 성읍 장로들이 앉은 곳에서 호소한다. 이웃들은 그 억울한 사정을 듣고 불쌍히 여기면서 그 사람을 위해 옳고 그른 것을 증언한다. 이웃이 당한 고통을 자신의 고통으로 여기며 모른 체하지 않는다는 점에서, 이것은 쩨다카를 실행하는 것이다. 성읍 장로들은 그 사람의 호소를 듣고 옳고 그름을 판결하되, 이 사람을 억울하게 한 사람들의 외모나 뇌물에 현혹되지 말고 곧게 판결해야 한다. 이러한 판결이야말로 미슈파트를 행하는 것이며, 이렇게 해서 그 사람의 억울함이 풀릴 때, 그 사회는 미슈파트가 살아 있는 사회, 쩨다카와 미슈파트를 실행하는 사회다. 그러므로 성문이 쩨다카와 미슈파트의 현장이라는 점은, 이 두 가치가 근본적으로 사사로운 것이 아니며 공공 영역과 연관이 있음을 명확히 보여준다.

여기에서 우리가 앞서 다룬 내용을 상기해야 한다. 성경의 첫 책인 창세기의 가장 첫 부분에는 하나님이 그분의 형상과 모양대로 사람을 지으셨다고 선포한다. 여기서 하나님의 형상과 모양은 사람이 온 세상을 다스리시는 하나님의 통치의 대행자라는 의미다. 즉 처음부터 구약성경은 사람이 하나님을 본받은 왕과 같은 존재라고 선언한다. 고대 중동이나 고대 세계는 어디든 왕이 굉장히 특별하게 태어났음을 강조하는 설화가 있다. 그러한 설화는 모두 왕은 신이 선택한 특별한 존재라고 말한다. 그러나 구약은 왕이든 귀족이든 노예이든 모든 사람이 신이 선택한 특별하고 왕과 같은 존재라고 선포한다.

이렇게 구약이 일반 설화와 확연하게 다른데도 우리는 여전히 '왕'을 오해한다. 왕을 높은 자리에 있는 사람으로, 군림하며 지배하는 존재로 여긴다는 점에서 세상이나 우리나 차이가 없다. 그러나 구약의 왕은 결코 군림하는 왕이 아니었다. 왕이 군림하려고 들면 여지없이 예언자들이 등장해서 권력의 진정한 출처는 여호와 하나님임을 분명하게 드러내었다. 그러므로 왕의 특별함은 권세나 지배, 군림에 있지 않다.

그러면 왕이나 지도자에게 가장 중요한 사항은 무엇인가? 왕의 핵심 직무는 통치, 다스림인데, 그러한 통치 행위의 본질은 바로 재판이다. 신명기 1장 9-18절은 이스라엘에 최초로 조직과 지도자가 여럿 세워지는 장면이다. 모세는 애굽의 바로를 향해 하나님의 말씀을 선포하고 이스라엘을 이끌 지도자였는데, 모세가 바로에게 말하기를 두려워하자 하나님은 아론을 모세의 동역자로 세우셨다. 또 모세가 백성의 지도자의 일을 혼자서 감당하기 힘겨워서 이스라엘 가운데 동역자들을 세웠다. 신명기 1장 12절에서 모세는 "나 홀로 어찌 능히 너희의 괴로운 일과 너희의 힘겨운 일과 너희의 다투는 일을 담당할 수 있으랴" 말한다. 이스라엘의 괴로움과 힘겨움, 다툼을 다루는 것이 모세의 중요한 직무였고, 이를 나누어 맡기 위해 모세는 천부장과 백부장, 오십부장, 십부장, 조장을 세웠다. 그리고 이들의 직무는 재판이다(신 1: 16-17). 상대방의 괴로움과 힘겨움을 다루기 위해 재판관을 세웠다는 것을 볼 때, '재판'은 다른 사람과 함께 살아가는 것, 다른 사람의 괴로움과 힘겨움에

복음의

공공성

반응하는 것을 상징한다. 신명기 본문이 재판관들에게 하신 말씀이지만, 창세기에서 모든 사람을 왕 같은 존재로 선포한다는 점에서, 신명기 본문 역시 오늘 우리 모든 이들에게 하신 말씀이다. 성경은 우리를 수동적인 자리에 두지 않고 능동적인 자리에 둔다. 재판관이라는 것은 우리와는 꽤 거리가 먼 이야기다. 대개 재판관은 매우 소수인 특별한 사람들이 누리는 자리이기 때문이다. 그러나 재판의 본질은 함께 살아가는 이웃의 괴로움, 힘겨움, 갈등을 듣고 그에 응답하는 것이다. 그런 면에서 우리의 살아가는 일상은 이러한 재판일 수밖에 없다.

이러한 참여의 최우선 사항은 '듣는 것'이다. 우리말로는 모호하지만 16절은 "너희의 형제 사이의 일을 들으라"는 명령을 강조한다. 재판이라고 하면 법관이나 검사, 변호사를 떠올리기 쉽지만, 재판의 본질은 괴로움, 힘겨움, 갈등을 '듣는' 것이다. 달리 표현하면, 함께 살아가는 관계 안에서 일어나는 힘겨움과 괴로움, 분쟁과 다툼에 반응하고 행동하는 것이 재판이다. 솔로몬이 처음 왕이 되었을 때, 하나님에게 간구한 것은 '듣는 마음'이었다(왕상 3:9).

다음으로는 '재판하는 것', 즉 이런 저런 판단을 내리고 응답해야 하는데, 이 경우 주의해야 할 것은 모든 재판의 근본 원칙이 '공정함'이라는 것이다. 여기서 '공정'이라고 옮긴 히브리어 '쩨데크'는 앞서 살핀 '쩨다카'와 의미가 동일한 단어다. 공정하게 판단하는 것은 재판에 관련된 모든 이들의 처지에 공감하는 것이며, 어느 한 사람에게 쏠리지 않는 것이다. 이를 가리켜 신명기 1장 17절에서는 "외모를 보지 말고 귀천을 차별 없이 듣고 사람의 낯을 두려워하지 말라" 표현한다. 여기에 쓰인 '외모'나 '낯'은 모두 얼굴을 가리키는 단어다. 얼굴은 사람의 겉모습을 상징한다. 여기서 겉으로 드러난 것에는 '귀천'도 포함된다. 당사자가 높은 사람이든 낮은 사람이든, 신분이나 지위 역시 겉으로 드러난 얼굴에 불과하다는 것이다. 이미 창세기는 모든 사람이 하나님의 형상이라 선언하였으니, 사람들 가운데 높고 낮음은 결코 본질적인 것이 아니요, 외모에 불과하다. 외모와 뇌물은 이 판결을 굽게 하는 최대의 방해요소다. 외모와 뇌물에 좌우되지 않는 재판이 공의로운 재판이다.

> 네 하나님 여호와께서 네게 주시는 각 성에서 네 지파를 따라 재판장과 지도자들을 둘 것이요 그들은 공의로 백성을 재판할 것이니라. 너는 재판을 굽게 하지 말며 사람을 외모로 보지 말며 또 뇌물을 받지 말라. 뇌물은 지혜자의 눈을 어둡게 하고 의인의 말을 굽게 하느니라. 너는 마땅히 공의만을 따르라. 그리하면 네가 살겠고 네 하나님 여호와께서 네게 주시는 땅을 차지하리라(신 16:18-20).

외모와 뇌물은 모든 재판을 사사로운 것으로 만들어버린다. 균형 있고 올바른 판결이 아니라 나와 잘 아는 사람, 내게 일정한 혜택을 준 사람 쪽으로 판결이 기울게 된다. 즉 그 판결이 구부러진다. 그러므로 외모와 뇌물의 본질은 사사로운 이익이 중심이 된다는 것이다. 미슈파트의 현장이 성문임을 생각하면, 외모와 뇌물은 공적 영역이 사사로운 이익으로 얼룩지게 한다. 나와 안다는 것이, 내게 잘해 주었다는 것이 그 자체로는 문제가 아닐 것이다. 공적 영역을 사적 관계로 판단해버리는 것이 문제다. 그런 점에서 외모와 뇌물에 좌우되는 재판은 자신의 유익을 기준으로 선악을 판단하는 것과 동일하다. 그러므로 외모와 뇌물에 좌우된 재판은, 하나님의 법을 기반으로 재판하지 않고 도리어 재판관 자신이 선악을 아는 일에 하나님처럼 되어버린 것이라고 표현할 수 있다.

　이 말씀이 쉽지 않은 것은, 임금이나 양반, 상놈을 나누는 봉건적인 제도가 완전히 사라진 지금 시대에도 여전히 외모가 통하기 때문이다. 심심찮게 들려오는 '갑질' 소식은 겉으로 드러난 재산과 지위가 사람을 가르는 기준이 되었음을 보여준다. 봉건적인 제도가 아주 강력하게 살아있던 시절에 신명기와 같은 말씀이 선포되었다는 점은 참으로 놀랍다. 엄연하게 신분 제도가 존재하고 귀천이 뚜렷했으며, 노예가 존재하던 시대였는데도 성경은 사람을 외모와 귀천을 따지지 말고 공정하게 다루라고 명령한다. 쩨데크의 의미는 '올바른 관계'인데, 추상적으로 보이는 이 표현은 사람의 겉모습을 보고 판단하지 않는 것을 가리킨다. 공정하다, 공의를 행한다는 말의 실제 의미는 외모와 귀천에 좌우되지 않는 것이다. 절대 권력인 왕에게 아모스처럼 거침없이 심판을 선포하고, 왕의 내시에게 예레미야처럼 거침없이 구원을 선포한 것이 예언자들의 놀라운 점이다. 예언자들에게 외모는 아무것도 아니었다. 그러므로 성경은 참으로 과격하고 혁명적이다. 그에 비해 오늘날 교회는 세상보다도 덜 과격하다. 신분이나 지위 철폐에 세상보다도 느리다.

　외모를 보지 않고 공정하다는 것은 당사자가 나와 가깝고 멀고를 따지지 않는다는 의미이기도 하다. 심지어 본문은 '타국인에게도' 그렇게 하라고 규정한다. 우리나라 사람이 아닌데도 똑같이 법의 판단을 공정하게 받아야 한다는 것이다. 이 역시 오늘날에도 어려운 이야기다. 우리는 외국인 노동자들에게 반감이 점점 심해지는 시대를 살고 있다. 우리가 조금이라도 살기 어려워지면 당장에 외국인 노동자를 더는 받지 말고 들어온 이들도 추방해야 한다는 주장이 힘을 얻을 수 있다. 지금도 살 길을 찾아 우리나라에 온 난민들에게 쉽게 길을 열어주지 않는 경향이 있다. 우리는 끊임없이 겉으로 드러난 모습을 따진다. 한국인과 외국인을 가르고 백인과 흑인을 가른다. 아파트 평수로, 학벌로 사람을 은근히 구별하고 차별한다. 이것이 문제인 이유는, 하나님의 행하심과 너무나 거리가 멀기 때문이다. 죄인인 우리를 건지신 하나님의 은혜를 완전히 저버리는 행동이기 때문이다.

수천 년 전 사회가 배경인 신명기는 재판에서 이스라엘이나 타국인이나 조금도 차이가 없다고 단호하게 선포한다. 이스라엘은 여호와께 순종할 때 복을 받게 된다. 그러나 타국인은 여호와를 믿으라는 요구를 받지 않는다. 그런데 재판을 통한 법의 보호는 이스라엘과 똑같이 받는다. 그런 점에서 타국인은 혜택은 함께 누리되, 의무는 지지 않는 듯이 보인다. 이 점에서도 신명기의 규례는 파격적이다. 하나님을 믿는 이스라엘이냐, 하나님을 경외하지 않는 이방인이냐는 재판에서 관건이 아니다. 그것은 외모에 불과하다. 재판의 유일한 기준은 사람을 향한 공정함, 공의로움뿐이다.

이를 생각하면 '사적'인 것과 '공적'인 것은 외모를 보지 않고 공정하게 행하는 것으로 구분 지을 수 있다. 나에게나 남에게나 동일한 기준을 적용할 때 '공적'이라 부를 수 있다. 외모를 보지 않고 같은 기준으로 나와 이웃을 대할 때, 나와 내 곁에 있는 사람뿐 아니라 다른 이들도 그 행동으로 인한 유익을 동일하게 누린다. 그러므로 '공적'이라는 말은 영역을 가리키는 말이기도 하지만 삶의 태도를 가리키는 말로도 쓰인다. 공적 태도는 공적 영역에 적합한 태도다. 반면, 특정한 자리나 지위를 나와 내게 가까운 사람들의 유익을 위해서만 사용하는 것은 '사적'인 것이다.

조직 폭력배는 조직과 힘을 자기들 유익을 위해서만 사용하는 집단이다. 조직 안에서는 서로 지켜주고 보호하고 책임진다. 그러나 바깥에 있는 사람들은 전혀 보호하지 않고 이용한다. 그러므로 조직 폭력배는 지극히 사적인 집단이다. 자기 사람들만 챙기고 다른 이들에게는 무관심하거나 오히려 해를 끼친다면 그 집단은 크기와 상관없이 지극히 사적인 집단이다. 그런 점에서 특정한 이들의 유익을 위해서만 존재하는 국가는 조직 폭력배나 마찬가지다.

국립국어원에서 나오는 표준대사전은 '공公'을 '여러 사람에 관계되는 국가나 사회의 일'로 풀이한다. 그에 비해 '사私'는 두 가지 의미로 풀이하는데, '개인이나 개인의 집안에 관한 사사로운 것'이라고 풀이하기도 하고, '일 처리에서 안면이나 정실에 매여 공정하지 않게 처리하는 일'이라고 풀이하기도 한다. 그러므로 공적인 것은 국가나 사회와 관계있는 것, 즉 여러 사람과 관계있는 것을 의미하고, 사적인 것은 개인과 관계있는 것을 의미한다. 그런데 국어사전에서도 보듯, '사私'라는 말에는 개인과 관계있는 것이라는 중립적인 의미가 있지만, 안면과 정실에 매여 공정하지 않게 일을 처리한다는 부정적 의미도 있다. 개인에 관한 것뿐 아니라 여러 사람이나 사회에 관한 일이라도 얼마든지 '사'일 수 있다는 것이다.

가령 우리나라가 다른 나라를 침략해서 이겼을 경우, 수많은 물자들을 획득하여 우리나라 전체가 풍성할 수 있지만, 침략당하고 짓밟힌 나라에게는 이 승리가 재앙이다. 이러한 경우, 다른 나라를 침략한 것을 '공적인 일'이라고 말할 수는 없다. 다른 나라를 침략하기 위해 군인을 징발하면서 "개인의 편안함을 도모할 것이 아니라 국가의 필요를 따라 공적으로 행동하라" 하는 것은 전혀 올바른 말이 아니다. 이것은 자신의 이익을 공동체나 나라 차원으로 확장한 데 불과하므로 본질적으로는 지극히 '사적'이다. 이 경우 내가 속한 나라만 생각하고, 나라와 나라의 관계를 생각하지 않는다는 점에서 '사적'이다. 그러므로 '사적'으로 행동하지 않고 '공적'으로 행동한다는 것은 나 자신, 내가 속한 공동체, 내가 속한 나라만 아니라, 내 이웃, 내 공동체와 함께 존재하는 다른 공동체, 내 나라와 함께 존재하는 다른 나라, 우리가 사는 지구와 함께 존재하는 다른 행성을 고려한다는 의미다. 공정하다는 것은 우리나라와 다른 나라라는 외적인 것을 보지 않고 양쪽에 같은 기준을 적용하는 것이다.

그러므로 공과 사는 어떤 행동의 혜택이 나와 내가 속한 집단에만 돌아가는지, 아니면 모든 이에게 고르게 의미 있는지에 달려 있다. 히틀러 치하에서 나치의 유익을 위해 유대인들을 학살한 이들은 공적 영역에 종사했으되 지극히 사적이었다. 일제강점기에 총독부 순사로 복무한 이들은 공적 영역에 지극히 사사롭게 머무른 이들이다. 군수업체에서 최선을 다해 일하는 이들은 공적으로 보이지만 지극히 사적이다. 자기 자녀는 혜택을 누리지만 다른 집 자녀에게 재앙이 되는 일은 매우 사적인 일이며 그리스도인의 삶과 부합하지 않는다. 왕이 된 솔로몬은 재판의 지혜를 주시기를 기도하고, 자신의 지위를 모든 이를 공정하게 대하는 데 사용한다.

사람이 하나님의 형상으로 지음 받았다는 것이 모든 사람이 하나님의 통치에 참여하는 존재라는 의미라고 할 때, 사람의 모든 행함은 필연적으로 공적일 수밖에 없다. 한 나라에서 왕이 자신의 사사로운 이익을 위해 통치를 하면 안 된다. 왕의 통치는 반드시 그 나라에 사는 모든 이들을 향한 '공적'인 통치여야 하며, '공동의 선'을 추구하는 통치여야 한다. 왕의 자리는 이처럼 신분의 존귀함만 의미하지 않고, 그 사람이

복음의

공공성

행하는 일의 근본에 '공공성'이 존재함도 의미한다. 왕이 자기 신분과 존재를 망각한다면, 왕권을 이용하여 자기 욕심을 채우고 사사로운 이익을 위해 통치할 것이다. 동서고금을 막론하고 그러한 왕은 결국 오래 가지 못해 축출된다. 그러므로 사람이 하나님의 형상이라는 이 존엄한 선언에 유의한다는 것은, 사람의 삶과 행위가 공적임을 기억하는 것이다. 특히 베드로전서의 구절처럼, 성도가 왕이라는 선언은 이 땅을 살아가는 그리스도인의 삶과 행위가 더욱 '공적'이어야 하고, '공동의 선'에 부합해야 함을 확실히 한다. 만일 그리스도인들이 사사로운 부귀영화나 욕심 충족을 위해서만 존재한다면, 교회가 교회의 유익을 위해서만 존재한다면, 자신의 존재와 신분에 부합하지 않는 것이다.

외모와 뇌물에 따르는 판결 때문에 억울함이 풀리지 않을 때, 하나님께 부르짖는 것 외에는 달리 방법이 없다. 그래서 하나님께 부르짖으면 하늘에 계신 하나님이 친히 그 부르짖음을 들으시고 친히 미슈파트를 세우신다. 불의를 징벌하시고 책망하시며 때로는 그 성읍 전체를 진멸하신다. 소돔과 고모라가 겪은 일은 바로 그러한 부르짖음의 결과다. 그런 점에서, 이스라엘의 미슈파트와 쩨다카의 준수 여부는 사회의 가난하고 약한 사람들을 통해 바로 드러난다. 성문에서 궁핍한 자를 억울하게 하면 하나님이 명하신 공의[미슈파트]가 세워지지 못한다(암 5:12, 15). 궁핍한 자가 이렇게 억울하게 되는 주원인은 뇌물이다(암 5:12). 성문에서 정직하게 옳은 것을 밝히는 이들, 즉 증인이나 재판관이나 억울함을 호소한 사람들을 싫어하는 사람들이 있다(사 29:21; 암 5:10). 이들은 옳은 이들을 함정에 빠뜨리려고 애쓴다(사 29:21). 이들은 '강포한 자', '오만한 자'로 불리며, 이들이 사라질 때 '겸손한 자'와 '가난한 자'가 하나님을 인하여 기뻐하며 즐거워한다(사 29:19-20).

여기서 주목할 것은, 정의와 공의가 고아, 과부, 나그네와 같은 약자를 통해 극명하게 드러난다는 점이다. 사실 재판 같은 제도는 힘 있고 부유한 사람에게는 중요하지 않을 것이다. 자기 힘으로 문제를 해결할 수 있기 때문이다. 재판 제도는 오직 재판 외에는 자신의 억울함을 풀 길이 없는 이들을 위해 존재한다. 그렇기에 억울한 과부는 재판관이 악한데도 줄기차게 찾아가 자기의 억울함을 부르짖는다(눅 18:2-5). 정의와 공의가 우리 신앙이 지닌 공적 차원, 공공성을 보여준다고 했는데, 공적 차원을 고려한다는 것의 의미가 이 사회의 약자의 소리에 귀 기울이는 것으로 구체화된다. 개인의 성실함이 도리어 거대한 사회악의 도구가 될 수 있음을 이미 언급했는데, 이런 경우 우리는 개인을 둘러싼 거대한 사회, 거대한 구조를 인식해야 한다. 그런데 구체적으로 어떻게 하는 것이 개인을 둘러싼 구조를 인식하고 합당하게 대응하는 것일까? 그것은 우리의 순종과 실천이 우리가 속한 공동체의 연약한 이들을 지켜내고 보호하는지 여부와 직접적으로 관련 있다. 가장 약한 이들을 생각하며 정책을 수립하고 결정할 때, 그 결정과 선택은 공적일 수 있다.

앞에서 '공의로움'을 '올바른 관계'로 표현하였지만, 자칫 이 '올바른 관계'는 집단에 속한 사람들끼리 누리는 행복과 만족이기 쉽다. 상대방에 대한 공감의 경우도, 악을 저지른 사람에 대한 공감이라든지 부당한 일을 행한 사람의 처지에 대한 공감처럼, 옳고 그름을 모두 상대화하는 논리적 위험성도 있다. 사실, 우리의 '칭의론'의 경우도 결국 예수를 믿는 기독교인들 안에서만 서로 의롭다 선언해주는 '끼리끼리 알아주고 인정해주기'가 본질이 아니냐는 생각이 들기도 한다. 자기들끼리 의롭다 선언하고 외부 세력 전체를 의롭지 않다 규정해버리기 일쑤인 것이 이제까지 우리의 모습이 아니었나. 그러므로 '공의로움', 올바른 관계, 이웃에 대한 공감에는 규범이 필요하다. 그리고 그 규범에 해당하는 것이 바로 '약자의 소리에 귀 기울이는 것', '약자 배려의 원칙'이다. 그래서 하나님은 고아와 과부와 나그네를 돌아보시며, 예수님은 병자와 죄인을 구원하신다. 그리고 우리 가운데 지극히 작은 자 하나에게 한 것이 하나님에게 행한 것이 되어 구원에 이르게 한다. 결국 '끼리끼리'라는 말이 대표하는 집단 이기주의를 넘어서는 공적 태도에 반드시 필요한 규범은 약자를 돌아보는 삶이라는 하나님의 명령이다.

"공의와 정의를 행하는 것은 제사 드리는 것보다 여호와께서 기쁘게 여기시느니라"(잠 21:3). 정의와 공의의 실행이야말로 하나님이 사람에게 찾으시는 것이다. 그리고 그것이야말로 하나님에게 드리는 예배다. 에스겔 18장 5-9절은 정의와 공의를 행하는 사람을 소개하는데, 그 사람은 우상을 섬기지 않으면서 가난한 이웃의 형편을 돌아보고 올바르게 재판하고 하나님의 규례를 진실하게 지키는 사람이다. 그러므로 정의와 공의를 행한다는 것은 하나님에게 진실하게 순종하고, 이웃들 사이에 올바르게 행하는 것이다. 에스겔은 이런 사람을 '의인'이라 부른다(겔 18:9). 결국 의인들의 세상은 개인이나 집단의 사사로운 이익이 아니라 함께 살아가는 다른 사람들과 하나님 앞에서 서로 동의하고 공감하는 것을 최우선으로 고려하는 세상이다.

정의와 공의는 '법대로의 세상'이라는 좁은 의미가 아니다. 정의와 공의에는 당신 백성을 향한 하나님의 사랑이 담겨 있다. 미슈파트가 '인애' 혹은 '자비'를 의미하는 단어인 헤세드와 함께 쓰이는 것에서도 이를 볼 수 있다(시 33:5; 89:14; 101:1; 119:149; 렘 9:24; 호 2:19; 12:6; 미 6:8; 슥 7:9). 그 백성에게 은혜와 긍휼을 베푸시려고 기다리시는 하나님을 '정의의 하나님[엘로헤 미슈파트]'이라 부른다는 점(사 30:18)도 정의와 사랑 혹은 자비가 전혀 상반되는 개념이 아님을 분명히 보여준다. 사실 미슈파트의 짝인 쩨다카의 의미의 핵심에 이러한 긍휼이 있다. 이웃에게 정의를 행한다는 것은 단순히 불의를 보고 참지 못한다는 것보다는 먼저 다른 이의 어려운 처지를 긍휼히 여긴다는 것이다. 그래서 쩨다카는 긍휼을 포함한 개념이다. 실제로 칠십인경에서는 쩨다카를 자비와 연관 있는 단어로 번역하는 경우가 많다. 쩨다카와 자비, 긍휼은 나뉠 수 없다. 쩨다카와 사랑을 구분하는 것은 성경과는 전혀 맞지 않는 이해다.

    이 점에서 갈라디아서의 한 부분을 생각해볼 필요가 있다. 갈라디아서 5장 13-15절에서 바울은 온 율법이 네 이웃을 네 몸같이 사랑하라는 한 말씀에서 다 이루었다고 선언한다. 이 선언을 하면서 바울은 하나님이 자유롭게 하셨으니 사랑으로 서로 종노릇하라고 권면한다. 그런데 이어지는 16절에서는 성령을 따라 행하라고 권면한다. 그러므로 "성령을 따라 행하는 삶"은 "사랑으로 서로 종노릇하는 삶"이다. 성령을 따라 행하는 삶의 반대는 "육체의 욕심을 따르는 삶"이다(갈 5:16-17). 육체의 욕심을 따르는 것이 이제껏 우리가 논의한 대로는 '사적인 욕심을 따르는 삶'이다. 이를 생각하면, 이웃을 내 자신처럼 생각하는 것, 나뿐 아니라 나와 함께 살아가는 이를 같이 고려하는 것, 달리 말해 공적 삶을 살아가는 것이야말로 성령을 따라 살아가는 것의 구체적인 내용이다. 19절부터 이어지는 육체의 일의 본질은 '사욕'이다. 22절에 나오는 성령의 열매는 공적 삶을 본질로 한다. 정욕과 탐심을 못 박았다는 것은 모든 욕망을 없앴다는 것이 아니라 다른 이를 해롭게 하는 사욕 추구를 못 박았다는 의미다. 그러므로 이웃을 내 자신처럼 사랑하는 것은 하나님 말씀의 핵심이요 대강령이다. 그것이 하나님나라의 내용이다. 하나님을 왕으로 모신다는 것의 의미는 남과 나를 같이 사랑한다는 것이다.

이를 위한 구체적 방안이 이제껏 다루었던 정의와 공의다.

아브라함을 부르신 이유

하나님은 문명의 발상지라고 할 수 있는 갈대아 우르가 아니라, 변방이라고 할 수 있는 가나안으로 아브라함을 인도하셨다. 가나안은 변방이되, 세력의 교차점이기도 하였다. 변두리지만 세력 갈등과 충돌이 전면적으로 등장하는 현장이다. 하나님과 맺고 있는 관계가 이러한 갈등과 충돌을 통해 두드러진다. 영향력 있는 자리는 그런 자리다. 영향력 있는 위치는 그런 위치다. 변두리인데 하나님을 의지하지 않으면 결코 설 수 없는 자리다. 수가 많아서 영향력을 발휘하는 것이 아니며, 중심부에 자리 잡고 있어서 영향력을 미치는 것이 아니다. 만일 그러했다면 하나님은 아브라함을 갈대아에서 불러내지 말아야 하셨으며, 이스라엘 자손을 애굽에서 불러내지 말아야 하셨다. 또 예수님은 갈릴리에서 사역의 대부분 기간을 보내지는 말아야 하셨으며, 무엇보다 사람의 아들로 태어나지 말아야 하셨다.

아브라함이 받은 땅과 자손의 약속은 그 자체를 위해 존재하지 않는다. 정의와 공의를 행할 사람이 필요하기에 자손을 약속하신 것이고, 이를 행하며 이루어갈 공간이 필요하기에 땅을 주신 것이다. 아브라함이 이러한 삶을 살 때 열방이 아브라함으로 말미암아 복을 받는다. 하나님이 아브라함을 아셨다는 것은 바로 이러한 의미다. 그러므로 아브라함의 특권은, 천하 열방을 위하여 정의와 공의를 행하는 삶으로 부름 받았다는 점이다. 흔히 특별한 선택은 자신들만 누리는 이익과 연관하여 풀이하지만, 실상은 하나님의 규례와 법도를 행하는 삶이 이스라엘의 특권이다.

하나님은 아브라함을 정의와 공의를 행하는 삶으로 불러내신다. 정의와 공의는 다른 사람의 처지에 공감하는 것이라는 점에서 근본적으로 사적 욕망이 아니라 함께 살아가는 이웃을 고려하는 공적 차원의 문제다. 재판의 경우 사적 이익이 중심이 될 경우 모든 판결이 구부러질 것이다. 그러므로 정의와 공의는 필연적으로 공적 차원이고 공적 성격이다. 선악을 알게 하는 나무 열매를 먹음으로 말미암아 사적 이익을 모든 것의 기준으로 삼아버린 것을 뒤집는 것이 정의와 공의를 행하는 삶임을 여기에서도 확인할 수 있다. 이러한 이해가 없다면 자기 부인은 자칫 욕망의 절제, 욕구의 절제로 이해하기 쉽다. 자기 부인은 자신에 대한 신뢰, 자기애를 주의 명령보다 위에 두는 것을 부인하는 것이다. 하나님이 가인에게 죄를 다스리라고 명하신 맥락 역시 이것이다.

땅과 자손의 약속은 하나님이 주신 땅에서 하나님이 주신 자손에게 명하여 이루시는 정의와 공의의 나라로 연결된다. 그런데 하나님이 온 세상을 다스리시는 원칙이 정의와 공의라는 점(시 97:1-2; 사 33:5)에서, 정의와 공의를 행하는 것은 하나님의 통치를 본받고 하나님의 통치가 현실이 되게 하는 것이다. 그러므로 아브라함은 하나님나라를 이루도록 하나님에게 부름 받은 존재라고 말할 수 있다. 정의와 공의의 삶은 하나님을 닮아가는 삶이라는 점에서, 어떤 특정한 형태의 삶을 지시하는 것이 아니다. 정의와 공의의 삶은 우리가 모든 일상에서 하나님을 닮아 이웃을 긍휼히 여기고 이웃의 슬픔과 괴로움에 동참하며, 하나님이 각자에게 주신 기업과 자유를 누리며 살도록 이웃을 돕는 삶이다. 그런 점에서 정의와 공의는 한마디로 '하나님나라', '하나님의 의'를 이 땅에서 구하는 것이다. 아브라함에게서 이어지는 약속은 단지 한 가족, 한 민족에 대한 약속이 아니라, 하나님나라에 대한 약속이 이어지는 것이다. 아울러 아브라함에게 이러한 사명을 주시며 세상에 보내신 분이 하나님이심을 기억할 때, 아브라함 사건은 인류를 향한 하나님의 선교mission of God, 하나님의 보내심, 하나님의 일의 시작으로 이해할 수 있다. 흔히 선교를 신약의 개념이라고 생각하지만, 이미 아브라함에게서 온 세상을 향한 하나님의 선교가 시작된 것을 확연하게 볼 수 있다.

정의와 공의가 하나님이 세상을 다스리시는 원칙이며, 여호와 하나님은 기독교인의 하나님만 아니라 온 인류를 그분의 형상과 모양대로 지으신 분이심을 고려할 때, 정의와 공의는 단지 기독교 내부에만 해당되는 원칙이 아니라 하나님이 지으신 세상의 보편 원칙이라고까지 말할 수 있다. 이 세상이 기독교 신앙인들만 사는 세상이 아니라, 신앙과 가치관이 다른 이들과 함께 살아가는 세상임을 고려하는 것이 '공적' 사고방식의 기본이라면, 그러한 공적 영역을 관통하는 기준을 고민하게 된다. 그런데 이제까지 우리의 논의를 종합하면, '정의와 공의'가 바로 공적 영역에서 행하는 행동을 규정하고 지시하는 기준이다.

하나님은 사람을 하나님의 형상과 모양대로 창조하셨다. 그렇기에 하나님은 아브라함으로 대표되는 사람을 하나님의 도道인 정의와 공의를 행하는 삶으로 부르신다. 우리는 아담과 하와의 죄로 말미암아 '형상'이 파괴되고 '모양'이 파괴되었다는 진술을 당연한 것으로 여기지만 놀랍게도 구약성경은 아담과 하와의 죄를 재차 언급하면서도 사람을 향한 하나님의 부르심을 결코 포기하지 않는다. 도리어 아담과 하와의 범죄 이후에 해당하는 창세기 5장 1-3절은 아담이 하나님의 형상대로 지음 받았고 아담이 자기 모양과 형상을 닮은 아들을 낳았다고 진술한다. 심지어 온 땅을 심판한 홍수 이후에도 여전히 사람을 하나님의 형상대로 지으셨음을 언급한다(창 9:6). 교회는 진즉 사람이 하나님의 형상인 것을 포기한 것 같지만, 구약성경은 결코 그렇게 이야기하지 않는다. 하나님은 여전히 사람을 하나님을 본받는 영광의 삶으로 부르신다. 가인에게 그렇게 말씀하셨고, 이제 아브라함에게, 그리고 아브라함의 뒤를 따르는 수많은 하나님 백성에게 그렇게 말씀하신다.

주님은 자기를 부인하고 자기 십자가를 지라 명하셨다(막 8:34). 이미 살펴보았듯이, 아담과 하와가 저지른 죄의 근본에 자기애가 있다. 그런 점에서 예수님이 하신 명령은 아담과 하와가 저지른 죄를 뒤집는 삶이다. 자기애를 끝까지 관철하는 삶이 아니라 자기를 못 박고 자기를 부인하는 삶이다. 그러므로 주님은 원죄를 넘어서는 삶으로 부르신다. 원죄를 인정하고 주님의 십자가에 맡겨버리는 삶이 아니라, 원죄를 넘어서는 삶으로 우리를 부르신다. 자기 부인 말씀의 첫 맥락이 가이사랴 빌립보 고백(막 8:27-38)이라는 점은 의미가 깊다. 예수 그리스도를 주라 고백하는 삶은 자기를 부인하는 삶이다. 주되심에 대한 강력한 신앙고백은 원죄를 넘어서는 삶으로 걸어가는 것을 의미한다. 그것이 "누구든지 나를 따라 오려거든"이라는 말의 의미다!

06
출애굽 공동체로 부르심

우리는 구약성경이 이스라엘에 대한 말씀인 것을 안다. 그러나 이스라엘이 천지창조에서 자기를 인식하게 된 것은 아니다. 이스라엘이라는 이름은 야곱이 받은 이름인데, 야곱 역시 구약 전체가 이야기하는 그런 이스라엘로 자신을 인식하지 않았을 것이다. 아브라함과 이삭, 야곱은 그저 개인이며 한 가족의 수장이라 할 수 있다. 이스라엘이 특별해진 것은 전적으로 출애굽 사건 이후다. 애굽에서 종살이하던 이스라엘을 하나님이 건져내심으로 이스라엘이 하나님의 언약 백성으로 존재하게 되었다. 종으로 살던 이스라엘을 하나님이 건져내셨다. 이스라엘은 하나님이 이제 막 자기들을 부르신 것이 아니라, 이 부르심이 오래 전에 하신 약속임을 깨닫게 되었다. 그들이 하나님의 은혜를 경험하고 돌아본 역사가 바로 창세기에 실려 있는 내용이다.

사실 구약성경이 하나님의 천지창조에서 시작하지만, 이것은 어디까지나 구원을 경험한 이스라엘이 믿음으로 고백하는 내용이다. 이것은 오늘 우리가 믿음으로 돌아보는 것에 비견할 수 있다. 자기를 하나님이 지으셨다고 태어나는 순간부터 믿는 사람은 거의 없을 것이다. 그러나 태어나 자라면서 어느 시점에, 살아 계신 하나님의 은혜를 경험한 사람은 이미 하나님이 오래 전에 당신의 계획과 뜻 가운데 자기를 지으셨음을 깨닫고 고백하게 된다. 우리 중에 하나님의 창조를 믿은 후에 그리스도에게로 나온 이는 아무도 없다. 삶의 어느 시기에 예수 그리스도의 구원의 복음을 접하고 거듭난 뒤에야 사람들은 하나님이 자기들을 위해 이전에 행하신 일들을 알게 되며, 자기들 인생에 일어났던 사건들의 의미를 깨닫는다. 그리고 그 모든 일들이 자신을 위한 하나님의 구원 계획의 일부임을 믿음으로 받아들인다. 구약 이스라엘 백성 역시 출애굽을 경험하면서 이전에 조상들이 받은 약속의 의미를 비로소 깨달았고, 이미 오래 전에 하나님이 이스라엘과 온 세상을 그분 뜻대로 지으셨음도 깨달았다. 이사야 40장에서는 곤궁 가운데 있는 이스라엘을 건지시고 구원하실 하나님을 굳게 신뢰하게 하려고 하나님이 온 세상을 지으신 창조주이심을 강력하게 증거한다(사 40:12-31). 즉 이미 하나님을 아는 이들에게만 하나님의 창조가 의미 있다. 달리 말해, 이스라엘을 건지실 하나님에 대한 신뢰와 믿음이 창조 사건을 이해하는 기본적인 틀이다.

영화나 소설 같은 영역에 프리퀄prequel이라는 용어가 있다. 기준이 되는 작품보다 앞서 일어난 사건을 다룬 작품을 가리키는 말이다. 〈스타워즈〉는 1977년에 〈새로운 희망〉이라는 제목으로 영화가 제작되었고, 이어서 1980년, 1983년에 속편들이 나왔다. 그런데 이미 제작된 〈스타워즈〉가 다루는 시기보다 훨씬 이전 시기를 다룬 〈스타워즈 에피소드 1〉이 1999년에 제작되기 시작하면서 속편인 〈스타워즈 에피소드 3〉까지 제작되었다. 4-6편이 먼저 제작되었고, 나중에 1-3편이 나온 것이다. 이를 프리퀄이라 부른다. 창세기는 출애굽기의 프리퀄이라고 할 수 있다. 아브라함과 이삭, 야곱에게 주신 약속이 출애굽기에서 언급되는 것(출 2:24; 3:6), 모세에게 주신 율법과 규례와 계명이 아브라함의 삶에도 적용되는 것(창 26:5) 등이 창세기와 출애굽기를 연결하는 부분이다.

히브리 노예들을 들으시는 하나님

그러면 출애굽의 의미는 무엇인가? 출애굽기는 애굽에서 강제 노동에 시달리며 신음하는 이스라엘의 현실에 대한 설명으로 시작한다. 이스라엘은 애굽의 끝없는 건설 공사에 동원되어 혹사당하면서 남자 아이들을 모두 죽여야 하는 비인간적인 취급까지 당한다.

> 어려운 노동으로 그들의 생활을 괴롭게 하니 곧 흙 이기기와 벽돌 굽기와 농사의 여러 가지 일이라. 그 시키는 일이 모두 엄하였더라(출 1:14).

애굽이 이스라엘에게 이렇게 한 목적은 '그들의 생활을 괴롭게 하는 것'이다. 생활이 여유로우면 이런 저런 생각도 할 수 있고 올바른 삶이 무엇인지 고민할 수도 있지만, 애굽은 그것을 원치 않았다. 애굽에게 필요한 것은 노예였고, 노예로서 이스라엘이 다른 생각을 하지 않도록 생활을 괴롭게 하였다. 그 방편은 극심한 노동이었다. 흙 이기기와 벽돌 굽기는 건설 공사에 필요한 노동이었고, 이스라엘은 농사짓는 일까지도 도맡아야 했다. 나중에 모세와 아론이 이스라엘을 놓아주라고 요구하니, 애굽 왕은 더 가혹한 노동을 시킨다. 애굽 왕이 보기에 하나님한테 제사하겠다는 말은 이스라엘이 '게으르므로' 나온 말이다(출 5:8). 그래서 왕은 더욱 "노동을 무겁게 함으로 수고롭게 하여 그들로 거짓말을 듣지 않게 하라"(출 5:9)고 명령한다. 노동은 사람이 감당해야 할 다스림의 구체적인 내용인데, 애굽에서 노예 생활하던 이스라엘에게 노동은 다른 생각을 도무지 할 수 없게 하고, 사람을 비인간화해서 그저 일하는 기계로 만들어버렸다. 하나님은 아담과 하와에게 선악을 알게 하는 나무 열매를 따 먹을 정도의 여유와 자유로운 생각을 주신 반면, 애굽이 상징하는 제국주의와 사람을 지배하고 좌우하는 체제는 사람에게 조금도 생각할 여유를 주지 않는다. 이를 위해 도무지 감당하기 힘든 강제 노동을 부과한다. 그러므로 이러한 노동은 하나님의 형상을 파괴한다.

  이스라엘은 여기서 '히브리' 사람이라고 불린다. 여기서 '히브리'는 '강 건너온 사람'이라는 뜻으로, 이 바닥 사람이 아니라 외부에서 흘러 들어온 뜨내기 혹은 외국인이라는 의미가 담겨 있다. 애굽 땅에서 몇 백 년을 살았지만 이스라엘에게는 여전히 '히브리인'이라는 딱지가 붙어 있으며, 동등한 사람으로 대접받지 못했다. 언제나 사람들은 자신들과는 다른 이들에게 딱지를 붙여서 구분한다. 어떻게든 표시해서 차별 대우를 한다. 피부 색깔이 다르다고, 출신이 다르다고, 계층이 다르다고, 배운 것이 다르다고, 여자라고 딱지를 붙인다. 권리와 혜택을 누릴 수 있는 사람의 폭을 가능한 좁혀서 소수의 사람들이 독점하기 위해서 이렇게 한다. 이러한 현실에서 우리에게도 선택이 온다. 딱지 붙이는 세상에서 혜택 받는 소수에 포함되기 위해 살 것인가, 아니면 그런 식으로 딱지 붙이는 세상 자체를 거부할 것인가.

  자신들이 할 수 있는 한 사내아이를 살리려고 한 산파들의 행동과, 자기는 편안했지만 동족이 당하는 고통을 보고서는 참지 못해 애굽 사람을 죽인 모세의 행동은 모두 이 참담한 현실을 당연한 것으로 여기지 않은 행동이다. 삶이 너무 고통스럽고 힘들기에 산파들도 그냥 허덕

복음의
공공성

이며 살고 그냥 자기가 할 일만 감당하며 살기에도 급급했을 텐데 목숨을 내어 놓고 아이들을 살렸다. 산파들은 자기 눈앞에 있는 아이들을 죽일 수 없었다. 출애굽기는 이를 가리켜 산파들이 "하나님을 두려워하였다"고 전한다. 하나님이 두려워, 자기 앞에 있는 아이들을 죽일 수 없었던 것이다. 그리고 모세는 자기 동족이 애굽인에게 부당하게 맞는 것을 그저 보고 있을 수 없었다. 히브리서는 믿음으로 모세가 바로의 공주의 아들이라 칭함 받기를 거절하고 하나님 백성과 함께 고난 받기를 더 좋아했다고 하면서, 이를 그리스도를 위한 수모라고까지 평가한다(히 11:24-26).

그러므로 출애굽기의 시작에는 강제 노동을 부과하는 폭압적인 권력도 있지만, 그 권력에 굴하지 않고 다른 사람을 위하여 목숨을 걸고 저항하며 반대하는 사람들도 있다. 그리고 무엇보다도 이들의 신음을 들으시는 하나님이 있다.

> 여러 해 후에 애굽 왕은 죽었고 이스라엘 자손은 고된 노동으로 말미암아 탄식하며 부르짖으니 그 고된 노동으로 말미암아 부르짖는 소리가 하나님께 상달된지라. 하나님이 그들의 고통 소리를 들으시고 하나님이 아브라함과 이삭과 야곱에게 세운 그의 언약을 기억하사 하나님이 이스라엘 자손을 돌보셨고 하나님이 그들을 기억하셨더라(출 2:23-25).

이 단락에서 '고된 노동'과 그로 인한 이스라엘의 '부르짖음'이 두 번 반복된다. 노예들이 탄식하며 부르짖는 소리가 하나님에게 올라간다. 이 부르짖음을 산파와 모세가 들었으며, 이 소리를 하나님이 들으시고 아브라함과 세운 언약을 기억하셨다. 하나님이 기억하시면 노예들이 살 수 있다. 놀랍게도 출애굽기는 하나님을 딱지가 붙어 있는 노예들의 부르짖음을 들으시는 분으로 소개한다. 25절에서 '돌보다'로 번역한 단어는 '보다'이고, '기억하다'로 번역된 단어는 '알다'이다. 하나님이 이스라엘 자손을 보셨다. 하나님이 이스라엘 자손을 아셨다. 하나님이 그들의 형편과 괴로움과 참상을 보셨고, 아셨다. 그러니 남은 것은 하나님의 건지심뿐이다.

그러므로 출애굽 사건은 소수 사람들이 붙인 딱지를 거부하는 것에서 시작한다. 산파와 모세와 하나님은 그러한 딱지를 전적으로 부정한다. 이것이 현실이지만, 하나님은 그 현실을 당연한 것으로 여기지 않으신다. 그리고 하나님을 따라서 그러한 현실을 당연한 것으로 여기지 않는 사람들이 있다. 하나님은 이스라엘을 노예 상태 그대로 둔 채, 이스라엘에게 위로와 평안, 죽음 이후의 행복한 세상을 알리시는 분이 아니다. 모세는 노예인 동족에게 위에 있는 권세에 순종하라며 가르치는 사람이 아니다. 산파는 명령이 부당해도 왕이 내린 명령이니 순종하는 여인들이 아니다. 그러므로 출애굽기는 이처럼 지극히 세속적이고 고통스러운 일상 가운데 노예들에게 닥친 현실과 그 현실을 타개하고 바꾸는 사람들과 하나님으로 시작한다.

개인들의 결단이고 선택이었지만, 하나님이 히브리 노예 전체, 이스라엘을 기억하셨다는 점은 주목할 만하다. 그렇게 놀라운 결단을 내린 사람에게 초점이 있는 것이 아니라 그로 말미암아 민족 전체, 공동체 전체에게 임하는 변화에 초점이 있다. 이 단락 이후에 모세가 등장하며 하나님의 명을 받아 엄청난 일을 하지만, 출애굽기의 핵심은 모세가 아니다. 노예인 히브리 백성을 건져내신 하나님, 고된 노동에 시달리는 히브리 노예를 하나님의 백성으로 불러내신 하나님이 출애굽기의 주제다.

복음의

공공성

출애굽의 이유

하나님이 애굽에서 강제노역에 시달리는 이스라엘을 건져내시는 까닭은 다음의 구절에서 잘 드러난다.

> 이제 애굽 사람이 종으로 삼은 이스라엘 자손의 신음 소리를 내가 듣고 나의 언약을 기억하노라. 그러므로 이스라엘 자손에게 말하기를 나는 여호와라. 내가 애굽 사람의 무거운 짐 밑에서 너희를 빼내며 그들의 노역에서 너희를 건지며 편 팔과 여러 큰 심판들로써 너희를 속량하여 너희를 내 백성으로 삼고 나는 너희의 하나님이 되리니 나는 애굽 사람의 무거운 짐 밑에서 너희를 빼낸 너희의 하나님 여호와인 줄 너희가 알리라 (출 6:5-7).

하나님은 무거운 짐과 노역에 시달리던 이스라엘을 건져내시어 '속량'하신다. '속량하다'라는 동사는 기본적으로 다른 사람에게 팔려간 땅이나 사람을 대신 값을 지불하고 되사오는 것을 가리킨다. 본문에서 하나님이 이스라엘을 속량하신다는 것은 애굽의 종이었던 이스라엘을 건져내어 자유롭게 하신다는 의미다. 이 구절에서 종과 대응되는 말이 '무거운 짐'과 '노역'이라는 점에서, 하나님이 이스라엘을 속량하신다는 것은 이스라엘이 강제 노동에서 풀려난다는 의미다. 그러므로 여기서의 속량은 실질적으로는 노예해방이다. 이제부터 이스라엘은 강제 노동이 아니라 자기 스스로 결단하고 선택하는, 자유롭게 결정하는 노동을 할 것이다.

하나님의 속량하심은 "이스라엘을 하나님 백성으로 삼고 하나님은 그들의 하나님이 되는 것"이 목적이다. 너희는 하나님의 '내 백성', 여호와는 '너희의 하나님'이라는 이 '내 백성-너희 하나님' 도식이 의미하는 바는 무엇인가?

하나님은 이스라엘을 건지셔서 '주의 거룩한 처소'(출 15:13), '주의 기업의 산'(출 15:17)으로 인도하신다. 여호와 하나님이 거하시려고 예비하신 처소이기에 거룩한 곳, '성소'로 이스라엘을 인도하시어, "여호와께서 영원무궁하도록 다스리실"(출 15:18) 것이다. 그러므로 하나님이 이스라엘을 예비하신 땅으로 인도하시는 까닭, 즉 하나님이 거하시는 땅으로 인도하시는 까닭은, 이스라엘을 그 땅에 거하게 하고 여호와께서 영원토록 다스리시기 위함이다. 하나님의 다스리심, 하나님의 통치, 그 통치 가운데 거하는 하나님 백성 이스라엘이야말로 하나님이 이스라엘에게 베푸신 속량의 목적이다. 이스라엘뿐 아니라 세상 전체를 이미 하나님이 다스리신다. 그러므로 하나님이 이스라엘을 특정한 곳으로 인도하시고 그곳에서 다스리시겠다고 말씀하신 것은 이스라엘이 하나님의 통치에 합당하게 살도록 하실 것이라는 의미다. 그것이 '너희 하나님-내 백성' 도식의 의미다. 모든 이들이 하나님의 다스림 가운데 있되, 하나님이 불러내시고 속량하신 이스라엘은 하나님의 법과 하나님의 원칙을 따라 살아가도록 구별된 하나님의 백성이다.

이 도식은 이스라엘만 하나님이 사랑하신다는 의미가 아니다. 이 도식은 세상 가운데 존재하는 이스라엘 공동체가 하나님이 이르시는 규례와 법도를 현실적이고 실제적인 법으로 따르고 살아가도록 구별되었다는 의미다. 그런 점에서 이 도식은 이스라엘이 이 땅에 존재하는 본이 되는 공동체로 부름 받았다는 뜻이다. 그렇기에 이 도식은 출애굽기 6장에서 시작해서 구약의 거의 마지막 시기인 스가랴에 이르기까지 구약성경 전체가 줄기차게 반복하고 환기한다(레 26:12; 신 29:13; 시 33:12; 100:3; 렘 7:23; 11:4; 24:7; 30:22; 31:1, 33; 겔 11:20; 14:11; 34:30; 36:28; 37:23, 27; 호 1:9-10; 2:23; 슥 8:8 등). 이스라엘의 근본적인 자기반성은 이 도식에 합당한 삶이냐 하는 데서 출발하며 이스라엘의 궁극적 목표 역시 이 도식에서 출발하기 때문이다.

이 말씀이 제시된 배경은 출애굽기 5장에 나오는 사건이다. 하나님이 모세를 부르셔서 바로에게 나아가 해방의 말씀을 전하게 하셨으나 바로는 이를 거절하고 도리어 더욱 가혹한 노동을 이스라엘에게 부과하였다. 가혹한 노동으로 딴 생각을 못 하게 하려는 것이다. 더욱 힘든 노동으로 지친 백성은 모세와 아론을 만나자 원망 가득한 말을 내뱉는다.

> 그들에게 이르되 너희가 우리를 바로의 눈과 그의 신하의 눈에 미운 것이 되게 하고 그들의 손에 칼을 주어 우리를 죽이게 하는도다. 여호와는 너희를 살피시고 판단하시기를 원하노라(출 5:21).

이스라엘 백성은 어느새 바로의 질서를 도무지 바꾸지 못하는 기본적인 질서로 여기게 되었다. 그래서 모세와 아론이 전하는 하나님을 들으면서 그 하나님이 바로 체제하에 있는 자기들 삶을 편안하게 해주시기만 희망하였다. 그런데 모세와 아론 때문에 일이 더 힘들어지자, 하나님이 모세와 아론을 보시고 심판하시기를 구한다. 바로 체제의 가혹한 노동은 어느새 이스라엘 백성의 모든 상상력과 생각을 사로잡아버렸다. 하나님을 믿는다지만 그들은 하나님의 백성이 아니라 바로의 백성이다. 그래서 그들의 신앙은 바로 체제하에서 조금 더 나은 삶, 조금

덜 일해도 되는 삶을 위한 신앙이었던 셈이다. 설령 하나님을 믿는다고 고백할지라도 그들은 바로의 백성이지, 하나님의 백성이 아니다. 그러나 하나님은 모세에게 "내가 바로에게 하는 일"을 보라 선언하신다(출 6:1). 그러므로 여호와를 내 하나님으로 고백하고 우리가 그분 백성이 된다는 것은 단순히 종교가 아니다. 그것은 하나님이야말로 모든 것의 왕이시며 권위이시며 주이심을 고백하고 믿는 것이다.

공동체를 향한 가르침으로서 율법

하나님은 일대일로 애굽 땅의 히브리 노예를 만나신 것이 아니다. 심지어 광야에서 이스라엘에게 진노하셨을 때도 하나님은 모세만 상대하신 것이 아니라 모세가 대표하는 커다란 집단, 공동체를 염두에 두셨다(민 14:11-12). 이것은 처음부터 하나님이 개인이 아니라 공동체인 이스라엘을 부르셨다는 의미다. 하나님은 시내 산에서 홀로 판단하고 본인의 만족을 극대화할 합리적 선택을 하는 개인이 아니라, 전체로서 이스라엘, 함께 살아가는 공동체로서 이스라엘에게 율법을 주신 것이다. 그러므로 시내 산 율법은 근본적으로 개인이 아니라 공동체를 향한 법이다.

사실, 구약성경에 담긴 생각 안에서 '홀로 존재하는 개인'은 매우 낯설다. 시편에 무수하게 일인칭 단수로 된 '나'가 등장하지만 이 '나'는 이스라엘 전체가 담긴 '나'라고 할 수 있다. 이스라엘이 처음부터 공동체로 존재했다는 점은 시내 산 언약의 의미를 이야기하는 구절에서도 잘 드러난다.

세계가 다 내게 속하였나니 너희가 내 말을 잘 듣고 내 언약을 지키면 너희는 모든 민족 중에서 내 소유가 되겠고 너희가 내게 대하여 제사장 나라가 되며 거룩한 백성이 되리라. 너는 이 말을 이스라엘 자손에게 전할지니라(출 19:5-6).

'너희가' 하나님의 언약을 지킬 때, '하나님의 소유'가 되고 '제사장 나라'가 되며 '거룩한 백성'이 될 것이다. 여기에서 쓰인 하나님의 소유, 제사장 나라, 거룩한 백성 같은 표현들은 이스라엘이 처음부터 공동체로 부름 받았음을 보여준다. 애굽에서 '수많은 잡족'과 함께 나온(출 12:38) 이스라엘을 하나로 묶는 것은 다른 무엇도 아닌 하나님의 언약, 그 언약을 기반으로 하여 그들에게 제시된 율법이었다. 레위기의 한 구절은 이스라엘에게 그들이 나온 애굽과 앞으로 들어갈 가나안의 풍속과 규례를 따르지 말고 하나님의 법도와 규례를 따를 것을 선포한다(레 18:3-4). 그러므로 출애굽 공동체는 이전의 애굽과 이후의 가나안과는 구별된다. 혈통보다는 그들이 따르고 살아갈 풍습의 차이가 관건이었으며, 처음부터 이스라엘은 여호와 하나님의 율법을 기준으로 하는 공동체로 부름 받았다. 그 법을 따라 살아갈 때, 하나님의 거룩한 백성인 이스라엘은 세상과 구별될 것이다. 크기나 세력, 강대한 군사력이 아니라, 이스라엘이 따르고 지키는 율법이 이스라엘을 구별한다.

공적 삶을 위한 규례로서 율법

하나님이 이스라엘을 공동체로 부르시고 율법을 주셨다는 것은, 여호와께서 이스라엘에게 주신 율법이 처음부터 개인 윤리를 위한 것이 아니었음을 의미한다. 율법은 혼자 살아가는 이에게 주신 법이 아니라 다른 이들과 함께 살아가는 이들에게 주신 법이다. 하나님이 모세를 통해 주신 율법이 전제로 하는 틀은 공동체다. 그런 점에서 구약 율법은 그 처음부터 함께 살아가는 삶을 위한 규례라고, 달리 표현해 '공적 삶을 위한 규례'라고 할 수 있다.

'공적'이라는 것은 이 율법을 따를 때 그 결과가 나 자신만 아니라 나와 함께 있는 다른 이들에게도 미친다는 의미다. 반면 '사적'이라는 것은 어떤 행동이 특정한 범위 내의 사람에게만 요구되고, 그 행동의 영향 역시 그 범위 안에 있는 사람들에게만 미친다는 의미다. 가령 내가 살아가는 아파트 근처에 장례식장이 들어서는 것을 반대하는 것은 아파트 전체의 결정이라 해도 사적이다. "네 이웃을 네 몸처럼 사랑하라"는 명령은 개인이 받았다 해도 공적이다. 앞에서도 보았지만, 선악의 판단 기준이 자신이 될 때 필연적으로 온 세상은 자신의 사적 유익을 위해 상대를 제거하게 될 것이다. 선악의 판단 기준이 하나님, 하나님의 법이 될 때 공동체적인 삶, 함께 살아가는 삶, 달리 말해 공적 삶이 가능해진다. 하나님의 나라가 의미하는 바는 바로 이에 해당한다.

앞에서 예를 들었듯이, 자기 개인의 유익이 아니라 집단의 유익을 구한다 해서 공적이라 할 수는 없다. 민족주의와 집단 이기주의는 지극히 사적 이익의 관철임이 분명하다. 핵심은 한 공동체를 이끌어가는 원리가 하나님의 법을 기준으로 하느냐 여부다. 이를 일상으로 표현한다면 절대적인 것, 양심이나 자연법과 같은 객관적인 기준이다. 가령 대부분의 나라는 헌법과 헌법을 기초로 한 법률 체계가 있다. 한 나라가 공적이라는 것은 이러한 법체계를 모든 이에게 고르게 적용한다는 의미다. 그런데 어느 나라가 사사로워졌다는 것은 이러한 법체계가 왜곡되고 비틀려져서 특정 집단의 이익을 위해 악용된다는 의미다. 그러므로 공적 삶의 실체는 선악을 판단하는 절대적인 기준의 문제이며, 신앙 공동체는 그 절대적인 기준이 하나님의 법, 하나님의 말씀이라 고백한다.

율법에 대한 순종의 출발은 반드시 개인이다. 그런데 개인이 지키는 그 율법은 본질적으로 전체를 위한 것이기에, 한 사람의 순종을 통해 세상에 하나님의 법의 영향력과 혜택이 미치며 그 사람을 통해 다른 이들도 이 법을 따르는 삶으로 나아오게 된다. 그래서 하나님은 의로운 자, 율법을 따라 언약 가운데 살아가는 자들만 선택하고 부르지 않으시고, 그들을 끊임없이 백성 가운데로 보내신다. 사탄이 공동체 전체를 노릴 때 예수님도 베드로에게 "너는 돌이킨 후에 네 형제를 굳게 하라"(눅 22:31-32) 하신다. 이를 생각하면, 다들 죄를 짓는 중에도 홀로 죄 짓지 않는 한 사람이 기독교 신앙의 목표는 아니다. 그럴 때도 있을 수 있지만, 궁극적으로 하나님은 함께 여호와의 율법을 따라 살아가는 공동체를 찾으신다. 하나님의 율법은 처음부터 공적 삶을 위한 것이므로, 개인 윤리를 넘어 어떻게 하면 우리가 하나님 은혜 가운데 함께 살아갈지를 이야기한다.

그러므로 율법을 따라 살아갈 때 완덕完德의 '개인'으로 나아가는 것이 아니라 온전한 '공동체'로 나아가게 되며, 이것이 바로 '제사장 나라', '거룩한 백성'이다. 노예일 때 우리는 아무것도 달리 생각할 수 없었으나, 하나님의 크신 은혜로 속량 받아 함께 새로운 공동체를 이루게 되었다. 바로의 백성일 때는 하나님의 은혜로 왕의 호의를 입기를 바랐지만, 이제는 하나님만 왕이시니 하나님이 바로를 다스리시고 심판하실 것을 깨닫는다. 왕이신 하나님이 행하시는 일을 바로가 목격하게 될 것이라 선언한다.

　　온 인류를 상대로 행하던 하나님의 경륜이 아브라함에게서 한 사람, 한 가정으로 국한되었다. 그러나 열방에 복을 내리기 위해 아브라함을 부르셨음을 이미 살펴보았다. 출애굽기는 출애굽 사건이 하나님이 아브라함과 맺으신 언약의 성취임을 여러 번 이야기한다. 그러므로 출애굽과 시내 산 율법은 아브라함에게 주신 언약의 성취다. 출애굽을 통해 하나님 백성이 되고 율법을 따라 살아가는 이스라엘은 아브라함의 확장이다. 이스라엘이 율법을 따라 살아갈 때, 열방에 하나님의 복이 임할 것이다. 이스라엘만 하나님의 구원을 경험하는 것이 아니라, 이스라엘이라는 공동체의 구별된 삶을 통해 열방이 회복을 경험할 것이다.

2부

공동체적이며 공적인 복음과 그 구체적 실천

01
아브라함과 나그네, 소돔과 고모라

하나님은 아브라함을 불러내시고, 아브라함에게 정의와 공의를 행하는 삶을 명하셨다. 아브라함은 어떻게 하나님의 부르심에 응답하며 살아갈까? 가나안 땅을 떠도는 나그네일 따름인 아브라함이 어떻게 정의와 공의의 삶을 살아갈 수 있을까?

아브람과 롯이 갈라서다

아브람은 롯에게 선택의 기회를 양보했고 롯은 요단강 평지를 선택했다. 롯은 그 땅이 물이 넉넉한 곳이기에 선택했으며, 그곳으로 옮긴 후에는 점차 소돔까지 옮겨갔다. 소돔은 꽤 살기 좋은 곳이었던 것 같고, 살아가기에 좋은 땅을 찾던 롯은 소돔까지 옮겨갔다. 창세기 13장 14-18절에서 우리는 하나님이 아브람을 격려하시고 그에게 힘을 주시는 인상을 받는다. 그리 좋지 않은 땅에 머물게 된 아브람에게 하나님은 아브람의 발이 닿는 곳을 그와 그 자손에게 영원토록 주겠다고 약속하신다. 아브람 역시 거처를 헤브론으로 옮긴다. 아브람과 롯 모두 자기들이 있던 장소에서 옮겨가는데, 한 사람은 소돔으로 한 사람은 헤브론으로 옮긴 것이다.

먼저 선택하지 않아도 되었다. 어느 지역을 기반으로 해서 살아갈 것이냐 하는 것은 매우 중요한 문제였다. 롯이 물이 넉넉한 곳을 골랐다는 점에서 아주 중요한 결정이었다고 할 수 있다. 고대에 물의 풍부함은 아주 중요한 문제였다. 그리고 아브람의 목자와 롯의 목자가 다툰 까닭 역시 좁은 땅에 한정된 자원 때문이었음을 생각하면, 거할 지역 선택은 사소한 문제가 아니었다. 이들은 그 땅 족속이 아니라 외국인이요 나그네였다. 아브라함이 헤브론 지역에서 거의 50-60년을 살았어도 자기를 "나그네요 거류하는 자"(창 23:4)로 소개하는 것을 보면, 그 지역에서 나름 안전하게 오래 살았어도 아브라함의 정체성은 나그네였다. 이렇게 나그네로 살아가는 처지인데도 물자가 풍부한 지역에 사느냐 그렇지 않은 지역에 사느냐는 간단한 문제가 아니었다. 그런데 아브람은 이 중요한 선택권을 롯에게 넘겼고 롯은 자신이 좋은 것을 선택하였다. 그러므로 이 본문은 손해 보는 것 같아도 결코 손해 보는 것이 아님을 우리에게 알려준다. 좋은 것을 상대에게 양보해도 모든 좋은 것의 진정한 원천이신 하나님이 우리의 좋은 것이 되실 것이다. 아브람에게 나타나신 하나님은 아브람이 종으로 횡으로 걷는 모든 땅을 주시겠다고 약속하신다. 아브람의 나그네 걸음걸음이 하나님이 그에게 주실 땅을 결정한다. 우리가 걸어가는 나그네 세월이 하나님이 우리에게 주시는 풍성함의 원천이 된다.

아브람이 롯을 구출하다

기동성 있는 응답을 보여주는 또 다른 사례는 아브라함에게서도 볼 수 있다. 창세기 14장은 당시에 있었던 국제 전쟁을 보여준다. 소돔을 둘러싼 전쟁의 소용돌이에 휘말려 롯이 가족과 함께 사로잡혀 끌려가는 일이 발생하였다. 이것은 롯이 약속과 사명이 아니라 땅의 비옥함을 따라서 거할 곳을 선택했기 때문에 닥친 결과일 수 있다는 점에서, 하나님의 경고요 책망일 수 있다. 이에 대해 아브라함은 어떻게 대처하는가?

아브라함이 가만히 있을 수도 있었다. 소돔 인근 지역을 선택한 것은 롯이었고, 롯은 자신의 기준에 따라 선택한 대가를 톡톡히 치르고 있다. 그리고 아브람은 자기 선택이 옳았다는 것을 확인하기도 하였을 것이다. 그러니 이 싸움은 아브람의 싸움이 아니라 롯의 싸움이다. 무엇보다도 이것은 사소한 다툼이 아니라 아홉 나라가 얽힌 국제 전쟁이었고, 아브람은 일개 대가족의 수장일 뿐이었다는 점에서 아브람이 이 전쟁에 끼어들지 않을 이유는 충분했다. 이 땅의 정착민도 아닌 터에 국제 분쟁에 휘말리면 모든 상황과 삶이 엉망이 될 수 있었다. 그러나 아브람은 가만히 머물러 있지 않고 자신이 가진 모든 것을 걸고 일어선다.

14장 13절은 아브람을 '히브리 사람'이라고 소개한다. 구약에서 이 단어가 처음으로 등장하는 장면이다. 이 단어는 기본적으로 '강 건너 온 사람'이라는 뜻이며, 옮겨온 사람, 이주민, 떠돌아다니는 사람 등을 의미한다. 아울러 구약성경에서 대부분 이방민족과 연관된 맥락에서 '히브리 사람'을 언급한다는 점을 고려할 때, 이 표현은 아브람이 그 지역 사람들과 확연히 구분되는 외국인임을 나타낸다고 볼 수 있다. 앞에서도 말했지만, 수십 년 동안 헤브론에서 살았어도 아브람의 정체성은

복음의
공공성

나그네요 거류민이었다. 비록 하나님이 약속으로 주신 땅이지만 여전히 그 땅은 아브람의 땅이 아니었으며, 아브람은 외국인에 불과하다. 이제 겨우 헤브론 인근에 머물러 살게 되었을 뿐이고, 아무리 친척이라도 나서줄 수 없는 환경이었지만, 아브람은 자신의 모든 것을 걸고 이 국제 전쟁의 현장에 뛰어들었다. 자신의 "집에서 길리고 훈련된 자 삼백십팔 명을 거느리고", 자기와 동맹한 아넬, 에스골, 마므레와 함께 롯을 구출하는 싸움에 참여하였다. 14절에서 '거느리고'에 쓰인 단어는 기본적으로 '비게 하다'는 의미다. 칼집을 텅 비게 만들었다는 것은 칼을 꺼냈다는 의미다. 즉 아브람이 "삼백십팔 명을 거느렸다"는 말은 아브람이 자기가 가진 모든 것을 끄집어냈다는 뜻이다. 이들은 모두 아브람의 집에서 태어나서 이곳에서 경험을 쌓은 아브람의 사람들이다. 아브람은 이들을 모두 끄집어낸 것이다. 말이 쉽지, 자칫하면 그나마 이루었던 모든 것을 잃을 수도 있는 싸움이었다. 예나 지금이나 이러한 국제 정치나 전쟁에는 끼어들지 않는 것이 상책일 테지만, 아브람은 그렇게 하지 않았다.

아브람의 선택과 참여는, 아브람이 자기에게 있는 것을 지키기 위해 존재하는 사람이 아님을 잘 보여준다. 아브람은 하나님이 하신 약속이 있으니 하나님이 지금까지 주신 것을 지켜야 하겠다는 생각이 들 수도 있었다. 그러나 아브람은 그렇게 하지 않았다. 앞에서도 말했듯이, 롯의 상황은 일종의 자업자득이며, 롯의 곤경을 통해 아브람의 선택은 더 빛이 난다. 그러나 아브람은 롯을 구출하고자 이제까지 이룬 모든 것을 쏟아붓는다. 소돔이라는 어리석은 선택을 한 롯보다 자기가 더 나았음을 증명하려는 행동이 아니다. 아브람은 어리석은 선택을 한 롯을 살리라고 자기를 하나님이 인도하셨다고 여기는 듯하다. 우리의 멋진 선택은 우리를 빛나게 하는 것이 아니라, 그 선택으로 말미암아 다른 이를 온 힘 다해 살리고 지켜내게 한다. 지키려고 하면 모두 잃게 된다. 아브람이 자기는 롯처럼 포로가 되거나 약탈당하지 않은 것에 감사하며, 롯의 곤경을 방관하고, 자기 것만 지키려고 했다면 결국 모두 잃었을 것이다. 그런 점에서 약속의 자손이라는 것은, 하나님의 선택받은 백성이라는 것은, 다른 이의 고통을 보고 가만히 그 자리에 눌러앉지 않는다는 의미다.

본문은 아브람 일행이 단까지 쫓아갔다고 간결하게 서술한다. 당시 아브람은 헤브론에 있었고, 단은 헤브론에서는 최북단에 있는 도시다. 아브람은 헤브론에서 브엘세바까지 거의 300킬로미터 가까이 이동해야 했을 것이다. 성경의 사건들에는 이처럼 시간 간격이 있다. 아브라함이 이삭을 바치러 모리아 산까지 가는 데 3일이 걸렸고, 이스라엘이 여리고 성을 함락하는 데 7일이 걸렸다. 아브람은 롯을 구출하기 위해 300킬로미터 가량을 쫓아가야 했다. 하루에 20km를 걷는다면 15일이 걸리는 거리다. 이렇듯 단까지 롯을 찾아 나선다는 것은 참으로 쉽지 않은 일이어서, 정말 이 일을 할 생각인지 아닌지를 자문할 수밖에 없다.

창세기 14장 15-16절은 아브람이 마침내 단 인근 지역에서 롯을 끌고 가던 군대를 만났고 밤을 타서 습격하여 구출했다고 간결하게 서술한다. 아브람은 롯을 구출하였을 뿐 아니라, '부녀와 친척'도 되찾아 왔다(창 14:16). 아마 이 사람들은 롯과 함께 잡혀가던 소돔 사람들이었을 것이다(개역개정이 '친척'으로 옮긴 히브리어의 기본 뜻은 '백성' 혹은 '사람들'이다). 나중에 소돔 왕이 아브람에게 감사하면서 "사람은 내게 보내고"(창 14:21) 하고 말한 것도 그런 연유일 것이다. 즉, 아브람이 일어서서 롯뿐 아니라 다른 사람들까지 구출한 것이다. 그 점에서 아브람과 소돔 왕은 대조적이다. 소돔 왕은 전쟁에서 패배하였고, 자기 백성이 포로로 끌려가는데도 아무것도 할 수 없었다. 아브람은 자기가 끼어들어야 하는 전쟁이 아니었지만 자신의 전부를 걸고 포로들을 구출한 반면, 소돔 왕은 그저 그러한 일을 해낸 아브람을 환영하는 자리에 나타났을 뿐이다. 하나님의 사람의 순종과 용기를 통해 하나님의 도우심과 은혜가 열방에까지 미친다. 아브람이 잡혀간 롯을 나 몰라라 하지 않고, 하나님이 자신에게 주신 모든 것을 이때를 위한 것이라 여기고 투입하여 뛰어들었을 때, 롯뿐 아니라 수많은 사람들의 생명과 삶을 회복할 수 있었다. 아브람은 참으로 쩨다카, 즉 공의를 행했다. 부당하게 포로로 끌려간 이들을 구출해 냈다는 점에서 미슈파트, 즉 정의를 실행하였다고도 말할 수 있다. 그리고 이렇게 아브람이 정의와 공의를 행할 때, 열방에게 복이 임하였다. 아브람은 하나님이 자기를 부르신 목적을 수행하였다.

    아브람의 모습과 대조할 수 있는 것은 아브람의 형제 나홀이다. 창세기 24장 10절은 밧단아람에 있는 '나홀의 성'이라 불리는 장소를 언급한다. 나홀 역시 데라와 함께, 혹은 데라가 떠난 후에 갈대아 땅을 떠났다가 밧단아람에 있는 하란에 머무른 듯하다. 나홀이 머무르면서 영향력이 커졌기에 그곳이 '나홀의 성'이라 불리었을 것이다. 오직 하나님의 약속을 붙잡고 가나안까지 가서 평생 땅 없이 떠돌았던 아브라함과 이삭과 야곱에 비해, 하란에 정착해서 자신의 이름으로 불리는 성까지 이룬 나홀의 성취는 두드러진다. 그런 점에서, 가나안의 아브람과 나홀의 성에 거주하는 나홀은 대조적이다. 하나님은 이 땅에서 성을 쌓으라고 아브람을 불러내시지는 않았다. 비록 떠돌며 땅 없이 이리저리 쫓겨다니지만, 정착자이든 나그네이든 아브람은 자기가 할 일을 한다. 즉 다른 사람의 처지를 돌아보고, 자신이 받은 복을 모두 걸고서 사로잡힌 이웃을 구해냄으로 천하 만민에게 복이 임하게 한다.

한 가지 더 주목할 것은 아직 그의 이름은 '아브람'이라는 점이다. 우리는 아브라함으로 이름이 바뀌는 사건이 아브라함의 삶에서 결정적인 순간이라고 말한다(창 17:1-8). 우리는 아브람이 아브라함으로 이름이 바뀌면서 육적인 사람에서 하나님의 사람으로 바뀌었다고 생각하기도 한다. 그러나 아브라함은 아브람일 때 하나님의 부르심을 받아서 순종했다. 이름이 아브람이든 아브라함이든 여전히 하나님의 사람으로 살아간다. 이름의 변화는 아브라함의 인격과 삶의 변화라기보다는 하나님이 주신 약속을 상징하는 것으로 보아야 한다. 사라와 아브라함 사이에 여전히 자녀가 없지만, 하나님은 아브라함에게 '열국의 아비'라는 이름을 지어주시면서 믿음으로 바라볼 것을 알려주신다. 그러니 '아브라함'은 약속이 담긴 이름이고, 이름이 아브람이든 아브라함이든 그는 오직 하나님과 동행할 뿐이다.

나그네를 사랑하라

창세기 17장은 하나님이 아브람과 사래의 이름을 아브라함과 사라로 바꾸시고, 언약의 표시로 할례를 명령하시는 장엄한 언약체결 장면을 다룬다. '여러 민족의 아버지'를 뜻하는 아브라함에게 하나님은 거듭해서 땅과 자손의 약속을 확인해 주신다. 그리고 그 언약의 표시로 할례를 명하신다. 이때 아브라함은 99세였다. 그런데 언약체결 후에 이어지는 내용은 아브라함이 이 약속대로 자식을 얻는 일이 아니라 소돔과 고모라 사건이다. 이 사건은 아브라함이 사는 지역에 등장한 세 나그네로 시작한다. 그리고 소돔 사건이 일어난 후 아브라함이 그랄로 옮겨가는 내용을 20장에서 다룬다. 그나마 익숙하던 헤브론을 떠나 또 다른 낯선 땅으로 나그네가 되어서 간 것이다. 17장의 언약 체결과 그 약속의 성취인 이삭의 출생을 다루는 21장 사이에 18-20장이 있는데, 18-20장은 나그네를 대접한 아브라함과 나그네로서 그랄에 간 아브라함을 다룬다는 점에서 서로 통한다. 그래서 18-20장의 중심 주제는 '나그네'라고 할 수 있다. 이 본문에서 주인공들은 나그네를 어떻게 대하는가?

아브라함이 머물던 곳에 나그네가 나타났다. 나그네를 발견하자 아브라함은 곧바로 그들에게 달려가서 영접하였다. 이들을 극진히 대하는 모습에서 아브라함이 이 나그네들을 하나님 혹은 천사 같은 특별한 존재로 인식했다고 생각할 수 있지만, 나그네들에게 발을 씻게 하고 음식을 대접하는 것을 보면 아브라함은 이들을 사람으로 여기고 있다. 나그네를 천사나 하나님의 사자라고 여겼다기보다는, '나그네는 하나님의 사자'라는 인식이 아브라함의 행동 이면에 있었다고 볼 수 있다. 아브라함은 나그네들 앞에서 엎드렸다. 이 역시 천사를 대하는 행동이라기보다 모든 나그네를 극진히, 정성스럽게 대하는 행동이라고 볼 수 있다. 아브라함은 그들에게 괜찮으시다면 그냥 지나가지 말고 대접할 기회를 달라고 간곡하게 부탁한다. 나그네들은 이 간곡한 부탁을 허락한다. 아브라함은 떡을 조금 가져오겠다더니 송아지까지 잡아서 식사대접을 했다. 나그네들이 식사를 하는 동안 아브라함은 곁에서 시중을 들었다.

참으로 누가 주인이고 누가 나그네인지 헷갈릴 정도로 아브라함은 나그네를 극진히 환대하였다. 아브라함이 나그네에게 청하는 말은 환대의 근본이다. 나그네를 대접하는 일이 귀한데, 아브라함은 오히려 그들이 아브라함에게 나그네들을 대접할 기회를 준 것이 귀한 일인 것처럼 행동한다. 그것이 환대다. 아브라함은 나그네들이 남의 자리에 와서 어색하게 있는 것이 아니라, 원래부터 거기가 그 나그네들 자리인 것처럼 대접하였다. 아브라함은 이들에게 누구냐고 묻지 않는다. 사람을 대접하는 것은 그 사람이 어떠한 사람이기 때문에 대접하는 것이 아니라, 사람이기 때문에 하는 것이다. 요즘 어디를 가든 개인 신상을 묻지 않는 것이 기본이며 주민등록번호를 함부로 요구하지 않는 것이 대세라지만, 환대는 상대가 어떤 사람인지와 무관하게 하는 것이다. 아브라함에게 온 나그네들은 마치 그곳이 원래 자기 자리인 것처럼 환대를 받았다.

이렇게 나그네를 환대하는 모습은 소돔에 살고 있던 롯에게도 볼 수 있다. 롯 역시 소돔 성문에 앉아 있다가 나그네가 오는 것을 보고 "영접하고 땅에 엎드려 절하였다"(창 19:1). 아브라함과 롯의 행동이 동일하다. 롯 역시 나그네들에게 "내 주여" 하고 부르며 자기 집에 묵을 것을 간청하다가 그들이 거절하자 더더욱 간절히 청하여 마침내 집에 들어오게 한다. 식탁을 베풀고 손님을 대접하는 롯을 보면 여기에서도 누가 주인이고 누가 나그네인지 겉으로는 알기 어려울 정도다. 롯이 자신의 딸이라도 이 나그네들을 위해 내놓겠다고 말하는 것은 오늘날 우리가 결코 납득하기 어려운 행위지만, 나그네들의 자리가 그만큼 그곳에서 단단하다는 것을 보여주는 모습이라 생각할 수 있다.

아브라함과 롯의 공통점은 나그네를 환대한 것이다. 그런데 나그네 환대는 사소한 여러 가르침 가운데 하나가 아니다. 신명기 10장 12절에서 모세는 하나님을 사랑하고 마음 다해 섬기라고 명령한다. 하나님을 '신 가운데 신, 주 가운데 주, 크고 능하시고 두려우신 하나님'이라 언급한 모세는 그 하나님이 사람을 외모로 보고 아니하시고 뇌물을 받지 않으신다고 선언한다(신 10:17). 그렇기에 하나님은 고아와 과부를 위하여 정의를 행하시며 나그네를 사랑하신다.

> 너희의 하나님 여호와는 신 가운데 신이시며 주 가운데 주시요 크고 능하시며 두려우신 하나님이시라. 사람을 외모로 보지 아니하시며 뇌물을 받지 아니하시고 고아와 과부를 위하여 정의를 행하시며 나그네를 사랑하여 그에게 떡과 옷을 주시나니 너희는 나그네를 사랑하라. 전에 너희도 애굽 땅에서 나그네 되었음이니라(신 10:17-19).

모세는 특이하게도 하나님의 높고 뛰어나심을 외모나 뇌물에 좌우되지 않으심과, 고아와 과부와 나그네를 사랑하심과 연결한다. 신명기는 결론적으로 이스라엘 백성에게 나그네를 사랑하라고 명령한다(신 10:19). 크고 높으신 하나님에 대한 찬양을 나그네에 대한 사랑으로 결론 짓는다. 하나님이 나그네인 이스라엘을 사랑하셨으니, 나그네를 사랑하는 것이야말로 하나님을 본받는 삶의 본질이다. 나그네를 사랑하는 것은 나그네를 환대하는 것으로 나타나며, 나그네에 대한 환대는 아브라함과 롯에게서 잘 드러난다. 히브리서도 역시 같은 이야기를 한다.

> 형제 사랑하기를 계속 하고 손님 대접하기를 잊지 말라. 이로써 부지중에 천사들을 대접한 이들이 있었느니라. 너희도 함께 갇힌 것같이 너희 갇힌 자를 생각하고 너희도 몸을 가졌은즉 학대받는 자를 생각하라(히 13:1-3).

아내를 누이라 속인 까닭

창세기 20장은 아브라함이 나그네가 되어 그랄 땅에 살게 된 경우를 다룬다. 여기에서 창세기에 세 번이나 반복된, 아내를 누이라 속인 사건(창 12:10-20; 20:1-18; 26:1-11)을 잠시 살펴보자. 처음에는 아브라함이 기근을 피해 애굽으로 내려갔고, 다음에는 아브라함이 떠도는 중에 블레셋 그랄 땅에 머물렀고, 마지막은 기근으로 인해 이삭이 애굽에 가지 말라는 하나님 말씀에 따라 블레셋 그랄 지경에 머물렀다. 하나님이 애굽에 내려가지 말라고 명하시기도 하고, 아무런 말씀이 없을 때도 있지만, 애굽에서건 그랄에서건 부인을 누이라 속여야 하는 상황은 계속 발생한다. 그러므로 문제의 본질은 애굽이냐 아니냐가 아니라 아브람이 애굽과 블레셋으로 대표되는 지경으로 이주하게 된 상황이다. 그 지역으로 이주해서 아내를 누이라고 속이는 아브람의 행동에서 당시 사회상을 엿볼 수 있다. 사래와 같이 아름다운 여인이 있으면 그 여인을 차지하기 위해 남편을 죽일 수도 있는 세상이 아브람이 생각하는 애굽이었다. 아브라함은 가족과 함께 그랄에 머물게 되었을 때도 아내를 누이라 속인다. 나중에 그랄 왕이 아브라함에게 자기를 속인 이유를 따지자 아브라함은 이렇게 대답한다.

> 아브라함이 이르되 이곳에서는 하나님을 두려워함이 없으니 내 아내로 말미암아 사람들이 나를 죽일까 생각하였음이요(창 20:11; 참고. 창 12:12; 26:7, 9).

하나님을 두려워하지 않는 세상의 특징은 아브라함과 같은 나그네를 함부로 다루는 것이다. 나그네에게 아름다운 아내가 있다면, 수단 방법을 가리지 않고 그 나그네에게서 아내를 빼앗는 것, 그것이 아브라함의 답변이 반영하는 시대 상황이다. 기근이 또 발생하여 그랄에 가서 살아야 하던 이삭도 아내를 누이라 속인 까닭을 성경은 "리브가는 보기에 아리따우므로 그곳 백성이 리브가로 말미암아 자기를 죽일까 하여" 하고 기록한다(창 25:7).

그러므로 이 본문의 배경에는 떠돌이 나그네의 현실이 있다. 그리고 이러한 나그네의 삶을 더욱 힘겹게 하는 것이 기근과 같은 천재지변이다. 기근과 흉년이 발생하면, 아브람과 사래, 이삭과 리브가 같은 나그네들의 삶은 더욱 힘겹고 어려워진다. 아마도 이들은 목자였기에 평소에는 도시나 성읍의 외곽에 머물렀겠지만, 기근과 흉년이 일어나면 별 수 없이 성읍 안으로, 도시 안으로 옮겨 머물러야 했다. 그렇게 문화와 문명과 물자가 번성한 도시 안으로 들어선 나그네에게는 자신의 안전을 위해 아내를 누이라고 속여야 하는 상황이 발생한다. 그런 점에서 모든 문제의 원인은 그 땅에 있는 기근이다.

기근과 같은 자연재해는 모든 사람에게 끔찍한 재앙이다. 그렇지만 가장 큰 피해는 떠돌이 나그네 아브람처럼 그 사회에서 가장 약한 집단, 가난한 자들이 겪는다. 존 머터는 이렇게 말한다. "자연이 처음 타격을 가하는 무시무시한 몇 분 또는 몇 시간 동안에는, 재난은 자연적이다. 그 순간은 자연의 탓이다. 그러나 재난 이전과 이후의 상황은 순전히 사회적 현상이다."[1] 일어날 수 있는 재해를 어떻게 대비하고, 재해가 일어났을 때 어떻게 처리하느냐 하는 것이 그 사회, 그 시대를 정확히 반영한다. 사회의 불평등 정도에 따라, 재앙의 처리가 확연하게 달라지기 때문이다. 그래서 재해 자체는 모두에게 임하지만, 재해 이후에는 사회의 가장 밑바닥 계층에 속한 이들의 삶이 가장 처참하게 붕괴된다. 불평등한 사회일수록 그 붕괴 정도가 심하다. 인도양과 일본에서 쓰나미가 일어났을 때도, 카트리나가 미국을 강타했을 때도, 아이티에서 지진이 발생했을 때도, 항상 가장 참담한 어려움은 가난한 이들, 흑인들이 겪었다. 그런 점에서 자연 재해는 철저하게 인재로 이어진다.

그러므로 아브람이 사래를 누이라 속인 사건은 그저 개인의 부정직함의 문제만은 아니다. 그곳에서도 하나님을 굳게 믿고 용기 있게, 정직하게 말했어야 한다고 생각할 수도 있다. 그러나 목숨이 왔다갔다 하는 상황에서 아내냐 누이냐를 정직하게 말하는 것은 그다지 큰 문제가 아닐 수 있다. 그러한 정직함을 따지는 것은 매우 배부른 소리로 들린다. 정직 윤리는 현실의 엄혹함과 가혹함, 불평등을 완전히 감추고 덮는 경향이 있다. 종종 교회는 세상을 향해 정직하기 운동을 펼친다. "가정과 직장에서 정직합시다"라고 주장하며 그것이 교회가 세상에게 전할 수 있는 메시지라고, 그것이 그리스도인이 세상과 다른 점이라고 선포하곤 한다. 정말 그렇게 정직해야 하고 정직한 것이 마땅하지만, 아브람과 같은 상황을 정직의 잣대로 재는 것은 무리가 아닐까?

나는 어린 시절 어머니와 버스 탈 때마다 심란했다. 늘 어머니는 이미 초등학교 2학년인 나를 미취학 아동이라 하셨고, 나는 그저 가능한 한 더 어린아이 같은 표정을 지을 수밖에 없었다. 그렇게 해서 아낀 돈이 얼마인지는 기억이 나지 않지만 어머니는 번번이 그러셨다. 그때 어머니가 내 차비를 정직하게 내셨다면 세상은 조금 달라졌을까? 훨씬 더 큰 상황이 사태를 둘러싸고 있는데, 우리는 정직했냐 아니냐 하는 데만 매달리지 않는가. 거짓말하지 않아도 되는 안전한 세상, 나그네가 불안해하지 않고, 우리 사회의 연약한 이들이 거짓말하지 않아도 되는 세

복음의
공공성

상, 그것에 관심을 기울이는 것이 교회가 먼저 할 일이 아닐까?

그런 점에서 이 본문은 잘 들리지 않는 소리를 우리에게 들려준다. 정직 윤리와 사랑과 생명 같은 겉으로는 그럴듯한 말들 속에서, 당장 생존조차 쉽지 않은 나그네의 소리가 이 본문 이면에서 들려온다. 기근은 언제라도 일어날 수 있지만, 기근 이후에 우리가 나그네와 같은 이들의 삶과 생존을 얼마나 지켜주는지 이 본문을 보며 생각한다.

소돔의 나그네 대우

하나님을 경외하지 않는 지역의 나그네 대우는 소돔에서 적나라하게 드러난다. 소돔 사람들은 자기 지역에 낯선 이가 들어오자 당장 몰려와서 그 나그네를 내놓으라고 요구한다. 개역개정이 '상관하리라'로 번역한 히브리어는 창세기 4장 1절에서 '동침하다'로 번역한 히브리어 동사 '알다'이다. 서로 안다는 것이 참 좋은 의미이지만, 소돔 사람들이 "우리가 그들을 알아야겠다" 한 말은 무시무시한 폭력이다. 동성을 향한 성적 욕망을 강력하게 드러낸 표현이되, 상대방의 의사와는 전혀 무관하고 극히 폭력적인 성욕이다. 사랑하는 남녀의 앎이 있는가 하면, 이렇듯 힘을 가진 다수가 소수의 나그네를 폭력적으로 짓밟는 앎도 있다. 아브라함과 롯은 자기들에게 온 나그네의 신원과 정체를 묻지 않고 극진히 대접하였지만, 소돔 사람들은 "우리가 알아야겠다" 하며 이들을 짓밟으려고 한다. 하나님은 높은 곳에 계시기에 사람들의 외모에 좌우되지 않으신다. 하나님에게도 사람들의 겉모습은 큰 의미가 없는 셈이다. 그런데 상대방의 정체를 묻고 그래서 상대방의 지위와 상태를 파악하고 그에 맞게 상대방을 대하는 것은 우리의 오래된 습관이다.

　이 점은 오늘의 현실과 맞닿는다. 수많은 이가 반대하는데도 최근에 제정된 테러방지법은 국가가 의심하는 사람의 모든 정보를 수집하는 것을 합법화했다. 국가를 대표하여 국가정보원은 이 땅을 살아가는 국민들의 정보를 '알고자 한다.' 그런데 그러한 앎은 결국 국민의 삶을 통제하고 짓밟고 조종하는 것으로 귀결되기 마련이다. 죄가 없으면 그만이라지만, 모든 정보를 '알게 된' 이들은 어떤 식으로든 자기 마음에 들지 않는 이를 임의로 요리하고 조종할 수 있기 때문이다. 그러므로 그러한 앎은 지극히 폭력적이며 사사롭고 임의적이다. 테러방지법이라는 미명으로 제정된 법은 사실상 소돔의 폭력적인 앎과 통하는 바가 크다.

　소돔 사람들의 죄악은 단순한 동성애가 아니다. 사실 상대가 전혀 원치도 않는데 일방적으로 쳐들어와서 폭력적으로 자기 욕망을 채우려고 했다는 점에서, 그들을 '동성애자'라고 부르는 것은 완전히 부당하다. 그들은 도착적인 성욕에 사로잡힌 폭력배들일 따름이다. 동성의 나그네를 향한 성적 욕망의 표출은 기브아 거민과 레위인을 둘러싼 사건에서도 볼 수 있는데(삿 19장), 거기에서도 문제의 본질은 '동성애'가 아니다. 동성이든 이성이든 힘없는 나그네를 향한 집단 성욕의 폭력적 발현이 문제였다. 그들의 죄악은 자신들과 다른 이들, 자신들과 어울리지 않으며 스스로 보호할 힘이 없는 이들을 짓밟고 유린한 것이다. 그러므로 이 사건의 본질은 폭력이다. 타인의 신체를 내 마음대로 주장하고 좌지우지하려는 폭력이다. 그리고 이러한 폭력은 인류 역사 내내 그 뿌리가 참으로 깊다.

　19장의 소돔과 고모라 본문 이전에 하나님과 아브라함의 대화 본문(창 18:16-33)이 있다. 여기에서 하나님이 아브라함에게 요구하시는 "정의와 공의를 행하는 삶"(창 18:19)은 소돔과 고모라에서 들려오는 "부르짖음"(창 18:20)과 대조된다. 정의와 공의를 요구하신 하나님이 소돔에서 들려오는 부르짖음과 죄악이 사실인지 확인하기 위해 소돔을 방문하실 것이라는 18장 21절 말씀은 하나님이 정의와 공의를 판단기준으로 하여 소돔과 고모라를 다루실 것임을 보여준다. 이러한 문맥 역시, 소돔과 고모라의 문제가 동성애 같은 것이 아니라, 정의와 공의임을 명확히 보여준다.

그러므로 동성애 이슈는 소돔, 고모라 본문에서 지극히 지엽적인 부분일 따름이다. 소돔에서 동성애를 금지한다 해도 또 다른 방식의 폭력을 나그네들에게 자행할 것이다. 소돔에 교회가 존재한다면 동성애 금지를 위해 싸울 것이 아니라 나그네에 대한 전적인 환대, 우리 가운데 함께 살아가는 힘겨운 이들에 대한 전적인 환대를 위해 싸워야 할 것이다. 교회는 동성애와 싸우는 곳이 아니라 나그네를 대접하기에 힘쓰는 곳이다.

이 점은 소돔의 죄악을 언급하는 에스겔서에서도 확인할 수 있다.

> 네 아우 소돔의 죄악은 이러하니 그와 그의 딸들에게 교만함과 음식물의 풍족함과 태평함이 있음이며 또 그가 가난하고 궁핍한 자를 도와주지 아니하며 거만하여 가증한 일을 내 앞에서 행하였음이라. 그러므로 내가 보고 곧 그들을 없이 하였느니라(겔 16:49-50).

이 구절이 어떤 사건을 가리키는지 명확하지 않지만, 그들의 악을 보고 하나님이 곧 그들을 없이 하셨다는 점에서 창세기에 언급된 사건을 가리킨다고 보아야 한다. 에스겔에 따르면 소돔의 죄악은 동성애가 아니다. 자기는 태평함과 풍족함을 누리면서 자기들 가운데 있는 가난하고 궁핍한 이들을 돌아보지 않은 것, 오히려 이들에게 교만하고 거만하게 가증한 일을 행한 것, 그것이 소돔의 죄악이다. 풍족하고 평안하던 소돔에 떠돌이 나그네들이 설 자리는 전혀 없었다. 나그네를 환대하지 않은 것이 소돔의 멸망의 원인이며, 그것이야말로 하나님을 경외치 않는 이들의 근본 특징이다.

아브라함은 소돔을 위해 중보한다. 소돔 성에 의인이 열 명이 있는데 그 열 명이 애꿎게 죽임 당할까 중보하며, 그 열 명이 있다면 소돔 전체를 살려달라고 중보한다. 이러한 중보는 억울한 죽음, 억울한 눈물이 생기지 않기를 바라는 기도라는 점에서 올바른 재판, 정의로운 사회라는 덕목과 연관된다. 앞에서 언급하였지만, 복음이 지닌 공공성에 대한 인식은 약자에 대한 올바른 고려와 직결된다. 소돔과 고모라에서 공적 신앙의 요체는 성읍을 방문한 나그네를 대하는 자세에서 드러난다. 아브라함이 중보하며 찾았던 의인 열 사람의 경우, 그 '의인'됨의 실체는 나그네를 대하는 자세로 나타난다. 소돔과 고모라는 동성애 때문이 아니라, 그 사사로움, 즉 자신들에게는 유리하고 남에게는 잔혹한 그 사적 행태 때문에 멸망한다. 그들의 사적 행태는 그 성읍의 약자요 떠돌이인 나그네를 대하는 태도에서 드러난다.

아브라함은 나그네에 불과하지만, 나그네이기에 나그네의 설움과 슬픔을 안다. 상처받은 사람이 다른 상처받은 이를 돕고 섬길 수 있듯이, 나그네인 아브라함은 나그네의 신원을 묻지도 따지지도 않고 극진히 섬긴다. 아브라함은 포로로 끌려간 롯과 마음을 같이하여 온 힘 다해 롯을 구출하고, 자신이 머무는 곳을 찾은 나그네와 마음을 같이하는 공

복음의
공공성

의의 사람이다. 아브라함은 국제 전쟁의 소용돌이 가운데 부당하게 포로로 잡힌 자들을 온 힘을 다해 구출한다. 소돔에 죄악이 가득하지만 그 가운데 억울하게 희생당하는 이들이 생기지 않도록 정의에 관심을 기울이며 미슈파트를 실천한다. 아브라함이 가는 곳마다 복이 임하고 하나님이 어떠한 분인지 드러난다. 아브라함은 정의와 공의를 행하는 삶을 살아간다.

02
마치 하나님이 계시지 않은 것처럼

요셉은 형들의 미움 속에 아버지가 있는 곳을 떠나 머나먼 애굽까지 팔려가고, 애굽 시위대장 보디발의 집에 종으로 팔려가는 신세가 되었다. 아버지의 심부름으로 헤브론에서 세겜까지 꽤 먼 길을 걸어 요셉이 찾아갔을 때, 형들은 요셉을 죽이려고 했다. 르우벤의 만류로 형제들은 물 없는 구덩이에 요셉을 던져 넣었고, 그를 그대로 둔 채 음식을 먹기도 한다. 그리고는 마침 근처를 지나가는 미디안 상인들에게 요셉을 팔아넘겨버린다. 창세기 42장 21절에 보면 요셉이 형들에게 애걸할 때 형들은 요셉의 '마음의 괴로움'을 보았으며 요셉이 간청하는데도 듣지 않았다. 요셉이 구덩이에 있을 때도, 팔려 갈 때도 괴로워하며 형들에게 살려달라고, 용서해달라고 애걸했는데, 형들은 요셉의 마음의 괴로움을 들었으나 무시했다. 질끈 눈을 감았다. 요셉이 얼마나 고통스럽고 괴롭고 억울했을지 짐작할 만하다. 그러나 요셉은 그러한 과거에 대해 분노하거나 억울한 감정을 토로하거나 고통스럽게 부르짖으면서 자신의 삶을 보내지 않았다.

복음의

공공성

요셉의 괴로움과 형통

창세기 39장 2절은 여호와께서 요셉과 함께하셨다고 말한다. 이 구절 역시 놀랍다. 왜 하나님은 형들이 요셉을 죽이려고 괴롭히거나 팔아버릴 때는 요셉과 함께하지 않으셨을까? 하나님이 함께하시니 요셉이 형통한 자가 되었다고 하였는데, 하나님은 왜 요셉이 팔려가기 전에는 요셉과 함께하심으로 요셉을 형통하게 하지 않으셨을까? 이를 보건대, 요셉의 애굽행은 하나님의 뜻이었다. 애굽에서 보디발의 집에 팔려간 후부터 하나님은 요셉과 함께하시며 모든 일에 형통하게 하셨다.

고통과 괴로움이 극심했는데도 요셉은 보디발의 집에서 자기가 맡은 일에 충성을 다했을 것이며, 창세기 본문은 요셉이 하는 모든 일을 하나님이 형통하게 하셨다 풀이한다. 요셉이 한 일은 무엇이었을까? 요셉은 그야말로 온갖 허드렛일을 맡았을 것이다. 창세기 39장 4절은 요셉이 주인에게 은혜를 입었다고 말한다. 요셉이 자신이 맡은 소소한 일들을 해내는 모습을 보고 주인인 보디발이 요셉에게 호의를 품었고, 요셉은 보디발을 섬겼다. 요셉은 온갖 잡다하고 소소한 일을 하다가 마침내는 보디발 집안의 가정 총무가 되어 보디발의 집과 모든 소유물을 주관하는 역할을 맡는 데까지 이르렀다.

창세기 39장 4절은 요셉이 그를 '섬겼다'고 기록한다. 같은 단어가 요셉이 감옥에 있을 때를 기록한 창세기 40장 4절에도 쓰인다. 요셉은 자기가 있는 곳에서 만나는 이들을 섬겼다. 보디발을 섬겼고, 간수장을 섬겼으며, 감옥에 갇힌 지체 높은 이들을 섬겼고, 나중에는 바로를 섬겼다. 어떻게 보면 요셉이 권력을 지향한다고 할 수도 있다. 그러나 보디발의 아내가 요셉을 유혹할 때 이를 거절하다가 도리어 감옥에 갇힌 것을 생각하면, 요셉이 권력과 부를 지향하여 윗사람을 섬기지는 않았다는 것이 분명하다. 그러므로 요셉의 행함은 바울의 권면과 통하는 바가 있다.

> 종들아 두려워하고 떨며 성실한 마음으로 육체의 상전에게 순종하기를 그리스도께 하듯 하라. 눈가림만 하여 사람을 기쁘게 하는 자처럼 하지 말고 그리스도의 종들처럼 마음으로 하나님의 뜻을 행하고 기쁜 마음으로 섬기기를 주께 하듯 하고 사람들에게 하듯 하지 말라. 이는 각 사람이 무슨 선을 행하든지 종이나 자유인이나 주께로부터 그대로 받을 줄을 앎이라(엡 6:5-8).

주인에게 고용되어 집안의 갖가지 잡다한 일을 하는 것이 종의 일일 텐데, 에베소서에서 바울은 이것이 '마음으로 하나님의 뜻'을 행하는 것이라고 진술한다. 주님을 섬기는 것과 육체의 상전을 섬기는 것을 연결한다. 주님을 섬기는 일을 무척 고상하고 고매한 것으로 표현하지 않고, 일상에서 만나는 육체의 상전을 섬기는 것과 결부한다. 이러한 권면을 보면 바울과 관련 있는 초대교회 구성원 중에는 종들이 꽤 많았으리라 짐작할 수 있다. 종과 주인의 관계는 그들이 살아가는 공적 영역을 대표한다. 에베소서 구절은 하나님의 뜻을 행하는 신앙은 그 사람이 살아가는 공적 영역의 관계를 통해 구현된다는 점을 잘 보여준다. 아울러 에베소서 6장 8절은 이렇게 공적 영역에서 행하는 선에 대해 하나님이 상 주신다는 점을 분명히 한다. 이러한 구절은 오직 복음을 전한 것에 대해서만 하나님이 상을 주신다고 여기는 우리 생각과 상당히 차이가 있다. 이처럼 분명 하나님은 공적 영역에서 행하는 선을 포상하시는 분이다. 사람을 섬기지만, 상은 주님에게 받는다. 사람을 섬기지만 그는 주님의 종이다. 요셉의 모습은 이 말씀을 구체적으로 보여준다.

일상의 순종

이것은 창세기에서 처음부터 끝까지 일관되는 점이다. 아비멜렉과 보디발은 이삭과 요셉의 신앙 고백을 통해 그들의 신앙을 본 것이 아니다. 모욕과 핍박과 수모를 겪으면서 우물 파는 이삭의 모습에서 이삭의 신앙을 보았고, 팔려온 노예 소년이 맡은 일을 열심히 하는 모습에서 요셉의 신앙을 보았다. 노예 소년이 맡은 일은 아마도 자질구레하거나 힘을 써야 하는 단순노동이었을 것이다. 그런데 그런 일들을 통해 요셉이 하나님을 증거했다. 요셉은 노예소년일 때 주인인 보디발을 비롯한 주위 사람에게 하나님이 함께하심을 보여주었다. 집안 총무로 보디발의 집안 전체를 관리하는 사람이 되었을 때도 그 일을 통해 하나님이 함께하심을 보여주었다. 그런 점에서 볼 때 하나님이 우리와 함께하신다는 것은 선포하는 것이 아니라 증거하는 것이다. 하나님이 함께하신다고 큰 소리로 외치고 선포한다고 해서 하나님이 함께하시는 것이 아니다. 하나님이 함께하심은 하나님을 아예 모르는 사람이 보아도 알 정도로 느낄 수 있고 볼 수 있는 것이다. 요셉의 삶에서 하나님이 함께하심은 요셉이 종교의 특수한 외적 형식을 열심히 준수하는 데서 드러났다기보다는, 요셉이 일상에서 충성스럽게 일을 하는 데서 드러났다. 그리고 그렇게 일상을 살아가는 것이 신앙으로 살아가는 것이다.

하나님이 보디발의 집에 복을 주셨는데, 성경은 그 복이 요셉으로 인한 것이라고 증거한다. 하나님이 요셉을 위하여 보디발의 집 모든 것에 복을 내리셨다. 구체적으로 내용이 나오지는 않지만, 보디발의 집과 들에 있는 모든 것이 풍성하게 되었으리라 짐작할 수 있다. 성경은 하나님이 요셉과 함께하셔서 요셉이 하는 일을 형통하게 하셨다고, 요셉으로 인하여 보디발의 집에 복을 내리셨다고 표현한다. 하나님이 요셉과 함께하신다는 것은 요셉이 하는 모든 일을 형통하게 하시는 것으로 드러났고, 보디발 집에 내리신 복은 그 집과 그 들에 있는 모든 소유에서 나타났다. 요셉에게 복이 임하면 요셉이 잘 되고 억울한 일을 겪지 않고 헤어진 가족도 다시 만날 텐데, 요셉에 대해서는 "복이 임하였다"가 아니라 "하나님이 함께하셨다"라고 표현하며, 복은 보디발의 집과 들에 임하였다. 요셉이 보디발에게 신임을 받았다지만, 그 신임은 한 순간에 사라질 수 있는 신임이다. 요셉은 여전히 "히브리 종"(창 39:17)일 뿐이다. 그러므로 하나님의 사람에게 필요한 것은 하나님의 동행하심이고, 하나님과 동행하는 사람으로 말미암아 세상 가운데 복이 임한다.

요셉은 그저 살아간다. 애굽에서 일시적으로 살아갈 것이라 생각하여 곧 떠날 준비를 하고 살아가지 않고, 마치 그 땅의 한 부분인 것처럼 살아간다. 하나님이 요셉과 함께하신 결과로 요셉이 주인에게 인정받는 종이 되었다는 점도 인상적이다. 하나님이 요셉과 함께하셔서 요셉이 부당한 세상에서 탈출하게 하신 것이 아니라 그 세상 가운데 살아가게 하신다. 그런 점에서 요셉이 속해 있고 살아가는 환경, 함께 살아가는 애굽의 사람들과 애굽이라는 공적인 환경은 쉽게 포기하고 체념할 것이 아니었다.

이와 더불어, 공적 환경 속에서 묵묵히 살아가는 요셉의 모습을 보면 마치 하나님은 무대 바깥에 계신 것 같다는 인상을 받는다. 하나님

복음의
공공성

이 친히 개입하셔서 초자연적인 기적을 일으키시면, 주인공이 살아가는 환경은 이제 곧 바뀌게 될 일시적인 배경에 불과할 것이다. 그러나 요셉의 삶에 하나님이 함께하셨다고 하지만, 겉으로는 아무 기적도 없이 현실의 상황이 지속된다. 창세기 본문 자체는 여호와께서 요셉과 함께하셨으며 그것을 보디발이 보았다고 강력하게 서술하지만, 막상 요셉의 입을 통한 고백이 거의 없다는 점도 인상적이다. 이후 본문에서 요셉이 자기 입으로 강력한 신앙 고백을 하지도 않는 것 같다. 요셉 본문에서 기적이 전혀 언급되지 않는다는 점도 이와 연관 있을 것이다. 요셉은 기적적인 구출을 경험하지도 않고, 기적적으로 되돌아가지도 않는다. 다만 하나님이 함께하셔서 열심히 노예로 일했고, 하나님이 함께하셔서 주인에게 인정받았다.

마치 하나님이 계시지 않은 것처럼

자기 일을 부지런히 감당한 요셉은 하나님이 함께하시지만 도리어 삶이 더 힘겨워졌다. 보디발의 아내 때문에 누명을 뒤집어쓰게 되었고, 아무 죄도 없이 졸지에 감옥에 갇히는 신세가 되고 말았다. 굉장한 신임을 받는 것 같았지만 한 사람의 말에 모든 것이 와르르 무너졌다. 노예가 얻고 쌓은 기반은 어찌 그리 약한가. 하나님이 함께하시던 요셉의 삶에 왜 이러한 억울하고 부당한 고난이 찾아오는가?

그런 점에서 요셉 이야기는 디아스포라로 살아가는 제2성전기 유대인들의 모습을 생생하게 반영한다. 성전도 없고 제사도 드릴 수 없는 현실인, 잡혀가고 끌려가고 팔려간 땅에서 그들은 열심히 살았고 그들을 다스리는 지배자들의 인정을 받았다. 그렇지만 그들의 지위는 한 순간에 무너져버릴 수 있을 정도로 취약했다. 그렇게 디아스포라로 살아가면서 유대인들은 자기들을 지키고 도우시며 형통케 하시는 하나님을 고백하고 찬양하였다. 그 점에서 요셉은 기적 없는 세상에서, 신앙 고백이나 종교적 규례에 대한 몰두와 상관없이 일상을 살아가는 디아스포라의 모습을 보여준다. 요셉은 참으로 디아스포라의 전형이다.

요셉은 왕의 죄수를 두는 감옥에 갇혔다. 보디발의 집안일 문제인데 뜻밖에도 훨씬 더 엄중한 죄수들을 처벌하는 곳에 갇힌 것으로 보인다. 요셉의 삶은 더 힘겹게 되었다. 감옥에서도 여호와께서는 요셉과 함께하시고 인자를 더하셔서 요셉은 간수장의 은혜를 받게 되었다. 그래서 요셉은 감옥 모든 일을 다 맡아 처리하는 이가 되었다. 그리고 여호와께서는 감옥에서도 범사에 요셉을 형통하게 하셨다(창 39:23). 이 부분에서 다시 우리는 하나님이 함께하심은 만사형통도, 고속질주도 아님을 볼 수 있다.

그러므로 요셉 본문은 여호와께서 함께하시되, 마치 함께하시지 않는 것 같은 상황이다. 요셉은 하나님이 함께하시지 않는 것처럼 일상을 살아가고, 하나님의 복도 지극히 일상적인 일을 통해 표현된다. 이 점은 창세기와 요셉 본문이 지닌 특별함이기도 하다. 나중에 요셉이 애굽의 총리가 되었을 때, 요셉은 애굽의 온이라는 도시의 제사장인 보디베라의 딸과 결혼한다. 온은 후에 헬리오폴리스라고 불리는 지역으로서, 대대로 태양신을 섬기는 신앙이 강하던 곳이다. 요셉과 결혼한 여인의 이름은 아스낫인데, 하나님의 사람인 요셉이 이방 제사장의 딸과 결혼한 것이다. 아브라함이 아들 이삭을 위해 배필을 구할 때, 이방인이 아니라, 동족 가운데서 며느리를 구하려고 종을 멀리까지 보내서 리브가를 데려왔다. 리브가도 아들 야곱의 아내를 동족 중에서 맞기를 원하여 야곱을 밧단아람으로 보냈다. 이러한 흐름과 비교할 때, 요셉이 이방인의 딸, 그것도 태양신을 섬기던 제사장의 딸과 결혼하고 그것이 아무런 문제가 아닌 것처럼 창세기에 기록된 것은 상당히 놀라운 일이다. 이러한 점을 해결하기 위해 주전 200년에서 주후 100년 사이에 쓰인 《요셉과 아스낫》이라는 책은 여기에 꽤 많은 상상을 덧붙인다. 그 책은 요셉이 이방 여인과 결혼한 것을 설명하기 위해 상상력을 기반으로 하여 창세기보다도 한참 뒤에 쓰인 글로 보이는데, 정작 창세기는 요셉과 아스낫의 결혼에 대해 아무런 문제도 제기하지 않고 자연스럽게 다룬다. 아니 창세기에 있는 요셉과 아스낫의 결혼을, 이후에 생겨난 율법의 틀에 맞추어 억지로 바꾸려는 노력이 오히려 성경에서 말씀하는 바를 해치는 것이다. 요셉은 아스낫 부모의 신앙을 문제 삼지 않는다. 그러나 요셉은 결혼 후에 낳은 아이들에게 히브리식 이름을 붙이며, 자기가 믿고 의지하는 하나님의 역사로 고백한다. 그런 점에서 요셉 이야기는 낯선 땅에서 믿음으로 살아가는 이들의 이야기, 하나님 이야기를 하지 않는 하나님 백성의 이야기다.

　요셉은 자기가 하나님의 백성임을 신앙 고백이나 동족결혼으로 증거하지 않는다. 창세기 39장에서 요셉은 자기가 하는 일을 통해서만 하나님을 드러낸다. 그런 점에서 요셉의 자세는 '하나님 없이 하나님과 함께 살아가기'라고 말할 수 있다. 요셉은 마치 하나님이 계시지 않은 것처럼 하나님과 함께 살아갔다. 창세기에서 보면 요셉은 입술로 빈번하게 신앙 고백을 하지 않았으며, 아무런 종교 규례도 실행하지 않는다. 요셉의 삶을 하나님이 형통하게 하셨다고 하지만, 상황이 점점 더 나빠지기도 했다. 그러므로 요셉의 삶은 마치 하나님을 모르는 사람처럼, 하나님이 계시지 않은 것처럼, 그저 자기가 맡은 일을 최선을 다해 감당하고 다른 이에게 유익을 주며 정직하게 사는 삶이다. 그리고 바로 이런 삶이 이방 땅에서 살아가는 하나님 백성의 모습이다.

보디발의 아내가 유혹할 때 요셉은 그것을 야망을 이룰 좋은 기회로 여기지 않는다. 오히려 하나님에게 죄를 짓지 않겠다며 그 유혹을 거부한다. 요셉은 입술로 신앙을 고백하지 않고 맡은 일에만 최선을 다하면서 살지만, 모든 순간에 하나님 앞에서 살아간다. 세속 일에, 세상 일에 하나님이 계시지 않은 것처럼 충성하여 사는 듯하지만, 누구보다도 더 하나님의 면전에서 살아가는 것이 요셉의 삶이다. 우리는 맡은 일을 열심히 하지만, 늘 하나님을 의지하고 기도하고, 간구하며 살아간다. 사람들은 다른 사람의 눈을 의식하고 살지만, 요셉처럼 하나님을 따르는 그리스도인들은 모든 일에서 우리와 동행하시며 지켜보시는 하나님의 눈을 의식하며 하나님 앞에서 살아가야 한다. '하나님의 임재 앞에서 하나님이 계시지 않은 것처럼 살아가는 삶'이 바로 그리스도인의 삶이다. 사실, 이 멋진 말은 독일 신학자 디트리히 본회퍼가 한 말인데 오늘 요셉을 읽는 우리에게 참으로 의미심장한 말이다.

어느새 기독교는 '종교'가 되었다. 특정한 종교 의식을 통해 기독교인이라는 것을 입증한다. 주일을 지키고, 십일조를 하고, 기도를 하고, 성경을 읽는다. 그러나 오늘 요셉 본문은 우리에게 기독교인임을 종교 의식을 통해 말하지 말고, 일상을 통해 말하라고 한다.

복음의
공공성

총리 요셉: 토지 국유화

마침 요셉이 있던 감옥에 왕의 두 관원이 갇혔고, 요셉은 그들이 한 날 한 시에 꾼 꿈을 잘 풀어주었다. 요셉은 이제 곧 풀려날 관원에게 자기는 무죄함을 이야기하며 감옥에서 나간 후에 자기를 생각해달라고 요청하였다. 그러나 그 관원은 요셉 이야기를 까맣게 잊은 채 꽉 찬 2년을 보냈다. 그 2년 동안 요셉은 몇 배 더 고통스러웠을 것이다. 자신의 모든 선의가 어그러지고 자신의 모든 진지함이 제대로 보상받지 못하는 것 같은 현실이 반복된다. 요셉은 염세주의에 빠지기에 충분했고, 인생을 한탄하기에도 충분했다. 마침내 바로 앞에 서게 될 때 요셉의 나이가 30세였으니, 요셉은 17세에 애굽으로 팔려와서 보디발의 집과 감옥에서 13년이라는 세월을 보냈다. 그 마지막 2년 동안은 자신의 무죄를 확인하러 왕이 보낼 사신을 이제나저제나 하고 기다리며 보냈을 것이다. 참으로 하나님이 함께하시지만 요셉의 삶은 고통스럽다. 요셉의 삶에 하나님이 계시지 않는 것 같다. 하나님은 요셉을 구하는 일에 속도를 내지 않으시며, 눈에 보이는 미래에 복을 내리지 않으시는 것 같다. 이를 일러 시편은 이렇게 이야기한다.

> 그가 한 사람을 앞서 보내셨음이여 요셉이 종으로 팔렸도다. 그의 발은 차꼬를 차고 그의 몸은 쇠사슬에 매였으니 곧 여호와의 말씀이 응할 때까지라. 그의 말씀이 그를 단련하였도다(시 105:17-19).

"여호와의 말씀이 응할 때까지"는 참으로 어려운 표현이다. 하나님이 계시지 않는 것 같은 현실인데, 하나님은 그 현실 가운데 일하고 계시는 때가 있다. 그때까지 요셉의 환난은 계속된다. 속절없이 흘러가는 시간은 하나님이 계시지 않은 것 같은 세상의 전형적인 특징이다. 그리고 하나님과 함께 살아간다는 것은 그 시간을 견뎌내고 이해하고 깨닫는 것이다. 이러한 시간이야말로 하나님과 교회만 존재하는 세상이 아닌, 공공 영역이 지니는 본질적인 특징 가운데 하나다.

요셉의 충성을 생각할 때, 곰곰이 생각해볼 일이 또 하나 있다. 수많은 역경을 거치고, 요셉은 마침내 애굽의 총리가 되었다. 요셉 이야기의 절정은 요셉이 잘 참고 인내하더니 마침내 총리가 되어 성공한 것이 아니다. 힘들고 어려운 처지에서도 열심히 하나님을 의지하고 기도했더니, 하나님이 복을 주셔서 마침내 높이 세우셨다는 것이 전형적인 그리스도인의 성공 스토리이며 세상의 성공 스토리이기도 하다. 그러나 적어도 그리스도인들은 이 이야기를 좀 더 들어야 한다. 진정한 하나님의 역사는 마침내 성공해서 부자가 되고 출세하는 데서 끝나지 않는다. 그 사람이 그 자리에서 그 부를 가지고 한 일에 하나님의 뜻이 있다.

요셉이 총리가 된 것은 요셉 이야기의 시작에 불과하다. 하나님이 요셉을 총리로 삼으신 이유가 있다. 요셉이 총리가 된 것이 하나님의 영광을 드러낸 것이 아니라, 요셉이 총리가 되어서 한 일이 하나님의 뜻을 이루고 하나님을 영화롭게 했다. 하나님이 그리스도인을 세상에서 성공시키신 것이 하나님을 증거한다기보다는 그 사람이 그 성공한 자리에서 한 일이 참으로 하나님을 증거한다. 보디발 집의 노예소년 시절 요셉의 삶은 실패한 삶인가? 보디발 집에서도 요셉은 자기가 맡은 소소한 일을 충성스럽게 성실히 감당함으로써 하나님이 살아계시고 동행하심을 증거했다. 이제는 애굽의 총리로서 맡은 일에 충성을 다함으로써 하나님을 증거할 것이다. 그래서 총리냐 노예소년이냐 하는 것은 하나도

복음의
공공성

중요하지 않다. 그리스도인의 성공은 총리냐 노예냐 하는 것으로 결정되지 않는다. 총리로서 맡은 일을 어떻게 감당했고, 노예로서 맡은 일을 어떻게 감당했느냐 하는 것이 중요할 따름이다. 영향력 있는 위치가 따로 있는 것이 아니다. 영향력 있는 사람이 있을 따름이다.

하나님이 요셉으로 하여금 바로의 꿈을 해석하게 하신 최종 목적은 요셉을 총리로 만드는 것이 아니라, 다가올 재앙을 대비하게 하는 것이었다. 요셉은 풍년 때 거둔 많은 곡식을 잘 모아 두었다. 일곱 해나 풍년이 계속된지라 사방에 곡식이 넘쳐났고, 요셉은 곡식을 착실히 살펴서 끊임없이 모으고 저장하고 쌓아두도록 하였다. 마침내 7년 풍년이 끝나고 7년에 걸쳐 엄청난 흉년이 닥쳐오자, 그동안 요셉이 저장해둔 식량이 굶주림에 허덕이던 수많은 사람들을 살리는 생명줄이 되었다. 구약에서 숫자 7이 상징적으로 쓰임을 기억한다면, 7년 풍년은 아무리 가난한 사람이라도 혜택을 누리는 엄청난 풍년을 의미하고 7년의 흉년은 아무리 부유한 사람이라도 그 앞에 무릎을 꿇을 수밖에 없는 끔찍한 흉년을 의미한다고 볼 수 있다. 물론 개인이 풍년을 지내면서 남는 곡식을 저장해두었겠지만, 개인 차원에서 7년을 대비하기는 쉽지 않은 일이다. 오직 국가 기관만 식량을 대규모로 저장하여 흉년을 대비할 수 있을 텐데, 요셉의 지휘 아래 애굽이 이러한 일들을 했다. 자기가 왜 총리가 되었는지를 분명히 유념한 요셉이었기에 이러한 일들이 가능하였다. 요셉은 당연히 많이 기도하고 하나님을 의뢰하며 이 모든 일들을 처리했을 것이다. 일단 성공하고 일단 높은 자리에 가고 일단 출세한 다음에, 허망한 삶을 살아서 세상의 비웃음을 샀던 그리스도인이 한국의 짧은 근현대사에도 얼마나 많은가.

요셉의 충성과 열심은 여기에서 그치지 않는다. 이에 관한 말씀이 창세기 47장에 잘 나타난다. 국가가 아마도 싼 값에 곡식을 팔았겠지만, 7년은 결코 짧은 기간이 아니었고, 마침내 애굽인들에게는 곡식 살 돈이 더는 없었다. 땅과 몸뚱이밖에는 남은 것이 없었다. 결국 애굽인들은 자기 땅과 몸까지 바로에게 팔아서 곡식을 얻었고, 그렇게 해서 긴긴 흉년을 견뎌냈다. 요셉은 7년 흉년을 통해서 결국 애굽 전체 토지를 국유화하고, 애굽인 전체를 국가의 종으로 삼아버렸다. 어떻게 보면 요셉은 자유롭던 애굽인들을 모두 왕의 노예로 만들어버렸고 철저히 왕과 제국의 이익을 위해 일한 사람으로 보인다. 그래서 이 본문은 요셉이 어떻게 제국을 위해 일하는 사람으로 변질해갔는지를 보여준다고 할 수도 있다. 그러나 이러한 이해는 적어도 창세기에서 요셉을 다루는 방식과는 일치하지 않는다. 요셉을 그렇게 볼 수 있다 해도 그러한 해석은 창세기가 그리는 요셉과는 차이가 있다.

성경을 꼼꼼히 읽어보면, 애굽인들이 국가의 종이 되었다는 것은 이제 국유지가 된 땅을 국가에서 빌려서 부치는 일종의 소작인이 되었다는 의미다. 빌리는 대신 지대 형식으로 수확의 20퍼센트를 국가에 바쳐야 했다. 자유인이 종이 되었다니 표면적으로는 비참해진 것 같지만, 왕과 제사장을 제외한 애굽 모든 이가 왕의 종이 된 것이니 실제로는 애굽에 가득하던 온갖 불평등이 사라져버린 것이다. 그리고 소작료 비율 20퍼센트는 상당히 파격적인 조건이다. 실제로 조선시대에는 수확의 3분의 1이나 절반을 지주에게 내야 했다. 이를 고려할 때, 거의 2천여 년 전에 수확의 5분의 1을 내는 소작료는 애굽인들에게 결코 부담이나 억압이 아니라 오히려 기쁜 소식이었을 것이다. 어느 사회건 빈부격차가 심각하며, 가난은 가난을 낳고, 부는 부를 낳는 경우가 허다한데, 7년 흉년을 통해 사실상 모든 애굽 국민이 평등해지고 모두 국가의 땅을 부치는 이가 되고, 동일하게 20퍼센트의 소작료를 내는 사회가 되었다. 무엇보다도 아무든지 토지를 경작할 씨를 얻을 수 있었고, 일정한 지대만 내면 된다는 점에서, 애굽에서 토지는 더는 소유가 아니라 경작에 의미가 있게 되었다.

이러한 요셉의 정책은 아마도 요셉의 신앙에서 비롯된 것으로 보인다. 성경은 요셉이 그런 제도를 시행한 이유를 설명하지 않는다. 총리가 된 요셉의 발언에서 하나님에 대한 신앙 고백을 전혀 찾아볼 수 없다. 그러나 요셉의 정책은 근본적으로 레위기 25장이 이야기하는 희년 토지법과 통하는 바가 있다.

> 토지를 영구히 팔지 말 것은 토지는 다 내 것임이라. 너희는 거류민이요 동거하는 자로서 나와 함께 있느니라(레 25:23).

땅은 사사로이 소유하는 것이 아니라 맡은 동안 경작하는 곳이다. 이스라엘이 내는 십일조는 자신의 땅에서 거둔 수확물 가운데 드린다는 점에서, 일종의 지대라고 할 수 있다. 그런 점에서도 요셉이 이룬 토지법은 희년 제도와 통하는 바가 있다. 이스라엘은 하나님의 명령으로 이러한 토지법을 실행하도록 촉구 받았지만, 애굽은 흉년을 이겨내는 가운데 요셉의 의도적인 정책으로 이러한 레위기의 말씀을 실행하게 되었다.

사람들이 토지를 사유화하면서 문제가 생긴다. 땅은 가만히 있는 것이고 아무 가치도 내지 않지만, 인간이 경작할 때 가치를 생산한다. 어느 지역의 땅값이 비싼 이유는 그 땅이 특별해서라기보다는 그곳에 사람들이 모여 살게 되고 개발되면서 덩달아 가만히 있던 땅값이 상승

한 것이다. 오직 땅 주인이라는 이유만으로 떼돈을 버는 것은 그런 면에서 불로소득이며, 다른 사람들과 함께 이룬 이득을 독차지하는 것밖에 되지 않는다. 홍대 인근은 땅값이 무척 비싸고 건물 임대료도 어마어마하다. 홍대 인근이 그렇게 특별한 곳이 되게 한 주체는, 그곳에서 새로운 문화를 만들어간 예술인들과 인디 밴드, 스타일이 독특한 자그마한 카페들이었지만, 일단 그곳이 유명해지고 사람들이 몰려들자 가만히 돈을 버는 사람은 그 땅과 건물을 소유한 건물주들이었다. 건물주들은 아무런 노력도 수고도 하지 않은 채 막대한 임대료 수입을 올리는 것이다. 노동이 가치를 만들어내건만, 그 가치는 대부분 건물주가 차지하는 상황이 발생한 것이다. 이런 세상에서 당연히 사람들의 꿈은 돈을 벌어 건물주가 되는 것이다. 노동하며 살아가는 것이 아니라 건물 하나 마련하는 것을 바라는 것이다.

이것이 반복되면 사회적 불평등과 빈부격차가 심해진다. 예나 지금이나 사회 구성원 일부가 땅을 잔뜩 지니는 것과 그 사회의 불의가 심해지는 것은 늘 관련이 있다. 그 점에서 모든 사유지를 국유화한 요셉의 정책은 토지의 사유화와 독점에서 생기는 불로소득을 막는 것이며, 사회의 불평등과 구조화를 막는 것이며, 요셉 신앙의 결론이었으리라.

요셉 이야기는 그래서 요셉이 총리가 된 것에서 끝나지 않는다. 총리가 된 요셉이 애굽인에게 흉년을 대비시키며, 흉년을 이겨 내게 하며, 애굽에 있는 불평등한 모습을 제하고, 하나님 보시기에 좋고 의로운 토지제도를 이루는 정책과 노력과 충성에서 요셉 이야기의 진정한 국면이 나타난다. 요셉은 사사로운 신앙인이 아니라 공적 영역에서 열심히 일하는 신앙인이다. 보디발의 종일 때나, 감옥의 죄수일 때나 공적 영역에서 충성스럽게 살아간다. 하나님을 직접 언급하지는 않지만, 하나님 앞에서 하나님의 일을 행한다. 그런 면에서 공적 영역은 하나님 없이 하나님과 함께 살아가는 것을 적나라하게 드러내는 영역이다.

이를 생각하면, 기존에 그리스도인을 청지기라고 일컫는 견해에 수정이 다소 필요하다. 청지기라는 호칭은 공적 영역을 고려하지 않기 때문이다. 청지기는 자신이 맡은 일을 열심히 감당하는 개인을 전제로 한다. 그런데 이 청지기는 공적 영역에서 살아간다. 청지기는 자기가 속한 종교 집단의 일원이면서 동시에 종교와는 무관한 공적 영역의 일원이기도 하다. 하나님이 세우신 청지기로 살아간다는 것은 그러한 공적 영역에서 살아간다는 의미다. 청지기라면 공적 영역의 유익을 구하고 자신의 충성을 통해 많은 사람의 유익을 구해야 한다. 개인으로서 맡은 일에 최선을 다하되, 그 일이 전쟁 무기 개발이나 독재 정권의 하수인과 같은 것이라면, 최선을 다할수록 악은 더 커진다. 그러므로 단순한 '청지기' 삶으로는 충분하지 않다. 하나님이 세우신 청지기로 살아가는 것은 반드시 공적 유익, 공공의 유익을 돌아보는 것을 포함해야 한다. 그렇지 않으면 '부지런하고 성실한 나치의 관리' 혹은 '일제강점기의 인격적이고 부지런하며 검소한 일본 고등계 형사'와 같은 참담한 역설을 다룰 수가 없다. 요셉이 애굽 관리로서 토지 정책에 대한 일을 처리했지만, 애굽의 강한 힘으로 다른 나라를 침략한 것이 창세기에 전혀 나오지 않는 것이 그저 우연은 아닐 것이다.

하나님 일과 세상 일의 경계는 무엇일까? 믿음으로 기도하며 행할 때 우리의 일은 하나님 일이 된다. 그러나 아무리 교회에서 하는 일이라도 믿음으로 하나님을 의지하며 행하는 일이 아니라면 그것은 세상 일이 되고 만다. 하나님의 일이 따로 있는 것이 아니라, 그 일을 하는 사람의 믿음에 따라 하나님 일이냐 세상 일이냐 하는 것이 결정된다.

만민의 생명을 구원하게 하시려

창세기의 주제는 무엇일까? 요셉 이야기가 창세기의 절정이라고 볼 수 있다. 요셉의 말은 이 점을 잘 보여준다.

> 당신들이 나를 이곳에 팔았다고 해서 근심하지 마소서. 한탄하지 마소서. 하나님이 생명을 구원하시려고 나를 당신들보다 먼저 보내셨나이다. … 그런즉 나를 이리로 보낸 이는 당신들이 아니요 하나님이시라. 하나님이 나를 바로에게 아버지로 삼으시고 그 온 집의 주로 삼으시며 애굽 온 땅의 통치자로 삼으셨나이다(창 45:5, 8).

> 당신들은 나를 해하려 하였으나 하나님은 그것을 선으로 바꾸사 오늘과 같이 많은 백성의 생명을 구원하게 하시려 하셨나니(창 50:20).

요셉이 깨달은 삶의 목적은 무엇인가? 그것은 하나님이 자기를 통해 만민의 생명을 구원하기를 원하셨다는 것이다. 자기가 형들에게 미움 받아 애굽에 팔려가고, 누명을 쓰고 그토록 고초를 겪은 것이 만민의 생명을 구원하기 위한 하나님의 계획이었다는 것이다. 요셉이 한 일은 무엇인가? 흉년을 겪으며 굶어죽을 처지에 있던 사람들을 살린 것이다. 좁은 의미의 '영혼' 혹은 '영적인 생명'을 살린 것이 아니다. 육적인 생명, 굶어죽을 사람들을 살린 것이다. 이것이 요셉의 사명이다. 이 '천하만민'에는 아브라함의 자손만 들어 있지 않다. 애굽인도 들어 있고, 애굽땅에 곡식을 사러온 이방민족들도 들어 있다. 즉, 요셉의 고난에는 '공적 사명'이 있었다. 하나님 백성의 고난에는 그로 말미암아 세상 모

복음의

공공성

든 사람들을 살리고 유익되게 하는 공적 뜻이 있다.

    요셉은 삶의 순간순간에 이러한 하나님의 뜻을 깨달았다. 그렇기에 노예소년일 때도 작은 일에 충성을 다하였다. 보디발의 집안 총무일 때도, 감옥의 죄수일 때도, 나아가 크게 출세해서 애굽의 총리가 되었을 때도, 주변 사람들을 살리고 복되게 하는 데 힘썼다. 요셉의 충성과 헌신을 통해 천하 만민이 살아났고, 더 나아가 이렇게 살아난 사람들을 통해 하나님의 구원 역사가 이어진다. 그러므로 창세기는 아브라함의 후손 이야기라기보다는 천하 만민을 향한 하나님의 관심과 사랑 이야기다. 천하 만민을 구원하는 데 있어서 요셉의 역할, 즉 온 세상을 향한 하나님의 구원에 있어서 그리스도인의 역할에 관한 좋은 예가 바로 창세기요, 요셉 이야기다.

    표현이 어색할 수 있지만, 우리는 세상에서 하나님을 말하기보다는 우리가 하나님 앞에 늘 있음을 기억하면서, 하나님과 더불어 살아가자. 개인의 골방에서 기도하고 성경을 보되, 직장이나 학교나 어디에서나 세상 일을 하면서 내가 하는 모든 일이 하나님의 일임을 믿으면서 살아갈 때, 우리를 통해 공공의 많은 사람들에게 좋은 일이 일어나고 복이 임하게 되기를. 우리가 마치 하나님이 계시지 않은 것처럼, 하나님의 면전에서 살아가는 그리스도인이 되기를.

03
거룩한 삶

애굽에서 히브리 노예들을 불러내시어 자유롭게 하신 하나님은 그들과 언약을 맺으시고 그들에게 하나님의 율법을 주셨다. 앞에서도 이미 언급하였지만, 하나님은 이스라엘 공동체를 향해 율법을 주셨으며, 그 율법은 애굽과 가나안의 풍습이 아닌, 여호와의 명령을 기반으로 한 새로운 세상, 다른 세상을 향한 가르침이다. 여호와의 율법은 시내 산에서 선포되었는데, 시내 산과 관련된 부분은 오경에서 가장 중심에 있으면서 가장 많은 분량을 차지한다(출 19:1-민 10:10). 시내 산에서 선포된 하나님의 말씀을 따를 때, 이스라엘은 '거룩한 백성'이 될 것이다(출 19:6). 시내 산 율법의 한가운데 놓인 레위기는 이러한 '거룩한 삶'을 집중해서 다룬다.

레위기의 전반부(1-16장)는 거룩하신 하나님에게 나아가는 제사를 다루고, 후반부(17-27장)는 일상에서 거룩한 삶을 살아가는 방법을 다룬다. 이 가운데서도 레위기 19장은 거룩한 삶을 살아가라고 명시적으로 명령하는 구절을 첫머리에 제시한다는 점에서 레위기의 핵심 본문이라 할 수 있다.

레위기의 모든 장이 특정한 주제와 그 주제와 관련 있는 내용을 일관되게 서술하지만, 레위기 19장은 예외다. 19장에는 농사부터 제사까지, 안식일을 지키고 부모를 경외하는 것부터 나그네와 장애인들을 대하는 것에 이르기까지 그야말로 삶의 매우 다양한 영역과 연관된 규례들이 가득하다. 그렇지만 세부 사항으로 보이는 규정들에 앞서서 제시하는 2절이 19장 전체를 관통하는 주제라고 볼 수 있다.

> 너희는 거룩하라. 이는 나 여호와 너희 하나님이 거룩함이니라(레 19:2).

복수형 '너희'를 향해 명령하신다는 점에서, 하나님의 말씀은 온 이스라엘을 하나님 앞에 세운다. 하나님이 명하시는 거룩함은 한 사람 한 사람의 거룩한 삶이면서, 동시에 하나님 앞에 선 이스라엘 전체의 거룩함이기도 하다. 그것은 하나님이 이스라엘을 불러내사 '제사장 나라, 거룩한 백성'이 되게 하시겠다는 뜻과도 통한다(출 19:6). 그러므로 이러한 명령은 공동체 전체에 순종과 변화를 요구하며, 거룩한 삶은 공동체 전체가 구현해야 하는 삶임을 보여준다. 레위기 전체에서 '이스라엘 자손의 온 회중'이라는 표현이 회중 전체를 위한 속죄제를 규정하는 레위기 4장 13절과 이곳에서만 나온다는 점에서도, 이 명령이 공동체 차원의 명령임을 알 수 있다. 그리고 거룩함이 흔히 생각하듯 제사나 우상숭배 거부 같은 좁은 의미의 '종교' 영역 혹은 '수직 차원'에 포괄될 수 있는 것이 아니라 삶의 모든 영역에 나타나야 하는 것임을 레위기 19장이 명확히 보여준다.

앞서 여러 번 언급하였지만, 규례의 차원이 공동체적이라는 것은 규례의 실천이 공동체 전체에 영향을 미치고, 새롭고 다른 삶을 살아가는 공동체의 모습으로 나타난다는 의미다. 완벽한 개인에 목표가 있는 것이 아니라, 함께 살아가는 세상에 목표가 있다. 함께 살아가는 세상을 지향하는 한, 그 규례는 개인 영역에 머물지 않고 이웃 관계에 영향을 미친다. 홀로 행하는 것이 아니라 함께 행해야 한다. 그 점에서 규례에는 근본적으로 '공적' 성격이 있다.

'거룩함'을 적용할 수 있는 근본적이고 근원적인 대상은 오직 하나님뿐이다. 하나님의 거룩하심은 그분의 크고 높고 영원하심(시 99:3; 111:9; 사 57:15; 합 1:12), 유일하심(삼상 2:2)과 같은 의미로 쓰인다. 그렇기에 하나님은 죄와 불의와 함께 거하실 수 없다(레 11:44; 수 24:19; 겔 39:7). 사람이나 사물은 거룩하신 하나님을 위해 따로 떼어놓은 경우에 거룩해진다(출 29:31; 레 21:7; 민 5:17; 왕하 4:9; 대하 35:3; 욥 5:1; 겔 42:13 등). 거룩하신 하나님이 그분 백성에게 거룩함을 명령하신다는 것은 그분 백성이 다른 백성과 구별되어야 한다는 의미다. 거룩함은 구체적으로 하나님의 규례와 명령에 따라 살아가는 삶이다(레 11:44-45; 19:2; 20:26; 21:8). 지존하시며 유일하신 하나님을 '거룩하다' 칭송한다는 점에서, 이스라엘이 거룩하게 살아간다는 것은 이스라엘이 열방과는 다르게 살아간다는 것이다. 거룩한 삶은 여호와의 규례에 따르는 '다른' 삶이다.

하나님의 거룩하심은 자명하고 당연한 사실로 보이는데, 레위기 19장 2절이 하나님의 거룩하심을 사람의 거룩함의 근거로 제시한다는 것은 놀랍다. 거룩한 삶을 살라는 명령이, 거룩하게 살고자 하지만 거룩하게 살지 못하는 우리의 뿌리 깊은 죄성을 나타내는 역할을 하는 말씀이 아니라는 것이다. 거룩하라는 명령은 실제로 우리가 따를 수 있고, 따라야 하는 말씀이라는 뜻이다. 성경 기자들은 하나님의 거룩하심을 찬양할 때 단순히 하나님의 성품이나 원칙을 기리는 것이 아니라 하나님이 이스라엘과 세상에 행하신 일을 들어 찬양한다(시 111:9; 사 5:16; 호

11:9; 합 1:12). 이것을 볼 때 거룩함은 단지 어떤 성품이나 추상적 원칙이라기보다는 하나님이 역사 가운데서 행하시는 일과 방식을 통해 드러나는 것이다. 그러므로 이스라엘은 하나님이 사람을 어떻게 대하시는지를 보면서 서로 상대방을 어떻게 대해야 하는지를 배운다.

현재 우리가 가지고 있는 오경의 틀에서 레위기는 출애굽 초기인 시내 산에 머물던 시기에 받았다. 이스라엘은 하나님 백성의 삶으로 이제 갓 부름 받은 것이다. 그런데도 이스라엘의 하나님은 그분 백성에게 하나님을 닮은 거룩한 삶을 살라고 명령하신다. 이제 새로운 길을 처음으로 걸어가는 이스라엘에게 수련의 길을 단계적으로 보이면서 한 단계씩 나아가게 하시기보다는, 처음부터 이스라엘이 목표하고 추구할 가장 근원적이고 근본적인 명령을 내리신다. 이것은 갈릴리 바닷가에서 제자들을 부르신 주님이 첫 제자들에게 "하늘에 계신 너희 아버지의 온전하심과 같이 너희도 온전하라"(마 5:48) 명령하신 것에 비견할 수 있다.

사람의 존엄함은 앞에서도 여러 번 다루었다. 사람은 하나님의 형상대로 지음 받은 존재며 죄를 다스리도록 부름 받은 존재다. 또 정의와 공의를 행하도록 부름 받은 존재기도 하다. 이상에 열거한 내용은 모두 하나님을 본받는 삶을 가리킨다. 이스라엘은 하나님의 특징이나 행하심을 본받고 행하라고 부름 받았다. 거룩함 역시, 하나님이 거룩하시니 이스라엘도 거룩하라고 명령하신다는 점에서 맥을 같이한다. 그러므로 이스라엘의 존엄함은 하나님을 본받는 자라는 데 본질이 있다. 사자보다 약하고 곰보다 힘이 없으며 표범보다 느리되, 사람은 하나님의 정의와 공의, 하나님의 거룩하심, 하나님의 형상대로 지음 받은 존재다.

현재 우리에게 있는 출애굽기와 오경의 배열에 따르면, 하나님은 이러한 거룩함을 출애굽한 지 수십 수백 년이 흐른 다음에 명령하시지 않았다. 출애굽 직후에 명령하셨다. 아마도 이스라엘 백성은 애굽에서 50-100년 정도 노예로 살았을 것이다. 수십 년에 이르는 노예 생활은 사람의 마음과 행동에 짙은 흔적을 남기기 마련이다. 광야 시절 이스라엘이 계속 불평한 것은 노예 생활의 흔적, 달리 말해 노예근성에서 비롯된 것일 수도 있다. 이스라엘 백성은 애굽 땅 고기 가마 곁에 앉아 있던 때와 떡을 배불리 먹던 때를 그리워한다(출 16:3). 고기가 먹고 싶어지자 애굽에 살던 시절 값없이 생선과 오이와 참외와 부추와 파와 마늘을 먹은 것을 기억하며 만나를 불평한다(민 11:4-6). 그들이 값없이 생선과 오이를 먹은 것이 아니라 노예였기 때문에 그리 먹은 것이다. 고기 가마 곁에 앉아 고기를 먹고 떡을 먹은 것 역시 노예였기 때문이다. 그러나 백성은 그 사실은 까맣게 잊고 먹던 고기와 떡, 생선과 오이, 부추와 참외를 그리워한다. 자유민이 되어 새로운 땅으로 옮기지만 노예 시절의 떡과 고기가 더 그리웠으니, 이것이야말로 노예근성이다. 이렇게 단단히 노예근성이 존재하는 이스라엘에게 하나님은 하나님의 거룩하심을 본받는 거룩한 삶을 명령하신다. 그렇기에 이 거룩 명령은 하나님이 이스라엘을 참으로 존귀하게 대하신다는 것을 보여준다. 하나님은 이스라엘의 노예근성부터 처리하시고 다음에 거룩 명령을 하시는 식으로 교육을 단계적으로 진행하지 않으시고 처음부터 그들을 하나님의 거룩하심을 본받는 삶으로 부르신다. 노예근성을 진정 이겨내는 싸움은 거룩함을 행하는 삶으로 한 걸음씩 나아가는 것이다.

복음의

공공성

거룩한 삶의 내용

레위기 19장은 내용상 두 부분으로 나뉜다. 19절에 "너희는 내 규례를 지킬지어다" 하는 구절이 있고, 마지막 37절에 "너희는 내 모든 규례와 내 모든 법도를 지켜 행하라" 하는 구절이 있어서 1-18절과 19-37절로 나눌 수 있다. 앞서 언급했듯이, 거룩한 삶의 본질은 하나님이 명령하시는 규례를 따라 살아가는 삶이다. 이 점은 아담과 하와가 하나님의 명령을 어기고 자기 욕망을 따라 살아간 것과 대응된다. 하나님은 끊임없이 그분 백성을 새로운 삶으로 초대하신다. 새로운 삶으로 초대하시는 것 자체가 사람을 향한 하나님의 은혜다.

하나님이 우리를 거룩한 삶으로 부르시는 내용은 십계명으로 시작한다(3-4절). 십계명은 사람을 향한 하나님의 계명을 대표한다. 그런데 주목할 것은 십계명 첫머리에 부모 경외와 안식일 준수가 있다는 점이다. 오히려 우상을 만들거나 경배하지 말라는 명령은 그 다음에 있다. 부모 경외와 안식일 준수는 19장 뒷부분인 30절과 32절에도 나온다는 점에서 19장에서 일종의 틀을 이룬다. 여기서 '부모'는 약하고 나이든 부모인데, 19장은 부모를 경외하라 명령한다. 또 출애굽기 20장의 십계명과 신명기 5장의 십계명에 따르면 안식일은 자기도 쉬고 자기 가족과 종, 가축까지도 쉬는 날이다. 그런 점에서 부모 경외와 안식일 준수는 약자에 대한 배려이며, 함께 쉬며 살아가는 삶이 거룩한 삶의 핵심에 있음을 또렷이 보여준다. 모든 사람은 나이가 들게 되고, 쉬지 않는 노동은 사람을 지치고 곤고하게 한다는 점에서, 거룩한 삶은 단순히 지켜야 하는 부담과 의무라기보다는 모든 이가 자유와 평화를 누리게 하는 은혜다. 이스라엘이 거룩한 삶을 살아갈 때, 그 공동체는 안전하며 불안하지 않으며 언제 어떤 처지가 되더라도 두려움 없이 살아갈 수 있다. 그렇기에 이렇게 계명을 지킬 때 하나님은 "내가 그 땅에 평화를 줄 것인즉 너희가 누울 때 너희를 두렵게 할 자가 없을 것"(레 26:6)이라 말씀하신다.

레위기 19장의 다양한 규례에는 제사나 제사법과 연관 있는 것들도 많지만, 십계명 첫머리 부분에서 보듯, 함께 살아가는 세상을 향한 말씀에 중점이 있다. 그리고 그렇게 함께 살아가는 세상을 향한 규례에는 가난하고 약한 이웃에 대한 배려와 섬김이라는 공통점이 있다. 하나님이 이르시는 말씀에는 처음부터 공적 성격이 있다고 반복적으로 언급하였는데, '공적 규례'의 본질은 가난하고 고통 받는 이들의 삶을 든든히 지켜내고 지탱하는 것이다. 그런 면에서 볼 때 우리가 아직 죄인이었을 때 우리를 사랑하신 주님의 은혜는 지극히 공적이다. 주님의 은혜는 사사로운 인연도, 사사로운 관계도 없이 모든 사람을 향해 열린 은혜기 때문이며, 세상에서 힘이 있다 하는 것이 오히려 주님의 은혜를 전적으로 받아들이는 데 걸림이 되기 때문이다.

연약한 이웃을 바르게 대하는 거룩함에 대한 말씀은 레위기 19장 곳곳에 등장한다. 이 말씀의 배경이 고대 이스라엘에서 중요했을 노동 현장이라는 점은 특히 주목할 만하다. 이 말씀에는 농사 현장(9-10절), 품삯 노동 현장(13절), 재판 현장(15절), 시장터(35-36절)가 들어 있다. 그리고 아마 이 모든 현장과 관련 있었을 외국인과 관계에 대한 말씀(33-34절)도 여기에 포함될 것이다.

모퉁이 남기기

화목제 규례에 바로 이어서 수확 시에 남겨 놓을 것에 대한 규례가 나오는 까닭은 무엇일까? 화목제는 제물이 남아도 삼 일째에는 먹을 수 없다. 그래서 신명기에도 나오듯이 화목제는 자연스레 자기들만 먹는 것이 아니라 노비와 성중의 가난한 레위인들을 불러 함께 나누는 잔치가 된다(신 12:11-12). 이것을 생각하면 화목제 제물을 정해진 기한 안에 먹을 것에 대한 규례와, 수확할 때 가난한 이웃을 위해 이삭이나 열매를 남겨 놓을 것을 명령하는 규례는 서로 통하는 부분이 있다.

추수할 때 이스라엘 백성은 밭의 모퉁이는 수확하지 않고 남겨야 한다(레 19:9-10). 이 모퉁이 크기가 어느 정도인지는 본문에서 명시하지 않는다. 《미쉬나》의 경우 최소한 밭의 60분의 1이어야 한다고 제안하지만, 이 역시 수확량, 소유자의 재산 정도, 가난한 자의 필요 정도에 따라 달라질 수 있음도 덧붙인다.[2] 밭 전체가 당연히 소유자에게 하나님이 주신 기업이기에 소유자가 다 수확하는 것이 타당하지만, 하나님은 이스라엘 백성에게 모퉁이를 남겨두라고 하신다. 이론적으로 모든 이스라엘 백성이 각자 기업이 있지만, 이 본문은 현실적으로 사정상 기업을 상실한 이들이 있음을 전제로 한다. 그리고 이 본문은 이스라엘 땅에 몸 붙이고 살아가던 거류민들도 당연히 농사짓거나 수확할 땅이 없다는 점도 고려한다. 그래서 자유민 이스라엘은 자기 기업인 땅에도 이들을 위한 몫을 남겨야 한다. 얼마나 남길지에 대한 고려에 가난한 이들의 필요를 포함하는 《미쉬나》의 언급도 특이하다. 지극히 당연한 자기 재산권 행사가 가난한 이웃의 필요에 따라 제약을 받는 셈이다. 그래서 하나님이 주신 기업에 대한 권리와 가난한 이웃에 대한 배려가 동시에 존재한다.

이를 생각하면 구약성경이 사유재산제도를 지지한다고 여기는 주장들은 여러 면에서 제약이 있다. 이러한 말을 들으면 다른 이의 재산도 자기 것으로 생각할 수 있다. 그러나 이 말씀은 남의 것이 내 것이라는 의미가 아니라 내 것을 남의 것으로 남겨두라는 의미임에 유의해야 한다. 사도행전은 초대교회 공동체가 자기 재산을 모두 내놓는 유무상통 공동체임을 보여준다. 일부를 드리면서 전부를 드린다 하며 공동체를 속이려고 한 아나니아에게 베드로는 "땅이 그대로 있을 때에는 네 땅이 아니며 판 후에도 네 마음대로 할 수가 없더냐"(행 5:4) 하고 지적한다. 여기서 베드로가 아나니아의 사적 소유를 분명하게 인정한 것을 볼 수 있다. 다른 사람의 사적인 소유를 자기 것이라 여기는 것은 부당하다. 내 소유여야 다른 사람에게 나눠줄 수 있다. 하나님한테 예물 드릴 때도 내 가축 중에서 드렸다. 내 것을 분명히 할 때 내 것으로 하나님한테 예물을 드릴 수 있으며, 내 것을 이웃을 위해 남겨둘 수 있다는 데 사유재산의 중요성이 있다. 사유재산의 존재는 내 것과 남의 것 사이에 금을 긋고 내 것은 나만 쓴 다는 점을 강조하지 않고, 내 것으로 하나님을 섬기고 남을 섬겨야 한다는 점을 강조한다.

　　이러한 규례들은 이스라엘을 존재하게 하고 살아가게 하는 것이 수확물이 아니라 여호와 하나님임을 분명히 하는 것이기도 하다. 거룩함은 신앙 고백보다는 모퉁이 남기기를 통해 표현된다. 그런데 그 모퉁이를 남길 수 있게 하는 것은 다름 아닌 하나님에 대한 신앙이다. 하나님만 우리 삶을 주관하시며 지탱하시는 분임을 믿을 때 우리는 밭의 모퉁이를 남길 수 있고, 그러한 믿음을 근거로 할 때 남길 모퉁이가 더 커지기도 한다. 삭개오가 예수님을 만났을 때 자기 재산의 절반을 가난한 자에게 나누어주겠다고 말한 것도 믿음으로 인해 '모퉁이'가 커진 것으로 풀이할 수 있다(눅 19:8). 오순절 공동체가 자기 재산을 전부 팔아서 드린 것도, 그들이 성령 강림에 대한 응답으로 자기 재산 전체를 '모퉁이'로 여기게 되었다고 이해할 수도 있다(행 2:45; 4:34-35).

아울러 가난한 이웃에 대한 배려를 하나님 명령의 형태로 담아서 일종의 제도와 틀로 만든 점도 주목할 만하다. 레위기 19장과 내용이 비슷하지만, 신명기 24장 19-22절은 땅 소유자의 관대함과 자선에 호소하는 것으로 보인다.[3] 그러나 자선에 대한 호소와 제도의 정비가 확연하게 구별된다고 보기는 어렵다. 흘린 것을 줍지 않는 것을 제도로 완비했어도, 땅 소유자가 마음만 먹는다면 거의 흘리지 않고 수확하는 것도 가능하기 때문이다. 그런 점에서 신명기 법과 레위기 법의 차이를 자선과 제도로 확정하는 것은 다소 무리가 있다. 그렇지만 가난한 이웃을 배려하는 것을 개인의 양심에 맡기기보다는 제도와 구조를 통해 확립하는 레위기 율법의 특성을 충분히 음미하는 것은 중요하다. 레위기 19장 본문은 땅 소유자가 자신이 도울 가난한 이를 선택하지 않는다. 마땅한 의무로 한 모퉁이를 남겨 두고, 마땅한 의무로 흘린 것을 다 줍지 않는다. 여호와께서 우리를 살게 하시는 분이요, 우리 역시 나그네였음을 고백하는 경건한 신앙을 이러한 사회 제도와 입법을 통해 구현한다. 그리고 이러한 제도야말로 여호와 앞에서 살아가는 '거룩함'이다. 가난한 이웃에 대한 사회적 책임이라는, 세속적인 것 같은 개념을 가장 종교적인 단어인 '거룩함'으로 표현한다.

이러한 거룩함은 내가 베푼 자선으로 어느 사람이 혜택을 입는지 분명히 드러나지 않는다는 점에서 더 의미 깊다. 사람들이 기꺼이 자기 것으로 남을 도울 때도 있다. 그럴 경우에도 직접 자기 힘으로 자기가 남을 돕기를 원한다. 그런데 밭의 한 모퉁이를 남겨두는 것이나 흘린 것을 다시 주지 않는 것은, 내 선한 마음과 순종으로 불특정한 사람에게 혜택이 간다는 점에서 드러나는 자선이 아니다. 이 땅에서 행하는 구제는 천국에 상급을 쌓는 것이라는 전통적인 가르침과 더불어, 그리스도인이 자기 몫을 전부 다 차지한 후에, 자기 것을 나누겠다고 하는 경향이 종종 보인다. 아예 처음부터 골고루 분배하기보다는 일단 내가 다 차지하고 나서 내 것을 나눈다는 말이다. 그러면 내가 한 구제가 천국에 상급으로 쌓인다는 것이다. 그러나 레위기에서 말하는 거룩한 삶은 내 자신의 자선보다는 사회 경제적인 틀, 법적인 틀을 만드는 데 관심이 있고, 내 자신의 자선보다는 서로 안정적으로 보호하는 구조에 관심이 있다. 가난한 이들을 돕는 것을 자선이 아니라 제도와 틀을 통해 보장할 때, 내가 낸 세금과 기부금으로 어느 사람이 도움을 받는지 알 수 없다는 점에서, 사회보장제도는 "오른손이 하는 일을 왼손이 모르게 하라"(마 6:3-4)는 말씀을 구체적으로 실현하는 것이다. 은밀한 중에 보시는 하나님이 반드시 그 나눔을 갚아주실 것이다.

그리고 이렇게 도움을 받는 대상 중에 외국인도 있다는 점에서, 모퉁이 남기기 명령은 율법이 지닌 공적 특징을 잘 보여준다. 율법의 공적 특징은 이와 같은 구조 변화를 통해서 더욱 구체화된다. 제대로 된 구조는 개인의 자선보다는 덜 드러난다. 그러나 제대로 된 구조는 개인의 자선보다 훨씬 더 큰 일을 할 수 있다. 그 점에서 개인의 구제와 천국의 상급에 대한 기존 견해는 수정되어야 한다.

포도원에 대해서도 동일한 원리가 적용된다. 포도 수확을 할 때 모조리 수확해서는 안 되며 수확 도중에 땅에 떨어진 것을 주워도 안 된다. 남거나 떨어진 포도는 모두 포도원을 소유하지 못한 가난한 이들과 거류민들을 위한 것이다.

9절과 10절은 모두 목적어가 먼저 나오고 동사가 뒤에 나온다. 이 목적어 중에 밭의 모퉁이, 떨어진 이삭, 포도원, 포도원의 떨어진 열매, 가난한 사람과 거류민이 있다. 이것을 보면 가난한 사람과 거류민에게 돌아가는 몫이 명확하다. 이들은 농사지을 땅이 없는 사람들이고, 땅과 포도원은 이미 따로 주인이 있지만, 땅과 포도원 모퉁이는 주인의 것이 아니라 가난한 사람과 거류민의 것이다. 땅과 포도원을 지닌 사람들에게 경제적으로 손실일 수 있지만, 10절의 마지막에 붙어 있는 "나는 너희의 하나님 여호와이니라" 하는 선언은 이스라엘이 무엇으로 사는지, 어느 분 앞에서 살아가는지를 확인해준다.

억압과 착취

19장 13절은 이웃에 대한 '억압'과 '착취'를 다룬다. 그저 '이웃'으로 표현하지만, 이어지는 말로 미루어볼 때, 이 '이웃'은 자기보다 훨씬 가난하고 연약한 이웃이다. 이 이웃을 표현하는 말로 '품꾼'을 언급한다. '품꾼'은 경제적으로 곤궁하게 되어 다른 집에 노동을 제공하고 삯을 받는 사람이다. 이스라엘 가운데 살던 거류민들이 품꾼이 되는 경우도 있었고, 이스라엘 백성이 가난해져서 품꾼이 되는 경우도 있었다. 품꾼은 전적으로 경제적인 곤경 때문에 생긴다. 품꾼을 올바르게 대하라는 언급은 구약 여러 곳에 나온다. 다음은 신명기의 한 구절이다.

> 곤궁하고 빈한한 품꾼은 너희 형제든지 네 땅 성문 안에 우거하는 객이든지 그를 **학대하지 말며** 그 품삯을 당일에 주고 해 진 후까지 미루지 말

라. 이는 그가 가난하므로 **그 품삯을 간절히 바람이라.** 그가 너를 여호와께 호소하지 않게 하라. 그렇지 않으면 그것이 네게 죄가 될 것임이라(신 24:14-15).

레위기에서 "억압하지 말라"로 번역한 구절을 여기에서는 "학대하지 말라"로 옮겼다. 같은 이스라엘 백성이든지, 아니면 그 땅에 사는 나그네이든지, 경제적인 필요 때문에 품꾼이 된 사람이 있다. 그 품꾼을 억압하거나 학대하지 않는 것은 무엇보다도 제날짜에 노동의 대가를 주는 것이다. 개역개정에서 "그 품삯을 간절히 바람이라"고 번역한 부분을 직역하면 "그가 그의 생명을 그 위에 두고 있다"가 된다. 품꾼이 하루 품삯을 받아야 그다음 하루를 살아갈 수 있다는 의미. 이들에게 "마음을 주께 두라" 하거나 "마음을 하늘에 두라" 말하는 것은 부당하다. 신명기는 자기 생명을 품삯에 두는 이들이 존재하니 제날에 품삯을 지급하라고 명령한다. 그렇지만 오늘날 교회는 이렇게 품삯을 늦게 주거나 안 주는 이에게는 관대하고, 품삯을 받지 못해 부르짖는 이들에게는 소망을 하늘에 두라고 권면한다. 말씀과는 정반대로 행하는 것이다.

탈무드의 한 부분은 레위기 19장 13절에 쓰인 두 단어의 명사형을 흥미롭게 풀이한다.[4]

"'오쉐크'(억압)와 '게젤'(착취)은 무엇을 의미합니까?" 랍비 히스다가 말하였다. "'갔다가 다시 오라, 갔다가 다시 오라' 하는 것이 오쉐크다. '내가 가지고 있지만 너에게 주지 않을 것이다' 하는 것이 게젤이다."

억압과 착취라는 말은 들으면 우리는 어떤 엄청난 폭정과 탄압을 떠올리지만, 탈무드의 내용처럼 이스라엘의 일상에서 억압과 착취는 흔히 발생하는 일, 흔히 볼 수 있는 일이었다. 노동자들이 자기가 일한 대가를 제때 받는 것이 당연한데, 품삯을 제날짜에 지급하지 않고 지급을 미루는 것이 '억압', 즉 어떤 힘이나 권세로 상대를 누르는 행위다. 품삯을 못 받으면 노동자는 그날 하루를 살아가기가 힘들다. 그런 점에서 품삯은 고용자가 노동자를 자기 뜻대로 주관하고 지배하는 가장 중요한 수단이 된다. 그러므로 품삯을 제시간에 지급하지 않는 것은 억압이며 착취다.

이 구절에서는 품삯이 문제가 되지만, 굳이 품삯이 아니어도 상대에게 없는 것이 자기에게 있을 때, 그것을 이용하여 정당한 절차를 진행하지 않는다면 그것이 억압이다. 그리고 수고한 이에게 수고한 대가를 주어야 한다. 이것은 자선이나 선행이 아니라 당연하고 마땅한 것이다. 그런데 그렇게 하지 않고 약속한 날짜, 약속한 시간에 품삯을 지급하지 않는다면 그것이 착취이고 도둑질이다. 그 품꾼이 여호와께 부르짖으면, 하나님은 품삯을 주지 않은 이에게 그 죄를 물으실 것이다. 하나님은 품꾼의 호소를 들으시는 분이다.

억압과 착취가 가능한 이유는 한 쪽이 힘이 있기 때문이다. 힘 있는 자가 자기 힘으로 품삯 노동자를 지배하고 통제하며 조절한다. 우리 삶을 주관하시는 분은 하나님뿐이라는 점에서, 이렇게 자기 힘으로 노동자를 통제하는 자는 자기가 하나님의 자리에 앉은 자다. 근본적으로 하나님을 대적하고 맞서는 존재다. 그렇다면 품꾼에게 제시간에 품삯을 주지 않는 것은 단순히 윤리적인 결함이 아니다. 근본적으로 하나님을 대신하는 참람함이다. 그래서 레위기 19장 거룩 본문에서 이 부분을 다루는 것이다.

누차 언급하였지만, 레위기 19장이 이것을 하나님의 규례와 법도로 제도화한다는 점에 주목해야 한다. 근본적으로 여호와를 경외할 때 온전히 다른 사람을 제대로, 합당하게 대우하게 된다. 그렇기에 레위기 19장은 "나는 너희 하나님 여호와니라"를 도처에서 반복한다. 그러나 이와 더불어 하나님을 경외하며 하나님 앞에서 살아가는 거룩한 삶을 제도로 정비하고, 이 제도를 준행하게 하는 것도 중요하다. 그렇지 않으면 품꾼이 제날짜에 품삯 받는 당연한 일이, 품삯 주는 이의 관대함이나 자선에 좌우되는 경우가 생기기 때문이다. 그러므로 여호와를 경외하는 인간이라는 이상은 제도와 구조의 변화라는 현실과 함께 가야 한다. 또 이러한 내용들을 하나님 앞에서 거룩한 삶에 관한 부분에서 다룬다는 점도 거듭 상기해야 한다. 구체적으로 거룩한 삶은 제날짜에 품삯을 주는 것이다. 지극히 추상적이고 형이상학적일 수 있는 종교적 개념을 지극히 현실적으로 표현한 것이 19장의 특징이다. 예수님이 이 땅을 살아가는 제자들의 삶을 각자 자신이 받은 달란트를 가지고 '장사'하는 것으로 비유하신 것도 이와 일맥상통한다(마 25:14-30).

레위기 19장처럼 '억압'과 '착취'가 함께 쓰인 예는 예레미야에서도 볼 수 있다.

> 여호와께서 이와 같이 말씀하시니라. 다윗의 집이여 너는 아침마다 정의롭게 판결하여 **탈취 당한 자를 압박자의 손에서** 건지라. 그리하지 아니하면 너희의 악행 때문에 내 분노가 불같이 일어나서 사르리니 능히 끌 자가 없으리라(렘 21:12; 참고. 22:3).

이 구절에서 보듯 억압하는 자들은 자기 힘 아래에 있는 이들을 착취하기 일쑤였는데, 이렇게 착취당하는 자들을 건져내는 것이 바로 다윗 가문 왕의 존재 이유다. 그리고 다윗 가문 왕의 이러한 역할은 다름 아닌 여호와 하나님을 대신하는 역할이다. 시편은 여호와께서는 "가난한 자를 그보다 강한 자에게서 건지시고 가난하고 궁핍한 자를 노략하는 자에게서 건지시는 이"(시 35:10)라고 찬양한다.

'억압'과 '착취' 같이 어조가 매우 강한 단어를 레위기에서 사용한다는 데 주목하자. 교회는 이러한 단어를 이미 오래 전에 잃었다. 정통 신앙에서는 언급해서는 안 되는 언어로, 좌파의 언어로 본다. 이것은 성경 용어들을 포기하는 태도다. 현실을 분석할 때는 현실을 올바르게 묘사하고 표현하는 말을 사용해야 한다. 그런데 억압이나 착취라는 단어 사용을 꺼린다면, 현실을 정확하게 분석하지 못하고 현실을 실제보다 온건하고 부드럽게 표현하게 된다. 그러면 현실을 호도하는 문제가 생긴다. 현실에 적합한 해결책을 찾을 수 없다는 문제가 생긴다. 놀랍게도 레위기는 제날짜, 제시간에 품삯을 지급하지 않는 것은 억압이요 착취라고 표현한다. 우리가 생각하는 것보다 훨씬 강한 표현을 사용한다. 그러므로 오늘 우리는 레위기의 언어 사용을 근거로 이 두 단어의 참된 의미를 이해해야 한다. 제날짜에 임금을 주지 않는 것은 실수나 게으름이 아니다. 그것은 억압이고 착취다.

재판

레위기 19장 15절은 대칭을 이루도록 배열되어 있다.

A 재판할 때 불의를 행치 말라.
　B 가난한 자의 얼굴을 들지 말라.
　B′ 세력 있는 자의 얼굴을 존중하지 말라.
A′ 공의로 너의 이웃을 재판하라.

첫머리(A)에 '재판'을 뜻하는 '미슈파트'가 쓰이고, 대응 부분(A′)에는 '공의'를 뜻하는 '쩨데크'가 쓰여 평행을 이룬다. 가운데 부분은 모두 '얼굴'에 해당하는 단어가 있다는 점에서 대응이 잘 되어 있다. 그리고 이 구절을 시작하는 첫 문장은 '무엇을 하지 말라'는 부정 명령인 데 반해, 끝맺는 문장은 더욱 적극적으로 '무엇을 하라'는 긍정 명령이라는 점도 이 구절이 강조하는 바를 잘 보여준다. 미슈파트를 해치는 불의는 무엇인가? 가난하다고, 혹은 힘 있다고 부당하게 판결하는 것이다. 그러면 어떻게 재판해야 하는가? 오직 쩨데크만 재판의 기준이다.

'가난한 자'와 평행에 있는 단어는 '가돌'이다. 가돌은 기본적으로 '부자'라는 뜻이지만, '부富'로 인해 생기는 힘과 세력 전부를 포괄하는 표현으로 볼 수 있다. 그런 점에서 이러한 '힘 있는 자', '세력 있는 자'의 반대편에 있는 '가난한 자'는 힘도 없고 세력도 없는 초라한 사람이다. 재판에서 한쪽에는 아무런 힘도 없고, 경제적으로도 곤궁한 사람이 있고, 다른 한쪽에는 힘과 권력, 부귀를 모두 가진 세력 있는 사람이 있다면 대부분 이 재판은 세력 있는 사람을 존중하는 쪽으로 마무리되기 쉽다. 개역개정은 의역을 하고 있지만, "세력 있는 자라고 두둔하지 말고"는 "세력 있는 자의 얼굴을 존중하지 말고"로 직역할 수 있다. 여기에서 "어느 사람의 얼굴을 존중한다" 하는 표현이 늘 부정적인 의미는 아니다. "노인의 얼굴을 공경하며"(레 19:32)와 같이 긍정적으로 쓰이기도 한다. 노인에 대해서는 앞서 살펴보았다. 얼굴을 존중해야 할 이들은 노인과 같이 몸이 연약한 이들이다. 그러나 세상은 이렇게 연약한 이들의 얼굴보다는 세력이 있고 부유한 이들의 얼굴을 존중하기 일쑤다. 그런데 세력 있는 자들의 얼굴을 존중하지 말라는 것이, 힘없고 약한 이들의 얼굴을 세워주라는 의미는 아니다. 15절이 명시하듯이, 가난한 자라고 해서 얼굴을 들어주는 것도 공의에서 벗어난다. 그러므로 가난한 자든, 세력 있는 자든, '얼굴'은 배제하는 것이 재판에서 실현해야 하는 공의의 핵심이다. 동일한 사고를 출애굽기에서도 볼 수 있다.

> 가난한 자의 송사라고 해서 편벽되이 두둔하지 말지니라(출 23:3).

이 구절은 힘 있고 부유한 이들에게 반대하며 가난한 이들의 억울함을 풀어주라는 주장을 반박하는 데 흔히들 사용하는 구절이다. 구약의 많은 구절들은 고아와 과부, 나그네를 신원하는 것이 공의임을 증거한다(가령, 사 1:16-17). 그러나 이러한 구절은, 가난한 자라고 해서 두둔하지 말라는 구절과 전혀 대립하지 않는다. 가난한 자들이 참으로 요구하고 찾는 것은, 편파적인 호의나 관심이 아니기 때문이다. 가난하고 힘이 없어서 세상에서 억울하고 고통스러운 일을 겪을 때 필요한 것은 정당한 재판, 공의로운 재판뿐이다. 이것은 앞서 살핀 것처럼, 품꾼에게 자선이나 동정심에서 나온 막대한 재물이 아니라 노동에 대한 정당한 대가를 주어야 한다는 구절과도 통한다. 가난한 자들에게 필요한 것은 자선이 아니라 공의다. 그들에게는 가난하다고 하여, 힘이 없다고 하여 부당한 대우를 당하지 않는 것, 즉 하나님 앞에 함께 서 있는 '이웃'으로서, 하나님의 백성으로서 정당한 대우를 받는 것이 필요할 뿐이다. 그런 점에서 여기에서 언급하는 '공의'는 모든 사람에게 똑같이 적용하는 원칙을 가리킨다. '공의로' 재판하는 것이 가난하고 힘 없는 이들에게 복음이 되는 경우가 많다. 하나님은 이스라엘에게 사람을 외모로 차별하지 말고 다만 공의로 재판할 것을 여러 번 신신당부하신다.

> 내가 그때에 너희의 재판장들에게 명하여 이르기를 너희가 너희의 형제 중에서 송사를 들을 때에 쌍방간에 공정히 판결할 것이며 그들 중에 있는 타국인에게도 그리 할 것이라. 재판은 하나님께 속한 것인즉 너희는 재판할 때에 외모를 보지 말고 귀천을 차별 없이 듣고 사람의 낯을 두려워하지 말 것이며(신 1:16-17).

> 네 하나님 여호와께서 네게 주시는 각 성에서 네 지파를 따라 재판장들과 지도자들을 둘 것이요 그들은 공의로 백성을 재판할 것이니라(신 16:18).

재판은 여호와께 속한 것이며, 여호와 하나님이야말로 이스라엘의 재판장이시다. "그의 거룩한 처소에 계신 하나님은 고아의 아버지시며 과부의 재판장이시라"(시 68:5; 또한 시 7:11; 75:7). 여호와께서 과부의 재판장이 되신다는 것은 여호와께서 과부를 편파적으로 돌보신다는 의미가 아니다. 현실에서 과부는 억울한 일을 당하기 마련이고, 세상 어느 재판에서도 억울함을 해결하지 못하지만, 여호와께서 재판장이 되시면 과부의 눈물이 위로받는다. 억울한 과부를 신원해주는 것이 재판장의 가장 중요한 직무임은 누가복음 18장에서도 잘 드러난다. 특히 이사야서의 한 구절을 보면 여호와께서 재판장이 되심은 그분이 왕이심과 동

복음의

공공성

일한 의미다.

> 대저 여호와는 우리 재판장이시요 여호와는 우리에게 율법을 세우신 이요 여호와는 우리의 왕이시니 그가 우리를 구원하실 것임이라(사 33:22).

그러므로 여호와께서 재판정에 앉으시는 것이 가난한 이들에게는 복음이다. 여호와께서 왕으로 임하신다는 소식, 하나님의 나라가 임한다는 소식이야말로 가난한 자들에게 전파된 최고의 복음이다(사 52:7; 61:1).

위에서 본 신명기 1장의 규례가 재판장을 향한 말씀인데 비해, 레위기의 말씀은 이스라엘을 향한 규례다.[5] 이것은 매일 일상의 삶에서 여호와 하나님이 재판장 되심을 본받아 모든 이스라엘이 공의의 재판을 실천해야 함을 증거한다.

거류민

19장은 품꾼과 장애인뿐 아니라 또 다른 약자로 이스라엘 땅에 들어와 함께 살아가는 거류민들을 말한다(19:33-34). 19장이 부모 경외와 안식일을 틀로 삼고 있다고 앞서 언급했다. 이러한 틀은 거룩함의 기반이, 함께 살아가는 연약한 이들에 대한 배려라고 보았었다. 33-34절 역시 이러한 원칙과 통하는 내용이다.

구약성경에서 외국인, 즉 거류민은 대개 이스라엘 가운데 홀로 들어와서 거하는 사람을 가리키며, 개역개정에서는 주로 '나그네'로 번역한다(창 23:4; 출 22:21; 신 10:18 등). 이들은 대부분 종이나 품꾼으로 고용되었고, 고대 이스라엘 사회의 약자를 대표하는 이들이다. 이스라엘은 하나님이 선택하시고 불러내시어 약속하신 가나안 땅을 받았지만, 그 땅은 이스라엘만 사는 땅이 아니다. 처음부터 이스라엘은 이방의 수많은 민족과 함께 출애굽하였고(출 12:38), 가나안 땅에 들어가서도 거류민들과 함께 살아갔다. 기본적으로 거류민들은 여호와 신앙을 가지지 않은 이들이었다. 이스라엘이 그 땅 주인이 되었고, 이 거류민들은 소수인 데다 여호와 신앙도 없다는 점에서 이들을 학대하지 말라고 명령하는 본문 내용은 주목할 만하다.

34절은 이에서 한 걸음 더 나가서, 거류민들을 "너희 중에서 낳은 자 같이 여기며 자기 같이 사랑하라"고 명한다. 특히 "자기 같이 사랑하라"는 표현은 18절에서 같은 이스라엘 백성을 대하는 태도를 언급할 때 쓰인 표현이다. 그러므로 이 구절은 동료 이스라엘 백성을 대할 때와 동일한 태도로 거류민들을 대할 것을 명령한다. 거류민들은 이스라엘과 신앙이 같지 않았다. 이스라엘이 행해야 하는 율법도 거류민들에게는 해당되지 않는다. 그렇지만 이스라엘은 자기 자신처럼 거류민들을 사랑으로 대하고 행동해야 한다. 위에서 보았듯이 자기에게 싫은 것을 거류민들에게 권하지 말아야 한다. 자기가 아무리 연약해도 자기를 사랑하듯이 거류민들이 연약해도 거류민들을 사랑해야 한다. 결국 이스라엘 가운데 거하는 거류민들은 의무는 거류민이되, 혜택은 이스라엘인 셈이다. 이스라엘이 하나님에게 순종함으로 그 땅에 복이 임할 때, 그 복은 함께 사는 거류민들도 고스란히 누린다. 이스라엘이 순종하여 받는 복이 거류민들에게까지 넘치게 된다. 그런 점에서 거류민을 자기같이 사랑하라는 규례는 거룩함에 관한 레위기 율법이 지닌 '공적 특징'을 가장 명확하고도 단적으로 보여준다.

이스라엘이 자기처럼 거류민들을 사랑하라는 명령을 받는 까닭은 무엇인가? 이스라엘도 애굽 땅에서 거류민이었기 때문이다. 이스라엘은 하나님이 주시는 땅에 들어가서 거기서 오래 살더라도 자기들이 애굽 땅에서는 종이요, 거류민이었음을 늘 기억해야 한다. 그리고 자기들 예전 처지를 기억하는 것은, 가나안에서 종으로 혹은 거류민으로 살아가는 사람들을 자유인이며 그 땅을 유업으로 받은 자신처럼 사랑하는 것으로 실천할 수 있다. 나아가 레위기 25장 23절은 가나안땅에 들어가서 땅을 유업으로 받은 이스라엘을 여전히 '거류민'이라고 일컫는다. 이스라엘 가운데 사는 '거류민'들을 돕기 위해, 이스라엘에게 '거류민' 시절을 기억하라고 할 뿐 아니라, 아예 이스라엘을 여전히 '거류민'이라고 선언한다. 그런 면에서 이스라엘이 거류민을 돕는 것은 단순한 동정이나 자선 정도가 아니다. 거류민을 도우라고 이스라엘을 거류민으로 규정하시는 하나님을 기억한다면, 이스라엘은 어떤 상황에서도 기득권을 주장하지 말아야 하고, 또 자기를 돌보신 하나님을 기억하며 거류민들을 도와야 한다.[6]

출애굽과 가난한 자에 대한 배려가 결합되어 있는 것은 신명기 24장에서도 볼 수 있다. 신명기 24장 19-21절은 나그네와 고아와 과부를 위해 수확을 남겨 놓을 것을 명령한다. 그런데 이 단락을 감싸는 18절과 22절은 이 말씀을 듣는 대상인 '너'를 애굽 땅에서 종 되었다가 하나님의 건지심을 입은 이로 표현한다.[7] 신명기의 청중은 출애굽 2세대이지만, 여기에서는 출애굽을 경험한 세대처럼 불리며, 출애굽 경험을 기억하며 자기들과 함께 사는 가난한 이웃들을 배려하고 도우라는 명령을 받는다. 이스라엘이 고아, 과부, 나그네를 돕는 것은 종 신세로 살던 자신을 도우신 하나님을 닮아가는 것이다.

인종이 다르고 종교가 다른 채 남의 땅에 들어와 사는 이 거류민들은 단순한 이방인이 아니다. 이들은 이스라엘로 하여금 애굽 노예 시절을 떠올리게 하는 존재다. 이들은 신약의 그리스도인들로 하여금 이 땅에서 하나님나라를 사모하며 나그네로 살아가는 삶을 떠올리게 하는 존재다. 여호와 앞에서 거룩한 삶을 살아가는 내용을 다루는 레위기 19장에서, 외국인 거류민들을 대하는 태도를 규례로 명령하고 있는 점은 오늘날 현실과 비교해보아도 상당히 진취적이다. 이러한 규례는 오늘날 우리나라에 들어와 살아가는 조선족이나 동남아 출신 노동자들을 교회가 어떻게 대하는지 돌아보게 한다. 신약의 그리스도인들이 나그네라면 이 말씀은 나그네 된 이들을 내 자신같이 사랑하는 것으로 나타나야 한다. 아울러 믿음으로 말미암아 하나님의 백성이 되었다면, 그 언약 바깥에 있는 세상 모든 이들을 거류민으로 여겨 '자기와 같이' 사랑해야 한다.

공평한 저울

거룩한 삶의 마지막 부분은 공평한 도량형을 다룬다(35-36절). 35절 전반절은 15절 첫 문장과 똑같다. 15절의 경우 재판에서 불의를 행치 말아야 하되, 이를 이루기 위해서 '공의[쩨데크]'가 필요했다. 15절에서는 재판 당사자가 사회적으로 어느 자리에 있든지 외모를 보지 말고 오직 '공의'로 재판해야 했다. 35-36절에서는 15절에서 언급한 재판 상황뿐 아니라 상거래 상황까지 다룬다. 상거래에서 중심이 되는 것은 물건과

복음의

공공성

물건을 사고팔거나 바꿀 때 정확하게 계량하는 문제다. 이러한 상거래 영역에서 '불의'를 행치 않으려면 '공평한 도량형'이 필요하다. 36절에서는 무게나 양을 재는 수단으로 저울, 추, 에바, 힌을 거론한다. 그리고 이러한 단위에는 모두 '쩨데크'가 붙어 있는데 이 표현을 개역개정에서는 '공평한'으로 번역했다. 그러므로 상거래에서 쩨데크는 저울과 추를 통해 나타난다. 여기에서도 쩨데크가 관건이라는 점을 볼 때, 재판에 관한 15절의 원칙을 상거래까지 확장한 것이다.

공평한 저울에 대한 명령은 여러 본문에 있다.

> 너는 네 주머니에 두 종류의 저울추 곧 큰 것과 작은 것을 넣지 말 것이며 네 집에 두 종류의 되 곧 큰 것과 작은 것을 두지 말 것이요 오직 온전하고 공정한 저울추를 두며 온전하고 공정한 되를 둘 것이라. 그리하면 네 하나님 여호와께서 네게 주시는 땅에서 네 날이 길리라. 이런 일들을 행하는 모든 자, 악을 행하는 모든 자는 네 하나님 여호와께 가증하니라 (신 25:13-16).

이 구절에서 보면, '공평한 저울추'는 나와 남에게 동일하게 적용하는 하나의 저울추를 의미한다. 위 신명기 구절은 레위기처럼 '불의/악'을 의미하는 히브리어 '아벨'을 쓴다. '불의' 혹은 '악'이라는 말은 추상적으로 들리기 쉽다. 그러나 재판에서 힘세고 부유한 사람의 낯을 보아준다면 그것이 불의요 악이다. 시장에서 공평하지 않은 저울추를 쓴다면 그것이 불의요 악이다. 이 구절은 이러한 행동이 "여호와께 가증하다"고 선언한다. 여기서 '가증'은 제의영역에서 부정한 짐승이나 우상숭배를 가리키는 데 쓰이는 단어인데, 저울추를 두 개 가진 사람에게도 이 단어를 쓴다는 점이 특이하다. 이렇듯 이스라엘에서 제의영역과 상거래영역은 전혀 분리되지 않는다. 하나님은 저울추를 한 개만 가지고 계신다.

주 여호와께서 이같이 말씀하셨느니라. 이스라엘의 통치자들아 너희에게 만족하니라. 너희는 포악과 겁탈을 제거하여버리고 **정의와 공의**를 행하여 내 백성에게 속여 빼앗는 것을 그칠지니라. 주 여호와의 말씀이니라. 너희는 **공정한 저울**과 공정한 에바와 공정한 밧을 쓸지니(겔 45:9-10).

에스겔 45장은 회복될 예루살렘을 그리는 장들에 속한다. 회복될 나라 통치자들의 핵심 덕목은 오직 '정의와 공의', 즉 '공평과 정의'이며 그 나라 백성에게는 '공정한 저울'이 있어야 한다.

호세아 12장 7절은 저울에 대한 흥미로운 관찰을 담고 있다.

그는 상인이라 손에 거짓 저울을 가지고 속이기를 좋아하는도다(호 12:7).

여기에서 '상인'으로 번역한 히브리어는 '가나안'이다. 구약에서는 '가나안'을 흔히 '상인'으로 번역한다(욥 41:6; 잠 31:24; 겔 16:29; 17:4; 참고. 사 23:11; 습 1:11을 개역개정에서는 '가나안'으로 옮겼지만, '상인'으로 옮기는 것이 더 적절해 보인다). 농업을 이상적으로 여기고 상업을 천시하던 구약시대 사고방식이 이러한 동일시의 배경이다. 호세아 구절에서는 상업이 천시받은 이유를 엿볼 수 있다. 상인은 거짓 저울로 자기는 이득을 누리고 상대방은 억압한다. 개역개정이 '속이다'로 번역한 단어는 구약 여러 곳에서 '억압하다'로 옮긴 단어다. 상인은 거짓 저울로 상대를 속여 이득을 취하고 그 이득을 근거로 상대를 억압하고 착취하였다. 그리고 그러한 상인을 '가나안'과 동일시한다. 가나안인들이 실제로 장사에 종사하였기에 이렇게 동일시하기도 했지만, 가나안을 단순히 어느 민족의 이름으로만 볼 수도 없다는 생각이 든다. 누가 가나안인가? 상대를 속이며 거짓으로 이득을 취하고 억압하는 이, 그들이 가나안이다. 국제 무역을 통해 들여오는 사치품들과 이방 제의와 연관된 물품을 배격하는 것이 상인을 배격하는 것과 연관될 수도 있다. 그렇지만 레위기와 호세아에 따르면 상인의 근본 문제 가운데 하나는 정의를 행하지 않고 거짓을 기반으로 억압을 행한다는 점이다.

상거래에서 '공의'는 나와 남에게 동일한 저울과 추를 사용하는 것이라는 점에서, 이것은 이웃을 내 몸처럼 여기는 것과 본질적으로 동일하다. 이렇게 볼 때 레위기 19장에서 명령하는 거룩한 삶의 핵심 규례는 이웃을 내 몸처럼 사랑하는 것이다. 이웃을 나 자신과 같이 여기기에, 모든 사람을 동일한 원칙에 따라 재판한다. 나에게나 남에게나 동일한 저울과 추를 사용하여 거래한다. 그런 점에서 예수님이 구약의 율법을 요약하시면서 레위기 19장 18절에 나오는 이웃 사랑을 인용하신 것은 결코 우연이 아니다.

상거래와 같은 지극히 세속적이고 일상적인 영역을 여호와 앞에서 살아가는 거룩한 삶의 항목에서 다룬다는 것이 의미심장하다. 거룩함은 제의와만 연관된 좁은 영역이 아니라, 이 땅 위에서 살아가는 삶의 영역 전체에서 구현되어야 한다는 것이다.

또 쩨데크[공의]는 상황에 따라 달리 구현된다. 재판에서 쩨데크는 상대방에 좌우되지 않고 재판한다는 의미다. 시장에서 쩨데크는 자신과 남에게 동일한 저울과 추를 사용한다는 의미다.

그런데 시장에서 거룩한 삶을 공평한 저울과 추로 구현하지, 여호와께 대한 신앙고백으로 구현하지 않는다는 점도 주목할 만하다. 여호와를 경외하느냐 여부는 시장에서 외치는 말이나 기도나 성경 읽기에 달린 것이 아니라, 어떤 저울과 추를 사용하느냐 하는 데 달렸다. 아울러 19장에서 공평한 저울에 관한 내용을 여호와의 규례로 명령하는 것을 보면서 유의할 점은, 이러한 사항을 개인 양심에 맡기지 않고 법으로 제정한다는 점이다. 아무리 제도가 훌륭해도 여호와를 경외하지 않으면 그 제도는 유명무실해지기 쉽다. 그렇지만 여호와를 경외하는 신앙은 그에 합당한 제도나 법령을 통해 구현되어야 한다는 점도 분명히 해야 한다.

레위기 19장 36절 후반절은 이렇게 공평한 저울을 쓰는 동기, 까닭을 진술한다. 다른 절들에서는 "나는 여호와니라", 혹은 "나는 너희 하나님 여호와니라"로 나오지만, 이 절에서만 유독 "나는 너희를 인도하여 애굽 땅에서 나오게 한 너희의 하나님 여호와니라"고 길게 서술한다. 앞에서도 언급하였지만, 여호와 하나님은 추상적으로 묵상되는 분이 아니다. 여호와 하나님은 그분이 행하신 일을 통해 하나님이심을 보여주신다. 여호와 하나님은 당신이 이스라엘을 애굽에서 인도해 내신 하나님이라고 소개하신다. 거류민에 대한 말씀 단락(33-34절)은 이스라엘이 거류민을 자신처럼 사랑하는 근거로 애굽 시절을 상기하도록 했는데, 공평한 도량형에 대한 단락의 말씀도 애굽에 대한 회상을 근거로 한다. 이스라엘은 애굽에서 부당한 대우를 받으며 학대 받고 고통을 당하던 종들이었으며, 거류민들이었다. 여호와 하나님은 그들의 신음 소리를 들으시고 인도하여 애굽에서 건져내셨고, 이제 이들을 약속의 땅으로 인도하여 들이실 것이다. 이스라엘은 거류민이요 종이었으나 이제는 여호와의 백성이 되었다. 그러므로 이스라엘은 거류민을 자신처럼 사랑해야 하고, 나와 상대에게 동일한 공평한 저울과 추를 사용해서 상거래를 해야 한다. 반복되는 말이지만, 공평한 저울은 단순히 윤리적 가르침이 아니다. 여호와 앞에서 살아가는 거룩한 삶이다. 하나님의 은혜인 구원을 회상하며 늘 기억하는 이스라엘은 시장에서 한결 같은 저울과 추를 사용함으로 그 은혜에 응답한다.

조선의 거상이었던 임상옥이 한 말 중에 "재상평여수 인중직사형 財上平如水 人中直似衡"이 있다. 재물은 공평하기가 물과 같으며, 사람의 속은 바르기가 저울 같아야 한다는 뜻이다. 재물은 물과 같아서 아무도 독점할 수 없고 이리저리 흐르는 것이며, 사람은 저울과 같아서 어느 사람에게든 동등하고 일관성 있게 대해야 한다는 의미다. 후반부 구절은 레위기가 제시하는 거룩한 삶의 일단과도 통한다. 임상옥이 조선의 상인이었다는 점에서도 이러한 일치는 흥미롭다.

정리해보면, 레위기 19장에는 여러 직업군이 등장한다. 농사짓는 농부가 있고, 다른 이를 고용하는 고용주도 있다. 재판관이 있으며 시장에서 장사하는 상인도 있다. 레위기는 다양하지는 않지만 고대의 가장 대표적인 직업군을 다룬다. 각각의 직업에서 거룩한 삶은 무엇인가? 농사하는 이에게 거룩한 삶은 밭의 한 모퉁이를 남기는 것, 수확하면서 흘린 것을 다시 줍지 않는 것이다. 고용주에게 거룩함은 자기가 고용한 노동자들의 품삯을 속이거나 착취하지 않는 것이다. 재판하는 이들에게 거룩함은 재판 당사자들의 외모를 보지 않고 오직 정의로 판결하는 것이다. 장사하는 이들의 거룩함은 물건을 살 때나 팔 때나 동일한 도량형을 사용하는 것이다.

내 모든 규례와 내 모든 법도를 지켜 행하라

37절은 19장의 결론이다. 여호와께서 명하신 규례와 법도를 행하는 삶 이야말로 여호와께서 이스라엘을 부르신 목적이다. 이스라엘은 세상 가운데서 삶을 통해 여호와의 규례와 법도를 증거하도록 부름 받은 이들이다. 이를 보여주지 못한다면 그들의 존재 이유가 없으며, 그들은 땅에서 쫓겨나고 말 것이다.

어떻게 하면 사람이 거룩할 수 있을까? 거룩함의 유일한 원천이 하나님임을 기억할 때, 이스라엘의 거룩한 삶은 근본적으로 하나님을 닮는 삶이다. 이스라엘의 거룩함은 단지 종교 영역에서 구별됨으로 성취될 수 있는 것이 아니며, 사회 모든 영역에서 이루어야 하는 것이다. 하나님이 그분 백성에게 하신 행동을 통해 거룩하심을 드러내셨음은 이미 언급했는데, 거룩함은 홀로 있는 존재에게 나타나지 않는다. 거룩함은 함께 살아가는 다른 사람과 관계 가운데 드러난다. 이스라엘의 신앙과 당시 이방 민족의 종교는 차이점이 많지만, 이렇게 사회 차원의 윤리를 거룩한 삶으로 담아내는 것이 가장 결정적인 차이이다. 이스라엘 신앙이 타락했을 때, 바로 이러한 결합이 깨져서 예배와 제사는 풍성한 반면, 사회 차원의 공의와 이웃 사랑이 사라졌다. 구약 예언자들이 줄기차게 선포한 말씀은 바로 이러한 비뚤어진 신앙과 관련이 있다. 앞서 살펴보았듯이 하나님에게 드리는 제사의 거룩함과 이웃을 대하는 삶의 거룩함이 분리된 신앙은 사실 여호와 신앙이 아니다. 겉으로는 여호와 신앙으로 보이지만 실상은 우상숭배다.

이미 보았듯이 거룩함은 공동체와 관련이 있다. 아울러 거룩함은 자신의 땅을 잃어버린 가난한 자, 외국인, 피고용자, 나그네를 끊임없이 고려한다는 점에서 매우 '공적'이다. 구조에 대한 인식, 함께 살아가는 세상에 대한 인식은 사회의 약자에 대한 올바른 행동으로 구현된다. 레위기 19장에서 말씀하는 거룩함은 이 점을 다시 확인해준다.

거룩함은 좁은 의미의 종교 분야에 국한되지 않는다. 거룩함은 기도와 예배 같은 행동으로만 표현되는 것이 아니다. 각자 어떠한 삶의 현장에 있든지 어떻게 하면 하나님의 거룩하심을 닮을 수 있을지 모색하고 고민해야 한다. 그러한 고민의 중심에, 사람을 외모로 대하지 않는 것과 자기 자신처럼 사랑하는 것이 있다. 하나님의 거룩하심을 닮기 위해 농사지을 때 모퉁이를 남기며, 합당한 품삯을 제때 지불한다. 공의로 판결하며, 공정한 도량형을 사용한다. 거류민도 동포처럼 대한다. 이를 생각하면 예수님이 구약을 요약하시면서 "남에게 대접을 받고자 하는 대로 너희도 남을 대접하라"(마 7:12) 하신 것은 참으로 합당하다(마 7:12). 이것이야말로 이웃을 내 몸처럼 사랑한다는 말의 실제 의미다. 결국 우리는 사랑으로 거룩함을 구체화하고 현실화할 수 있다. "거룩 안에서 자라간다는 것은 사랑 안에서 자라가는 것이다Growth in Holiness means growth in love."[8] 하나님은 사랑이시니(요일 4:8), 하나님을 닮아가는 거룩함은 사랑 안에서 자람이라는 것은 매우 명백하다.

04
구약에 나타난 희년법과 정신

구약의 세계는 오늘날 세계와 다르다. 인구의 대부분이 작은 시골이나 마을에 살았으며 대부분 농업에 종사하고 그 업을 대대로 이어갔다. 노예제도가 있었으며, 여성은 가정에서 맡은 역할과는 상관없이 사회에서 아무 역할을 하지 못하는 경우가 많았고 가장이 모든 것을 좌우하였다.[9] 오늘날 도시 중심인 자본주의 국가의 모습과는 상당히 거리가 멀다. 그러한 시대를 배경으로 한 구약과 신약의 본문에서 오늘날 우리를 향한 말씀이나 지침을 찾는 것은 결코 쉽거나 간단한 일이 아니다. 그런 점에서 '낯선 땅을 흘끗 보기' 정도가 우리가 성경에서 발견하는 전부라고도 할 수 있다.[10] 근본적으로 그때, 그곳 사람을 위해 주신 말씀을 수천 년 세월을 넘어 오늘, 우리를 향한 말씀으로 적용할 때 가장 중요한 과제는 우선 그때, 그들이라는 상황에 주신 말씀과 그 시대의 해석에 유의하는 것이다. 그러한 이해를 바탕으로 오늘, 우리라는 상황에 그 말씀을 어떻게 적용할 수 있을지 모색해야 한다.

이 단락에서는 구약의 희년법에 관심을 기울이고자 한다. 하나님이 희년법을 주실 때는 앞서 언급한 대로 오늘날과 사회체제가 다르다.

그뿐 아니라 희년법은 시내 산에서 주신 말씀이라는 맥락에 있다는 점에서 그 근본에 지극히 종교적인 규례의 성격이 있기에, 오늘날 경제 문제에 대한 대안을 모색하는 데 활용하기 어렵다. 더 나아가 그러한 희년 읽기 자체가 부적절할 수도 있다. 여기서는 이러한 점에 유의하면서, 희년의 기본 정신이 무엇인지, 그리고 그 기본 정신이 구약 이스라엘과 같은 농경 사회에서[11] 어떠한 형태로 실현되도록 규례를 주셨는지, 나아가 희년 규례가 이후의 구약 역사에서 어떻게 활용되는지를 살펴보려고 한다.

희년법의 맥락

레위기와 성결 법전

희년 규례는 레위기 25장에 있다. 그런데 레위기 25장의 희년 규례는 더 큰 맥락에서 보면 23장부터 시작하는 절기에 관한 말씀의 한 부분이다. 레위기 23-25장에 있는 절기 규례를 살펴보면 안식일에 관한 말씀이 희년 규례를 둘러싸고 있다. 즉 23장 첫머리는 이스라엘이 지킬 첫째 절기로 안식일을 언급하고(레 23:1-3), 절기에 관한 모든 말씀이 끝난 후인 26장 첫머리 역시 안식일을 바르게 지킬 것을 언급한다(레 26:1-2). 희년을 포함한 절기 규정의 근본에 바로 안식일 규정이 있는 것이다.

이 점에 유의하면서, 먼저 25장의 큰 틀인 레위기를 숙고해야 한다. 레위기 규례의 핵심에는 하나님을 닮는 삶imitation of God이 있다. 음식 규례 준수에서도 이 점을 강조한다.

나는 여호와 너희의 하나님이라. 내가 거룩하니 너희도 몸을 구별하여 거룩하게 하고 땅에 기는 길짐승으로 말미암아 스스로 더럽히지 말라. 나는 너희의 하나님이 되려고 너희를 애굽 땅에서 인도하여 낸 여호와라. 내가 거룩하니 너희도 거룩할지어다(레 11:44-45; 참고. 18:30; 20:25-26; 22:32-33).

거룩하신 하나님이 당신 백성을 삼으시려고 이스라엘을 선택하셨다. 그래서 이스라엘 역시 하나님의 거룩하심을 본받아 거룩해야 했다. 그런 점에서 이스라엘은 하나님을 닮도록 부름 받았다. 하나님의 거룩하심을 닮는 길로 하나님은 이스라엘에게 여러 규례를 주셨다. 각종 규례의 의미를 이러저러하게들 추론하지만, 본질적으로 이러한 규례를 만일 하나님이 주지 않으셨고 이스라엘이 준수하지 않았다면 세상이 알 수 없었을 것이다. 그런 점에서 이스라엘은 하나님이 명하신 규례를 행함으로써 거룩하신 하나님을 세상에 알리고 드러내도록 부름 받은 존재다.

하나님의 거룩하심과 그 거룩하심을 닮는 삶에 대한 규례 모음이 레위기 17-26장이며, 이 내용은 흔히 '성결 법전Holiness Code'이라고 불린다. 이스라엘은 이러한 거룩 규례들을 통하여 하나님의 거룩하심을 세상에 보이는 이들이다. 성결 법전은 이스라엘이 제의적인 차원에서나 일상생활 차원에서나 항상 구별되어야 함을 일러준다. 제사와 제물 규례(17장; 22장), 그릇된 성관계 금지(18장; 20장), 일상생활에서 지킬 규례(19장), 제사장이 지켜야 하는 규례(21장) 등이 성결 법전에 있다. 그중 23-25장에 절기 규례가 있고, 결론으로 복과 저주에 관한 말씀이 있다(레 26:3-46). 절기 규례가 마지막에 있다는 점에서, 그리고 앞에서 제시한 여러 세부 규례들이 실현되고 확인되는 현장이 절기라는 점에서, 절기 규례는 성결 법전에서 제시하는 거룩한 삶의 절정에 해당한다. 이에 이어서 최종적으로 26장 3절 이하에 복과 저주에 관한 말씀이 오는 것은 결코 우연이 아닐 것이다. 이미 보았듯이, 이렇게 중요한 위치를 차지하는 절기 규례를 안식일 규정이 에워싼다는 점에서 안식일 규정의 중요성도 인식하게 된다.

구약 신앙에서 안식일의 중요성은 하나님의 세상 창조의 틀 속에 안식일이 놓여 강조되는 것에서 분명히 드러난다(창 1:1-2:3). 특히, 그 날을 '거룩하게' 하셨다는 언급(창 2:3)은 안식일의 근본에 '구별됨'이 있음을 보여준다. 또 금송아지를 섬긴 사건으로 하나님이 진노하셨으나, 모세의 기도와 더불어 그들을 용서하신 사건의 전말도 안식일 준수에 관한 말씀의 틀 가운데 있다(출 31:12-17; 35:1-3). 이 사건이 주는 교훈은 이스라엘이 하나님을 위해, 천하 만민 가운데 '구별'된 백성이라는 것이다(출 33:16). 그러므로 이스라엘은 열방의 소위를 본받지 말고 하나님이 주신 말씀을 지켜야 한다. 이 맥락에도 절기를 바르게 지키라는 명령이 있다(출 34:18-26). 그런 점에서 이 사건 전체가 안식일 준수라는 틀 안에 있다는 점도 의미심장하다.

하나님은 쉬지 아니하시는 분이되 안식하셨고, 이스라엘에게 그 안식일을 구별하여 지키라고 명령하셨다. 이스라엘은 거룩하신 하나님을 본받아 안식일과 안식일로 대표되는 절기를 지키며, 그렇게 함으로써 하나님을 증거한다. 만일 이스라엘이 이러한 규례를 지키지 않는다면 하나님을 본받지 않는 것이며, 이것은 이스라엘의 존재 이유 자체를 부정하는 것이다. 이스라엘은 하나님을 본받도록 부름 받았으며, 하나님의 거룩하심을 본받도록 부름 받았다. 안식일로 대표되는 절기를 바르게 지키는 것이 그러한 본받음에서 중요한 자리를 차지한다. 그렇게 볼 때, 성결 법전이 절기 준수에 관한 말씀으로 끝맺는 것은 우연이 아니며, 절기 준수에 관한 말씀이 안식일 준수의 틀 안에 있다는 점도 의미 깊다. 그러므로 절기 준수에 관한 레위기 23장-26장 2절 본문은 성결 법전 전체의 결론에 해당한다. 거룩한 삶을 규정하는 제사와 정결 규례를 말하는 레위기 1-16장의 경우, 제사와 정결 규례의 결론으로 16장에서 대속죄일을 제시한다. 그런데 레위기 25장에서 자세히 규정하는 희년이 바로 이 대속죄일에 선포된다(레 25:9-10). 그런 점에서 1-16장의 결론으로서 16장은 17-26장의 결론인 25장과 대응한다.[12] 그러므로 대속죄일에 선포한 희년 절기 규정은 실제로 레위기 전체의 내용을 반영하는 것이다.

안식일

일곱째 날은 이스라엘이 거하는 각처에서 쉼을 통해 지키는 안식일이다. 이 안식일은 보통 '샤바트'라고 불린다. 더 강조된 의미인 '샤바트 샤바톤'으로 불리는 경우도 있는데, 이렇게 불릴 때 "특별한 안식일 규례들과 더불어 지켜야 하는 안식일" 정도로 풀이할 수 있다(HAL). 절기를 지키는 중에 노동을 쉬는 절기의 첫날과 여덟째 날이 그저 '샤바톤'이라고 불리는 데 비해(레 23:39; 참고. 레 23:24), 안식일은 모든 안식 중에서 가장 크고 진정한 안식의 날이다. 하나님이 사람에게 쉼을 주셨지만, 안식일은 그 가운데서도 모든 사람은 물론이고 심지어 동물까지도 완전하고 평등하게 진정한 쉼을 누려야 하는 날이다.

안식일은 십계명에서 유일하게 창조를 근거로 한 계명이다. 안식일은 모든 이에게 평등하다는 점에서 다른 휴일들과 구별된다. 지위나 성별에 상관없이 모든 사람이, 심지어 동물까지도 이날에는 모든 노동을 쉰다. 이방인들까지도 여호와와 연합하게 한 것이 바로 안식일 규례였다(사 56:2-6).¹³

'샤바트 샤바톤'이 성경에 처음 등장하는 때는, 광야에서 만나가 내리기 시작한 후 첫 안식일을 가리킬 때다(출 16:23). 안식일의 중요성은 앞에서 살펴본 대로, 금송아지 사건의 처음과 끝에 안식일 규례를 둔 데에서 볼 수 있으며, 이 규정에서 안식일을 '샤바트 샤바톤'이라고 부른다(출 31:15; 35:2). 대속죄일 역시 '샤바트 샤바톤'이라고 불리기에 참으로 합당한 날이다(레 16:31; 23:32). 그런데 제7년 안식년 역시 '샤바트 샤바톤'으로 불린다는 점은 주목할 만하다(레 25:4). 이것은 진정하고도 참된 쉼인 안식일 정신을 그대로 구현하는 것이 바로 안식년임을 보여준다. 안식년에 저절로 자라난 것들은 그 땅 주인뿐 아니라 종이나 나그네와 들짐승까지도 먹을 수 있다는 점에서도 안식년 규정에 안식일과 동일한 정신이 있음을 볼 수 있다.

　레위기의 절기 규정이 안식일 규정으로 둘러싸여 있다는 점은 앞서 언급하였는데, 안식일 규정 이후에 절기 규례가 나올 때마다 일곱째 날에는 쉬고 아무 노동도 하지 말라는 안식일 규정을 항상 준거로 제시한다. 유월절은 14일 저녁, 즉 안식일이 시작되는 시점에 지키고 이후 일곱 날 동안 무교절을 지킨다. 일곱째 날, 즉 다음 안식일에는 성회와 더불어 일절 노동을 하지 말 것을 지키라고 한다(레 23:4-8). 하나님이 주신 땅에서 곡식을 거둘 때 첫 이삭 단을 드리는 날은 안식일 다음날이다. 이날부터 일곱 안식일을 세어 일곱 안식일 다음날에 첫 이삭의 떡의 소제를 드려야 하는데(레 23:9-14), 그날도 성회를 여는 날이며 이날에 아무 노동도 하지 말라고 한다(레 23:15-21). 이를 보면 칠칠절은 안식일에 이어 안식을 또 한 번 지키는 날이었다. 일곱 안식일 다음날 지키는 이러한 안식일은 일곱 안식년 후의 희년에 고스란히 반영된다. 또 해마다 일곱째 달 첫날인 나팔절은 아무 노동을 하지 않으며 나팔을 불어 기념하는 성회의 날이었다(레 23:23-25). 일곱째 달 십일에 지키는 대속죄일도 일하지 않으면서 지키는 안식의 날이었다(레 23:26-32). 나아가 일곱째 달 십오일부터 이레 동안 지키는 초막절도 첫날과 여덟째 날에 아무 노동을 해서는 안 된다고 규정된 절기였다. 이를 보면 나팔절, 대속죄일, 초막절은 일주일마다 반복되는 안식일에 더하여 지키는 또 다른 안식일이었다.

그러므로 안식일은 오늘날의 토요일에만 한정되지 않는다. 대속죄일이나 초막절처럼 야훼 하나님 앞에서, 하나님의 명령을 지키면서 토요일과는 무관하게 지키는 날이기도 하다. 즉 안식일은 토요일에 매인 것이 아니라 야훼 하나님의 행하심과 명령에 매인다. 토요일이어야 안식하는 것, 주일이어야 안식하는 것이 아니다. 하나님의 은혜가 나타나는 날이 바로 안식의 날이다. 그리고 그날은 사람이 노동하지 않고 쉬는 날이다. 하나님의 행하심은 사람들에게 주시는 쉼으로 나타난다. 절기 규정 가운데 추수할 때 밭 모퉁이를 남겨두고 떨어진 것을 줍지 말 것을 명령하는 말씀도 함께 있다는 점(레 23:22)은 사람에게 쉼과 행복과 평안을 주시는 하나님의 뜻을 확실히 보여준다. 절기의 쉼은, 이 절기가 하나님이 주신 모든 은혜를 기억하는 날일 뿐 아니라 이 절기 자체가 하나님이 모든 이에게 주시는 은혜임을 보여준다. 23장에서 규정하는 절기들은 매주 반복되는 안식일을 근거로 매년 반복되는 절기인데, 25장에서는 7년마다 반복되는 안식년, 50년마다 반복되는 희년으로 그 반복의 폭이 커진다.

　결론적으로, 안식일 규정이 제시하는 쉼과 구별은 하나님의 창조 원리다. 안식일 규정은 하나님을 닮는 것을 근본으로 하며, 사람과 피조 세계에 미치는 온전한 쉼을 주장한다.

칠칠절

　레위기 23장은 절기를 다룬다. 절기 관련 본문이 오경 여기저기에 있지만, 레위기에 있는 절기 본문의 가장 두드러진 특징은 절기 설명 중 분량이 가장 많은 칠칠절 규례다(레 23:9-21). 특히 칠칠절 규례는 보리 첫 이삭 한 단을 드리는 절기(레 23:9-14)와 밀의 첫 열매를 빻아서 드리는 절기(레 23:15-21), 두 단락으로 나뉜다. 보리 수확 절기와 밀 수확 절기 사이에 일곱 안식일이 있다(레 23:15). '일곱 안식'은 25장의 희년 규례에도 사용되는 것으로 레위기의 절기를 이해하는 데 중요한 장치다. 절기를 온 이스라엘을 위한 규례로 선포하는 것이 23장의 특징인데, 이스라엘의 일상에서 가장 중요한 시간은 추수 때다. 칠칠절의 두 단락은 이러한 수확의 시기를 어떻게 하면 여호와 앞에서 거룩히 지낼지를 다룬다. 모든 첫 열매는 하나님의 것이다. 이스라엘은 첫 열매를 하나님에게 먼저 드린 후에 농사지은 결과물을 마음껏 먹을 수 있다. 그리고 그렇게 첫 열매를 하나님에게 드릴 때, 이미 규정된 희생 제사를 함께 드린다는 점에서(레 23:12-13, 18-20), 칠칠절은 이스라엘의 삶과 거룩한 제사를 가장 잘 결합한 절기다. 특이한 것은 칠칠절을 다루는 규례가 "너희 땅의 곡물을 벨 때 밭 모퉁이까지 다 베지 말며 떨어진 것을 줍지 말고 그것을 가난한 자와 거류민을 위하여 남겨두라. 나는 너희의 하나님 여호와이니라"(레 23:22) 하는 말씀으로 끝난다는 점이다. 19장 9-10절을 요약하는 이 구절을 통해, 기쁜 수확과 감사의 시간을, 그러한 기쁨을 누릴 수 없는 가난한 자와 거류민과도 함께해야 함을 확인해준다. 이를 생각하면 칠칠절은 숫자 7의 중복 사용과 더불어 여호와께 드리는 제사, 이스라엘의 수확이라는 일상, 함께 살아가는 가난한 이웃을 위한 나눔을 결합한 절기이며, 레위기에서 이제껏 다루어온 내용을 결집한 본문이라고까지 말할 수 있다.

희년 규례

레위기 25장

레위기에서는 절기 규정을 23장부터 서술하며 25장의 희년 규례에서 절정에 이른다. 절기 규정이 안식일 규정으로 시작하고(레 23:1-3), 절기 규정의 마지막 부분에도 안식일 규정을 제시함으로써(레 26:2), 절기 규정이 안식일 규정이라는 기본 틀 위에 있음을 알려준다. 안식일에는 사람뿐 아니라 종들과 그 집에 머무르는 나그네, 집에서 기르는 가축들까지도 쉰다(출 20:10).

주마다 돌아오는 안식일의 확장이 일곱 해마다 돌아오는 안식년인데, 안식년에는 사람들이 경작하던 땅까지도 쉰다. 씨를 뿌리거나 농사를 짓지 않아도 안식년에 저절로 자란 소출들이 있을 텐데, 그 소출은 땅 주인의 것이 아니다. 땅 주인은 물론이고, 종과 거류민, 가축과 들짐승까지도 그 소출을 공동으로 소유한다(레 25:1-7). 여기에서도 자기 것을 가난한 이웃을 위해 나누는 식의 단순한 자선이 아니라, 안식년의 소출은 모든 이의 것이라는 분명한 규정이 있다. 레위기는 개인의 변덕에 좌우될 수 있는 동정심이나 자선에 호소하는 것보다는 법적이고 제도적인 틀을 구비하는 데에 거듭해서 관심을 기울인다.

레위기 25장은 하나님이 거룩함을 위해 명하신 안식일 규례라는 틀 안에서 안식년에 대한 규정으로 시작하며, 일곱째 안식년으로 나타나는 '대안식년'으로서 희년을 명령한다.[14] 각 절기 규정의 마지막에 있다는 위치 면에서나 내용 면에서나 희년은 절기 규례의 절정 혹은 결론으로 보인다. 희년이 되풀이 주기가 가장 길고, 땅에서 살아가는 모든 사람에게 가장 폭넓게 영향을 미친다는 점에서도 그러하다.[15] 무엇보다도 희년은 일곱 안식년의 결과라는 점에서도, 또 안식년에 하나님이 베푸실 복에 대한 약속이 희년 규례를 격려하는 데 쓰인다는 점에서도 절기 규례의 절정이다(레 25:18-22). 그러므로 희년은 안식년과 결부된다. 안식년에 담겨 있는 정신의 확장이요 결론이 희년 정신이다.[16] 나아가 안식년의 근본이 안식일이라는 점에서, 희년은 안식일 정신을 온전히 구현한다.

25장의 구조는 다음과 같다.

I. 안식년 규례(1-7절)
II. 오십년 희년 규례(8-22절)
    가. 희년규례(8-12절): 일곱 안식년; 대속죄일; 자유; 각각 기업과 가족으로
    나. 기업 매매를 위한 규례(13-17절)
    다. 규례 준수에 대한 격려와 약속(18-22절): 안식년에 대한 예
III. 기업 무르기에 대한 세부 규정들(23-55절)
    가. 원칙(23-24절): 모든 토지는 하나님의 것; 나그네; 토지 무르기의 허용

나. 빈곤의 심화 단계에 따른 규정들(25-55절)

　　　　1. 토지를 팔게 된 경우(25-28절)[17]

　　　　2. 집을 팔게 된 경우(29-34절)[18]

　　　　3. 남에게 의지해야 하는 경우(35-38절)[19]

　　　　4. 종이 되어 자유를 잃게 된 경우(39-46절)

　　　　5. 이방인에게 종이 된 경우(47-55절)

　오십째 해의 대속죄일에 이스라엘 땅에 사는 모든 주민들에게 '자유'가 선포된다. 희년은 성전이나 성막에만 해당되는 것이 아니라 '그 땅에 있는 모든 주민'을 위해 선포된다. 희년이 시작될 때, 모든 이스라엘은 전국에서 나팔을 분다. 제사장들만 부는 것이 아니라 온 이스라엘이 불면서 희년의 도래를 함께 경축하고 즐거워한다. '자유'로 번역한 히브리어 '드로르'는 '놓아줌 release', '자유 freedom', '막힐 것 없는 흐름 flow' 등을 의미한다.[20] 놓아주면 그 사람은 당연히 아무것에도 거칠 것 없이 다닐 것이며, 그것이 자유다. 여호와의 규례와 법도를 따라 사는 이스라엘에게 하나님이 주시는 복의 절정은 아무것에도 매이지 않는 자유, '바로 서서 걷는' 삶이다.

　나는 너희를 애굽 땅에서 인도해 내어 그들에게 종된 것을 면하게 한 너희의 하나님 여호와이니라. 내가 너희의 멍에의 빗장을 부수고 너희를 바로 서서 걷게 하였느니라(레 26:13).

　하나님은 이스라엘을 자유하게 하시는 분이다. 근동의 종교는 사람을 금기와 관습에 얽매고, 수많은 신들의 체계 속에서 사람을 그 질

복음의
공공성

서 아래 얽매며, 그러한 질서가 땅 위에 있는 신적인 왕과 그에 매인 백성으로 반영되었다. 애굽에서 바로의 종이었던 이스라엘의 빗장을 부수신 하나님은 이스라엘에게 아무것에도 매이지 않는 자유, 거칠 것 없이 흘러가는 자유를 주셨다. 이것은 신약에서도 면면히 선포되는 바다. 예수 그리스도를 통해 선포된 진리는 그 백성을 자유롭게 한다(요 8:32). 이를 따라 바울은 "그리스도께서 우리를 자유롭게 하려고 자유를 주셨으니 그러므로 굳건하게 서서 다시는 종의 멍에를 메지 말라"(갈 5:1) 권면한다. 이 자유는 그저 정신적인 자유나 자기 마음대로 자기 일을 결정할 수 있는 자유 정도가 아니다. 참된 자유는, 종에서 해방시키신 여호와께서 모든 이스라엘에게 주신 기업인 땅 위에서 여호와를 섬기며 살아가는 삶이다. 기본적으로 동일하게 주신 땅과 몸에 대한 권리를 공동체 가운데서 회복하는 것이 여기서 선포하는 자유다. 그래서 희년의 자유는 몸과 마음의 온전한 자유다.

25장에서 이 점을 확실히 보여주는 것은, 희년에 '드로르'가 선포되자 모든 이스라엘이 각자 자기 기업인 땅과 가족에게 돌아간다는 점이다. 경제적인 어려움 때문에 자기 기업을 팔 수밖에 없었고, 자기 몸도 남의 종으로 전락했지만, 희년이 되면 모든 이스라엘은 원래 하나님에게 받은 기업으로, 원래 하나님이 애굽에서 인도해 내심으로 자유를 누리던 상태로 돌아간다. 그러므로 희년은 몸은 구속되고 땅도 없는 채 그저 자유하라, 평안하라는 말만 들리는 소식이 아니다. 희년은 자유로운 몸으로, 자기에게 돌아온 기업 위에서 자유롭게 농사지을 수 있는 진정한 자유를 누리는 소식이다. 이스라엘의 모든 땅은 여호와 하나님의 것이요(레 25:23), 모든 이스라엘의 주인은 여호와 하나님(레 25:55)이라는 고백이 그 근본에 있다. 하나님이 모든 땅의 주인이시기에, 이스라엘은 땅을 사적으로 소유할 수 없다. 하나님이 모든 이스라엘의 주인이시기에 이스라엘은 다른 이의 종이 될 수도, 남을 종 삼을 수도 없다.

또 레위기 25장 25-55절에서 제시하는 세부 규례에는 가난 정도에 따른 개별 상황들이 들어 있다. 이 세부 규례에는 하나님이 주신 땅에 살고 있는 한 농부의 경제 상황이 계속 악화될 가능성과, 그로 인해 발생할 수 있는 빈부격차 같은 현실에 대한 인식이 반영되었다. 희년 규례는 모든 이스라엘이 각자 하나님에게 기업을 받고 농사지으면서 살아가는 사회 구조를 전제로 하지만, 이러저러한 현실로 인해 자유로운 이스라엘이 가난해질 수 있다는 것도 염두에 둔다. 또 희년 규례는 그러한 가난이 일시적인 것이 아니라 점점 심해지는 경우도 고려한다. 가난이 심해져서 먼저는 경작하던 땅을 팔고, 살던 집을 판다. 다른 이의 도움을 힘입어 더부살이로 연명한다. 그러다가 급기야 자신과 가족이 다른 사람에게 팔리고, 마침내 외국인들에게 팔리는 지경에까지 이른다. 가난은 하나님이 이스라엘에게 주신 땅에서 이스라엘을 소외시킬 뿐 아니라, 하나님이 허락하신 고유한 삶의 근본인 육체노동에서도 소외시킨다. 그런 점에서 기업 무르기에 관한 세부 사항은, 희년 규례가 이상적인 이스라엘의 묘사에만 머무르지 않고, 현실에서 일어나는 상황에 대처하고자 한다는 것을 보여준다. 더 나아가 기업 무르기는 희년 규례를 근본적으로 현실 세계를 위한 규례로 여기게 한다.

희년법의 정신

여호와를 경외하는 신앙 희년법은 옛 가치의 회복을 지향하므로 진보적이거나 혁명적이지 않고 오히려 보수적이다. 땅이 그 맡은 자에게서 멀어졌을 경우 가까운 친족이 물러야 했다. 친족이 무르지 못하면 희년이 되었을 때 원래 맡은 자에게 돌아온다. 그런 점에서 무르기는 자선 행위가 아니다. 땅은 여호와의 것이며, 모든 이스라엘은 여호와의 종이라는 전제가 있기 때문이다. 그래서 희년은 대농장주의 발생을 가로막고, 빈부격차가 커지는 것을 방지한다.[21] 예언자는 이러한 끔찍한 현실에 대해 경고와 심판의 메시지를 선포할 뿐이지만, 레위기에 따르면 제사장은 율법을 실행함으로써 그러한 현실을 바로잡아야 한다.[22]

이렇듯 희년법은 가난을 방지하려는 구조적인 노력이라는 점이 적절하게 강조되지만, 땅을 매매하는 과정에서 매입하는 사람의 의도가 선하지 않으면 가난한 사람은 착취당하기 마련이다. 그리고 땅을 매입한 사람이 악한 경우에는 자기가 매입한 땅을 희년 때까지 황폐하게 만들거나 다른 악을 도모할 수 있다. 그런 점에서 희년 규례가 끊임없이 여호와 하나님을 경외할 것을 명령하는 것에 유의해야 한다. 레위기 25장에서 여호와를 경외하라고 여러 번 반복하여 강조하는 구절들은(레 25:17, 18, 36, 43), 희년법을 사회 차원의 도덕법으로 이해할 것이 아니라 여호와를 경외하는 신앙의 본질로 다룰 것을 요구한다.

또 고대근동의 다른 법들과는 달리 이스라엘의 법에서는 그 법의 준수를 위한 동기부여를 반복하는데, 그것은 바로 애굽에서 종이었던 경험이다. "그들은 내가 애굽 땅에서 인도하여 낸 내 종이요 나는 너희 하나님 여호와이니라"(레 25:55; 25:38). 희년법 준수의 동기는 사회의 균형이나 유지가 아니다. 여호와 하나님과 이스라엘의 근본 언약관계가 형성된 출애굽 경험이 희년법의 근본정신이자 희년법을 준수할 동기다. 그러므로 하나님의 백성인 이스라엘에게 희년법은 사회적 규례라기보다는 신앙의 근본인 종교적 영적 규례다.[23] 나봇과 아합의 예에서 보듯이 악한 의도 앞에서 이스라엘의 토지법은 무기력하게 붕괴된다. 그렇다만 희년 규례는 여호와를 경외하는 구체적인 지침이며, 여호와를 경외하는 이들이 받은 명령이며 권고다. 희년법은 여호와를 모르는 자들에게는 구조적으로, 의무적으로 부과되지 않는다. 여호와를 알고 그분을 섬기는 자들에게 가난한 이웃을 돕고 사랑하라고 선포하는 신앙의 권면이 희년법이다. 레위기 25장에서 자주 나오는 '네 형제'라는 표현 역시 이를 뒷받침한다. 기업을 무르는 것 역시 갑작스레 곤경을 당한 사람을 가장 가까운 친족이 돕도록 배려하는 것이다. 이것은 절대적인 평등과는 거리가 멀다. 모든 이에게 각자 기업이 있다는 점에서 평등하지만, 각자 지닌 재화는 얼마든지 다를 수 있다.

아울러 희년을 대속죄일에 선포한다는 것에도 유의하자. 희년을 성결 법전의 절정으로 제시하면서 동시에 지극히 제의적이며 신학적 성격인 대속죄일에 선포한다는 것은, 희년의 제의적 성격을 확실히 해 준다.[24] 그러므로 희년 규정은 영적 차원과 사회적 차원을 통합한다. 사실 구약의 율법 자체가 단순히 영적이거나 단순히 사회적 규정들로 나뉘지 않는다는 점을 생각해 보면, 희년 규정은 거룩한 이스라엘이 하나님 앞에서 살며 행해야 하는 근본 삶을 규정하는 것이다.

한 가지 더 지적할 것은 희년법의 원칙이다. 희년 규례에 따르면, 이스라엘은 이 땅에서 나그네로 살고 있으며, 땅을 사고팔 수 없는데, 이것은 모든 땅이 하나님의 것이기 때문이다(레 25:23). 그래서 희년 규례의 궁극적인 목적은, 하나님에게 받은 땅에서 이스라엘을 소외시키지 않는 것이다.[25] 이것은 땅에만 적용하는 원칙이 아니다. 모든 이스라엘은 비록 가난하여 남에게 자신을 팔아야 하는 상황이 되더라도 종이 될 수는 없다. 왜냐하면 그들은 여호와의 종, 즉 여호와의 소유이기 때문이다(레 25:42, 55). 그러므로 희년법은 땅과 이스라엘이 모두 여호와의 것이므로 여호와가 아닌 사람의 사적인 소유가 될 수 없다는 원칙을 분명히 한다. 이스라엘이 자유로이 여호와를 섬기려면 아무에게도 구속되지 않는 자유로운 땅이 있어야 하며, 아무에게도 구속되지 않아야 한다. 자유로운 땅에서, 자기가 받은 시내 산의 규례를 따라, 자유롭게 여호와를 섬기는 백성이 이스라엘이다. 여호와께서 이스라엘을 종 되었던 집에서 건져내셨듯이, 이스라엘 역시 종이 된 자기 형제를 건져내야 한다. 희년에 선포되는 '드로르'를 자유라고 번역했지만, 이 자유는 자신에 대한 의사결정권과는 무관하다. 기본적으로 동일하게 받은 땅과 몸에 대한 권리를 공동체 안에서 회복하는 것이 희년에 선포하는 자유다. 희년의 자유는 몸과 마음의 온전한 자유다. 이사야 61장에서 말하는 자유 역시 그러한 맥락에서 풀이해야 한다. 자유는 단지 마음이 억눌린 데서 풀려나는 것이 아니라 하나님이 각자에게 주신 기업과 몸의 회복을 포괄하는 개념이다.

'유토피아'로서 희년 2인칭을 향해 명령한다는 점에서 희년 규례는 모든 사람이 준수하고 따라야 하는 말씀이다. 그런데도 희년 규례의 최대 문제는 바로 이 규례의 실현 가능성과 실제 준수 여부다. 만일 희년법이 실제로 실행되는 법이라면 토지를 구매한 이는 어떻게 해서든 희년이 되기 전에 그 토지에서 최대한 이익을 낸 후에 돌려주려고 할 텐데, 이러한 일은 토지 자체에 전혀 유익이 되지 않을 것이다. 그 정도는 아니더라도 땅을 희년까지 한시적으로 구입할 때, 파는 이는 그 땅에서 얻을 수 있는 소득을 최대한도로 부를 것이고 사는 이는 최소한도로 부를 것이다. 그러고서는 일단 매매가 끝나면 구매자는 자기가 치른 가격보다 훨씬 더 많은 소득을 얻기 위해 애쓸 것이다. 그렇다면 희년이 될 때까지 그 땅은 지나치게 혹사를 당할 가능성이 있다. 그렇다면 땅을 새로 구매한 사람이 칠 년째에 그 땅에 안식년을 선포할 수 있을까. 그런 점에서 우리는 희년법이 여호와 하나님을 경외하는 신실한 인간을 전제로 한다는 것을 발견한다.[26] 하나님을 경외하는 사람은 이익을 얻기 위해 이러저러한 일을 하지만, 중심에는 여호와의 뜻을 실현하려는 순종과 열심이 있다. 나아가 희년 규례에는 각 가족이 자기 땅을 여호와께 받아 경작하며 살아가는 사회에 대한 열망과 기대가 있다. 희년 규례는 그러한 사회를 가장 이상적인 사회로 그린다. 그런 점에서 희년 규례는 현실 법조항의 측면뿐 아니라 이상적인 이스라엘 혹은 회복해야 하는 이스라엘의 이상을 그린다.

물론 앞서 언급한 것처럼, 희년 규례에 세부 규정이 들어 있는 것을 보면 이 규례는 분명 실제 준수를 염두에 둔 것이다.[27] 그럼에도 희년 규례는 근본적으로 하나님이 그분 백성에게 명하시는 이상적인 사회에 대한 비전이다. 그러므로 이 법의 정신을 훼손하는 상황은 근본적으로는 여호와께 대한 경외라는 원칙으로 다루어야 한다. 어쩌면 희년의 실현 불가능성은 사실 실제적인 이유보다는 동기의 문제일 것이다.[28] 희년은 실현 불가능하지 않지만, 어디까지나 이상적이다.[29]

여기서 '이상적'이라는 말을 오해하지 말아야 한다. 희년이 이상적이라는 말은, 희년이 실현 불가능하다는 뜻이 아니라 희년법 안에 하나님이 그분 백성 이스라엘에게 명하신 참된 모습ideal이 담겨 있다는 의미다.[30] 희년은 이상적이다. 앞에서 언급하였듯이, 희년은 현재 존재하고 과거 존재하던 세상과는 전적으로 어긋나며, 이를 통해 지향해야 하는 목표를 제시한다. 희년은 애굽을 떠나서 가나안에 들어와 여호와께 처음으로 기업을 받았을 당시로 이스라엘을 되돌리는 조치라는 점에서³¹ 과거 상황으로 재조정reset하는 것이라고 할 수 있지만, 이를 통해 새로운 미래를 그린다는 점에도 유의해야 한다.³² 구약 예언자들의 선포는 '그날'을 향한다는 점에서 의미 있다. 그러므로 희년에 대한 묵상은 단지 그 시절이 좋았다고 말하는 것에 그쳐서는 안 된다. 과거의 평등하던 시절에 대한 기억이, 다가올 영광스러운 날에 대한 기대에 포함되어야 한다. 이러한 미래를 향한 기대 속에서 희년 규례는 어떤 경우건 땅은 인간의 것이 아니며 인간은 그저 그 땅에서 나그네로, 잠시 관리를 맡은 존재로 살아감을 기억하게 한다.

희년의 회복은 궁극적인 회복이다. 신명기의 한 구절은 "땅에는 언제든지 가난한 자가 그치지 아니하겠으므로"(신 15:11)라고 말한다. 그러나 면제년을 제대로 실행할 경우, 이스라엘 가운데 가난한 자가 없으리라는 선포 역시 같은 장에 있다(신 15:4). 궁핍과 필요에서 가난이 시작되고 그로 인해 빚을 지기 때문에 가난이 심해진다는 것을 생각할 때, 7년마다 있는 면제년을 올바르게 준수하면 땅에서 가난한 자가 없어질 것이다. 그러나 설령 빚은 면제받아도 이미 땅을 팔아버린 사람은 여전히 땅이 없는 채로 살아야 한다는 점에서, 희년법은 참으로 그 땅에 가난한 자가 없게 하는 법이다.

고대 근동과 비교

희년에 담겨 있는 자유의 선포는 구약에만 나타나는 고유한 사상이 아니다. 희년법은 고대 근동에도 유사한 형태가 있다.³³ 특히 희년에 선포하는 '드로르'는 아카드어 '안두라룸andurarum'과 동일한 의미임이 분명하다. 고대 근동에서 왕들은 안두라룸(자유)과 미샤룸(misharum, 정의)을 선포했다. 주전 20세기 이전 시기에 이미 왕들의 칙령에서 노예해방과 빚의 탕감에 관한 선포를 볼 수 있다. 이전 시기의 증거는 땅의 회복을 명시하지 않지만, 빚의 탕감과 관련하여 그 저당이었을 땅이 원주인에게 돌아가는 것도 전제로 하는 것으로 보인다. 실제로 주전 18세기 바벨론의 삼수일루나Samsuiluna 치세의 어느 토판에서는 미샤룸이 땅을 되돌려주는 것과 연관된다. 그리고 이 토판에서는 이러한 날에 기념적인 횃불을 들어 올린다고 하는데, 이것도 나팔을 부는 희년과 아주 흡사하다.[34] 안두라룸과 미샤룸이 이미 발생한 사회의 불의를 시정하는 조치라면, 한 도시를 해방시키며 사회경제적 불이익을 방지하고 보호를 선언하는 킷디누투Kiddinutu는 미래지향적인 조치다.[35] 킷디누투 역시 주전 2천년대 중반부터, 헬레니즘 시기까지 실행되었다. 이스라엘이 하나님의 종이기에 서로 종삼을 수 없다는 오경의 규정들과 이러한 킷디누투 조치는 비교해볼 만하다.

그러면 희년 규례와 고대 근동의 조치들의 차이점은 무엇인가? 첫째, 고대 근동의 미샤룸은 신의 대행자인 인간 왕이 선포하지만, 희년법은 참된 왕이신 여호와께서 선포하신다.[36] 희년에 선포된 '드로르'는 여호와께서 이스라엘의 참된 왕이심을 보여준다. 다른 사람에게 기대어 살아야 하던 이들이 자유인이 되고, 다른 이에게 넘어가 있던 땅이 다시 돌아온다는 점에서, 드로르를 통한 희년의 선포는 여호와께서 그 땅의 주인이시며,[37] 여호와께서 모든 이스라엘의 주인이심을 확인하는 사건이다.

둘째, 미샤룸이 부정기적이며 갑작스럽게 실행되는 반면, 희년은 거룩한 절기로 규정되며 정기적이고 규칙적으로 실행된다.[38] 여기에서도 하나님나라를 볼 수 있다. 세상 나라는 왕의 변덕이나 호의에, 왕의 의지에 좌우되지만,[39] 희년법은 사람의 변덕에 기대지 않으며 규칙적이고 정기적으로 시행하도록 규정된다. 근동의 해방은 왕의 호의에서 나온 시혜인 데 비해,[40] 구약의 희년은 하나님이 정하신 법을 근거로 마땅히 시행해야 하는 제도다. 그런 점에서 희년법은 철저히 하나님을 의지하는 것이다. 구조적으로 법을 정하고 사회 체제를 완비하는 것은, 사람이나 제도를 의지하는 것이 아니라 하나님을 의지하는 것과 통한다. 아울러 바인펠트가 지적하듯이, 이제까지 진 빚을 탕감하는 근동의 법이 과거와 연관된 법이라면, 제도적으로 규정된 희년법은 근본적으로 미래를 향한 법이다.[41]

희년 규정의 의미

앞에서 보았던 것처럼 희년 규례의 근본에는 모든 땅은 하나님의 것이요, 모든 이스라엘은 하나님의 종이라는 선언이 있다. 아울러 이 선언에는 하나님이 모든 이스라엘을 하나님 아닌 다른 것의 종이 되지 않는 삶을 살게 하시며, 하나님이 주인이시되 모든 이스라엘에게 땅을 주셨다는 의미도 있다. 그리고 이것이 우리가 본 대로 아브라함에게 주신 약속의 본질이다. 이 자유의 몸으로, 자유의 땅에서, 공평과 정의를 행하며 살라고 하나님이 이스라엘을 부르셨다. 만일 몸이 자유롭지 않다면 공평과 정의를 행하는 하나님나라의 삶은 문제가 생긴다. 땅을 모든 사람이 고르게 받지 않아도 마찬가지로 공평과 정의의 문제가 생긴다. 희년 규정은 현실 사회 속에서 몸과 땅이 하나님 백성에게서 분리될 수 있음을 인식하면서, 그 분리를 회복하는 방법을 규정한다. 희년 규정에 따르면 일곱 안식년이 지난 그 다음 해, 이스라엘의 모든 죄를 정결케 하는 속죄일에 몸과 땅은 완전한 자유를 회복한다. 결국 희년법은 하나님나라 백성이 사람의 양심이나 자선이 아니라 구조적인 법률을 통해 삶을 회복하도록 규정한다. 이를 생각하면 희년 규정은 몸과 땅의 회복, 즉 사람이 스스로 삶을 영위할 수 없는 현실과 땅이 사람에게서 분리된 현실을 바로잡는 법이고 제도다. 그리고 이러한 회복을 이루는 날이 속죄일이라는 점에서, 참된 자유와 구속과 해방을 확실하게 보여준다. 그러므로 땅 돌려주기나 50년은 희년 규정의 초점이 아니다. 그보다는 하나님나라 백성으로 살아가는 삶을 가로막는 온갖 질곡과 멍에에 대한 해방과 자유 선포가 희년 규정의 초점이다. 그리고 이러한 해방과 자유는 평상시에는 토지와 몸의 무르기로, 희년에는 몸과 토지의 자유 회복으로 구체화된다. 가난이 대물림되는 현실을 바로잡는 사회 안전망을 구조화하는 것이다. 또 평상시에는 무르기 제도가 존재해서, 언제든 땅과 몸을 회복할 기회를 열어놓았으며, 스스로 회복할 처지가 아닌 경우에는 가까운 친척을 통해 회복할 수 있도록 규정해놓았다. 이것은 무르기 제도의 이면에 회복의 기회와 공동 책임이 있음을 보여준다. 가난은 자신의 문제이면서 동시에 공동의 문제라는 의미다.

정리하면 토지와 몸은 하나님의 것이며, 하나님이 사람에게 기업으로 주셨다는 것이 희년 사상의 신학적 핵심이다. 그래서 토지와 몸이 그 백성과 분리된 현실에 자유와 해방을 선포하고 실현하는 것이 희년의 의미다. 토지와 몸이 자신과 분리되고 가난이 대물림되는 것은 하나님 말씀을 파괴하는 것이기에, 희년 규정은 50년 희년 제도와 토지와 몸의 무르기를 실질적 방안으로 제시한다. 그러므로 희년 규정의 근본은 땅과 몸의 자유와 해방이다. 그리고 희년 규정을 구체적으로 실천하는 방안으로 50년으로 상징되는 정기적, 주기적, 제도적 회복이 있으며, 무르기 제도로 대표되는 회복을 위한 기회 제공과 공동의 책임이 있다. 희년이 새로운 출발을 상징하는 재조정reset이라는 점에서, 희년의 현대적 적용은 한 사회에서 새 출발을 가능하게 해줄 수 있는 방법의 모색을 포함한다. 어떻게 하면 우리 사회를 재조정할 수 있을까? 해방 직후의 농지개혁은 이러한 재조정의 대표적 방안이었다. 그렇다면 오늘날 대한민국 현실에서는 어떤 재조정이 가능할 수 있을까? 이 시대의 수많은 부채 문제는 어떻게 하면 재조정할 수 있을까?

이와 연관하여 최근 활발히 논의 중인 기본소득의 도입은 주목할 만하다. 희년은 이전 세대의 가난을 물려받는 것이 아니라 언제라도 새로 출발할 수 있게 해주는데, 이것은 죄에서 자유롭게 되는 것과 연관된다. 최근 논의되는 기본소득은, 온 국민에게 실질적 자유를 부여한다는 정신을 근거로 한다는 점에서 희년과 통한다. 희년은 고대 이스라엘의 땅을 하나님의 것으로 선언하며 사적으로 독점할 수 없음을 분명히 하였는데, 기본소득은 한정된 땅과 빅데이터를 기반으로 한 인공지능 같은 것을 '공유 자산'으로 여겨 국민 모두 그 자산의 배당금을 받아야 한다는 생각이 그 바탕에 있다는 점에서 희년 정신과 통한다. 곤궁에 빠져 땅을 팔아야 하고 노동력을 팔아야 하는 이들을 연대해서 책임지는 것이 희년을 기반으로 한 거래와 무르기라면, 기본소득은 4차 산업혁명 도래와 그로 인한 실업자 양산에 대비하는 정책이라는 점에서도 희년 정신과 통한다. 이와 같은 기본소득 논의는 언제나 재원 마련에서 어려움에 봉착하는데, 토지 소유자에게 소유 규모에 따라 토지보유세 혹은 국토보유세를 징수하여 기본소득으로 모든 국민에게 나누어 준다면, '모든 이의 땅을 모든 이의 것으로'를 실질적으로 구현하게 될 것이다.

"모든 땅은 하나님의 것이다"라는 명제를 일반적인 말로 바꾸면, "땅은 개인의 것이 아니라 모든 이의 것이다"라는 말이다. 하나님을 예배하고 하나님의 말씀을 따라 행한다는 것을 일반적인 말로 바꾸면, 사적 이익을 넘어서 공적 이익을 위해 행동한다는 말이다. 모든 사람이 땅에 대해 동등한 권리를 지니고 있다는 희년의 '평등지권平等地權' 사상은 국토보유세를 징수함으로써 토지의 이익을 모든 이에게 고르게 나누어 주는 기본소득으로 구체화할 수 있다는 제안은, 레위기의 희년 제도를 21세기라는 변화한 현실에 적용하려는 노력이다.

  희년의 기본 정신은 변하지 않지만 구체적 실천 방안은 변할 수 있다. 그래서 구약의 희년 본문은 단지 레위기 25장에 국한되지 않는다. 사실 희년이 시행되는 50년은 일곱 안식년 다음 해를 의미하는데, 일곱 번의 안식년 자체가 이미 지극히 신학적이고 상징적인 숫자다. 여기에는 천지를 지으신 하나님이 안식을 누리신 안식일이 그 근본에 놓여 있다. 그래서 희년에서 중요한 것은 49나 50이라는 숫자가 아니라 일곱 번의 안식으로 대표되는 하나님의 안식, 혹은 하나님이 주시는 쉼과 회복이라는 점에서도 희년을 그저 50년째 해로 보는 것은 한계가 있다.

  한 가지 더 주목해야 하는 것은 땅과 몸의 자유다. 토지는 하나님의 것이라는 원칙이 현재에도 원칙이냐 하는 것이 관건이다. 희년의 정신만 받는다면 자유와 해방을 이어받는 것이고, 오늘도 여전히 토지문제는 그 자유와 해방을 가로막는 질곡으로서 존재할 수 있다. 이렇다면 토지는 일단 상대화된다. 그러나 어느 시대를 막론하고 토지 문제가 쟁점이 된다는 것은 그만큼 토지의 중요성이 크다는 뜻이다. 땅은 한정적이기에 독점될 경우 그 폐해가 가장 크다는 점에서도 그러하다. 이를 생각하면 토지는 문화와 시대를 초월하는 요소다. 희년법의 또 다른 중심인 사람의 몸도 마찬가지다. 사람이 다른 사람에게 노예가 되지 말아야 한다는 것은 시대를 막론한 진리다. 이것을 상징이나 비유로만 보는 것은 어느 시대에건 해당되지 않는다. 그러므로 토지와 몸의 자유는 시대를 막론한 진리다. 어느 시대이건, 땅이 독점되지 않게 하고 땅에 대한 사람의 평등한 사용권을 보장하는 제도를 갖추고, 한 사람이 다른 사람의 종이 되지 않게 하고 다른 사람의 종이 되게 하는 사회 구조나 틀을 바꾸는 것은 시대를 초월한 진리다.

희년은 안식에서 출발한다. 히브리어 '샤바트'는 안식과 안식일, 안식년을 모두 가리킨다. 희년에도 파종하지 않으며 희년을 시작하는 속죄일이 '샤바트 샤바톤'이었다는 점에서, 희년 역시 안식년의 일종이라 볼 수 있으며, 희년 역시 '샤바트'임을 알 수 있다. 그러므로 희년을 지키는 것은 안식을 지키는 것이다. 희년을 회복하는 것은 안식을 회복하는 것이다. 희년 규정은 이러한 안식이 단순히 정신적인 것이 아니라 구체적이고 현실적인 사항임을 분명히 보여준다.

희년법은 이스라엘의 삶을 위한 법이었으며, 동시에 다가오는 하나님나라 백성의 바른 삶을 위한 이상이기도 하다. 그러므로 희년법은 이 시대에도 여전히 하나님의 말씀으로 작용한다. 희년을 대속죄일에 선포했다는 것은 제의적 정결과 사회적 정결이 동일한 차원에서 융합했음을 보여준다. 성소를 정결케 하는 대속죄일은 참으로 희년법을 선포하기에 적절한 날이었다. 희년법의 실질 내용은 여호와께 대한 경외에 근본을 둔 이웃 사랑이라는 원칙 위에서, 여호와의 왕 되심이라는 기초 위에서 선포된 자유다. 희년법의 구체적 내용은 빚의 탕감, 땅의 회복, 땅과 사람의 쉼, 경제적 종속에서 해방으로 정리할 수 있을 것이며,[42] 이러한 내용은 어느 때든 현실적이고 실질적으로 실행 가능한 것들이다. 앞서 언급했듯이, 국토보유세를 기반으로 한 기본 소득 논의는 희년 정신의 알맹이를 구현하려는 노력이다.

아울러 희년은 하나님이 행하고 일으키실 기적에 기대는 것이 아니라, 하나님의 백성으로 부름 받은 사람들이 현실 속에서 실천해야 하는 일이라는 점에도 유의해야 한다. 기적에 기대지 말고 스스로, 함께, 일상을 만들어가라는 것이 희년 규정의 근본적인 의미다.

구약의 다른 본문에 나타난 희년

출애굽기 21장 1-11절

출애굽기 21장은 히브리 남종의 해방을 다룬다. 히브리 남종을 샀을 경우 일곱째 해에는 자유롭게 해줘야 한다. 그러나 상전이 그 남종에게 아내를 주었을 경우, 남종의 아내와 자녀는 일곱째 해가 되어도 함께 나가지 못한다. 그래서 가족과 함께 살고 싶으면 이 남종은 영원토록 상전의 종이 되겠다고 선언해야 한다. 이와 비슷한 내용을 다루지만 여종도 남종과 똑같이 일곱째 해에 자유롭게 해주라고 명령하는 신명기 15장과는 달리, 출애굽기 본문은 여종의 해방은 언급하지 않는다. 출애굽기 본문에서는 여종을 주인이나 주인의 아들이 원치 않을 경우 자유롭게 해줘야 한다. 여종은 주인이 다른 여자에게 장가들 경우에도 먹을 것과 입을 것, 동침하여 자녀를 낳을 권리를 보장받는다. 이러한 의무를 이행하고 싶지 않다면 주인은 이 여성을 무상으로 해방시켜야 한다. 이스라엘을 종 삼는 것이 금지되었다는 점에서, 이 본문과 신명기 15장이 다루는 '히브리' 종은 이스라엘 가운데 살고 있는 셈족 계열 외국인 노예를 가리키는 것으로 보인다.[43] '히브리'라는 말이 오경 율법 본문 중에서는 출애굽기와 신명기의 종 해방 본문에서만 두 번 쓰인다는 점에서, 이 본문들이 언급하는 종은 '히브리인'이지만, '이스라엘'은 아닌 외부 집단을 가리킨다. 여기 나오는 종들은 자기들이 원할 경우 주인에게 영원히 예속될 수도 있었다. 그것은 이들이 이스라엘이 아니었기에 돌아갈 기업, 즉 땅이 없다는 것을 전제로 한다.

레위기 27장 16-25절

레위기 27장의 첫머리는 서원을 다룬다. 여기서 우리가 주목할 것은 성전에 서원으로 바친 토지를 처리하는 문제다(레 27:16-25). 자신이 밭을 서원하여 성전에 드렸으나 그것을 무르기 원할 경우 언제든 자신이 드린 밭의 가치(이 가치는 희년까지 남은 햇수에 따라 다르다)에 오분의 일을 더하여 무를 수 있었다. 성전에 드린 토지조차도 언제든 토지 소유자가 원하면 다시 무를 수 있었다는 점은, 토지 무르기가 얼마나 근본적이고 원칙적인 질서인지 역설한다. 또 성전에 바친 밭도 희년이 되면 원주인에게 돌아온다. 성전에 바친 밭, 달리 표현하면 하나님에게 바친 밭이지만, 그 밭조차도 희년이 되면 원주인에게 돌아간다. J. S. 벅스마의 표현대로,[44] 모든 땅의 주인이신 하나님조차도 희년의 원칙을 따르신다! 하나님이 땅의 소유자시지만, 하나님도 그 봉헌된 땅을 희년에는 다시 원주인에게 돌려보내신다. 성전에 바친 땅이 한없이 늘어나게 하지 않으시고, 일정 기간 성전 땅으로 있다가 희년에 원주인에게로 돌아가게 하신다. 성전에 바치는 이들의 열심을 통해 성전에 부가 지나치게 축적되지 않게 하면서, 각 사람이 자기가 받은 기업을 누리고 살 권리가 절대적임을 보여주는 것이다. 이 본문은 흔히들 생각하는 것처럼 사유재산의 절대성을 보여주지는 않는다. 모든 사람이 기본 생산 수단인 땅을 가지는 것이 하나님의 절대적인 질서임을 보여준다. 하나님조차 희년법을 준행하시는데, 어찌 감히 사람이 그 법을 무시하고 다른 사람의 권리를 짓밟을 것인가. 희년법에 대한 세부적인 예외 규정은 희년법이 실행 가능한 법이며, 적어도 희년법의 실행이 그렇게 의도되었음을 확실히 보여준다. 모두 하나님의 땅이지만, 각 사람이 자신의 땅을 누리고 살아갈 권리를 하나님도 존중하고 지키신다는 점은, 사람과 그 사람이 받은 땅이 얼마나 밀접하게 연관되어 있는지를 확실히 증거한다. 참으로 땅이 없으면 자유도 없는 것이다.

신명기 15장 1-18절

신명기 15장은 면제 규례를 설명한다. 히브리어로 '쉐밋타'로 불리는 이 '면제'는 7년마다 일어난다. 출애굽기 23장 11절에서 일곱째 해에 땅을 갈지 말고 묵혀둘 것을 명령할 때, '묵혀두다'는 의미로 쓰인 히브리어 동사가 '샤마트'다. 땅의 휴경과 빚의 면제가 동일한 정신의 구현인 것이다. 다시 말해 신명기의 면제년은 7년 안식년의 정신을 빚 문제에 적용한 것이다. 신명기에서 일곱째 해는 사회적 함의만 있으며, 이러한 면제의 목적은 "너희 가운데 가난한 자가 없으리라"에 있다.[45] 신명기 15장 1절의 "매 칠 년 끝에는 면제하라"는 명령은, 땅의 휴경으로 대표되는 안식년에도 해당하고 빚을 탕감하는 면제년에도 해당하는 명령이다. 신명기 15장 2절 이하 내용은 이 '면제' 혹은 '휴경'을 빚의 탕감 문제에 적용한 것으로 볼 수 있다는 점에서,[46] 신명기 본문은 안식년 규례 혹은 전통에 대한 신명기 기자의 독자적이고 독특한 적용이다. 출애굽기에서는 땅이 쟁점이지만 신명기에서는 빚이 쟁점이라는 점에서, 신명기의 경우 도시화된 사회를 배경으로 한다고 볼 수 있다.[47] 안식년 법과 면제년 법은 당연히 서로 충돌하지 않고 상호 배타적이지도 않다. 이 법들이 동일한 정신을 구현하고 있다는 것에 주목하자. 오경의 율법

체계는 다양한 사회와 상황 속에서 어떻게 하면 해방과 자유를 구현할 수 있는지를 서술한다.

이것은 우리에게 생각할 점을 여럿 던져준다. 희년은 농경사회를 기본으로 한다. 그렇다면 고도로 도시화된 오늘날 사회에서 희년을 어떻게 적용할 수 있을까. 우리가 보았듯이, 출애굽기의 면제가 안식년이라면, 신명기의 도시 사회의 면제는 빚 탕감이다. 사회 구조가 변하자 적용도 변했다. 그런 점에서 구약의 율법이 지향하는 정신을 파악하고 그 정신을 현대의 상황에 적용하는 것이 후대가 노력해야 하는 부분이다. 그러나 농경 사회를 배경으로 한 레위기 본문이 보존된 까닭은, 레위기의 규례가 단순히 농경 사회를 배경으로 한 법 조항이 아니라, 법의 근본정신이 담긴 본문이기 때문이다.

예레미야 34장 8-22절

예루살렘이 바벨론에 포위당하고 있던 시기에 시드기야와 예루살렘에 있는 고관들은 함께 언약을 맺고 자기들이 거느린 남녀 노예들을 자유롭게 한다. 예레미야 34장 8절은 그들이 "자유를 선포하였다[리크로 드로르]" 기록한다. "내 이름으로 일컬음을 받는 집에서 내 앞에서"(렘 34:15) 즉, 예루살렘 성전에서 이 언약을 맺었으며, 이 언약에 "유다 고관들과 예루살렘 고관들과 내시들과 제사장들과 이 땅 모든 백성"(렘 34:19)이 함께했다. 그리고 이 자유를 선언하는 언약을 체결하기 위해 언약 체결의 고전적인 방식을 실행했으니, 곧 언약에 참여한 이들이 모두 "송아지를 둘로 쪼개고 그 두 조각 사이로 지나갔다"(렘 34:18). 그러므로 예레미야 본문은 시드기야 왕과 고관들을 중심으로 해서 많은 이들이 하나님 앞에서 엄숙하고도 단호하게 노예해방 언약을 맺었음을 알려준다.

그리고 이것은 "여호와의 눈앞에 바른 일"(렘 34:15)이었다. 아마도 이것은 바벨론에 포위된 상황에 직면하자 성중에 있는 모든 이들이 화합하고 단결하기 위한 정치적인 조치였을 것이다.[48]

예레미야 34장 13-14절은 이러한 언약의 배경에 형제 히브리 사람을 노예로 삼으면 칠 년 되는 해에 해방시키는 규례가 있음을 알려준다. 이에 해당되는 본문들은 출애굽기 21장, 레위기 25장, 신명기 15장일 것이다. 출애굽기의 본문은 남자 노예에게만 7년째 해방을 적용한다는 점에서, 레위기는 동족을 종 삼는 것 자체를 금지한다는 점에서, 신명기 15장은 모든 이스라엘에게 일시에 적용하는 노예해방이 아니라는 점에서, 예레미야의 내용과 차이가 있다. 신명기에 따르면 어느 히브리 노예든지 6년을 일하면 7년째에 해방되므로, 각 사람이 노예로 일하게 된 시기에 따라 해방 시기가 각기 다를 수밖에 없으며, 출애굽기 해방규례에서도 마찬가지이다. 달리 생각하면 예레미야 34장 14절이 언급하듯이, 이제껏 노예해방을 실시하지 않았으므로, 지금 하려면 일시에 모든 이에게 적용해야 한다는 점에서 이것은 면제년의 실행이다. 그럼에도 종이 된 지 아직 7년이 안 된 이들도 있을 가능성을 배제할 수 없다는 점에서 면제년과는 여전히 차이가 있다.

동시적으로 이렇게 모든 이에게 적용하는 노예해방이, 레위기 25장에서 다루는 희년에 실행하는 특징적인 일이라는 점에서, 예레미야 34장은 희년 선포를 배경으로 한다고 볼 수 있다. 특히 희년 선포의 핵심인 '자유 선포'를 의미하는 히브리어 표현[동사 '카라'+'드로르']이 레위기 25장 10절과 예레미야 34장 8절(15, 17절)에 그대로 쓰이는 점도 예레미야 34장과 레위기 희년 본문의 연관을 보여준다. '자유'로 번역한 히브리어 '드로르'는 레위기와 예레미야 34장, 이사야 61장 2절, 에스겔 46

장 17절에서도 희년과 연관하여 쓰인다. 그렇지만 희년은 어디까지나 50년마다 반복되는 해라는 점에서 예레미야 본문에서 명백하게 7년을 언급하는 것과는 잘 맞지 않는다. 그래서 어떤 학자들은 주전 588, 587년이 안식년 내지 희년이 되는 해였을 것이라고 주장한다.[49] 그런 점에서 예레미야 본문은 오경에 나오는 어느 한 본문을 근거로 하기보다는 신명기와 레위기의 본문을 '창조적으로 재사용'한다.[50] 예레미야에서는 옛 율법의 자구에 얽매이지 않고, 옛 율법을 서로 필요한 대로 결합하여 현정권의 잘못된 모습을 드러내고 현정권에게 임할 하나님의 심판을 정당화하는 데 자유롭게 사용한다. 자구에 얽매여 옛 율법을 사용하지 않는 점이 의미심장하다. 예레미야에서 옛 전통은 틀에 박힌 법전이 아니다. 의도하는 바를 뚜렷하게 보여주는 언약의 말씀이다. 언약이라는 구조 안에서 옛 율법을 사용하면서도 상당히 자유롭게 사용하는 점이 인상적이다.

에스겔 7장 12-13절

에스겔의 이 구절은 이스라엘에 임할 심판을 선포하는 맥락에서 쓰이며, 그 심판의 날에 파는 자가 그 판 것을 되살 수 없음을 전한다.

> 때가 이르렀고 날이 가까웠으니 사는 자도 기뻐하지 말고 파는 자도 근심하지 말 것은 진노가 그 모든 무리에게 임함이로다. 파는 자가 살아 있다 할지라도 다시 돌아가서 그 판 것을 얻지 못하리니 이는 묵시가 그 모든 무리에게 돌아오지 아니하고, 사람이 그 죄악으로 말미암아 자기의 목숨을 유지할 수 없으리라 하였음이로다(겔 7:12-13).

여기서 '판 것'으로 번역한 히브리어는 '밈카르'인데, 이 단어가 에스겔 이전 글에는 오직 신명기에 한 번(신 18:8) 쓰인 것을 제외하고는 레위기 25장에서 일곱 번 쓰인다는 점에서, 히에로니무스 이래 학자들은 이 본문이 희년 규례를 배경으로 한다고 보았다.[51] 토지 무르기가 곧바로 희년의 실행을 의미한다고 볼 수는 없지만, 앞에서 보았듯이 무르기 제도가 희년 정신 구현에 중요한 부분인 것은 분명하다. 에스겔 7장 본문은 자신이 판 것을 다시 되사는 것을 언급하는데, 이것은 명백히 희년 규례의 토지 무르기와 연관 있다. 그리고 에스겔에 이 본문 말고도 희년을 표현하는 본문들이 더 있다는 점은[52] 이 본문 역시 희년 규례에 비추어 보는 것이 타당함을 알려 준다.

그렇다면 희년의 종언은 그들에게 임할 재앙을 단적으로 보여준다는 에스겔 7장 본문의 선언에 주목하자. 에스겔이 보기에 희년의 종언, 즉 사람이 땅을 다시 무를 수 없고, 자기 땅에서 분리되는 것은 커다란 재앙이다. 그리고 이 재앙의 원인은 그들의 죄악된 행실, 교만인데(겔 7:9-10), 이어지는 단락에서는 "피 흘리는 죄가 그 땅에 가득하고 포악이 그 성읍에 찼음이라"(겔 7:23) 서술한다. 그 사회에 가득한 부귀영화, 그 근저에 놓인 약탈과 폭력, 억울한 희생이 바로 재앙의 이유다. 불의가 가득 찬 세상에 하나님이 내리시는 재앙은 희년 규례인 무르기의 중단이다. 그런 점에서, 희년 규례의 중단은 그들이 실제로 희년을 어기고 내팽개쳤음을 보여준다. 7장에서 반복하는 "그 행위대로 갚고 벌하신다"(겔 7:4,8,9,27)는 말에서도 이 사실을 확인할 수 있다. 그들은 희년법을 버렸고, 하나님은 희년이 이제는 실행되지 않는 법이 되게 하셨다. 희년이 상징하는 것은 하나님이 베푸시는 해방과 자유, 새 출발이다. 하나님은 이웃에게 포악을 행하여 희년을 버린 이들에게 더는 희년이 임하지 않게 하신다. 그들이 하나님을 버리자, 하나님은 그들의 하나님이시기를 그만두신다. 이웃의 고통을 돌아보지 않는 자는, 자기의 고통을 하나님이 돌아보시는 것을 경험할 수 없다. 이웃의 빚을 탕감하지 않는 자는 자신의 빚을 탕감 받지 못한다.

이사야 58장

이사야 58장이 희년 규례와 연관되어 있다는 점은 행크스가 명료하게 주장했다.[53] 이사야 58장의 기자는 하나님이 공식적으로 제정하신 유일한 금식일인 속죄일에 시작하는 희년을 보며, 참된 금식은 억압받는 이웃을 해방시키는 것임을 선포한다. 그런 점에서 이사야 58장은 희년의 윤리적 읽기와 해석을 보여준다.[54]

이사야 58장이 희년 규례를 배경으로 한다는 점을 생각하면, 이사야 58장은 전통적인 규례를 자구에 얽매이지 않고 사용한다. 이사야 기자는 참으로 자유롭고 풍성하게 고대 본문을 당대의 현실에 적용한다. 특히 속죄일처럼 지극히 거룩한 종교적 절기를 이렇게 과감하게 현실로 실천하는 삶에 적용하고 풀어낸 것은 놀라운 일이다.

신약으로 이어진 희년

이사야 61장 1-2절과 누가복음 4장 16-30절 비교

여호와의 영을 받은 이가 전하는 아름다운 소식은 "네 하나님이 통치하신다"(사 40:9-10; 52:7)이다. 즉 하나님나라는 가난한 이들에게 선포되는 아름다운 소식이다. 그분의 사역으로 선포되는 '자유'는 히브리어로 '드로르'다. '드로르'의 선포가 여호와의 왕권을 상징한다는 것과, 희년 선포의 핵심이라는 것은 이미 앞에서 살펴보았다. 이사야 61장 2절에 "여호와의 은혜의 해"라는 표현이 나오는데, 어떤 해年가 여호와께서 베푸시는 은혜를 가리킨다고 할 때, 희년이야말로 가장 적합한 해다. 이와 상응하는 표현이 '(우리 하나님의) 보복의 날'인데, 이렇게 날day과 해year가 짝을 이루는 것 역시 대속죄일에 선포된 희년과 잘 들어맞는다.[55] 그러므로 이사야 61장 1-2절의 배경에는 여호와의 신을 받은 이가 선포하는 희년이 있다.[56]

　이 본문에 등장하는 여호와의 종은 여호와의 신을 받은 사람으로서 가난한 이에게 하나님의 나라를 선포한다. 이 종을 통해 마음 상한 자가 고침 받고, 포로 된 자에게 자유가 선포된다. 여호와의 은혜의 해에 선포하는 자유와 하나님나라를 생각할 때, 예수님이 이 구절을 선포하심으로써 사역을 시작하신 것이 참으로 적절하다. 예수님의 선포 역시 하나님나라가 핵심이기 때문이다(마 4:17; 막 1:15). 특히 누가복음은 이사야 본문을 칠십인경으로 인용하고 있는데,[57] 누가복음 4장 18절 끝에 있는 "눌린 자를 자유롭게 하고"는 마소라 본문이나 칠십인경에 나오지 않는 표현이다. 이 표현은 이사야 58장 6절에 있는 표현을 칠십인경에서 번역한 것을 그대로 가져온 것이다.[58] 누가복음 기자는 이사야의 두 구절을 필요에 따라 병합한 셈인데, 여기에서는 희년에 관한 말씀을 근본적으로 해방과 자유의 사역으로 이해하고 제시한다.[59]

　예수님이 이사야 61장을 사용하신 것과 관련하여 또 다른 중요한 점은 희년 성취의 선언이다. 희년은 숫자 7과 49에 매이지 않는다. 희년은 특정 기간을 가리킨다. 그리고 이 기간은 이후 문서에서는 상징적이며 영적인 시간으로 사용한다. 그리고 7이라는 숫자는 그 자체로도 지극히 상징적이며 함축적이다. 그런 점에서 7의 7배인 49 역시 극히 신학적인 숫자로 모든 완전함이 포괄된 수다. 7년 안식년이 땅의 안식과 노예의 해방을 지시하고, 7년 면제년에 빚의 탕감과 노예해방이 선포되며, 49년 희년에 땅의 회복과 더불어, 노예의 해방, 빚의 탕감을 모두 명령한다. 그런 점에서 희년 개념의 핵심은 하나님의 완전하심과 더불어 시행하는 모든 회복과 자유와 해방이다. 이를 생각할 때, 희년의 중요한 요소인 50년 주기성을 재고해야 한다. 희년을 연구하는 이들은 레위기 25장에서 규정하고 명령한 대로, 50년마다 반복하는 희년에 집중하지만, 희년 사상이 49년에만 한정된다고 볼 수는 없다. 희년을 통해 나타난 구약의 사상은 7년 안식년과 면제년을 통해서도 부분적으로 구현되기 때문이다. 그리고 이러한 거룩한 시간들을 통해 구약이 보여주는 것은 해방하시고 회복하시며 자유롭게 하시는 하나님이다. 그런 점에서 예수님이 이사야 61장 1-2절을 읽으신 후 "이 글이 오늘 너희 귀에 응하였느니라"(눅 4:21) 하신 것은 의미가 깊다. 예수님은 하나님의 말씀을 선포하는 바로 그 순간이 은혜의 해라고 선언하신다. 이 말씀은 레위기 23장과 25장에서 선포하는 안식이 매주 토요일로 한정되지 않는다는 것과도 연관된다. 안식의 날은 토요일 혹은 주일까지 기다려야 하는 날이 아니라 바로 지금이다. "보라 지금은 은혜 받을 만한 때요 보라 지금은 구원의 날이로다"(고후 6:2).

마태복음 20장 1-16절 일꾼 비유

새벽같이 들어온 일꾼들이 수고하고 노력한 덕분에, 가장 늦게 들어온 사람도 한 데나리온이라는 품삯을 받을 수 있다. 이 경우 먼저 온 이들이 이러한 원칙에 불만을 제기하는데도 원칙이 시행된다는 점이 놀랍다. 각 사람의 재능은 하나님이 주신 것이기에 그것으로 자기 몫을 주장하지 못한다. 각자 재능을 따라 수고하고 마땅히 받아야 하는 대로 받는다. 각자 동일한 몫을 받는다는 점에서 희년 말씀과 일맥상통하는 말씀이다.

고린도후서 8장 13-15절 균등하게 하는 원리

형편이 괜찮은 교회의 나눔[코이노니아]을 통해 어려운 교회의 부족함이 채워진다. 가난 문제를 각자 부지런히 열심히 살아서 해결하라며 개인에게 맡겨두지 않고 공동체적으로 해결한다. 이방 그리스도인들의 나눔을 통해 예루살렘 그리스도인들이 힘을 얻는다. 그러므로 이 공동체는 국가와 민족을 넘어선다. 규모가 작은 공동체뿐 아니라 이처럼 더욱 큰 교회 공동체의 맥락에서 공동체적으로 해결을 이루는 것이다. 그리고 개인의 열심에 맡기는 것이 아니라 공동체가 함께 해결한다는 점에서 바울 사도의 접근은 더욱 구조적이다. 하나님에 대한 개인의 신실함과 나눔을 구조와 틀을 통해 실천하도록 한다. 모든 이를 균등하게 하는 바울의 원리는 실질적으로 희년 정신의 구현이다. 균등하게 함을 통해 각 공동체와 각 사람이 같은 기반 위에서 새로 시작할 수 있기 때문이다.

05
아둘람 공동체

사울이 처음 다윗을 창을 던져 죽이려 했을 때 다윗은 아내 미갈의 도움으로 피신하여 라마 나욧에 있는 사무엘에게 갔다(삼상 19:1-18). 다윗은 사무엘과 함께 지내면서 무엇을 듣고 무엇을 배웠을까? 다윗은 사무엘처럼 하나님과 깊이 연결된 사람과 함께 있으면서 양을 치던 시절과는 차원이 다르게 하나님을 만나고 이해할 수 있었을 것이다. 그러나 다윗은 라마 나욧에 계속 머물지 않는다. 라마 나욧만큼 안전한 곳이 없을 수도 있지만, 그곳에 머물지 않는다. 요나단을 통해 자기가 왕 곁의 자기 자리로 돌아갈 수 없는 것을 확인한 다윗은 이제 놉을 거쳐(삼상 21:1-9) 블레셋 가드로 도망간다(삼상 21:10-15). 사무엘에게 피했어도 사울이 쫓아왔고, 자기가 제사장에게 들렀다는 사실로 사울이 제사장까지 죽이는 것을 보면서 다윗은 사울의 세상에서 더는 살 수 없음을 깨달았다. 블레셋으로 도망갔으나 가드 왕의 의심을 산 다윗은 미친 척을 하여 겨우 빠져나왔고, 아둘람 굴로 도망쳤다(삼상 22:1). 이렇게 해서 다윗의 아둘람 동굴 시절이 시작되었다.

도망자 다윗

아둘람에서 시작된 다윗의 행로는 모압 미스베로 이어져서, 한동안은 그곳에서 지냈다(삼상 22:3-4). 선지자 갓의 조언을 따라 다윗은 유다 땅으로 돌아와 헤렛 수풀에 머물렀다(삼상 22:5). 헤렛 수풀이 어디인지 현재는 알 수 없다. 이후 다윗은 그일라 사람들이 약탈당한다는 소식을 듣고 그일라를 구하는 데 참여하였으며(삼상 23:1-13), 그일라 사람들의 배신 이후에는 십 광야를 비롯한 광야 지역에 머물렀다(삼상 23:14). 십 사람들의 밀고로 위험에 처하여 마온 광야에서 잡힐 뻔했으나 블레셋이 침공하여 사울이 블레셋을 치러 가는 바람에 겨우 피할 수 있었다(삼상 23:19-28). 여기에서 겨우 피한 다윗은 엔게디로 갔다(삼상 23:29). 다윗이 계속 이리저리 옮겨 다니며 머물던 광야는 온통 메마른 산지였는데, 엔게디까지 가는 길은 그러한 산지를 몇 번을 넘어가야 하는 길이었다. 사울의 군대는 엔게디까지도 추적해왔다. 엔게디의 지형지물을 이용해서 사울을 죽일 기회가 있었지만 죽이지 않은 다윗은 십 광야에서는 기습 공격을 통해 사울을 죽일 기회를 얻기도 하였다(삼상 26:6-12). 이후 다윗은 블레셋 진영으로 넘어가서 가드 왕 아기스에게 시글락을 얻어 거기에서 일 년 사 개월 머물렀다(삼상 27:1-7). 시글락에 머물다가 사울이 죽은 후에 헤브론으로 올라가서 유다 지파의 왕이 되었고(삼하 2:1-4), 사울의 아들 이스보셋이 죽은 후에 온 이스라엘의 왕이 되었다(삼하 5:1-3).

이를 보면 다윗이 아둘람 동굴에는 그리 오래 있지 않은 것 같다. 아둘람은 사울의 기브아와도 꽤 가까워서 오래 머물기 적절하지도 않았을 것이다. 아마도 다윗은 아둘람보다는 예루살렘 남서쪽의 유다 광야 지역과 블레셋의 시글락에서 더 오래 머무른 것 같다. 그렇지만 사무

삼상 22장 1-2절은 아둘람 시절에 다윗의 공동체가 형성되었음을 보여준다. 그런 점에서 이후 다윗의 공동체를 '아둘람 공동체'라고 부를 만하다.

다윗의 형제와 아버지의 온 집이 다윗에게 갔다. 이것은 다윗의 가족으로서 사울의 세상에서 사는 것이 불가능해졌다는 의미다. 다윗의 가족들은 사울의 세상에서는 정상적으로 살아갈 수 없었을 것이다. 그리고 다윗이 처음 사무엘에게 도망쳤지만 복귀할 길을 모색한 것을 보면, 처음에는 가족들도 다윗이 곧 누명이 풀리고 회복되리라 여겼을 수 있다. 그러나 다윗이 다시금 사울을 피해 도망치고 블레셋까지 흘러들어갔다는 소식이 들리자, 다윗이 가야 할 길이 확고함을 가족들도 안 것이다. 다윗의 가족들은 베들레헴을 떠나 아둘람 동굴에 합류하여 짧지 않은 방랑의 세월을 시작했다.

가족만 다윗에게 합류한 것은 아니다. 모든 곤고한 사람들과 빚진 이들, 마음이 괴로운 이들이 스스로 다윗에게 몰려들었다. 개역개정이 '환난 당한 모든 자'라고 번역한 표현은 이런저런 환경으로 인해 괴롭고 곤고한 삶을 사는 이를 가리킨다. 신명기에서 이 표현은 대적들에게 둘러싸여 어찌할 수 없는 상황에 처한 이들을 가리키기도 한다(신 28:53, 55, 57). 즉 어려움과 환난에 둘러싸여 도무지 어찌할 수 없는 곤고한 삶을 살던 이들이다. 구약시대에 이러한 삶이 어떠했을지 우리로서는 알기 어렵지만, 오늘날과 비교해볼 수는 있다. 사방으로 둘러 싸여 도무지 앞이 보이지 않는 사람들은 오늘날에도 곳곳에 있다. 어리석은 일을 저질러서 앞이 캄캄해진 사람들이 있다. 실패를 용납하지 않는 세상에서 한 번 뒤로 밀려나자 다시는 주류 안에 들어갈 수 없게 된 사람들이 있다. 이런저런 어려움 속에 자기 삶을 어찌할 수 없는 사람들도 있다.

또 다른 부류는 빚진 자들이었다. 어려움을 겪으면서 다른 이에게 빚을 지게 되고, 그렇게 해서 빚에 몰린 이들의 삶도 참담하다. '환난 당한 모든 자'를 직역하면 '그에게 빚쟁이가 있는 모든 사람'이다. 아무에게든 빚을 졌으며, 그래서 빚 독촉을 받는 사람을 가리킨다. 오늘날 대부분은 빚을 지고 살아간다. 빌릴 때야 쉽지만, 빚이 있는 한 계속 독촉 가운데 살아간다. 갚아나갈 수 있다면 문제가 아니지만, 살던 곳을 떠날 정도까지 되었다는 것은 그 빚을 더는 어찌할 수 없게 되었다는 의미다.

'마음이 원통한 자'라는 표현은 욥기에도 나온다. 욥은 자신을 가리켜 그렇게 표현한다(욥 3:20; 7:11; 10:1). 선지서에서는 자신과 민족에게 임한 참상으로 인한 고통을 이렇게 표현한다(사 38:15; 겔 27:31). 새끼 잃은 곰의 격분과 같은 분노를 표현할 때 쓰이기도 한다(삼하 17:8; 삿 18:25). 이를 생각하면, '마음이 원통한 자'는 자신과 주변에 일어난 일로 인해 마음이 쓰라린 이들, 그래서 마음에 분노까지 있는 이들이다. 이렇게 고통스럽고 분노하는 이들 역시 우리 주위에 드물지 않다. 아마도 내내 다니던 직장에서 부당하게 해고당한 이들의 마음이 이렇지 않을까.

환난 당한 모든 자, 빚쟁이에게 쫓기는 자, 마음이 원통한 자들이 있다는 것은 사울의 시대가 어떤 시대였는지를 보여준다. 원칙적으로는 이런 사람들은 자기가 살던 마을에서 재판을 통해 환난과 원통함을 해결해야 한다. 그러나 이들을 둘러싼 어려움이 그렇게 해결되지 않았고, 이들은 자신들 세계에서 더는 살기가 힘들었다. 이제 이들에게 남은 것은 무엇일까? 이제는 어떻게 하나? 그때 다윗의 소식이 들렸다. 다윗이 사울에게 핍박당하며 도망 다닌다는 소식이 들려왔다. 그러자 이 사람들은 스스로 모여 들었다. 개역개정은 그저 '모였다'라고 옮겼지만, 정확히 옮기면 '스스로 모였다'이다. 다윗에게로 가야겠다고 스스로 마음

먹었고 실행했다. 그들은 왜 곤고한 삶 속에서 다윗을 향한 마음이 생긴 것일까? 아마도 자기들 삶의 곤고함과 사울의 세상이 겹쳐보였기 때문이 아닐까? 사울에게 핍박당하는 다윗을 보면서 사울 체제에서 살아가는 자신들의 고통스러운 삶을 본 것이 아닐까?

오늘날 교회는 이러한 사람들이 스스로 모여드는 곳인가? 괴롭고 힘든 사람들이, 마음이 쓰라리고 분노하는 이들이, 온갖 빚으로 인해 고통당하는 이들이 일치감을 느끼고 모이는 곳인가? 우리 공동체는? 우리 공동체는 이러한 사람들이 스스로 모이는 곳인가? 교회는 이 끔찍한 세상을 살아가는 이들에게 대안이 되는 세상으로 비치는가? 도망자들의 교회, 밀려난 이들의 교회, 쫓기는 자들의 교회인가? 우리가 그런 공동체이면 좋겠다. 우리가 그런 교회이면 좋겠다.

시편 가운데는 이렇게 다윗이 동굴에 있던 시절과 연관된 시들이 있다. 57편과 142편이 그런 시들이다. 142편에서 볼 수 있는 것은 시편 기자가 오직 하나님만 갈망하며 그분에게 간구하고 부르짖고 소리 지르는 모습이다. 오른쪽에는 자기를 아는 이도, 피난처도, 생명을 돌보는 이도 없다. 아무도 그에게는 없다. 그러나 그는 그 깊은 곳에서 하나님에게 원통함을 아뢰며 부르짖는다. 자신이 지극히 비천해져버린 현실에서 오직 하나님에게 간구한다. 이 시의 마지막에 하나님이 그에게 갚아주신다는 믿음이자 결과로 "의인들이 나를 두르리이다" 하는 말씀이 있다. 여기서 의인은 항상 옳은 일만 하는 이들이 아니다. 의인은 오직 하나님을 의지하는 이들을 가리킨다. 시편 기자에게 주신 하나님의 은혜는 그를 둘러싼 의인들이다. 그를 둘러싼 공동체다.

아둘람 공동체와 그일라 전투

왕이 되기 전 다윗은 도망자 신세로 나날을 보냈다. 다윗은 자기를 시기하고 질투한 사울 때문에 이곳저곳으로 도망 다녀야 했다. 다윗이 주로 머무를 수 있던 곳은 유대 광야 지역이다. 이곳은 사람이나 동물조차도 살기가 쉽지 않은 곳이었기에, 군대를 동원하는 사울과 여러 밀고 속에서도 그나마 다윗이 숨어 있을 수 있던 곳이다. 아무리 뜻이 좋아도 그렇게 도망 다니는 세월이 행복할 수만은 없었을 것이다. 아무든 편하고 좋은 것을 좋아하겠기에, 이 시절은 다윗에게 매우 힘겨운 시절이었을 것이다. 그리고 사람이 이렇게 힘든 세월을 보내다 보면 위축되기도 하고, 보수적으로 되기도 한다.

그러나 다윗은 바로 이 시기에 놀라운 역사를 이룬다. 도망 다니는 와중에도 다윗은 블레셋에게 약탈당하는 그일라를 돕는다(삼상 23:1-14). 자기도 사울에게 공격당해 끊임없이 도망 다녀야 하는 처지였지만, 그일라가 블레셋에게 약탈당하는 것을 그저 보고만 있지 않았다. 다윗의 사람들은 이 싸움에 참여해서는 안 된다는 의견을 내었다. 다윗은 하나님에게 두 번이나 뜻을 물었고, 이 싸움에서 승리할 것이라는 응답을 들었다. 다윗은 그 응답대로 그일라를 침공한 블레셋을 무찌르고 마침내 그일라 주민을 건져내었다.

그러나 이 이야기는 해피엔딩이 아니다. 사울이 그일라를 에워싸려고 하자, 그일라 사람들은 다윗을 사울에게 넘길 태세였고, 다윗은 하나님이 인도하셔서 그일라에서 탈출할 수 있었다. 싸움의 결과로만 따지자면 다윗과 다윗의 무리는 이 싸움에서 아무것도 얻은 것이 없다. 블레셋의 손에서 그일라를 건졌지만, 그일라 사람들은 다윗을 배신했다.

다윗은 곧바로 도망쳐서 이후 광야 이곳저곳을 내내 전전하며 지내야 했다(삼상 23:14).

도망 다니는 처지에 그일라 일에 관여하면 블레셋과 사이만 나빠질 수도 있었다. 그렇기에 다윗의 사람들은 애당초 이 싸움에 끼어들지 말라고 다윗에게 조언하였을 것이다. 그런데 그일라 사태는 다윗이 들으려고 해서 들은 것은 아니었다. 어느 사람이 알려주어서 들은 소식이었다. 그리고 다윗은 그 소식을 그냥 흘려 넘길 수 없었다. 그랬기에 하나님의 뜻을 물었고, 사람들의 반대에 부닥치자 다시 뜻을 물으면서 그일라를 건지는 일에 참여했다. 마치 느헤미야가 폐허가 된 예루살렘의 소식을 듣자 페르시아 관리의 자리를 박차고 예루살렘으로 돌아간 것처럼, 그일라의 소식이 다윗을 붙잡았다. 자기에게 유익이 없고 오히려 방해가 된다고 해도, 다윗으로서는 그냥 넘어갈 수 없는 문제였다.

그일라를 도운 일로 다윗이 아무런 유익도 얻지 못한 것으로 보이며, 이후에는 그일라에 대한 언급이 일절 나타나지 않는 것을 보면, 그일라 사건은 전적으로 다윗이 소중히 여기는 '가치'를 보여준 사건이라고 말할 수 있다. 사울을 피해 때로는 블레셋에게까지 몸을 의탁해야 하는 처지였지만, 다윗은 살아남기 위해서만 살아가는 존재가 아니었고, 승리하기 위해서만 살아가는 존재가 아니었다. 다윗에게는 약탈당하고 압제당하는 동포를 향한 마음이 있었다. 현실적으로는 개입하지 말아야 했고 실제로도 피해만 생긴 것 같아도, 다윗은 이 싸움에 뛰어들었으며 하나님에게도 이 싸움에 참여하는 것이 옳았다는 응답을 받았다. 그러므로 그리스도인으로서 살아가며 무엇을 결정할 때 언제나 이익과 유익만 추구할 수는 없다. 손해가 될 수 있고, 헛수고처럼 보이더라도 모든 것을 걸고 뛰어들어야 할 때가 있다. 그리고 그렇게 뛰어들 때 가장 중요한 것은 사람이다. 곤경에 처한 이를 돌아보고 살리는 것이다. 동포를 살리는 일, 비록 배신당한다 하더라도 사람을 살리는 일에는 뛰어들어야 한다. 하나님이 기뻐하시고 인도하시는 일인데도 이렇게 당장에는 오히려 결과가 나쁜 경우도 있지만, 성경은 이 사건에 하나님의 응답이 있었다고 명백히 기록한다. 그러므로 여기서 다윗은 우리에게 어떤 가치가 우리 중심에 있느냐는 질문을 제기하는 셈이다.

사람을 살리기 위해서라면 뛰어든다. 이 사건에서는 아무런 기적도 일어나지 않았다. 물론 다윗이 하나님에게 뜻을 물을 때 하나님이 응답하신 것을 기적이라고 할 수도 있다. 그러나 이 상황은 기본적으로 다윗과 그의 공동체가 순전히 자신들의 힘으로 그일라 사태에 뛰어들어 도운 일이며, 사울의 습격을 앞두고 그일라 사람들에게 배신당하여 몸만 간신히 빠져나온 사건이다. 여기에는 기적이 없다. 그렇지만, 어려움에 처한 이를 돌아본 가치가 살아 있으며 빛난다. 결과가 영광스러운 것이 아니라 간직하고 실천한 가치가 빛난다.

아둘람 공동체의 특징

작은 것을 작게 여기지 않는 것

사무엘하 23장 8-39절에서는 다윗의 용사들과 그들의 활약상을 소개한다. 다그몬 사람 요셉밧세벳, 아호아 사람 엘르아살, 하랄 사람 삼마는 대표적인 세 용사였다. 블레셋과 전투하는 중에 이스라엘이 패배하고 위축되었을 때 도대의 아들 엘르아살은 자기와 함께 있던 세 용사와 더불어 치고 나가서 큰 승리를 이끌었다. 아게의 아들 삼마 역시

복음의
공공성

블레셋의 기세가 드높아 이스라엘이 도망칠 때, 홀로 블레셋 사람을 막아내었다. 삼마가 혼자서 어떻게 대처했는지는 모르지만, 그날 "여호와께서 큰 구원을 이루시니라"는 내용이 이어진다(삼하 23:12). 역대상 11장 12-14절에서는 아호아 사람 도도의 아들 엘르아살이 보리가 가득하던 밭에 홀로 서서 블레셋 사람들을 막았으며 여호와께서 큰 구원을 이루셨다고 한다. 사무엘하와 역대상에서 주인공 이름은 다르지만, 이 용사들이 홀로 서서 그 밭을 지켜냈다고 전한다. 자기들에게 있는 한 부분을 가벼이 여기지 않고 온 힘을 다해 지켜냈다. 모두 도망칠 때, 혼자 버티고 서서 그 자리를 막아내는 사람을 통해 여호와께서 구원을 이루신다. 다윗의 무리는 확보하고 얻은 지역을 작다 하여 소홀히 여기지 않고 목숨을 걸고 지켜낸다. 욕심으로 어떻게든 놓지 않으려 하는 것과 우리에게 주신 것을 온 힘을 다해 지켜내는 것은 다르다. 작은 것이라도 작다 하지 말고, 전심으로 지켜내자. 우리에게 그러한 영역은 어디인가? 우리 직장에서는, 우리 사회에서는 어디인가?

아울러 다윗의 용사들이 이렇게 지켜내던 때는 승승장구하던 때가 아니다. 백성 전체의 사기가 떨어지고 상대는 기세등등하여 모두 도망치던 상황이었다. 그런데 그 가운데 도망치지 않고 그 자리에서 버티던 이들이 있다. 이들이 다윗의 용사들이다. 이들은 아마도 아둘람 시절 이래로 다윗과 함께했을 것이며 원래 아무것도 없던 이들이었다. 이들은 도망 다니는 것이 일상이었다. 소수로 지내는 것이 익숙했다. 그러다 보니 불리한 전세가 낯설지 않았다. 위축당하는 경우도 빈번했다. 그래서 이들은 불리한 상황에서도 거침없이 맞설 수 있었다. 언제나 약자, 비주류, 소수이었기에 어지간한 불리한 상황에서는 끄떡하지 않았다. 우리는 자신이 원체 부족하고 모자란 것을 알기에 어지간하게 무시당하고 위축되는 상황에서는 끄떡하지도 않는다. 자신이 못난 줄 익히 알고 있으니, 어지간한 말을 들어도 끄떡하지 않는다.

하나님을 예배하는 공동체

다윗이 베들레헴 성문 곁 우물물을 먹고 싶다고 하자, 세 용사는 목숨을 걸고 블레셋 군대를 뚫고 그 물을 가져왔다. 다윗은 그 물을 마시지 않고 여호와께 부어드린다. 다윗은 그 물은 목숨을 걸고 갔던 이들의 피라고 했다. 피를 드릴 유일한 대상은 여호와 하나님이라는 점에서, 다윗이 그 물을 여호와께 드린 것은 합당하다.[60] 부하들의 헌신과 희생을 하나님을 위한 것으로 제대로 표현한 것이다.

사람을 위해 애쓴 것이지만 근본적으로 우리의 섬김과 예배의 대상은 하나님 한 분이다. 하나님만 모든 찬양과 경배를 받기에 합당하시다. 함께 하나님을 예배하고 함께 하나님을 경배하자.

민주주의와 연대

아울러 이렇게 귀한 물이라면 아무도 소유하거나 독점할 수 없음을 보여준 행동이라고 할 수 있다.[61] 지도자를 위해 목숨을 건 부하들이 있고, 그 부하들이 떠온 것은 물이지만 그 물이 부하들의 피인 줄 알던 지도자가 있다. 이 시절 이야기는 이끌어가는 이와 함께하는 이들이 서로 얼마나 긴밀하게 연결되어 있는지를 보여준다. 그들은 하나였고, 한 가족이었으며, 서로 상대를 알아주었다.

사무엘하 23장 13절에 따르면 이 세 용사는 다윗의 아둘람 시절에 합류한 이들이다. 출신 지역은 각각 달랐지만, 모두 다윗의 용사였다. 이 세 용사는 행동을 통해 자기들이 용사인 이유를 보여주었다. 세

용사의 이름은 이 본문에서만 나온다. 세 용사는 다윗과 함께 빛났고, 아둘람 시절과 더불어 눈부셨다. 다윗의 찬란한 시절은 세 용사들과 더불어 빛난다. 세 용사는 세상이 몰랐고 아무도 알아주지 않던 이들이지만, 다윗과 함께 새로운 삶을 얻었다. 사무엘하 23장에 나오는 용사 목록은 모든 공을 다윗에게 돌리지 않고 다윗의 용사들에게 돌리며, 궁극적으로 여호와께 돌린다.[62] 여호와만 신뢰하는 '신율주의'와 모든 이의 노력으로 만들어가는 '민주주의' 경향이 공존한다.[63] 그런 점에서도 이 목록은 특별하다. 이 목록은 한 사람이 이루는 세상이 아니라 모든 이가 함께 이루는 세상, 그것이야말로 여호와께서 이루시는 세상임을 보여준다. 이에 대한 월터 브루그만의 설명을 보라.

> 국가 절대주의는 신율을 잠잠케 하고 민주주의를 무효화시킨다. 따라서 목록은 사회적 권력에 대한 중요한 선언이다. 이 목록은 신율적, 민주적 권력을 다윗 통치의 정상적인 방법으로 구체화하고 축하한다.[64]

브루그만은 이 목록에 요압의 이름이 빠져 있다는 것에 주목한다.[65] 요압은 현격하게 특별한 이름이지만 다윗 부하들의 공동체는 특별한 한 사람이 아니라 이러한 용사 37명이 구성한다. 그러므로 공동체로 살아간다는 것은 어느 한 사람이 무엇을 행하는 것이 아님을 보여준다. 오직 예수 그리스도만 머리가 되시고, 머리이신 주님에게 연결된 이들은 몸을 이루는 지체다. 우리 공동체의 한 사람 한 사람은 몸을 이루는 지체다. 함께 하나님을 예배하는 동등한 공동체, 그것이 다윗의 공동체이며 아둘람 공동체다.

은혜

사무엘하 23장을 포함하여 21-24장에서 소개하는 다윗은 흠 없고 멋지면서 동시에 연약하고 한계가 있는 인간이다. 구약성경은 이러한 다윗을 다가올 새로운 시대를 상징하는 존재로 기린다. 그러므로 다윗이라는 이름에서 우리는 대단하고 특별한 인물보다는 흠이 있고 연약하지만 하나님과 함께 걸어간 사람을 본다. 그런 점에서 다윗은 하나님의 은혜를 보여준다.[66] 자신의 연약함에 머물지 않고 하나님의 은혜를 의지하여 걸어간 이가 다윗이다. 사무엘서는 다윗을 그러한 인물로 그린다. 그리고 다윗은 다가올 세상을 상징한다. 참으로 하나님은 연약한 이들을 통해 역사를 이루신다. 그래서 하나님의 역사에는 개인의 자질과는 상관없이 아무나 참여할 수 있다.

우리의 삶이 그렇지 않은가. 아무것도 아닌 이들이지만, 우리를 부르시고 건지신 예수 그리스도로 말미암아 우리는 주님의 용사가 된다. 자신의 삶과 목숨을 내놓고 복음을 위해 살아가고, 복음을 위해 헌신하고, 진리를 위해 걸어간다. 출신 지역이 다르고 출신 배경이 다르지만, 하나님나라와 그 복음을 위해 우리는 삶을 드린다.

아말렉과 치른 싸움

한 생명을 소중히 여기는 다윗 나라의 모습은 다윗의 시글락 시절을 다룬 사무엘하 30장에서도 찾아볼 수 있다. 사울을 피해 다니던 다윗이 블레셋에 투항하여 블레셋 휘하 부대로 시글락에 주둔하며 명맥을 유지하던 시기가 있다. 블레셋이 이스라엘 원정에 나서면서 다윗의 부대도 함께 갈 수밖에 없었지만, 다윗 부대는 다행히 전투에는 참여하지 않은 채 근거지인 시글락으로 돌아올 수 있었다(삼상 29장). 그러나 다윗 부대가 잠시 비운 사이에 아말렉이 침략해서 시글락을 초토화하고 모든 여인들과 자녀들을 사로잡아가는 일이 일어났다(삼상 30:1-3). 구약성경은 아말렉을 악의 화신으로 묘사한다. 출애굽한 이스라엘도 광야에서 아말렉과 전투했으며, 이 싸움에서 하나님이 대대로 아말렉을 치겠다고 선언하시기도 한다(출 17장). 이와 연관하여 일어난 전투가 사울이 아말렉과 벌인 전투다(삼상 15장).

하나님은 왜 아말렉을 이렇게 치시는가? 신명기 25장 18절에 따르면 이스라엘이 출애굽하여 광야를 지날 때, 아말렉은 이스라엘 백성이 피곤한 때를 틈타 뒤에 떨어진 약한 자들을 쳤다. 그래서 하나님은 아말렉을 진멸하라고 명령하신다. 당시 아말렉의 모습은 사무엘상 30장 모습과 비슷하다. 그런 점에서 아말렉은 약자를 짓밟는 이들, 상대가 피곤하고 연약할 때를 틈타서 공격하고 자기 이득을 취하는 이들을 상징한다. 하나님은 이들을 진멸할 것을 단호히 선언하신다. 이것은 단지 특정한 민족에 대한 진멸 선언이 아니다. 아말렉이 상징하는 삶의 방식에 대한 진멸 선언이다. 레위기 19장에서 여호와께서는 이스라엘 백성에게 거룩한 삶을 명하시면서 듣지 못하는 자 앞에서 욕하지 않는 것, 보지 못하는 자 앞에 장애물을 놓지 않는 것을 말씀하신다. 상대의 약함을 이용하지 않는 것, 약하고 곤고한 이를 짓밟아 자신의 이득을 취하지 않는 것, 그것이 거룩한 삶이며, 하나님이 기뻐하시는 삶이다. 그리고 그것이야말로 그일라를 도운 다윗의 삶이며, 약한 이들의 부르짖는 소리를 귀담아 듣는 다윗 나라의 가치다.

아내와 자녀를 빼앗긴 백성이 슬퍼하며 다윗을 돌로 치려고까지

했지만, 다윗은 하나님에게 기도하고 백성을 수습하여 서둘러 아말렉을 뒤쫓는다. 추격에 나선 다윗의 무리는 들에서 죽어가던 애굽 소년을 만나고, 그 소년에게 먹을 것을 주고 목숨을 건져준다. 이 소년은 아말렉 군대에 속해 있던 자인데, 병들어 쓸모없게 되자 아말렉은 이 소년을 내버리고 가버린 것이다. 다윗 군대의 도움으로 목숨을 건진 소년은 아말렉 군대가 간 길로 다윗 군대를 인도한다. 다윗 군대는 아말렉을 습격하여 큰 승리를 거두고 여인과 자녀들을 그대로 되찾아온다.

이 싸움은 다윗의 리더십에 대해 많은 것을 말해준다. 다윗 군대와 아말렉 군대의 결정적 차이는 무엇인가? 그것은 병들어 쓸모없게 된 애굽 소년을 어떻게 대우했는지를 보면 알 수 있다. 아말렉에게 이 소년은 쓸모없이 밥만 축내는 대상일 뿐이다. 그들에게 사람의 쓸모는 전투에 얼마나 도움이 되고 얼마나 밥값을 하는지에 달려 있다. 그래서 그만한 구실을 못하면 가차 없이 버린다.

그들에게 사람은 사람이 아니라 부품이고 도구일 뿐이다. 한 부품이 제 구실을 못하면 언제든지 다른 부품으로 교체한다. 이렇게 사람의 대상화, 수단화가 첨예하게 드러나는 상황이 고대의 전쟁과 오늘날 산업 사회일 것이다. 실제로 공장에서 일하는 노동자들을 '산업역군', 혹은 '산업 전사'라고 부르기도 했다는 점에서, 오늘날의 노동자는 전쟁 같은 일터에 속해 있다. 밥값을 하고 제구실을 하는 동안은 어느 정도 월급을 받게 되지만, 무슨 원인으로든지 병이 들면 즉시 쓸모없는 인력으로 여긴다. 과거 산업화 시대에 노동 현장에서 축출되고 배제된 이들의 참담함은 오늘날도 본질적으로 변함없이 반복된다. "노동자는 기계가 아니다!" 하는 외침은 오늘날 삼성 반도체 공장에서 일하다가 백혈병에 걸려 쫓겨난 노동자들에게서, 지금도 노동시장의 유연성 강화라는

복음의

공공성

미명하에 순식간에 내쫓기는 비정규직 노동자들의 외침에서 그대로 되풀이된다. 그리고 그러한 본질은 병들어 쓸모없어진 소년을 버리는 아말렉에 고스란히 담겨 있다.

가족들을 되찾으려면 한시가 급한 다윗 군대는 길에 쓰러진 애굽 소년을 데려와서 먹이고 돌보아 살려낸다. 다윗과 그 군대는 이 일을 통해 자신들의 존재 목적을 단적으로 보여준다. 그렇게 한 사람을 존중하고 살려낼 것이 아니라면, 그 군대는 존재할 이유가 없는 것이다. 사회에서 배제당하고 원통한 마음으로 다윗의 사람이 되었으며, 그토록 사울에게 핍박당하며 도망 다녔다. 그런데 자기들이 바쁘다고 해서 지금 길가에 쓰러진 사람을 돌보지 않는다면, 집단의 존재 근거 자체가 사라지는 것이다.

그러므로 다윗과 아말렉을 구분 짓는 것은 혈통이나 민족이나 신앙이 아니다. 병들고 쓰러진 한 사람을 생명으로 대하느냐, 아니면 대체 가능한 도구나 수단으로 여기느냐 하는 것이다. 그 점에서 다윗의 리더십은 생명을 존중하는 리더십이다. 한 사람을 살리는 리더십이다. 정의와 공의의 통치다. 그러므로 기본적인 주거권 보장을 위해 외치다가 용산에서 죽어간 사람들의 생명에 대해, 쌍용자동차에서 부당해고 당한 이후 생존 자체를 버거워하며 목숨을 끊어야 했던 이들의 생명에 대해, 아무런 애도도 안타까움도 찾아볼 수 없는 우리네 삶은 참으로 비극이다.

자기들 갈 길이 바쁜 마당이지만, 쓰러진 이를 그냥 내버려두지 않고 데려와서 돌본 이야기에서 우리는 여리고 길에서 강도 만나 쓰러진 이를 돌본 선한 사마리아인 비유를 떠올린다. 이것은 다윗 이야기가 복음서 안에 반영되고 활용된 '변주'라고 할 수 있다.

다윗이 생명을 소중히 여기는 모습은 아말렉 전투 후에 전리품을 처리할 때도 한결같다. 전장에서 돌아오자마자 곧바로 아말렉 추격에 나섰기에 다윗 군대의 삼분의 일은 쫓아갈 힘이 없어서 후방에 남겨졌다. 아말렉 전투에서 승리한 후에 다윗 군대는 아말렉에게서 막대한 전리품을 거두었다. 그런데 아말렉 전투에 참여한 이들 가운데는, 이렇게 후방에 남은 이들 몫으로 나눠줄 전리품은 없다고 주장하는 사람들이 있었다.

전투에 임할 때는 하나님을 의지하며 온 힘을 다하지만, 막상 승리하고 나면 전리품에 대한 욕심이 공동체를 지배할 수 있다. 그래서 논공행상을 하며 치열하게 조금이라도 더 많이 차지하려고 눈이 벌겋게 되기 일쑤인 것은 예나 지금이나 마찬가지다. 다윗은 사람의 능력과 업적이 아니라 하나님의 행하심에 초점을 둠으로써 이 문제를 해결한다. 분명히 일을 능력 있게 하는 사람도 있고, 그렇게 능력 있게 못하는 사람도 있지만, 그들이 받는 몫은 같다. 왜냐하면 이 싸움의 승리는 하나님이 주신 것이기 때문이다.

다윗이 이르되 나의 형제들아 여호와께서 우리를 보호하시고 우리를 치러 온 그 군대를 우리 손에 넘기셨은즉 그가 우리에게 주신 것을 너희가 이같이 못하리라. 이 일에 누가 너희에게 듣겠느냐. 전장에 내려갔던 자의 분깃이나 소유물 곁에 머물렀던 자의 분깃이 동일할지니 같이 분배할 것이니라 하고 (삼상 30:23-24).

승리의 원인이 하나님이라면, 전쟁에 참여한 자나 후방에 남은 자나 모두 하나님이 주시는 은혜에 참여할 수 있다. 후방에 남은 자들에게도 하나님이 주시는 선물로서 자기 몫의 전리품이 당연히 있는 것이다.

복음의

공공성

'하나님이 하신다'는 고백이 우리 안에 난무하지만, '하나님이 하신다'는 고백이 다윗 공동체에서는, 전쟁에 아무런 기여도 하지 못한 약한 이들에게도 전리품을 동등하게 나눠주는 것으로 구현되고 드러난다. 깊은 신앙 고백을 일상의 나눔과 실천으로 구체화하고 현실화한다. 그리고 다윗 공동체는 이것을 이스라엘의 율례와 규례로 삼았다(삼상 30:25). 멋진 세상이 한번으로 그치지 않도록 그것을 제도로 만들고 사회의 틀로 만든다. 개인의 변덕에 좌우되지 않도록 기본 틀이 되게 한다.

　이를 통해 다윗의 공동체는 욕망을 극대화하는 집단이 아니라, 하나님이 함께하시고 이끄시는 싸움에 쓰임 받는 이들의 공동체임이 분명해졌다. 또 힘이 강한 이들과 힘이 약한 이들이 함께 살아가며 돌아보는 공동체임도 분명해졌다. 이 공동체는 일한 대로 배분되며, 뒤쳐지면 몫이 없어지는 도급제 집단이 아니라, 힘이 강한 자가 힘이 약한 자를 담당하며 나누는 신앙 공동체였다.

　이것을 달리 표현하자면 각기 다른 시간에 채용되어 포도원에서 일하였지만, 동일하게 한 데나리온의 품삯을 받은 일꾼들 이야기로 표현할 수 있다(마 20:1-16). 아무래도 능력 있고 뛰어난 이들이 아침 일찍부터 포도원에 고용되어 일했을 것이다. 일을 잘하지 못할 것 같은 이들은 나중에야 겨우 고용되었을 것이다. 그러나 그들은 같은 품삯은 받는다. 왜냐하면 재능은 자신의 것이 아니라 하나님이 주신 것이기 때문이다. 심지어는 선하고 성실한 성품까지도 대부분 부모에게 물려받은 것, 다시 말하면 하나님이 주신 것으로 보아야 한다. 그런 점에서 본다면 아무도 자기는 재능이 있고 성실하므로 남들보다 더 많은 몫을 받아야 한다고 말할 수 없다. 부모를 선택하여 태어날 수 있는 사람은 아무도 없기 때문이다. 재능이 많은 이들은 새벽부터 일을 하며 굉장히 많이 한다.

재능이 적은 이들은 늦게야 겨우 고용되어 일을 한다. 그러나 그들이 받는 몫은 같다. 재능이 많든지 적든지 모두 포도원 주인이 고용했기에 일할 수 있기 때문이며, 하나님이 주신 재능으로 일할 수 있게 된 자들이기 때문이다.

하나님이 주신 재능과 여건은 소중한 것이며, 감사한 것이다. 기뻐하고 감사하며 살 일이다. 그렇지만 그 재능은 그만한 재능이 없는 사람들과 나누는 삶에 사용된다. 그것이 하나님이 어느 사람에게는 재능을 주시고 어느 사람에게는 주지 않으신 까닭이다. 왜냐하면 우리는 서로 지체이기 때문이다. 손이 발더러 너는 물건을 만드는 데 기여한 것이 없으니 빠지라고 말할 수 없다. 발이 눈더러 너는 이 먼 길에서 전혀 애쓴 것이 없으니 빠지라고 할 수는 없다. 각자의 재능으로 온 힘을 다해 수고하며 살아가고, 그러면서 그렇지 않은 다른 이들을 섬기고 나눈다. 그렇게 우리는 도움을 받고 그렇게 우리는 서로 지체가 되어 살아간다. 그렇게 우리는 서로 귀하다. 이 점이 잘 드러나는 것은 갓난아이들이다. 갓난아이들은 그야말로 아무런 쓸모가 없다. 늘 먹고 자고 울고 싸고 할 뿐이다. 그런데 "아이들은 세 살 때까지 평생 할 효도를 다 한다"는 말이 있다. 이 말에는 세 살 때까지 아이들이 부모에게 얼마나 큰 기쁨을 주는지가 담겨 있다. 아무것도 하지 않지만, 아이들은 존재 자체로도 부모에게 힘이 되고 기쁨이 된다. 그렇게 우리는 서로 연결되어 있고, 서로 지체가 되어 함께 살아간다. 그러므로 내 재능은 내 영광이나 자랑의 근거가 아니다. 내 재능으로 열심히 수고하고 애쓰고 그 열매를 재능이 없는 사람들과 나누어 먹으며 함께 살아가자.

복음의
공공성

3부

예언자들의 선포

01
우상숭배

우상은 또 다른 종교다. 종교는 근본적으로 절대적인 것을 의지하는 것인데, 구약은 하나님 아닌 다른 것을 의지하거나 구하는 것을 우상이라 규정한다. 그런데 우상이 하나님 아닌 다른 것을 구하고 찾고 의지하게 한다는 점에서, 우상의 본질은 우리가 하나님에게서 떠나게 하는 것이다. 우상의 본질적인 의미를 살펴보지 않으면, 우리의 우상 이해는 자칫하면 그저 다른 종교에 대한 반대에만 머물 수 있다. 하나님은 구약시대에는 여호와의 이름이 온 땅에 전파되게 하지 않으셨다. 신약시대에야 예수님의 복음이 온 땅에 전파되었다. 그렇지만 한반도에 복음이 들어온 지 이제 200년 남짓 되었다는 점에서, 우상을 그저 이름이 다른 신이라고 규정하는 것은 적절치 않다. 그렇게 규정해버리면, 그 200년 이전은 하나님과 상관없는 역사가 되어버리기 때문이다.

복음의

공공성

하나님을 떠나게 하는 우상

신명기 17장 14-15절은 왕을 세울 때 주의할 점을 이야기한다. 반드시 하나님이 선택한 사람을 왕으로 세워야 한다. 타국인이 아닌 이스라엘 백성 중에서 왕을 세워야 한다. 이것은 외국인에 대한 배타적 태도를 의도하는 조건이 아니다. 이 두 조건은 하나님이 명하시는 율법을 알고 하나님을 경외하는 사람 가운데 왕을 세워야 한다는 의미다. 그래서 왕위에 오른 이들은 율법서를 한 부 복사해서 곁에 늘 간직하고 읽으면서 여호와 경외하기를 배우고 그 모든 말씀과 규례를 지켜 행해야 한다. 이렇게 조건을 명시한 까닭은 그만큼 왕이 미치는 영향이 크기 때문일 것이다. 왕이 감당해야 하는 중요한 역할이 있고, 그 역할을 하나님의 율법으로 규정하고 평가해야 하기 때문이다.

이어지는 16-17절에서는 이렇게 세워진 왕이 많이 가지면 안 되는 것 세 가지를 말한다. 바로 병마와 아내, 은금이다. '병마'로 번역된 말馬은 병거를 위해서도 필요하고 마병을 위해서도 필요하다. 고대 전쟁에서 한 나라 군대의 규모는 동원할 수 있는 병거와 마병의 숫자로 표기된다는 점(가령, 삼상 13:5; 삼하 8:4; 왕상 10:26; 대하 12:3)에서, 본문의 '병마'는 군사력을 상징한다. 아내를 많이 두는 것은 솔로몬에게서 단적으로 드러난다. 고대 왕들에게 결혼은 나라 사이 동맹을 든든히 해두기 위한 정치 외교적 조치 중 하나다. 특히 솔로몬의 경우 애굽 공주와 결혼하기도 하였다. 그 점에서 왕의 수많은 아내는, 왕 개인의 방종뿐 아니라 하나님 아닌 다른 세력으로 든든케 하는 '동맹'을 상징한다. 신명기 본문은 아내가 많을 경우 아내 때문에 왕이 하나님에게서 마음이 돌아선다고 한다. 마음이 마땅히 향해야 할 곳에 집중하지 못하고 흩어지고 산만

해진다는 의미다. 많은 아내는 왕이 마땅한 직무에서 멀어지게 하고, 왕의 마음이 향해야 할 곳에 대한 주의를 흐트러트린다. 즉 많은 아내는 왕 개인의 탐욕스러움을 의미하는 것일 수도 있고, 다른 나라와 동맹 관계에 몰두하게 되는 것을 가리키는 것일 수도 있다. 마지막은 은금을 많게 하지 말라는 명령인데, 나라가 부유하면 왕은 자기가 원하는 것은 무엇이든, 즉 병거든 아내든 모두 사들일 수 있다. 은금은 병거와 아내에 대한 언급을 모두 포괄하는 것이다.

　이 세 가지야말로 왕의 상징이라고 할 수 있다. 병마와 은금이 많지 않은 왕은 나라도 권세도 그리 강하지 않은 왕이다. 은금과 아내가 많지 않다는 것은 왕이면 누릴 부귀영화를 누리지 못한다는 의미다. 사람들은 부귀영화와 권세를 누리고자 왕이 되려고 하는데, 신명기는 병마, 아내, 은금을 많게 하지 말라고 명령한다는 점에서, 왕에 대한 생각을 근본부터 바꾼다. 이 말씀에 따르면 왕과 왕이 대표하는 공동체는 병마와 은금이 상징하는 국력에 좌우되지 않는다. 병마와 은금이 많으면 도리어 왕의 직무를 제대로 감당하기 어려워진다. 그런 점에서 신명기가 말하는 나라는 겉보기로는 나라지만 운영 원리는 다른 나라와 근본적으로 구별된다. 그리고 그것이 하나님이 이스라엘을 가나안 땅에 인도하여 들여서 나라를 세우게 하시는 까닭이다.

　그러나 이스라엘에는 병마를 많이 얻기 위해 애굽으로 돌아가려는 왕들이 있다. 이사야 31장 1-2절은 사람들이 병거와 마병 때문에 애굽에 도움을 구하러 내려간다고 한다. 이것은 애굽이 병마의 상징임을 보여준다. 솔로몬의 병거와 마병 역시 애굽에서 사들인 것이다(왕상 10:26-29). 애굽은 고대에 존재하던 나라지만, 성경에서 애굽은 강한 국력과 강한 군대를 상징한다. 힘이 없어서 문제니 힘이 있어야겠다 싶어

복음의

공공성

서 아주 힘센 애굽과 동맹을 맺고 애굽의 힘을 빌린다. 그런데 신명기 본문은 그렇게 하지 말라고 단호하게 명령한다. 백성이 애굽에서 떠나왔는데 다시 그렇게 애굽으로 돌아가서는 안 된다. 그 점에서 신명기 17장 16절에서 "애굽으로 다시 돌아간다"는 표현은, 애굽이 상징하는 삶의 방식, 즉 힘에 의지하는 삶의 방식으로 돌아간다는 의미다.

결국 병마, 아내, 은금 이 셋의 공통점은 하나님만 의지하고 구하던 마음을 하나님에게서 멀리 떠나게 한다는 것이다. 은금을 갖추어두면 무엇이든 원하는 대로 마련할 수 있다. 이를 보면 하나님은 병마와 은금으로 대표되는 것들과 대체가능한interchangeable 존재인 셈이다. 사람들은 병마가 상징하는 강력한 힘과 보호와 안전을 얻기 위해서, 무수한 은금처럼 무엇이든 원하는 것을 얻고 마련하고 확보하기 위해서 하나님을 구한다. 그러니 병마가 있고 은금이 있으면 하나님을 떠난다.

솔로몬은 이 셋을 모두 가진 인물이다. 솔로몬 시대에는 애굽에서 사들인 병거와 말들이 가득하였다(왕상 10:26-29). 은은 너무 많아 길거리에 뒹굴 정도였다(왕상 10:21-22, 27). 이방 나라에서 데려온 아내도 무수하였다(왕상 11:1). 솔로몬이 '마음을 돌려'(왕상 11:9) 이스라엘의 하나님 여호와를 떠나는 것도, 그 행동이 온 백성에게 퍼지는 것(왕상 11:33)도 시간문제였다. 그 점에서 신명기 본문은 솔로몬 시대를 강력하게 반대한다. 앞에서 언급했듯이, 군사력을 상징하는 병마와 동맹 관계를 상징하는 아내, 경제력을 상징하는 은금은 한 국가에서 마땅히 갖추어야 하는 핵심 사항이다. 그러므로 신명기는 솔로몬 시대와 솔로몬 시대가 상징하는 왕정 자체를 근본적으로 견제하고 반대한다.

분명히 하나님은 병마와 은금으로 상징되는 분이며, 이스라엘을 지키고 보호하시며 필요한 것을 채우시는 분이다. 그러나 병마와 은금이 하나님에게서 나오는 것 전부가 아니다. 병마가 없어 하나님에게 도우심을 구한 이들은 그 은혜를 경험하게 되고, 그 경험을 통해서 하나님이 어떤 분이신지 배운다. 왕에게 율법서를 복사해서 읽고 배울 것을 명령하듯이, 하나님의 도우심을 경험한 이들은 하나님의 말씀을 통해 하나님을 알고 배운다. 그래서 어리석고 헛된 다른 아무것에도 굽실거리지 않고, 하나님이 명하시는 올바른 삶을 용기 있게 살아간다. 그런데 병마가 많으면 하나님을 의지하지 않는다. 하나님이 명하시는 풍성한 삶에 귀 기울이는 것 자체가 어려워진다. 자기 힘으로 병마나 은금을 그럭저럭 모을 수 있다. 하나님에게 기도해서 필요가 채워질 수도 있다. 그 점에서 병마나 은금은 관건이 아니다. 하나님의 도우심으로 보호받고 필요한 것을 공급받기도 하면서, 하나님을 의지하고 그분 말씀에 귀 기울이며 살아가는 것이 관건이다. 필요를 채우는 것이 전부가 아니라, 필요를 채우는 경험을 통해 하나님을 알게 되고 그분 말씀이 알려주고 보여주는 삶을 알게 되는 것이 중요하다. 병거와 은금이 전부라면 그런 것들이 사라지지 않도록 끊임없이 노력해야 한다. 나보다 조금 더 가진 사람을 만나면 내 모든 안전과 풍요는 전부 흔들릴 것이다. 내가 가진 것은 아무것도 결코 포기할 수 없을 것이다. 내 힘이 병거와 은금에 있기 때문이다.

    국력, 외교, 경제력은 나라에 꼭 필요한 것인데, 신명기는 이에 대해 강력히 반대하며 율법을 따르는 나라와 공동체를 이야기한다. 이 부분은 우리가 속한 작은 모임에서도 적용할 수 있다. 사람의 수와 상관없이 우리가 할 수 있는 일들이 있다. 우리 시대와 함께 살아갈 수 있다. 여기저기 들려오는 신음 소리에 귀 기울일 수 있고, 배우고 나누고 참여할 수 있다.

복음의

공공성

아울러 병거, 아내, 은금이 지니는 또 다른 중요한 특징은 내가 속한 집단의 이익을 위해 가장 필요한 것들이라는 점이다. 내 나라가 이런 힘을 지니면 우리는 매우 평안할 수 있다. 반면 이러한 힘 바깥에 있는 이들은 도리어 고통과 위협을 겪을 경우가 많다. 앗수르나 바벨론 같은 초강대국의 등장은, 고대 근동 지역에 존재하던 수많은 작은 나라의 존망을 좌우하는 사건이었다. 솔로몬 시대는 이러한 부귀영화를 누리는 이들에게는 태평성대이었지만, 국가 공사에 쉴 새 없이 동원되고 세금을 납부해야 하던 국민에게는 고통스럽고 힘겨운 시대였다(왕상 12:4). 그러므로 병거와 아내, 은금이 대표하는 강력한 힘은 근본적으로 '사사롭다.' 그 혜택이 미치는 범위가 개인보다는 조금 더 넓을 수는 있지만, 근본적으로 그 그늘 아래 있는 이들만 누리는 지극히 사적인 성격을 지닌 힘이다.

이상에서 보았듯이, 병거와 은금은 사람들의 마음을 하나님에게서 돌이키게 한다는 점에서, 우상숭배와 본질상 동일하다. 이러한 힘이 있는 이들은 하나님을 의지하지 않는다. 자기들 힘으로 일을 해결하려고 하며, 그 혜택은 온전히 그 집단에 속한 이들끼리만 누린다. 그리고 그러한 관점에서 볼 때 병마와 은금에 대한 갈망은 근본적으로 우상숭배다. "탐심은 우상숭배니라"(골 3:5)는 선언이 이와 연관이 있다. 우상은 그 우상을 경배하고 숭배하는 이들에게는 안전과 풍요를 약속한다. 반면 우상은 우리가 아무것도 두려워하거나 겁내지 않게 해주지 못한다. 가진 것이 많든 적든 교만하거나 초조해하지 않으면서 살아가게 해주지도 못한다. 대신 우상은 우리가 다른 이들과 함께 살아가지 못하게 한다. 다시 말해, 우상은 합당한 삶이 없다. 우상숭배는 힘에 대한 숭배이며 욕망에 대한 숭배이므로, 다른 이들과 함께 살아가고 약자들과 함께 살아갈 이유가 전혀 없는 것이 당연하다. 구약에 따르면 우상이 요구하는 것은 제사와 제물뿐이다.

1계명과 2계명

십계명의 처음 두 계명은 하나님 아닌 다른 것을 숭배하는 것을 단호하게 금한다. 첫째 계명은 하나님 아닌 다른 것을 우리 앞에 두지 말라고 명한다. 둘째 계명은 하늘과 땅, 땅 아래 있는 것의 아무 형상이든지 만들지 말라고 명한다. 하늘에 있는 해와 달과 별, 하늘을 날아다니는 새, 땅에 있는 아무 동물이나 사람, 땅 아래 있는 괴물이든 무엇이든, 혹은 땅 아래 죽음의 영역에 속한 아무것이든 그 형상을 만들거나 그 앞에 절하는 것을 둘째 계명이 금한다.

첫째 계명이 하나님 아닌 다른 신을 섬기는 것을 금한다면, 둘째 계명은 하나님이든 하나님 아닌 다른 신이든, 눈에 보이는 형상으로 표현하여 그 앞에 절하는 것을 금한다. 실제로 고대 이스라엘에서는 주로 둘째 계명이 문제였다. 사람들은 줄기차게 일월성신을 섬겼고, 신적 존재를 눈에 보이는 사람이나 상징물이나 동물 모양으로 만들어서 섬겼다. 대부분 이처럼 눈에 보이지 않는 신적 존재를 눈에 보이게 형상화해서 섬겼다는 점에서, 첫째 계명과 둘째 계명은 같은 것을 말한다고 볼 수 있다.

하나님이 이스라엘과 온 인류를 독차지하기 위해 하나님 아닌 다른 신을 금지하신 것은 아니다. 경배와 찬양을 돌리기에 합당한 대상은 하나님뿐이기 때문이다. 우리는 종종 내가 받을 칭찬을 다른 사람이 받으면 속상하지만 너그럽게 참을 수도 있다. 이를 생각하면 하나님이 받으실 찬양이 다른 곳으로 향한다 하여 하나님이 질투하시거나 심란해하신다고 생각할 수는 없다. 문제는 그렇게 찬양과 경배가 다른 곳으로 가면, 우리가 엉뚱한 것들을 대단한 것으로 여기고 그것에 매인다는 것이다. 하나님에게 경배와 찬양을 드릴 때, 가장 합당하며 가장 자연스럽고 풍성한 삶이 있다. 반면 엉뚱한 것을 경배하고 높이면, 반드시 삶이 왜곡되고 뒤틀리며 현실에서 부당한 일들이 일어난다. 가령 이단 사이비의 특징은 하나님이 받으셔야 하는 경배를 하나님에게 돌리지 않으니 엉뚱하게도 교주 같은 작자가 모든 영광을 가로챈다는 것이다. 그런 공동체는 사람이 사람답지 않고 왜곡되며 뒤틀리는 일이 생긴다. 하나님을 찬양할 때 우리는 가장 자연스럽고 넉넉하며 풍요롭다. 우리 생각이 바르고 온전하게 된다. 더욱이 함께 모여 찬양하며 하나님을 높이고 고백할 때 기쁨과 충만이 있다.

'자기를 위하여'

사람들은 왜 하나님이나 하나님 아닌 것들을 형상화하는가? 최초의 우상숭배라 할 수 있는 금송아지 숭배 장면에서 이에 대한 답을 찾을 수 있다. 이스라엘은 '자기를 위하여' 우상을 만들었다. 백성은 아론을 찾아와 '우리를 위하여' 신을 만들어 달라 요구한다(출 32:1, 23). 하나님은 이스라엘 백성이 '자기를 위하여' 신을 만들었다고 규정하신다(출 32:8; 신 9:12). 모세도 이 백성이 '자기를 위하여' 금신을 만들었음을 고백한다(출 32:31; 신 9:16).

'자기를 위하여'가 우상의 본질이다. 그리고 이렇게 '자기를 위하여' 신을 만들게 된 배경에 불안과 초조함이 있다. 모세가 시내 산에 올라갔고 40일 가까운 시간이 지났으며, 백성은 여전히 시내 산 자락에 머물러 있다. 그곳에서 언제까지 있어야 하는지, 과연 약속의 땅까지 갈 수 있을지, 그러한 불안과 초조함 때문에 이스라엘은 집단행동을 한다. 불안 혹은 두려움은 쉽게 퍼지며 개인과 공동체를 집어삼킨다. 더는 하나님의 약속을 신뢰할 수 없던 이스라엘은 아론을 찾아와서 눈에 보이는 신을 요구한다. 사실 신을 만들고 이스라엘이 한 일은 그 신 앞에서 절하고 춤추며 종교의식을 행한 것뿐이다. 신을 만들었지만 달리 할 수 있는 뾰족한 것이 없다. 다만 그들은 불안과 초조함을 잊고자 눈에 보이는 신을 만들어 열광적이고 열정적인 종교의식을 행하고 싶었을 따름이다. 그래서 금과 은, 즉 자기들에게 귀한 것을 드려서 온 정성을 다 바쳐 종교의식을 행한다.

이렇게 정성을 표현하는 데 꼭 필요한 것 가운데 하나가 눈에 보이는 신이다. 그러나 성경은 이것은 그저 '자기를 위하여' 만든 신에 불과하다고 단언한다. 그들은 이 신을 만들기 위해 자신들에게 있는 귀중한 금은까지 내놓았다. 이렇게 겉보기에는 대단한 정성과 헌신에도 불구하고, 금송아지 숭배는 그저 '자기를 위한' 종교일 따름이다. 이제 신은 '자기를 위해' 존재한다. 신에게 예배하지만 그 중심에는 사람이 있을 뿐이다. 그런 점에서 그저 형상을 만들었다는 것 자체만 문제가 아닐 것이다. 신을 대신하는 형상이든, 하나님처럼 여기는 대단한 사람이든, 그 본질에는 하나님의 약속을 신뢰하거나 하나님 안에 거하는 것이 없다. 우상숭배는 하나님을 떠나 스스로 만족하고 안심할 대상에게 도망치는 것이다.

복음의
공공성

우상숭배가 제의적인 면에 치중하는 것도 이와 연관될 것이다. 신을 향해 온갖 안전과 보호와 부귀를 구하면서 극도의 정성을 바치는 것은, 자신이 감당할 책임을 회피하는 수단이 된다. 신이 눈에 보이지 않으면 무엇을 바치고 드림으로써 최선을 다했다 말할 수 없지만, 눈에 보이는 신은 최선을 다한 섬김을 가능하게 한다. 신에게 최선을 다했으니, 내가 더 할 일이 없다. 신에게 도움을 구했으니, 이제는 신이 할 일만 있지 내가 할 일은 없다. 그 점에서 우상은 대상에게 모든 것을 투여하고 그저 바라보게만 하는 현실회피다. 신에게 정성을 바치는 데 온 힘을 쏟고 현실에서는 내 마음대로 살아가는 것을 정당화하는 수단이다. 우상에게 제사한 만큼 당연히 현실 삶에서 할 일도 생기지만, 그 일은 쉽지 않기에 더더욱 제의에 치중하게 된다.

자기를 위한 존재라는 점에서 금송아지 숭배는 선악과를 먹은 사건과 통한다. 아담과 하와는 선악을 아는 일에 하나님처럼 되기 위해 금지된 열매를 먹었고, 이 백성은 자기 자신을 위해 신을 만들고 그 앞에 절하고 세상의 중심이 되었다. '자기를 위하여'는 우상숭배와 연관된 본문에 빈번히 등장한다. 자기를 위하여 주상을 만들고(신 16:22), 자기를 위하여 은과 금으로 된 우상을 만들며(사 2:20), 자기를 위하여 나무를 베어 목상을 만들고(사 44:14), 우상을 만든다(호 8:4; 13:2). 우상숭배는 온전히 자기를 위한 종교다.

자기를 위한 종교는 무엇이 문제인가? 자기를 위한 우상은 필연적으로 자기의 유익을 위해 존재한다. 그리고 그 '자기를 위함'의 핵심에는 병거와 은금으로 상징되는 힘과 풍요가 있고, 안심과 평안이 있다. 이 모두를 아울러서 '사적 종교', '사적 신앙'이라고 말할 수 있다. 그런 점에서 우상숭배의 본질적인 특징은 사적 종교라고 할 수 있다. 자신이 지닌 금과 은까지라도 내어놓지만 지극히 사적이다. 그렇기에 하나님과 맺은 언약을 버리고 별별 모양의 우상을 만들고 경배하며 섬긴다. 그들은 신에게서 놓여나는 것이 목적이 아니다. 신을 섬기되, 여호와의 명령과 계명을 떠나 우상으로 대표되는 이방 신을 경배하며 섬긴다. 신에게서 떠나기를 원하는 것이 아니라, 신을 자신들의 뜻에 따라 이용하기를 원하는 것이다.

신명기 10장 12절은 하나님 사랑을 명령하면서 하나님이야말로 온 세상의 주인이시요, 크고 능하고 두려우신 하나님이라 선포한다. 이러한 하나님만 섬기는 것은 나그네에 대한 사랑으로 나타난다(신 10:19). 하나님이 그 백성 이스라엘을 부르셨으니, 이스라엘은 이웃을 자신처럼 사랑하며 나그네조차도 자신처럼 사랑한다. 추수 때마다 모퉁이를 남겨서 가난한 이들과 나그네들이 거둘 것이 있게 한다. 솔로몬은 자기를 위하여 장수와 부를 구하지 않고, 백성을 위하여 듣는 귀를 구하는 기도를 했고(왕상 3:11), 이것이 하나님을 기쁘시게 했다.

반면에 우상숭배는 전적으로 '자기를 위한' 사적 종교다. 본질이 이러하기에 우상숭배는 현실에서 이웃과 맺은 관계의 파괴로 나타난다. 가령 고대에서 우상숭배는 자녀를 신에게 바치는 의식과 연관되는 경우가 빈번했다(레 20:1-5; 신 18:9-14; 시 106:34-39; 왕하 16:3; 17:30-31; 23:10; 렘 7:31; 32:35; 겔 20:25-26; 미 6:6-7). 자신들이 얻고자 하는 것을 위해서라면 가장 소중한 자녀까지도 아끼지 않고 신에게 내어준다. 이사야가 유다 백성을 책망하면서 무수한 제물과 살진 짐승의 기름이 아무 소용없다고 한 말(사 1:10-15)은, 당시 유다에 제사가 넘쳐났음을 보여준다. 그러나 그와 동시에 그 시대는 뇌물을 사랑하고, 고아를 위하여 신원하지 않고, 과부를 위해 변호하지 않으며(사 1:23), 가난한 자에게서 탈취하고, 포도원을 빼앗는 것이 일상인 시대였다(사 3:14-15).

자신의 힘과 이익과 안전과 평화를 위해 신을 조종하는 것이 우상숭배의 본질이므로, 우상숭배가 번성하는 곳에서는 힘없고 약한 자들이 짓밟힐 수밖에 없다. 그러므로 우상숭배의 번성 여부는 사회의 사회 경제적 현실과 맞물릴 수밖에 없다. 여호와를 배반하고 속이며 하나님 따르는 데에서 돌이키니, 그 사회는 정의가 뒤로 물리침이 되고 공의가 멀리 섰으며 성실이 거리에 엎드러지고 정직이 나타나지 못한다(사 59:13-15). 예언자들이 우상숭배를 고발하면서 동시에 사회 경제적 불의를 고발하는 이유가 바로 이것이다.

> 너희가 만일 길과 행위를 참으로 바르게 하여 이웃들 사이에 정의를 행하며 이방인과 고아와 과부를 압제하지 아니하며 무죄한 자의 피를 이곳에서 흘리지 아니하며 다른 신들 뒤를 따라 화를 자초하지 아니하면 내가 너희를 이곳에 살게 하리니 곧 너희 조상에게 영원무궁토록 준 땅에니라(렘 7:5-7).

> 너희는 각기 이웃을 조심하며 어떤 형제든지 믿지 말라. 형제마다 완전히 속이며 이웃마다 다니며 비방함이라. 그들은 각기 이웃을 속이며 진실을 말하지 아니하며 그들의 혀로 거짓말하기를 가르치며 악을 행하기에 지치거늘 네가 사는 곳이 속이는 일 가운데 있도다. 그들은 속이는 일로 말미암아 나를 알기를 싫어하느니라. 여호와의 말씀이니라(렘 9:4-6)

> 사람이 만일 의로워서 정의와 공의를 따라 행하며 산 위에서 제물을 먹지 아니하며 이스라엘 족속의 우상에게 눈을 들지 아니하며 이웃의 아내

를 더럽히지 아니하며 월경 중에 있는 여인을 가까이하지 아니하며 사람을 학대하지 아니하며 빚진 자의 저당물을 돌려주며 강탈하지 아니하며 주린 자에게 음식물을 주며 벗은 자에게 옷을 입히며 변리를 위하여 꾸어주지 아니하며 이자를 받지 아니하며 스스로 손을 금하여 죄를 짓지 아니하며 사람과 사람 사이에 진실하게 판단하며 내 율례를 따르며 내 규례를 지켜 진실하게 행할진대 그는 의인이니 반드시 살리라. 주 여호와의 말씀이니라(겔 18:5-9).

그 가운데에서 선지자들의 반역함이 우는 사자가 음식물을 움킴 같았도다. … 그 제사장들은 내 율법을 범하였으며 … 그 고관들은 … 불의한 이익을 얻으려고 피를 흘려 영혼을 멸하거늘 … 이 땅 백성은 포악하고 강탈을 일삼고 가난하고 궁핍한 자를 압제하고 나그네를 부당하게 학대하였으므로(겔 22:25-29).

그들이 헛된 말을 내며 거짓 맹세로 언약을 세우니 그 재판이 밭이랑에 돋는 독초 같으리로다. 사마리아 주민이 벧아웬의 송아지로 말미암아 두려워할 것이라. 그 백성이 슬퍼하며 그것을 기뻐하던 제사장들도 슬퍼하리니 이는 그의 영광이 떠나감이며(호 10:4-5).

내가 심판하러 너희에게 임할 것이라. 점치는 자에게와 간음하는 자에게와 거짓 맹세하는 자에게와 품꾼의 삯에 대하여 억울하게 하며 과부와 고아를 압제하며 나그네를 억울하게 하며 나를 경외하지 아니하는 자들에게 속히 증언하리라. 만군의 여호와가 말하였느니라(말 3:5).

복음의
공공성

나아가 예레미야 시대에 우상숭배가 번성했는데도 예레미야는 아예 사회 현실을 바로잡을 것만 왕에게 요구한다는 점도, 우상숭배를 척결하는 길과 정의로운 현실의 회복이 직접적으로 관계가 있음을 잘 보여준다.

이르기를 다윗의 왕위에 앉은 유다 왕이여 너와 네 신하와 이 문들로 들어오는 네 백성은 여호와의 말씀을 들을지니라. 여호와께서 이와 같이 말씀하시되 너희가 정의와 공의를 행하여 탈취 당한 자를 압박하는 자의 손에서 건지고 이방인과 고아와 과부를 압제하거나 학대하지 말며 이곳에서 무죄한 피를 흘리지 말라(렘 22:2-3).

이런 시대일수록 종교는 화려해지고 자기가 하나님의 것을 보았다고 주장하는 이들은 무수하다.

그들은 다 무지하고 어리석은 것이니 우상의 가르침은 나무뿐이라. 다시스에서 가져온 은박과 우바스에서 가져온 금으로 꾸미되 기술공과 은장색의 손으로 만들었고 청색 자색 옷을 입었나니 이는 정교한 솜씨로 만든 것이거니와(렘 10:8-9).

여호와께서 내게 이르시되 선지자들이 내 이름으로 거짓 예언을 하도다. 나는 그들을 보내지 아니하였고 그들에게 명령하거나 이르지 아니하였거늘 그들이 거짓 계시와 점술과 헛된 것과 자기 마음의 거짓으로 너희에게 예언하는도다(렘 14:14).

너희는 벧엘에 가서 범죄하며 길갈에 가서 죄를 더하며 아침마다 너희 희생을, 삼 일마다 너희 십일조를 드리며 누룩 넣은 것을 불살라 수은제로 드리며 낙헌제를 소리내어 선포하려무나. 이스라엘 자손들아 이것이 너희가 기뻐하는 바니라. 주 여호와의 말씀이니라(암 4:4-5).

하나님에게 자신을 드린다는 것

우상숭배는 사적 이익을 위한 신앙이 본질이기에 우상숭배가 극심한 세상은 필연적으로 사람들 사이의 관계를 파괴한다. 개인보다 훨씬 큰 집단에게 유익이 돌아간다고 해도 우상숭배는 사적 이익 추구가 본질이다. 그래서 개인과 개인 사이에 다툼과 분쟁이 끊이지 않고, 더 큰 집단 사이에도 필연적으로 전쟁이 끊이지 않는다. 세상 모든 이들이 자기를 위해 우상을 만들 때, 종교 가득한 세상은 전쟁 가득한 세상이 된다. 그 점에서 병마와 은금을 무수히 확보하는 것과 우상이 무수한 것은 서로 통한다.

그러므로 우상을 버리고 여호와 하나님 한 분만 섬기는 것은 우리 신앙만 진리이고 남의 신앙은 모두 거짓이고 가짜라고 선언하는 것으로 나타나지 않는다. 여호와 신앙을 위한 싸움은 배타적 종교를 확산시키는 싸움이 아니라, 자기를 위한 종교를 철폐하는 싸움이다. 그래서 여호와 하나님을 아는 지식이 세상에 충만하면, 이리가 어린 양과 함께 살고 젖 먹는 아이가 독사 구멍에 손을 넣어도 물지 않는 현실이 된다. 그러므로 여호와 경외 신앙은 지극히 공적 현실로 드러난다.

하나님에게 드리는 제사에도 '자기를 위하여'라는 표현이 나온다.

가령 레위기 15장 14절에 보면 자기를 위하여 제물을 가져와 여호와께 드린다 하였다. 구약 제사에서 '자기를 위하여' 제물을 가져온다는 것은 자신을 하나님에게 바쳐야 하는데, 자신을 대신하여 제물을 바친다는 의미다. 그래서 제사에서 동물로 드린 제물을 태우지만, 사실상 드리는 사람 자신을 태우는 것이다. 하나님에게 드리는 제사의 본질은 크고 화려하고 엄청난 정성으로 하나님을 기쁘시게 하는 것이 아니라 자기 자신을 드리는 것이다. 그래서 하나님 제사의 본질은 자신을 위하여 드리는 것이 아니다. 하나님 제사는 드리는 사람이 죽는 것이다. 제사를 드릴 때마다 나를 죽여서 바치는 것이다. 그런데 자기 자신을 하찮고 별 것 없는 존재라 여기면서 자신을 하나님에게 드린다면 하찮은 것을 드리는 셈이 된다. 그러니 자신을 죽여서 하나님에게 드린다는 것은, 하나님에게 나를 내 모습 그대로 주관하시고 사용하시기를 구하는 것이다. 내 뜻과 내 고집이 있지만, 하나님 앞에 모두 내려놓는 것이다. 말씀에 순종하겠다고, 자기를 죽여서 바치는 것이다. 이것은 자기를 학대하는 것도, 자기를 포기하며 버리는 것도 아니다. 하나님이 내 주님이시며 주관자이심을 고백하는 것이다.

사람이 자신을 하나님에게 드려야 하는데 제물을 대신 바치게 하셨다는 점에서, 제물을 드리는 제사는 하나님이 사람에게 열어주신 은혜의 길이다. 제물을 바치면서 하나님에게 '제 자신을 드립니다' 하는 마음으로 바친다. 하나님이 명하시는 제사는 내가 죽는 제사, 나를 드리는 제사다. 그렇게 내가 죽고 나를 드린다면, 모두 살게 되며 나도 다시 살게 된다. 예배는 나를 드리는 것이며 내가 죽는 것이다. 찬양의 제사를 통해 나를 하나님에게 드리는 것이다. 내가 죽으면 모두 산다. 그에 비해 이방 제사는 자기를 위한 제사다. 자기가 죽는 제사가 아니라 자신의 욕망과 탐심을 이루기 위한 제사다. 출애굽기 32장 30절에서 모세는 자기 자신을 백성의 죄악을 위한 속죄제물로 드리고자 하나님에게 나아간다. 모세가 자신을 드리기 위해 나아가자, 백성이 살고 자신도 살게 되었다.

    우상은 우리의 불안과 초조를 파고든다. 불안과 초조가 늘 나쁜 것은 아니다. 우리는 불안과 초조로 인해 하나님을 의지하기 때문이다. 그렇지만 하나님은 불안을 파고들지 않으신다. 하나님은 불안하고 위태로운 우리를 건지시며 새로운 삶으로 초대하신다. 우리를 얽매고 묶고 있는 모든 것에서 우리를 풀어주시고, 풍성한 자유, 하나님 백성의 자유를 주신다. 하나님이 명하신 율법은 그렇게 자유 가운데 함께 살아가는 삶을 알려준다. 하나님은 우리의 정성을 원하지 않으신다. 우리가 헛된 것에 굴복하지 않고 다만 살아 계신 하나님만 신뢰하고 그분만 예배하기를 원하신다. 우리는 하나님 앞에 나아올 때마다 나를 위하여 하나님을 찾는 것이 아니라, 나를 죽여서 드려야 한다. 그럴 때 하나님은 우리에게 거침없이 함께 살아가는 풍성한 삶을 허락하신다.

복음의

공공성

02
나봇의 포도원과 예언자

'원천으로'를 의미하는 *ad fontes*는 종교개혁과 르네상스의 공통 모토다. 개혁자들에게 '근원', 즉 '원천'은 성경이었다. 오늘날 생각하는 새로운 종교개혁의 원천과 근원 역시 성경일 것이다. 그런데 성경을 읽다 보면, 성경에 등장하는 인물들에게서도 일종의 원천 혹은 근원을 볼 수 있다. 긴 세월이 지났지만 여전히 간직하는 '원천'이야말로 부흥과 개혁의 구심점이 될 수 있다. 열왕기상 21장에 나오는 나봇의 포도원은 구약시대의 원천에 대해, 그리고 오늘 우리 신앙의 원천에 대해 곰곰이 생각해 보게 한다.

열왕기상 20장 내용

이스라엘이 아람에게 전력이 객관적으로 뒤지지만 하나님이 이스라엘과 함께하시고 이를 하나님의 사람들을 통하여 알리신다. 한 선지자가 아합에게 가서 소년들을 데리고 전쟁에 나가고 선봉에 왕이 서라고 말한다. 아합은 이 중대한 전쟁의 현장에 느닷없이 나타난 예언자를 반기는 듯하며, 예언자가 지시하는 모든 일을 그대로 실행한다. 아람 왕은 전쟁에서 패배하자 군대를 효율적으로 정비하고 전쟁준비를 착실히 진행한다. 이스라엘의 하나님이 산지의 하나님이라는 보고를 들었으므로, 평지에서 전쟁을 준비한다. 아합도 예언자의 말에 따라 다가올 전쟁을 준비하지만 여전히 객관적으로는 열세다. 열왕기상 20장 27절에 따르면 이스라엘은 두 무리의 적은 염소 떼와 같았고 아람사람은 그 땅에 가득하였다. 그렇지만 하나님이 함께하심으로 전쟁에서 크게 승리한다. 그런데 아합은 승리에 도취한 나머지 아합의 이름을 딴 거리를 만들어서 아합을 기념하겠다는 말에 아람 왕 벤하닷을 놓아준다. 이로 인해 익명의 예언자에게 하나님이 벤하닷의 목숨 대신 아합의 목숨을 취하실 것이라는 심판의 말씀을 듣는다. 이 부분은 승리에 취할 수도, 승리에 자만할 수도 없는 이스라엘의 모습을 보여준다. 그 승리는 하나님이 주신 것이기 때문이다.

　　승리의 기쁨도 잠시, 하나님의 사람에게 이 말을 듣고서 아합은 '근심하고 답답하여' 궁으로 돌아간다. '근심과 답답함'¹은 이곳과 21장 4절에만 나오는데, 언짢은 마음, 답답함, 불편한 심기로 인해 말을 하지 않음 등의 의미다. 이 구절은 예언자 앞에서 꼼짝 못하는 왕, 예언의 말에 속이 상한 왕을 보여주며, 생생히 살아 있는 이스라엘의 예언전통을 반영한다. 예언자들은 하나님이 명하시는 대로 행동하고 찾아다니고 선포하고 외친다. 왕이라고 해도 예언자 앞에서는 쩔쩔맨다. 보잘것없고 가난한 예언자의 외침 앞에서 왕은 근심과 답답함에 어쩔 줄 몰라 한다.

복음의

공공성

칠십인경과 마소라 본문의 배열 차이

히브리어 구약성경을 헬라어로 번역한 칠십인경에는 나봇의 이야기가 엘리야의 호렙 산 사건에 이어 20장에 나오며, 21장에 이스라엘과 아람 사이 전쟁 기사가 나온다. 마소라 본문은 앞에서 지적한 대로, 20장 43절과 아주 비슷한 표현이 21장 4절에 나오면서 20장과 21장을 연결하는 역할을 한다. 반면 칠십인경은 아합의 기분을 표현한 구절을 서로 다른 헬라어로 옮겨서 이러한 긴밀한 연관을 볼 수 없다.[2] 20장과 22장에서 엘리야나 엘리사가 전혀 등장하지 않는다는 점에서 21장 나봇 사건이 끼어 있는 마소라 본문은 배열이 뒤섞인 인상을 준다. 그에 비해 칠십인경은 엘리야가 등장하는 21장이 19장 다음에 있어서, 엘리야 이야기가 한군데 몰려 있고, 엘리야가 아닌 다른 예언자들이 여럿 등장하는 전쟁 본문이 21, 22장으로 연결된다는 점에서 배열이 아주 매끄럽다.[3] 칠십인경의 경우, 아람과 이스라엘의 전쟁을 연결하여서 아합이 벤하닷을 놓아준 것에 대한 하나님의 심판으로 아합이 죽었다는 것을 보여준다.

현재 우리가 가지고 있는 마소라 본문의 전통은 벤하닷과 상대한 전쟁에서 잘못을 해서 생긴 아합의 근심이 나봇의 포도원 사건의 근심으로 이어지고, 엘리야를 통한 심판선언으로 연결되는 흐름을 전한다. 칠십인경에는 없는 "이 일들 후였다" 하는 구절이 마소라 본문 21장 첫머리에 있다. 이 편집적 어구는 20장과 21장을 연결해서 보도록 요청하는 중요한 역할을 한다.[4] 그리고 22장 아합의 죽음 본문으로 이어진다. 그러므로 칠십인경은 아합이 벤하닷을 풀어줬기 때문에 죽었음을 보여주지만, 마소라 본문은 아합과 아합의 오므리 왕조가 나봇의 포도원 사건 때문에 멸망했다고 보여준다.

열왕기상 21장 읽기

아합의 제안, 나봇의 거절

나봇은 이스르엘 사람이며 이스르엘에 포도원이 있었다.[5] '이스르엘'은 "하나님이 파종하신다"는 뜻으로, 하나님이 사랑하시고 풍성하게 하신 이스라엘을 상징하는 이름으로 종종 쓰인다.[6] 이스르엘 골짜기와 더불어 이스르엘은 아주 비옥한 지역이었으며, 중요한 교통의 요지이기도 했다. 헬레니즘시대에 이르러서는 '에스드렐론'이라는 이름으로 불린다.[7] '왕궁'으로 번역한 히브리어 '헤칼'은 본래 '신전'을 가리키는데, 이 단어가 세속적으로 쓰인 첫 예가 바로 이 본문이다.

공교롭게도 나봇의 포도원은 사마리아 왕 아합의 왕궁 곁에 있었다. 나봇에게 문제가 있었다면 바로 하필이면 왕의 궁전 곁에 포도원이 있었다는 사실이다. 조상대대로 내려온 포도원이지만 그 곁에 자기 왕의 궁전이 들어서면서 문제가 생겼다. 이스르엘은 아합의 겨울궁이었을 것으로 보이며(왕상 18:45), 오므리 왕조의 고향ancestral home이었을 수 있다.[8]

예언자의 심판 선포로 인해 근심하고 답답해진 아합은 이스르엘 궁에 거하던 중 '채소밭'을 꾸미고자 하였다. 이 '채소밭'이라는 단어에서 이스라엘 백성은 애굽의 '채소밭'을 떠올렸을 수도 있다(신 11:10).[9] 신명기에서는 이 단어를 수고스러운 노동을 쏟아야 가꿀 수 있는 예로 설명한다. 원래부터 존재하는 것이 아니라, 적절하지 않은 환경에서 가꾼 것이기에 거기에 물을 대고 가꾸고 해야 유지가 가능한 것이 '채소밭'이다. 그런 점에서 채소밭 혹은 푸른 정원은 애굽 문화의 일면일 수 있다. 문제는 채소밭을 조성할 만한 땅이 이미 나봇이라는 농부의 소유였다는 것이다. 자기 왕궁에 인접해 있었던 데다,[10] 여러모로 왕궁을 넓힐 필

복음의
공공성

요가 있었으므로 아합은 나봇의 포도원을 사들이기로 결정한다. 아합의 제안은 오늘날 시각에서 보면 충분히 합리적이고 관대하기까지 하다.

> 네 포도원이 내 왕궁 곁에 가까이 있으니 내게 주어 채소밭을 삼게 하라. 내가 그 대신에 그보다 더 아름다운 포도원을 네게 줄 것이요 만일 네가 좋게 여기면 그 값을 돈으로 네게 주리라(21:2).

원한다면 더 아름다운 포도원을 줄 것이고, 그게 싫다면 돈으로 주겠다는 아합의 제안은, 조상 대대로 물려받은 땅에서 평생 농사만 짓던 나봇의 삶에 해 뜰 날이 온 것을 의미한다. 자기 포도원이 왕궁 확장 계획과 맞물리면서 졸지에 금싸라기 땅이 된 것이다. 오늘날로 치자면 내 집 근처를 국가가 개발하면서 내게 엄청난 이익이 생긴 상황이다. '인접성의 원칙'은 오늘날에도 여전히 의미 있는 원리다. 내 땅이 주변 땅의 영향을 받는다는 것이다. 주변이 농업용지라면 그것이 내 땅에도 영향을 준다. 주변이 공업용지라면 그 또한 내 땅에 영향을 준다.[11]

우리는 이미 이 이야기의 결과를 안다. 나봇은 이를 거절해서 죽는다. 나봇은 왜 왕의 제안을 하나님이 주신 기회로 생각하지 않았을까? 나봇은 왜 '열심히 하나님에게 순종하고 믿음대로 살았더니 생각지도 못한 엄청난 재물을 주시는구나' 생각하며 감사하지 않았을까? 오늘날의 모든 교회들과 그리스도인들은 다 그렇게 여긴다. 교회 기도원 인근이 개발되어 엄청난 이익이 생기면 하나님 은혜로 여기고 감사헌금에, 십일조에 난리법석이다. 교인들은 아파트가 재개발되면서 값이 폭등하면 하나님에게 큰 복을 받았다고 교회에 헌금하고 난리다. 하나님이 신실한 종에게 마침내 빛을 비추어주신다고 얼마든지 해석할 수 있고 그렇게 해석해줄 목사들도 가득하다. 그런데 왜 나봇은 이 기회를 거절하고 죽음이라는 끔찍한 결과를 맞이한 것일까?

  언급할 것이 하나 더 있다. 나봇에게는 자신의 전부였을 포도원이 아합에게는 '채소밭'의 용도였다. 삶이 걸린 토지와 장식과 확장을 위한 토지가 대립한다. 왕궁의 미관과 농민의 삶이 맞선다. '채소밭'이라는 표현과 대조적으로 나오는 '유업', '포도원', '차지하다' 등은 이스라엘의 정착과 관련 있는 신학용어다. 땅에 대한 신앙적 이해가 땅을 일종의 사치와 문화로 보는 견해와 대립한다. 나봇의 거절은 이러한 애굽 문화에 대한 거절일 수 있다. 3절에서 나봇은 아합의 제안에 의외의 답을 한다. 절대 권력인 왕과 일개 토착농민의 대화지만, 그 땅과 연관해서는 서로 제안하고 답하는 관계이지, 명령하고 따르는 관계가 아니다. 나봇의 대답을 시작하는 히브리어인 '할릴라'는 일종의 감탄사 비슷한 구절로, "결단코 … 않으리라"는 의미다. 그래서 나봇의 대답을 직역하면, "내 조상의 유업을 당신에게 주는 것을 여호와께서 결단코 내게 대해 허락하지 않으시리라"가 된다. 여기에서도 아합과 나봇의 시각 차이를 엿볼 수 있다. 아합은 나봇의 '포도원'을 요구하면서, 다른 '포도원'을 주든지 그에 상응하는 돈을 주겠다고 하는 데 반해, 나봇은 자신의 포도원을 '포도원'이라고 부르지 않는다. 그에게 포도원이 있는 땅은 '내 조상의 유산'이다. 땅 자체가 문제다. 그런 점에서 포도원에 대한 아합의 욕심은 다름 아닌 포도원이 있는 땅에 대한 욕심이다. 그에 비해 나봇은 바로 그 땅이 조상에게 받은 유업임을 분명히 한다. 이것은 4절에도 반복된다. '내 조상의 유산'이라는 표현은 나봇의 땅이 나봇 개인의 재산이 아니라 조상들의 삶이 모두 들어 있는 땅이라는 뜻이다. 더욱이 이 땅을 아합에게 주는 것을 여호와께서 금하신다는 말은, 이 땅이 여호와 하나님이 주신 땅임을 분명히 한다. 그런 점에서 '유산', 혹은 '유업[나할라]'은 단순히 물려받은 땅 정도의 의미가 아니다. 여호와께서 유업으로 주신 특별한 땅을 가리키는 말이다.[12] 사실 민수기와 신명기, 여호수아, 사사기 등에서 이 단어를 그러한 의미로 빈번하게 사용한다. 그러므로 나봇은 땅에 대한 오래된 신앙전승을 고스란히 간직한 인물이다. 나봇에게 땅은 하나님의 선물이며, 조상들에게 주신 약속이며, 오늘날 하나님이 자신과 동행하신다는 표시다. 온 이스라엘 백성은 하나님이 주신 땅에서 살아가는 자유인이다. 유업으로 주신 땅은 그래서 이스라엘을 상징하며, 조상과 하나로 연결된 가족을 상징한다. 그러므로 나봇의 포도원을 돈으로 환산할 수 없고, 다른 땅으로 대체할 수도 없다. 하나님의 은혜와 선물은 돈으로 환산할 수 없고 다른 것으로 대체할 수 없기 때문이다. 나아가 그 땅을 처분할 권리 자체가 나봇에게는 없다. "여호와께서 금하시리라"는 말은 나봇이 그 땅을 받았지만, 땅 소유주로서 마음대로 사고 팔 수는 없다는 의미다. 이러한 나봇의 사고는 레위기 25장 23절에서 명백히 규정하는 "토지를 영구히 팔지 말 것은 토지는 다 내 것임이니라. 너희는 거류민이요 동거하는 자로서 나와 함께 있느니라"와 같은 신앙전승을 근거로 한다.[13]

그에 비해 아합의 요구는 땅을 그저 재산의 중요한 부분을 이루는 부동산으로 보는 사고를 전제로 한다. 아합은 나봇과 달리 땅을 하나님의 선물이나 은혜로 보지 않는다. 그런 점에서 땅을 화폐가치로 환산할 수 있는 재화로 보느냐, 하나님과 맺은 언약과 약속이 담긴 대상으로 보느냐 하는 차이가 아합과 나봇 사이에 있다. 이런 관점에서 보면 나봇 이야기는 이스라엘의 전통적인 지파 중심 농경사회와 왕정의 도시문화 사이의 갈등을 증거한다.[14] 결국 나봇의 죽음이 땅을 빼앗기는 결과를 낳는 것을 볼 때, 유업의 땅은 바로 그 땅에 사는 사람 자신인 셈이다. 이와 연관해 나봇이라는 이름이 '조상의 유업[나할라트 아보트]'이라는 말의 축약형이라는 주장은 흥미롭다.[15] 땅에서 살아가는 이스라엘의 삶은 그 자체로 조상들에게 주신 약속이며 그 삶 자체가 하나님의 유업인 것이다. 구약의 많은 부분에서 이스라엘은 하나님의 유업이라고 말한다.

도대체 누가 절대 권력인 왕 앞에서 여호와를 운운할 수 있을까! 오늘의 시각으로 보자면 인생 최대 '대박'을 맞을 기회였지만, 나봇은 여호와께서 모든 토지의 소유주라는 케케묵은 신앙을 근거로 해서 왕의 제안을 거부한다. 이 농부의 여호와 신앙 앞에서 왕이 할 수 있는 일이 무엇인가? 4절은 아합이 "근심하고 답답하여 왕궁으로 돌아"갔다고 전한다. 앞에서도 언급했듯이 이 표현은 20장 43절에 나온 단어를 그대로 되풀이한다. 아합은 예언자가 전하는 심판의 말씀을 듣고 편치 않았던 마음을, 나봇의 거절을 들은 후에도 느꼈다. 이 두 사건의 연관을 본문 자체가 제시하는 것이다. 나봇의 거절과 예언자의 심판 선포가 동일한 맥락에 있다. 20장에서 이름도 없는 예언자의 선포를 수긍할 수밖에 없던 아합은, 이제 일개 농부인 나봇의 말도 동일한 자세로 수긍할 수밖에 없었다. 이러한 아합의 태도는 아합 역시 나봇이 말하는 바를 안다는 의미다. 조상의 유업은 여호와께로 온 것이며 아무것으로도 대체할 수 없다는 나봇의 주장에 아합이 달리 취할 수 있는 조치가 없다. 20장에서 보이는 왕의 모습과 마찬가지로, 아합은 이스라엘의 신앙전승을 인정한다. 고대의 신앙에서 오랜 시간이 흘렀고, 아합 자신은 그러한 고대의 신앙전승을 더는 따르거나 고집하지 않았으며, 그에게는 땅도 경제적 가치가 있는 대상 이상도 이하도 아니었다. 그러나 나봇의 결연한 태도 앞에서 아합 역시 이스라엘 신앙전승을 인정하고 답답한 마음으로

복음의
공공성

물러날 수밖에는 없었다.

열왕기 기자는 아합이 나봇의 거절 때문에 이렇듯 속이 상했음을 알리면서 나봇이 왕에게 한 말을 "내 조상의 유업을 왕께 줄 수 없다"로 요약한다. 여기서도 포도원이 아니라 '내 조상의 유업'이라고 부른다. 사실 포도원이 아니라 그 포도원이 있는 땅이 문제며, 그 땅은 단순히 땅이 아니라 '조상의 유업'이다. 열왕기 기자는 이 말을 반복함으로써 요점을 분명히 전한다.

이세벨의 관점

여호와의 이름을 내세우는 무명의 예언자와 농부 앞에서 아합이 할 수 있는 것은 근심하고 답답해진 채 자신의 궁에 돌아오는 것뿐이다. 아합은 식음을 전폐하고 침대에 누워버린다. 그러나 아합에게는 페니키아의 공주인 아내 이세벨이 있었다. 사정을 묻는 이세벨에게 아합은 상세하게 그 내용을 고한다. 아합이 이세벨에게 한 말은 2절에서 나봇에게 한 말과 대칭을 이룬다.

나에게 너의 포도원을 주라	나에게 너의 포도원을 주라
그것 대신 좋은 포도원을 주리라	은으로
혹은 그에 걸맞은 은을 주겠다	혹은 그것 대신 포도원으로 주리라

여기에서 아합은 나봇이 여호와의 이름으로 '조상의 유업'을 넘기기를 거절했다고는 이세벨에게 말하지 않는다. 그저 나봇이 "내 포도원을 네게 주지 않겠다" 하며 거절했다고 전한다. 여호와 신앙을 모르는 이에게 포도원은 그저 포도원일 뿐이었고, 더구나 바알신앙을 가진 이

세벨에게 여호와께서 땅 매매를 금하신다는 것은 생소한 내용일 뿐 아니라 용납할 수 없는 말이었다. 또 위에서 본 대칭구조에서 아합은 자기가 충분히 합당하게 말했는데도 나봇이 자신의 말을 듣지 않은 이유를 납득할 수 없다는 강한 불만을 표출하고 있다. 아합의 말을 들은 이세벨의 반응은 놀랍다. 이세벨은 "왕이 지금 이스라엘 나라를 다스리시나이까?" 하고 반문한다. 이세벨이 보기에 이 상황의 핵심은 왕권이었다. 아합과 나봇의 대화에서 핵심은 땅에 대한 해석의 문제였는데, 아합과 이세벨의 대화에서는 논점이 완전히 달라진다. 이세벨에게는 왕권을 행사하는 것과 아합이 나봇의 포도원을 차지하지 못하는 것이 양립할 수 없는 상황이었다. 이세벨에게 왕은 자기가 원하면 백성의 것을 얼마든지 차지할 수 있으며, 백성 위에 군림하고 지배하는 존재다. 예수님도 이에 대해 하신 말씀이 있다.

> 이방인의 집권자들이 그들을 임의로 주관하고 그 고관들이 그들에게 권세를 부리는 줄을 너희가 알거니와 너희 중에는 그렇지 않아야 하나니 너희 중에 누구든지 크고자 하는 자는 너희를 섬기는 자가 되고 너희 중에 누구든지 으뜸이 되고자 하는 자는 너희의 종이 되어야 하리라(마 20:25-27).

그러나 이세벨의 왕 이해가 그저 그 시대에만 해당하는 것은 아니리라. 오늘날 교회에서조차 교역자가 세상 왕보다도 더 교인들 위에 군림하고 지배하고 다스리는 일이 허다하기 때문이다. 교역자가 내린 결정에 순종하지 않으면 졸지에 하나님을 대적하는 이로 정죄되기 일쑤인 것이 낯선 일인가. 교인에게는 제대로 상의도 하지 않은 채, 오직 하

복음의

공공성

나님을 위한다는 미명으로 교회의 일을 소수의 교역자가 결정하는 일들이 지금도 교회에서 비일비재하다. 예수의 이름을 빙자하나 실상 이세벨이 주관하는 것이 오늘날 교회가 아닌가.

"내가 당신에게 나봇의 포도원을 주겠어요" 하는 이세벨의 말은 아합이 듣고 싶던 말이었을 것이다. 아합은 돈이나 다른 대체 상품으로 포도원을 차지하고 싶었으나 실패했는데, 이제 이세벨이 자기가 주겠노라고 자신 있게 말한다. 이 부분에서 인칭대명사의 사용도 두드러진다. "내가 당신에게 주겠어요." 여호와께서 금하신다는 나봇의 대답과 "내가 주겠다" 말하는 이세벨의 확언은 참으로 대조적이다.

이세벨이 아합에게 줄 것은 '나봇의' 포도원이다. 이제 나봇의 포도원은 '조상의 유업'이 아니다. 그저 나봇이라는 한 개인의 소유일 따름이다. 브루그만이 지적한 대로, 아합과 이세벨에게 땅은 객관적으로, 공정하고도 합리적인 방법으로 조절될 수 있는 재산의 일부다. 이세벨의 견해는 얼마나 현대적인가![16] 그리고 이세벨의 견해는 오늘 우리가 지니는, 땅에 대한 견해와 얼마나 흡사한가!

이스르엘의 재판과 불의의 승리

나봇의 땅을 빼앗아버리겠다고 이세벨이 작정하였지만, 우리가 유의할 것은 그렇다고 해서 이세벨이 법을 다 무시한 채 강제로 일을 추진하지는 않는다는 점이다. 8절 이하에서는 이세벨이 이 일을 지극히 합법적인 차원에서 추진하는 것을 생생하게 보여준다. 이세벨은 아합의 인장을 사용하여 편지를 작성하고 인봉한 후, 그것을 '나봇과 함께' 사는 고을의 '장로들'과 '귀족들'에게 보낸다. 이들은 누구보다 나봇을 잘 아는 사람들이라는 점이 '나봇과 함께'라는 표현에 있다. 이세벨이 보낸 편지 내용은, 불량자 두 사람이 나봇이 하나님과 왕을 저주하였다 증거할 것이니 그에 합당하게 재판을 진행하여 하나님과 왕을 저주한 죄에 마땅한 형벌을 내려 나봇을 죽이라는 것이다. 이세벨이 편지로 지시한 대로 일이 진행되었고, 이스르엘 성읍의 장로들은 재판을 열고 불량자 두 사람과 나봇을 마주 앉히되, 나봇을 높이 앉혔다. 양쪽이 사건의 두 당사자인데, 그 가운데 나봇이 현재 문제가 되는 인물이기에 이런 식으로 앉았을 수 있다.[17] 신명기 16장 18절은 각 고을마다 재판장을 두라고 명령한다. 성읍 장로들이 이러한 재판장의 역할을 수행하였고, "그의 성읍에서 나봇과 함께 사는 장로와 귀족들"이라는 표현을 보면 나봇 역시 그러한 장로와 귀인 중 한 사람이었을 수도 있다. 히브리어 동사 '야쇼브'는 '살다'는 뜻도 있지만, '앉다'는 뜻도 있으므로 "그의 고을에서 나봇과 함께 앉던 장로들과 귀인들"로 이해할 수도 있다.[18]

크리스토퍼 라이트에 따르면, 이스라엘의 기본단위는 '아비의 집'이며 이러한 기본단위의 가장들이 마을의 '장로'로서 '성문'에서 사법기능을 수행한 것으로 보인다. 구약성경은 이들이 어떤 사람이며 어떤 자격이 필요한지 전혀 말하지 않지만, 가족과 땅을 소유한 이들이 장로의 역할을 수행했을 것이라는 데에는 대체로 학자들이 동의한다. 욥기 29장은 마을의 재판자로서 욥의 모습을 보여주며, 이어지는 30장에서는 가족을 잃은 후 마을에서 욥의 지위가 어떻게 전락했는지를 묘사한다. 땅과 가족이 얼마나 중요한 역할을 하는지를 잘 보여주는 것이다.[19] 이러한 관찰과 더불어 '귀족'은 기본적으로 '자유인'이라는 의미가 있으며, 칠십인경은 이 본문의 '귀족'을 '자유민'을 의미하는 단어[ἐλεύθελος]로 옮겼다. 나봇 역시 '아비의 유업'을 책임진 사람으로서 그 성읍에서 '장로' 역할을 했을 것이다. 이렇게 재판장으로 세워진 이들에게 가장 중요한 사항은 '공의(정의의 법; righteous judgment; משפט-צדק)'로 재판하는 것이다(신 16:18).[20]

나아가 이세벨이 장로들과 귀족들을 동원한 것을 보면, 아합이 이미 이곳과 관계가 깊었으리라 추측할 수 있다. 앞에서 이곳이 오므리 왕조의 고향일 수 있다고 했는데, 그럴 경우 아합 가문 역시 왕이라는 점을 떠나서도 이스르엘에서 상당히 유력한 가문이었을 것이다.[21]

여기서 이세벨이 불량자를 두 명 동원한 점은 인상적이다. 이렇게 두 명을 이용한 것은 증인이 두 명 이상이어야 증언의 효력이 있다는 고대 이스라엘의 법과 연관된 것이 틀림없다.

> 사람의 모든 악에 관하여 또한 모든 죄에 관하여는 한 증인으로만 정할 것이 아니요 두 증인의 입으로나 또는 세 증인의 입으로 그 사건을 확정할 것이며(신 19:15; 참고. 17:6).

그런 점에서 본문은 이세벨의 음모가 상당히 주도면밀하며, 그저 성경의 글자를 따르는 것으로는 이러한 음모를 막기에 너무나 역부족으로 보인다. 두 증인이 나봇에게 뒤집어씌운 죄목은 "나봇이 하나님과 왕을 저주하였다"는 것이다. 여기에서 '저주하다'로 옮긴 히브리어는 '바라크'다. 원래 이 단어는 '축복하다'라는 의미인데, 하나님을 저주한 것은 워낙 심각한 일이기에 일종의 완곡어법으로 이 단어를 사용한 것으로 보인다(욥 1:5, 11; 2:5, 9; 시 10:3). 이렇게 볼 때, 나봇의 죄는 '참람blasphemy'이다. 레위기 24장 11-16절은 하나님을 저주한 자는 돌로 쳐 죽이라고 명령한다. 백성의 지도자를 저주하는 것도 금지 사항이다(출 22:28). "여호와께서 금하시리라" 하고 나봇이 한 말을 악용한 것일 수도 있다. 조상의 유업을 왕에게 주는 것을 여호와께서 강하게 막으신다는 말을, 나봇이 왕을 무시한 발언으로 왜곡하거나 하나님의 이름을 자의적으로 사용했다고 악의적으로 해석한 것일 수 있다.

여기에서 심각한 점은 이세벨의 이러한 음모가 절차상으로는 문제가 전혀 없다는 것이다. 진위를 밝힐 수 없는 거짓 증언을 바탕으로 이 모든 음모를 꾸몄다는 것만 제외하면, 이 모든 상황은 이스라엘의 율법을 따라 지극히 '합법적으로' 진행되고 있다. 이세벨이 토라의 전통을 따르는 것처럼 보이지만 사실은 토라를 이용한다. 이세벨에게 토라는 따라야 할 규범이 아니라 통제할 수 있는 재료였을 뿐이다.[22] 그런 점에서 이 본문은 '합법적인 정의' 혹은 '절차적인 정의'라는 것이 얼마나 무기력할 수 있는지를 적나라하게 보여준다. 마소라 본문은 11절에서 "그녀(이세벨)가 그들에게 보낸 것"이라는 말을 두 번 반복함으로써, 장로들과 귀인들이 얼마나 이세벨을 충실히 따르는지 여실히 보여준다.

결국 사람들은 나봇을 그 성읍 '밖으로 끌고 나가서' 처형한다. 동일한 어구가 레위기 24장 14절에 나오는데, 하나님을 저주한 사람을 "진영 밖으로" 끌어내어 처형하라고 했다(참고. 민 15:36, 안식일에 나무하던 자). 이러한 처형은 제의적으로 부정하게 되는 것을 막기 위한 조처였을 것이다.[23] 나봇의 처형은 지극히 법적으로 절차적으로 아무 문제없이 진행되었고, 마무리까지 진 밖에서 진행되어 온 성읍이 부정하게 되는 것도 방지했다. 하나님에게 범죄한 아간의 사건에서 아간뿐 아니라 아간의 가족이 다 죽임을 당했듯이, 나봇의 아들들도 함께 죽임을 당하였다(왕하 9:26). 무죄한 나봇을 죽이면서도 성읍이 부정하게 되는 것을 방지하고자 하던 성읍 장로들의 노력은, 빌라도가 있는 총독 관정으로 예수님을 데려가면서도 유월절 잔치에 대비해 자기들이 부정해지는 것을 막기 위해 관정에 들어가지 않은 대제사장 무리의 자세와 흡사하다. 그리고 성읍 장로들의 행동은 이세벨에게 한 간결한 보고, 즉 "나봇이 돌에 맞아 죽었나이다"로 마무리된다.

장로와 귀족들은 자기들이 무슨 일을 저질렀는지 알고 있었을까? 나봇이 무죄라는 것을 깨달았을까? 나봇이 이세벨의 음모에 희생된 것을 눈치챘을까? 그러나 이것은 사실 어리석은 질문이다. 장로와 귀족들은 아마도 수십 년을 함께 살아왔을 터이니 나봇의 사람됨을 이미 알았고, 이세벨이 어떤 여자인지도 충분히 알았지만, 이세벨의 음모에 동참하여 무죄한 피를 흘렸다. 자기들과 함께 살던 나봇을 생각하지 않고, 나봇의 억울함에 귀 기울이지 않고, 아마도 이세벨이 보냈을 무뢰배들 말만 듣고 나봇을 죽였다. 하나님이 이스라엘에 세우신 명예로운 제도인, 성문에서 장로들이 집행하는 공평한 재판이 나봇 사건에서 완전히 뭉개지고 말았다. 공평과 정의[미슈파트와 쩨다카]는 절차적 정의와는 거리가 멀다. 절차적 정의도 지키지 않아 문제이지만, 절차적 정의는 구약의 정의와 거리가 멀다. 그래서 미슈파트와 쩨다카의 재판을 명령하는 신명기 16장 18절에 이어지는 19절은 '외모'와 '뇌물'을 언급한다. 외모와 뇌물은 절차적 정의를 이용해서 오히려 쩨다카와 미슈파트를 구부린다. 이러한 사태의 가장 큰 피해자는 '외모'와 '뇌물'이 부족한 약자들이다(고아, 과부, 객의 송사: 신 24:17; 27:19; 욥 29:12). 관계 안에서 이루는 쩨다카와 쩨다카 있게 사는 사람들이 모여서 이루는 미슈파트는 현실에서 가장 약하고 부족한 사람을 통해 예민하게 드러난다. 그래서 하나님은 고아를 위해 재판하사 더는 세상이 고아를 억압치 못하게 하신다(시 10:18). 그분은 고아의 아버지시며 과부의 재판장이시다(시 68:5). 가난한 자와 고아를 위하여 판단하며 빈궁한 자에게 공의를 베푸신다(시 82:3). 그러므로 고아의 억울한 것을 풀어주고 과부를 위해 변호하는 것이 하나님에게 나아가는 첩경이다(사 1:17). 하나님의 성품과 그분 백성을 향한 이러한 요청들을 고려할 때, 레위기 19장 15절에서 명하는 "공의로 재판할지라" 역시 이러한 방향으로 이해할 수 있다. 그 구절은 언뜻 보면, 절대적 중립을 말하는 것 같지만, 사실은 그것이 아니다. 절대적 중립은 기껏해야 절차적 중립에 그치는 경우가 허다하기 때문이다. 신명기 10장 17절에도 동일한 표현인 "얼굴을 들다"가 쓰여서 "외모로 보다"로 번역되었다. 가난한 자를 외모로 보지 않는 것은, 가난한 자의 초라한 얼굴을 따라 판단하지 않는 것이다.

그러므로 이 본문에서 문제가 되는 것은 명시적으로 언급하지는 않지만, 쩨다카와 미슈파트의 실현이다.

이 이야기의 의도는 아합이 불법적인 수단으로 땅을 차지했다는 것을 보여주는 것이 아니라, 이스라엘의 왕권이 사법적 살인과 무죄한 피를 흘릴 정도로 법과 질서를 세우는 데에서 물러나버렸음을 보여주는 것이다. 그러므로 위험에 처한 것은 땅이 아니라 율법 자체다.[24]

그런 점에서 이 본문의 쟁점은 왕권의 실행과 미슈파트의 실행이다. 씁쓸하게도 그리고 역사에서 곧잘 볼 수 있듯이, 여기에서도 종교는 압제를 정당화하는 도구가 되어버렸다.[25] 이것이 어찌 나봇 시대에만 있던 일이겠는가.

여기에서 우리는 다니엘의 한 부분을 살펴볼 필요가 있다. 다니엘은 히브리 성경과 칠십인경이 분량이 다르다. 칠십인경에는 히브리 성경에 없는 내용이 세 부분이 들어 있다. 아자랴의 기도와 세 친구의 노래(3:24-90), 수산나 이야기(13:1-64), 벨과 용에 대한 내용(14:1-42)이 그것이다. 수산나 이야기에서는 모세 율법을 따라 교육받은 경건한 여인 수산나가 자기에게 음욕을 품은 두 장로 때문에 누명을 쓰고 재판에서 사형을 선고받는다. 수산나가 하나님에게 기도하자 다니엘이 등장하여 누명을 풀어준다. 다니엘은 새로 재판을 열고서 두 장로를 따로 심문하면서 두 사람의 증언에서 일치하지 않는 점을 밝혀낸다. 결국 그 두 장로가 도리어 사형을 당한다. 하나님의 영이 임한 다니엘은 장로의 자격을 받고 재판을 진행한다. 여기도 두 장로가 등장하는 것은 두 증인과 연관이 있다. 그렇지만, 다니엘은 표면적인 진실에 머무르지 않고 실체적인 진실을 파악하였다. 다니엘은 자신을 일깨운 하나님의 거룩한 영으로 이 일을 할 수 있었다(13:45). 하나님의 영이 임한 사람은 참된 진리를 발견할 수 있고, 무죄한 자가 죽임을 당치 않게 한다. 그러므로 성령께서 임하신 교회는 참으로 공평과 정의의 실체를 이 땅 위에서 이루는 공동체다.

이세벨은 아합에게 가서 이제 나봇의 포도원을 취하라고 알린다. 여기서 이세벨은 나봇을 일컬어 "돈으로 (그 포도원을) 바꾸어 주기를 싫어하던" 사람이라고 한다. 이쯤에 오면 나봇의 포도원의 의미는 온데간데없고, 왕이 충분한 대가를 제시했는데도 불손하게 왕의 부탁을 거절한 사람이라는 인상만 남는다. 나봇은 '조상의 유산'과 '여호와께서 금하심'을 말했지만, 아합을 거쳐 이세벨에게 이르러 남은 것은 '돈을 주겠다는 것을 거절함'이다. 신앙적 가치에서 금전적 가치로 이동한 것이다. 이러한 금전적 교환을 거부한 나봇은 생명이 없어져버렸고, 죽음만 남았다. 나봇은 신앙적 가치를 지키고자 했지만, 억울한 죽음만 맞이했을 뿐이었다. 나봇이 살던 성읍 사람들은 진실을 밝히려고 하지 않았고,

왕과 왕비의 말과 매수된 사람들의 말만 들었다. 성읍 전체가 나봇의 억울함에 귀 기울이지 않았고, 왕실을 따라 움직였다. 나봇은 땅도, 생명도 지킬 수 없었다. 나아가 가족마저 풍비박산 나고 말았다(왕하 9:26). 아들들이 살아 있으면 당연히 그 땅의 소유권을 주장할 것이기에 아들들마저 죽임으로써 화근을 제거한 것이다. 어쩌면 나봇의 아들들은 재판이 부당하다고, 억울하다고 항의했을지도 모른다. 그러나 이스르엘 사람들은 그러한 항의도 묵살하였으리라. 왕과 하나님을 저주한 나봇의 죄가 심히 무겁기에 아들들까지 죽여야 한다고 판정했을지도 모른다.

나봇이 죽었다는 이야기를 듣자, 아합은 일어나 나봇의 포도원으로 내려가서 그 땅을 차지하였다. 칠십인경은 나봇의 죽음 소식을 듣자 아합이 옷을 찢고 베옷을 입었다는 내용이 더 들어 있다. 나봇의 죽음에 애도를 표하는 모습일 것이다. 자기는 나봇의 죽음에 전혀 책임이 없음을 드러내는 모습이다. 실제로 아합이 나봇의 죽음에 관여한 바는 전혀 없는 셈이다. 아합은 그저 나봇의 거절을 받고서 상심해서 누워 있었을 따름이다. 모든 일은 이세벨이 꾸몄다. 그저 침대에 며칠 누워 있었더니 나봇이 죽었으므로 아합은 애도를 표하였고, 이제는 주인 없는 땅을 차지한 것이다. 절차적으로 누가 아합을 정죄할 수 있는가? 아합이 살인을 교사하였는가? 아합이 나봇을 죽게 했는가? 아합에게는 형식적으로는 아무 죄도 없다. 이 세상의 어떤 법으로도 아합을 정죄할 수 없다. 그러나 뜻밖에도 예언자 엘리야가 아합을 찾아온다.

하나님의 사람 엘리야

15-16절은 이세벨이 들은 것과 아합이 들은 것을 소개하는데, 17절에서 볼 수 있듯이 하나님의 말씀은 엘리야에게 있었다. 이세벨과 아

복음의
공공성

합은 사람들이 하는 말, 객관적인 사실을 들었지만, 엘리야는 사태의 본질에 대한 하나님의 말씀을 들었다. 이 일을 하나님이 아신다. 하나님에게 이 모든 일을 들은 예언자가 이 일을 안다. 이스르엘 사람들은 아합이나 이세벨에게는 아무 문제없다고, 나봇이 죽을죄를 지어 죽었다고 여기겠지만, 하나님이 이 일을 아셨고, 엘리야가 이 일을 알았다. 아합은 나봇의 포도원에 있었다. 마침내 자신의 손에 들어온 포도원을 보면서 느긋이 즐기고 있었을까? 이 땅을 어떻게 개조해서 멋지게 궁궐을 확장할까 궁리했던 걸까? 진작에 돈을 준다고 할 때 받든지, 아니면 다른 포도원을 받고 물러나든지 할 것이지 바보같이 고집을 피우더니 이렇게 죽고 말았다고, 어리석은 사람이라고 나봇을 비웃으며 한심스러워 했을까? 혹시 이세벨이 거침없이 나봇을 함정에 몰아넣어 죽이는 것을 말리지는 않았지만 내심 나봇의 모습이 떠올라서 마음에 걸려 했을까? 이세벨의 말을 듣고 즉시 일어나서 포도원을 차지하러 가는 모습을 보면 아마도 아합의 심정은 느긋한 즐김과 나봇에 대한 비웃음 쪽이었을 것 같다. 그러면서 곧이곧대로 사는 신앙의 어리석음과 쓸모없음을 비웃었을지도 모른다.

그러나 아합에게 하나님이 보내신 자, 엘리야가 찾아온다. 왕은 엘리야를 가리켜 '나의 원수'(개역개정에서는 '내 대적자')라고 부른다(왕상 21:20). 이렇게 절대권력인 왕의 원수, 예언자들이 있다. 여로보암을 향해 외친 아모스, 여호야김과 시드기야를 향해 외친 예레미야가 그러한 예언자다. 아합을 찾아온 엘리야는 아합에게 "네가 죽이고 빼앗았다"고 선언한다. 십계명 가운데 두 계명을 아합이 범했다고 선언한다. 어떻게 아합이 살인하고 빼앗았다고 말할 수 있을까? 아합은 나봇에게 파격적인 제안을 하였으나 거절당하고 궁궐에서 상심하여 누웠다가 아내에게 미주

알고주알 이야기했을 뿐이다. 아합은 살인을 교사하지도 않았고, 살인에 참여하지도 않았다. 아합의 손은 참으로 깨끗했을 것이다. 그러나 하나님의 보시기에, 또 하나님이 보내신 엘리야가 보기에 아합이야말로 살인자요 도적이다. 왜 하나님은 아합에게 엘리야를 보내셨을까? 나봇이 아합 때문에 죽었는가? 과연 누가 나봇을 죽였는가? 우리가 다시 확인하는 것은, 하나님의 공의는 절차적이거나 형식적인 것이 아니라는 점이다. 절차의 정당성이 정당함을 보장하지 못하며, 형식적 무죄가 무죄를 입증하지도 못한다. 세상 법으로는 아합의 유죄를 입증할 길이 없으니 오직 하나님의 법으로만, 예언자의 법으로만 나봇의 억울함을 밝힐 것이다. 나봇과 같은 사람들의 최후의 보루는 법이 아니라 바로 하나님 자신이며, 하나님을 따라 순종하는 예언자들이다. 예언자들은 형식법을 따라 행하는 자들이 아니라, 하나님이 보시는 이면의 법을 따라 행하는 자들이다. 오늘날 교회는 어떠한가? 교회는 두 불량자를 붙잡고 그 둘 때문에 나봇이 죽은 듯이 그 둘에게 회개를 선포하고 있지는 않은가? 명백히 그 두 불량자를 낳은 불의한 왕권을 못 본 체하면서, 그 하수인인 두 불량자만 붙잡고 영혼을 사랑하니 어쩌니 말하는 것은 아닌가.

엘리야와 성읍 장로는 참으로 대조적이다. 한편에는 절차적 정의, 성경 전통의 글자를 고스란히 지켰으나 실상은 무죄한 자를 죽인 성읍 장로가 있다. 다른 한편에는 세상 법으로는 죄가 없는 아합에게 살인자라고 선포하는 엘리야가 있다. 오늘날 교회는, 우리는 어느 쪽 신앙인인가? 오늘날 우리 교회의 구호요 상징이 되어버린 '오직 성경으로'는 과연 성읍 장로의 행동에 대해 무슨 말을 할 수 있을까? 권력 앞에 무릎 꿇고, 권력의 '외모' 앞에서 자기 동료이던 사람을 절차의 정의를 따라 처단한 성읍 장로와 귀족들이 내세울 최대의 무기는 성경구절이다. 위

복음의
공공성

에 있는 권력에 순종하되 저주하지 말라는 가르침이다. 그래서 육은 무익하다. 문자는 죽이는 것이되 영은 살리는 것이다.

엘리야를 통해 하나님은 명백하게 선언하신다(19절, 21-26절). 개들이 나봇의 피를 핥았던 그곳에서 개들이 아합의 피를 핥으리라. 나봇의 시체를 씻은 곳에서 아합의 피도 씻기리라. 그리고 아합에게 속한 모든 남자 역시 다 끊길 것이다. 하나님은 아합 가문의 멸망을 여로보암과 바아사 가문의 멸망에 견주신다. 여로보암과 바아사의 죄악을 생각할 때, 아합이 나봇에게 행한 일이 얼마나 심각한지를 깨닫게 된다. 여로보암이나 바아사는 우상을 숭배하고 이스라엘로 그 가운데 행하게 하였다. 아합은 단지 농부의 땅을 사들이려고 하였고, 이를 거절한 나봇을 구약의 법들을 이용하여 죽이고 땅을 빼앗은 것뿐이다. 그런데 그 죄가 여로보암과 바아사의 죄에 필적한다. 아합의 죄는 단순한 사회적 불의가 아니었다. 아합의 죄는 하나님에게서 떠난 죄이며, 우상을 숭배한 것과 동일하다. 사회 차원의 일로 보이지만, 하나님과 예언자에게는 신앙의 본질에 관한 문제였다.

여로보암과 바아사의 경우, 남자들에 대한 징벌로 끝났지만, 나봇 사건에서는 이세벨에게 별도의 심판이 있다. 개들이 아합의 피를 핥으리라는 것에 비해, 이세벨의 경우 개들이 이세벨을 먹으리라고 선포된다. 그리고 그 장소는 나봇을 죽이는 데 앞장선 이스르엘 성읍이다. 아마도 이세벨은 이스르엘 왕궁 창문에서 성읍 장로와 귀족들이 중심이 되어 나봇을 정죄하는 것을 바라보았을 것이다. 나봇이 죽는 것도 보았을 것이다. 그리고 이제 이세벨 역시 그 성읍에서 죽임을 당할 것이다. 이세벨은 "내가 주리라" 하였지만, 이제 하나님이 친히 "내가 재앙을 내려 다 멸할 것이요" 말씀하시고, 아합의 집을 땅에서 몰아내신다.[26]

아합과 다윗

전부를 차지하고 남은 하나마저 차지하려는 사람들이 있다. 나봇의 죽음을 듣고 냉큼 가서 나봇의 포도원을 차지한 아합에게 채소밭은 더는 의미가 없어 보인다. 아합은 나봇의 포도원마저 차지했다는 사실 자체가 더 큰 기쁨이었던 것 같으며, 이세벨도 마찬가지다. 이세벨에게 나봇의 포도원은 사실 아무 필요도 의미도 없다. 나봇의 포도원은 이세벨에게는 왕권 행사의 상징일 뿐이며, 아합에게는 하나 더 가지고 싶은 탐욕의 결정체일 뿐이다.

아합에게 이 포도원은 나단의 비유에 나오는, 부자가 탐낸 가난한 이웃의 양 한 마리다. 필요와 삶, 약속의 대상이던 땅이 탐욕과 사치의 대상이 되어버렸다. 이와 더불어 나봇이 죽자 냉큼 그 포도원을 차지한 아합은, 우리야가 죽은 후 냉큼 밧세바와 결혼한 다윗과 전혀 다르지 않다. 그런 점에서 다윗과 아합 이야기의 유사성은 주목할 만하다. 다윗이 궁궐 지붕을 노닐다가 밧세바를 보고 탐심을 품었듯이, 아합도 왕궁 곁에 있는 나봇의 포도원을 보고 탐심을 품었다. 여기에서 우리야의 충성과 나봇의 신앙은 서로 쌍을 이룬다. 다윗은 밧세바를 차지하기 위해 그 남편 우리야를 죽일 음모를 꾸민다. 아합은 이세벨이 대신하여 나봇을 죽일 음모를 꾸민다. 아합은 두로 여인 이세벨을 통해 나봇을 죽이고, 다윗은 암몬 자손의 칼을 이용해 우리야를 죽였다. 사실 아합이 나봇을 죽인 것은 아니며, 다윗이 우리야를 죽인 것은 아니다. 아합이나 다윗이나 절차적으로 정당하고 합법적으로 행동했다. 그러나 하나님은 아합과 다윗을 책망하셨고, 예언자들은 곧장 왕에게 나아왔다. 예언자의 말을 듣고 회개하는 모습 역시 아합과 다윗이 동일하다. 그리고 회개

복음의
공공성

한 덕분에 자기들이 죽임을 당하는 것은 면하였지만, 자식이 죽는다(삼하 12:14; 왕하 9:25). 징벌은 여기서 그치지 않는다. 열왕기하 10장을 보면 아합의 아들들이 전부 죽는다(10:1-11). 이러한 몰살은 아합이 지은 죄와 그에 대해 엘리야가 선포한 심판의 결과다(왕하 10:10). 엘리야가 선포한 심판은 나봇의 포도원 사건의 결과였다. 결국 아합은 나봇의 포도원을 차지하고서 자신과 자기 자손 전부를 그 대가로 치러야 했다. 나단도 다윗의 범죄에 대한 심판을 선포하면서 "칼이 네 집에서 영원토록 떠나지 아니하리라"(삼하 12:10) 했고, 다윗 집의 붕괴를 선포했다(삼하 12:11). 그리고 이 선포는 모두 성취되었다. 밧세바와 다윗 사이에서 태어난 아이가 죽었고, 다윗의 집에서는 칼이 그치지 않았다. 암논이 다말을 범하고, 그로 인해 압살롬이 암논을 죽였다. 압살롬이 다윗에게 반역을 일으켰다. 아도니야가 반란을 일으키고, 아버지 다윗 사후에 계모를 욕심내자 솔로몬이 아도니야를 죽였다. 솔로몬이 이방인 후궁들을 맞이하고 그로 인해 하나님에게서 돌아서고 나라가 기울었다.

흥미롭게도 아합과 다윗의 범죄는 고대 이스라엘의 가장 기본적인 요소와 연관이 있다. 다윗의 범죄로 인해 우리야와 밧세바의 가정이 붕괴되었고, 아합의 범죄로 인해 나봇이 땅을 잃었다. 그에 대한 하나님의 심판으로 다윗의 가정이 붕괴되고, 아합의 땅이 사라졌다. 다윗 이야기와 아합 이야기의 이러한 유사성은 이스라엘의 기본 질서가 탐심으로 인하여 쉽게 무너질 수 있다는 것을 보여준다. 그리고 이스라엘의 왕들 혹은 왕권이 이러한 것에 쉽게 노출될 수 있다는 것도 보여준다. 그런 점에서, 아합과 나봇에 관한 본문은 왕권에 대한 근본적으로 부정적인 태도를 드러내고 있으며 전체 신명기 역사서의 저변에 흐르는 비판적 경향과도 일치한다.[27] 그리고 이러한 평가에는 다윗도 예외가 아니다. 그래서 이스라엘 왕은 열방 왕과는 다르게 통치해야 한다. 이스라엘의 왕은 하나님이 세우신 질서인 땅과 가정을 마음대로 주재할 수 없다. 왕 역시 하나님이 세우신 질서를 따르고 준수하며 보호해야 한다. 이 점에서 이세벨의 말은 본질적인 문제와 잇닿아 있다.

문제는 '왕권'의 의미와 본질이다. 이세벨이 보고 겪고 누린 왕권과 아합이 보고 듣고 누릴 왕권의 차이가 그것이다. 나아가 엘리야의 예언과 나봇의 거절 앞에서 마음이 언짢아진 아합과, 엘리야와 나봇을 힘으로 몰아치고 때로는 권력으로 기만한 이세벨의 모습은 두드러진 차이를 보여준다. 사무엘과 열왕기는 왕에 대한 예언자의 우위, 예언자의 감독권을 확실히 보여준다. 여기에는 이상적인 왕으로 그리는 다윗도 예외가 아니다. 이스라엘의 폭군 이미지인 아합 역시 예언자 앞에서 조심스러워하기는 마찬가지다. 그래서 예언서에서 그리는 다윗은 이상화한 다윗이다. 다윗은 왕이되, 군림하고 다스리는 왕이 아니다. 다윗의 통치는 공평과 정의의 통치며(사 9:7; 렘 23:5), 사자와 어린 양이 함께 뒹구는 평화의 나라다(사 11:6-9). 이러한 왕의 통치의 이상은 예수 그리스도에게 연결된다. 이러한 공평과 정의의 통치를 하지 않는 왕은 구약의 신앙전통에서 무의미하며 오히려 백성을 괴롭게 할 뿐이다.

한 가지 더 지적할 것은 아합의 회개를 '겸비함'으로 평가한 부분이다(왕상 21:29). 요시야도 동일한 평가를 받는데(왕하 22:19), 이 평가로 인해 요시야 당대에 평안을 약속 받는다. 열왕기 기자는 바로 이렇게 스스로 낮추는 겸비함이 한 세대를 지탱할 수 있는 왕의 덕목이라고 본 것이다.

나아가 아합이 이렇듯 나봇의 포도원을 사들이려는 모습을 볼 때, 이미 이러한 일들이 이스라엘 가운데 널리 퍼져 있었다고 짐작할 수 있다. 그러한 일들이 전혀 없었는데, 아합이 갑자기 이런 거래를 하려고 했다고 말하기는 어렵다. 또 이것을 굳이 이세벨이 도입한 바알의 풍습이라고 할 수 있는지도 의문이다. 땅을 재산으로 평가했고, 그래서 매매할 수 있다는 것은 아마도 고대 근동에서 너무나 당연했을 것이다. 오래된 신앙전통이 있다고 해도, 이미 이스라엘에서도 이러한 토지매매가 있었을 것이며, 그러한 관행에 따라 아합이 나봇에게 포도원 매매를 요구했다고 볼 수 있다. 그런 점에서 보면, 나봇은 사라져가는 이스라엘의 옛 신앙을 간직한 사람인 셈이다.

이스라엘도 왕정으로 접어든 지 꽤 긴 세월이 지났다. 지파동맹 시절, 가나안 땅에 막 들어왔을 시절의 생생함은 그야말로 옛날이야기가 되었다. 사사시대의 순진한 통치가 아닌 체계적인 왕정이 도입된 지도 백여 년이 경과한 시대에, 옛날 사사시대에나 통할 '구식' 율법규정을 고집하는 나봇이야말로 당시에는 생소한 모습이었을지도 모른다. 나봇의 억울함을 모른 체하는 같은 성읍 장로와 귀족들 모습은 그러한 세태의 변화를 반영한 것일 수 있다. 아합과 장로와 귀족들은 이러한 바뀐 세상을 반영하며, 나봇은 오래된 신앙전승을 반영한다. 그리고 하나님의 사람인 엘리야로 대표되는 예언자들은 이러한 오랜 신앙전승의 수호자로 등장하여 활동한다. 예언자들에게 광야시절은 이스라엘이 돌아가고 회복해야 할 원천이다(렘 2:2; 호 2:14; 암 2:10-11). 레갑 족속은 광야시절을 기억하여 평생 정착을 거부하고 천막생활을 하면서 수백 년 동안 동일한 삶의 내용을 간직했다. 그래서 레갑 족속은 불순종하는 이스라엘과 극적으로 대비되었다(렘 35장). 우리가 살펴본 열왕기상 21장에서 나봇은 견고한 왕정 시대에 토지는 하나님의 것이며 팔 수 없는 것임을 간직하고 지킨다. 그런 점에서 나봇의 죄는 '참람'이었다. 바알신앙이

팽배한 시대에 여호와 하나님이 주신 권리를 주장하니 바알에게 대한 참람이요, 땅을 재산이 아니라 유업으로 여기고 그에 대한 왕의 합당한 권세마저 부정하니 왕정에 대한 참람이었던 셈이다.[28]

나봇과 예수 그리스도

결국 왕이 호의를 베푸는데도 열조의 유업과 여호와를 운운하던 농부 나봇은, 그 믿음 때문에 비참한 최후를 맞이한다. 절대 권력에게 순종하지 않으면 어떤 일이 일어나는지를 나봇의 삶이 생생하게 보여준다. 왜 나봇은 아합의 왕궁과 자기 포도원이 인접하게 된 것을 하나님이 주신 기회로 생각하지 않았는가? 남들도 이미 열조의 유업을 사고팔고 있었고, 그 땅을 여호와께서 주신 것이라고 여기는 것은 오래 된 관습이요, 케케묵은 신앙 전통일 뿐이었다. 그런데 나봇은 왜 그렇게 편하게 생각하지 못한 것인가? 나봇을 죽인 것 때문에 아합의 오므리 왕가가 멸망을 당하기는 하지만, 나봇은 실패한 삶을 산 것이 아닌가? 나봇의 삶에서 오늘 우리는 무엇을 배워야 하는가?

누가복음 20장 9-18절에는 포도원 비유가 나온다. 포도원을 악한 농부들이 맡아 경작했다. 주인이 자기 아들을 보내어 포도원의 소출을 거두려고 하자, 악한 농부들은 아들을 죽이고 포도원을 차지하려고 한다. 곰곰이 생각해보면, 이 포도원 비유와 나봇의 포도원이 연관됨을 알 수 있다. 나봇은 포도원의 주인이고, 주인이 보낸 아들도 포도원의 주인이다. 나봇의 포도원은 조상의 유업이며, 누가복음도 이 '유업'이라는 단어를 사용한다. 나봇을 죽이는 이유는 포도원을 차지하기 위해서고,

아들을 죽이는 이유도 포도원을 차지하기 위해서다. 나봇은 성 밖으로 끌려나가서 거기에서 죽었고, 주인의 아들도 포도원 밖에 내쫓기고 거기에서 죽었다. 여호와께서 엘리야를 보내시어 아합과 이세벨에게 심판을 선포하셨고, 포도원 주인은 군사를 보내어 악한 농부들을 진멸하였다. 그러므로 누가복음의 포도원 비유의 배경에 나봇의 포도원 이야기가 있다. 이렇게 두 본문을 비교할 때, 우리는 나봇이 예수님을 상징함을 알게 된다.

나봇이 예수님을 상징함을 아는 것은 중요하다. 주님이 십자가에서 죽으신 것이 주님의 승리이듯이, 나봇이 성 밖에서 죽임을 당한 것이 사실은 나봇의 승리임을 깨달을 수 있기 때문이다. 나봇의 삶은 실패하지 않았다. 나봇의 삶은 성공했으며, 나봇에게는 부활의 영광이 기다린다. 나봇의 삶이 실패가 아니라는 것을 본질적이면서 실질적으로 주장할 수 있는 유일한 근거는 예수 그리스도의 십자가 죽으심이다.

구약에는 하나님의 사람들이 고난 받는 일이 수없이 등장하는데, 주님의 고난과 죽으심과 부활을 생각하면 우리는 이들이 본질적으로 영광스러운 삶을 살았음을 깨닫는다. 그러므로 승리는 다른 사람들이 다 가는 길로 가서 대박을 터뜨릴 기회를 잡고 부귀영화를 누리는 것이 아니다. 도리어 남들이 가지 않는 길을 가고, 그 길에서 마침내 죽기까지 하는 것이 진정한 승리다. 무엇이 복인가? 내가 산 땅이 엄청나게 값이 오른 것은 복이 아니다. 하나님의 말씀을 지키다가 핍박받고 마침내 죽임을 당하는 것, 죽기까지 하나님 말씀을 지킬 수 있는 것, 그것이 진정한 복이다.

나봇의 포도원, 신앙의 본질에 관한 문제

나봇은 아합이 행한 통치의 시금석이다. 나봇의 포도원은 그 사회에서 이루는 하나님의 공법의 시금석이다. 절대 권력도 세상의 무한 재물도 나봇의 포도원을 살 수 없고, 가난한 자의 땅을 차지할 수 없다. 하나님이 주신 기업은 돈으로 환산할 수 없고, 돈으로 거래해서도 안 된다. 이것에 눈감아버리는 것은 살인이요 탐욕이며, 하나님에 대한 거절이요 우상숭배다. 그러므로 나봇 이야기는 어떤 추상적인 경제정의에 관한 말씀이 아니다. 이 이야기는 살아 계신 하나님을 대적하는 이들과 그들에 대한 하나님의 징계에 관한 말씀이다.[29] 종교의 사회적 책임에 관한 문제가 아니라, 신앙의 본질에 관한 문제다. 사마리아 지역 한쪽 구석에서 나봇이 흘린 피는, 오므리 왕조 전체로 번진다. 아무도 주의하지 않았을 나봇의 피가 하나님의 앞에 상달되었다. 아무도 나서주지 않은 나봇의 죽음에 하나님의 예언자가 나서주었다. 그래서 예언자는 권력의 적이며(왕상 21:20), 권력과 부귀를 지닌 자들을 언짢게 하고 불편하게 만드는 존재다. 예언자의 마음에는 하나님의 말씀이 있고, 가난한 이들의 삶과 눈물이 있다. 가난한 이들의 눈물을 알고 그들의 이웃이 되어 공평과 정의를 외친 예언자의 삶은 외롭고 고통스러웠다. 엘리야의 고통과 예레미야의 눈물의 깊이를 오늘 우리가 헤아리기 어렵다.

  나봇의 포도원과 엘리야의 사역은 예언자의 삶을 다시 생각하게 한다. 신앙을 간직하고 살아가는 사람과, 재물과 권력 앞에서 적당히 신앙을 타협하고 살아가는 사람을 생각하게 한다. 아합은 하나님의 법을 알고 이스라엘의 신앙 전승을 알았지만, 그 앎은 삶의 변화에는 이르지 못했다. 어정쩡하면서 교활한 아합의 태도 때문에 결국 나봇이 죽음에 이르렀다. 나봇의 아들들까지 죽임을 당했으며, 가난하지만 평화롭던 가정이 쑥대밭이 되었다. 결국 아합은 자기 가족과 가문조차도 끝장을 내고 말았다. 이 모든 것이 자신의 겨울 왕궁 곁에 있는 나봇의 포도원에 대한 욕심에서 비롯된 일이라고 생각하면 참으로 놀랍기 그지없다. 하나님과 하나님의 마음을 가지고 사역하는 예언자의 철저함과 과격함은 오늘날에 당황스럽게 다가온다. 그렇지만 하나님의 말씀과 법도에 어정쩡한 아합 같은 삶은 자신에게나 다른 이에게나 아무 도움도 유익도 주지 못하며, 끔찍한 피흘림을 초래할 따름이다.

03 예언자들의 회개 선포

이사야 1장 본문은 이사야가 유다 왕 웃시야, 요담, 아하스, 히스기야 시대에 활동했다고 한다. 이사야 6장에 따르면 이사야는 주전 740년경 웃시야 왕이 죽던 해에 소명을 경험했다. 이때는 바야흐로 디글랏빌레셀 3세(주전 744-727)가 본격적으로 앗수르 팽창 정책을 진행하던 시기다. 이전까지 국내문제로 쇠약했던 앗수르가 이제 본격적으로 유프라테스 강을 넘어 서쪽으로 진격해왔다.

팔레스타인 지역에 있던 작은 나라들은 앗수르에 굴복하여 조공을 바치며 명맥을 유지하거나, 앗수르를 거부하며 맞서다가 앗수르가 세운 이들이 다스리는 괴뢰국이 되거나, 최종적으로는 완전히 앗수르에 병합되었다.[30] 이사야 1장 1절에서 제시하는 웃시야에서 히스기야에 이르는 시기는 팽창하는 앗수르에게 어떻게 대응해야 하느냐 하는 문제가 나라 전체를 뒤흔들던 시기였다. 유다의 운명이 풍전등화와 같던 이 시기에 영원하신 하나님의 말씀이 선포되었다.

역사 속에 나타난 하나님 말씀

앗수르 위기를 겪으면서 북왕국 이스라엘은 완전히 멸망했지만, 남왕국 유다는 살아남았다. 앗수르 제국의 전성기 동안 유다가 존속할 수 있었지만, 어디까지나 앗수르에 조공을 바쳤기에 가능한 평화였다. 주전 610년 앗수르가 메대와 바벨론 연합군에 의해 멸망하자 이 지역의 패권은 느부갓네살 이래 바벨론에게 돌아갔다. 느부갓네살은 주전 605년 갈그미스에서 애굽 군대에게 대승을 거두며 팔레스타인 전역으로 영향권을 확장하였고, 주전 597년에 유다를 괴뢰국으로 만들었으며, 주전 587년에는 아예 유다를 멸망시켰다. 주전 597년과 587년, 멸망한 이후인 582년, 세 차례에 걸쳐 수많은 이들이 바벨론 지역 곳곳에 포로로 끌려갔다. 예레미야, 에스겔, 오바댜, 하박국, 스바냐가 바벨론의 영향이 짙게 드리웠던 이 시기에 활동하였다. 다니엘의 배경 역시 이 시기다.

주전 6세기 중반 고레스는 메대와 바벨론을 연이어 격파하고 근동 지역의 패권을 장악하여 바사(페르시아) 시대를 시작하였다. 다음 왕 캄비세스는 애굽을 정복하였고(주전 525년), 다리오 시대에는 리비야와 누비아 지역까지 복속시켰다.[31] 바사는 이전 제국들과는 달리, 강력한 중앙집권적 조직을 지녔으되, 정복한 지역의 다양성을 존중하여 각 지역 민족의 전통과 종교를 장려하였다.[32] 이러한 정책 덕분에 바사는 알렉산드로스 대왕이 등장하기 전까지 오랜 시간 존속할 수 있었다. 바사 시대에 활동한 예언자는 학개, 스가랴, 말라기 들이다.

그러므로 앗수르에서 바벨론과 바사로 이어지는 국제적인 소용돌이와, 근본적인 변화의 시기가 구약 예언서들의 배경이다. 예언자들이 선포한 말씀은 진공의 현실이나 산속에서 느닷없이 제시된 하늘의 말씀이 아니었다. 강력한 제국의 침략에 굴복해서 조공을 바칠 것이냐, 아니면 거부하고 맞서 싸울 것이냐 하는 벼랑 끝에 선 것과 같은 현실 속에서 선포된 말씀이다. 특히 앗수르에서 바벨론과 바사로 이어지는 초강대국의 출현은 역사상 유례없는 일이었고, 주전 8세기 이후 문서 예언자들의 출현은 이러한 역사상 유례없던 시기를 배경으로 한다.[33]

이사야의 배경인 웃시야에서 히스기야에 이르는 시기에, 아하스는 굴복하여 그나마 나라의 명을 이어갔다. 반면 히스기야는 앗수르에 반기를 들고 여러 나라들과 연합하여 독립을 쟁취하려 했지만, 이미 나라의 운은 기울었다. 이러한 복잡한 현실 정치 상황에서 하나님이 보내신 예언자 이사야는 한결같이 다른 나라들과 동맹을 맺지 말고 오직 야훼만 의지하라고 촉구한다. 그러므로 이 시기는 국가 전체가 극히 어려운 상황에서 하나님을 의지한다는 것이 무엇인지, 뒤엉켜 있는 국제 정세 속에서 하나님을 믿는 나라와 군주의 행할 바가 무엇인지를 잘 보여준다. 이사야가 선포한 메시지는 이러한 현실 상황과 연관 있다. 이처럼 아주 구체적이고 특수한 역사 상황 속에서 예언자가 메시지를 전했다. 그러므로 예언자의 메시지를 이러한 상황과 분리해서 이해하려고 하는 것은, 그 상황에 그러한 예언을 주신 하나님의 뜻을 저버리는 일이다. 그리고 하나님 말씀이라는 영원한 진리가, 구체적인 역사 현장이라는 특수한 상황에 적용되고 임한다는 것 자체가 오늘을 사는 우리에게도 의미심장하다. 하나님 말씀은 결코 역사나 현실과 분리될 수 없다.

예언자는 역사 안에 자리를 잡는다. 역사적 사실을 정확히 보도했기 때문에 이사야가 가치 있는 것이 아니다. 이사야에서 역사는 영원하신 하나님이 그분의 행하심과 성품, 뜻과 생각을 드러내시는 통로다. 이사야에서 이스라엘은 하나님이 기뻐하시는 것을 알려주고, 하나님의

복음의

공공성

계획과 사랑을 보여주는 통로다. 그러니 이스라엘은 단순한 이스라엘이 아니다. 이스라엘과 열방과 구체적인 현실 안에서 하나님이 행하신다. 이스라엘과 유다는 주전 천 년 동안 고대 근동 지역에 존재한 수많은 작은 나라들 중의 하나다. 아마도 이스라엘과 유다는 실제로는 수도를 중심으로 한 작은 나라였을 것이다. 그런데 구약성경은 이 시기 유다와 이스라엘에서 살던 이들을, 구체적인 역사 현실 속에서 하나님을 알고 하나님을 예배하며 그의 뜻을 중심에 두고 살아가거나 그렇지 못해 실패한 이들로 표현한다. 구약성경은 역사적인 사료라는 측면에서도 분명 가치가 있겠지만, 작은 나라에 살면서 어떻게 온 세계를 아우르는 사고방식과 신학을 형성하는지를 보여준다는 점에서 독보적이다.

구약성경은 시공을 초월한 하나님과 개인의 실존적인 만남만 다룬 책은 아니다. 구약성경이 그러한 만남도 언급하기는 하지만, 그 개인을 통해 이스라엘이라는 작은 공동체가 어떻게 해서 하나님을 예배하며 역사 한가운데 존재할 수 있는지를 보여준다. 그런 점에서 구약은 개인과 하나님의 만남을 다룬 책이라기보다는, 역사 가운데 하나님 백성으로 존재하는 공동체를 다룬 책이라고 하는 편이 훨씬 더 정확하다. 그리고 이렇게 다룰 때, 구체적인 역사 현실은 하나님 백성의 존재를 결정하는 데 본질적인 중요성을 지닌다. 즉 역사와 거의 무관하게 개인의 실존에 집중하는 성경해석은 근본적으로 부당하며 부적절한 해석인 것이다. 세상이 어떻게 되든지, 나라가 어떻게 되든지, 나는 하나님과 동행하며 구원을 약속 받았다는 식의 고백은 예언자들과는 전혀 관계없는 신앙이다. 예언자들과 무관하다면 기독교 신앙 전체와도 무관하다. '사적 신앙'은 근본적으로 '기독교 신앙'이 아니다.

하나님에게 돌아오라

나라 전체를 휘감는 위기를 이용해 종교가 극성을 부리는 경우가 많다. 위기 때문에 생기는 두려움을 파고들면서 자기들이 전하는 종교를 받아들여야 안전하며 죽더라도 내세가 보장된다는 식의 가르침이 난무하기 마련이다. 그야말로 공포를 이용한 마케팅이다. 그러나 이와 달리 예언자들이 선포한 말씀이 인상적인 까닭은, 위기 속에 오직 실존적 차원만 강조하는, 나 홀로 받는 구원에 관한 말씀이 아니라는 점이다. 난세亂世에 종교는, 오로지 하늘만 바라보며 특별히 선택된 이들만 건지실 하나님을 선포하고, 어지럽고 평화가 사라진 현실을 떠나 이상향을 사모하게 만드는 역할을 하기 쉽다. 그렇지만 예언자들은 그렇지 않았다.

예언자들은 국가나 공동체의 위기의 원인이 국력이나 경제력이 아니며, 문제는 이스라엘이 하나님을 거역한 것이라고 확신했다. 예언자들은 이스라엘이 살거나 죽는 것은 하나님의 명령에 따르느냐 그렇지 않느냐 여부에 달렸다고 믿었다. 그러므로 국가적 위기 앞에서 예언자들이 선포한 말씀은 당연히 "하나님에게 돌아오라"였다.

> 너는 가서 북을 향하여 이 말을 선포하여 이르라. 여호와께서 이르시되 배역한 이스라엘아 돌아오라. 나의 노한 얼굴을 너희에게로 향하지 아니하리라. 나는 긍휼이 있는 자라. 노를 한없이 품지 아니하느니라. 여호와의 말씀이니라(렘 3:12).

> 이스라엘아 네 하나님 여호와께로 돌아오라. 네가 불의함으로 말미암아 엎드러졌느니라(호 14:1).

복음의

공공성

여호와의 말씀에 너희는 이제라도 금식하고 울며 애통하고 마음을 다하여 내게로 돌아오라 하셨나니 너희는 옷을 찢지 말고 마음을 찢고 너희 하나님 여호와께로 돌아올지어다(욜 2:12-13).

여호와께서 이스라엘 족속에게 이와 같이 말씀하시기를 너희는 나를 찾으라 그리하면 살리라(암 5:4).

여호와의 규례를 지키는 세상의 모든 겸손한 자들아 너희는 여호와를 찾으며 공의와 겸손을 구하라. 너희가 혹시 여호와의 분노의 날에 숨김을 얻으리라(습 2:3).

바사 시대 스가랴는 이전 예언자들의 선포를 다음과 같이 요약하기도 한다.

여호와가 너희의 조상들에게 심히 진노하였느니라. 그러므로 너는 그들에게 말하기를 만군의 여호와께서 이처럼 이르시되 너희는 내게로 돌아오라. 만군의 여호와의 말이니라. 그리하면 내가 너희에게로 돌아가리라. 만군의 여호와의 말이니라. 너희 조상들을 본받지 말라. 옛적 선지자들이 그들에게 외쳐 이르되 만군의 여호와께서 이같이 말씀하시기를 너희가 악한 길, 악한 행위를 떠나서 돌아오라 하셨다 하나 그들이 듣지 아니하고 내게 귀를 기울이지 아니하였느니라. 여호와의 말이니라(슥 1:2-4).

그러면 하나님에게 돌아간다는 것은 무슨 의미인가? 이스라엘은 어떻게 하나님에게로 돌이킬 수 있는가? 이사야 1장의 경우, 이스라엘의 죄악은 그들을 양육한 하나님을 모른 채 거역한 것이라고 선포한다(사 1:2-3). 단순히 이런 저런 계명을 지키지 않았다고 고발하는 것이 아니라, "하나님을 모른다", "하나님을 거역했다" 하는, 훨씬 근본적인 차원에서 고발한다. 머리끝부터 발끝까지 온통 성한 데라고는 하나도 없는 이스라엘의 현실은 하나님의 심판으로 인한 것이며, 이러한 참담한 상태를 가리켜 "포도원의 망대", "참외밭의 원두막" 같이 남았다고 비유한다(사 1:8). 포도밭이 짓밟히고 망대만 남고, 참외밭이 짓밟히고 원두막만 남았다면 그것은 남은 것이 아니다. 지켜야 하는 포도와 참외가 모두 짓밟히고 사라져 망대와 원두막만 을씨년스럽게 남은 것과 같은 비참한 상황이 이스라엘의 상황이었다.

아예 이어지는 10절에서는 그러한 이스라엘을 소돔과 고모라고 부른다. 구약에서 소돔과 고모라는 하나님의 심판을 초래하는 극심한 죄악과 그 죄악으로 인한 궁극적인 심판을 상징한다.[34] 주전 2세기에서 주후 1세기 어간에 쓰인 것으로 보는 〈이사야 승천기 *Martyrdom and Ascension of Isaiah*〉 3장 6-10절에 따르면, 예언자 이사야가 죽임당한 이유 가운데 하나가 예루살렘을 소돔이라 부르고 하나님 백성을 고모라의 백성이라 불렀다는 것이다. 그만큼 유다를 소돔과 고모라라고 부른 이사야 1장 10절은 당시 백성에게는 충격이었을 것이다. 그들은 자기들이 그런 이름으로 불리는 이유를 결코 납득할 수 없었을 것이다.

이사야는 소돔과 고모라 같은 이들을 향해 "여호와의 말씀", "우리 하나님의 법"에 귀 기울이라고 촉구한다(사 1:10). 이 촉구를 뒤집어 생각하면, 그들이 하나님의 말씀과 법에 귀 기울이지 않았다는 말이다. 그리고 이어서 나오는 내용이야말로 여호와의 말씀, 하나님의 법의 핵심이다. 머리끝부터 발끝까지 성한 곳이라고는 없으며 에워싸인 성읍처럼 절망적인 위기 상황 속에서 이사야는 하나님의 말씀과 법으로 돌이키라고 촉구한다. 그러면 하나님의 말씀과 법은 무엇인가?

이어지는 선포는 크게 세 부분이다. 11-15절은 이제까지 무수히 해온 제의 행위 일체에 대한 거부고, 16-17절은 참으로 행하고 회복해야 하는 내용에 대한 권면이다. 그리고 18-20절은 권면과 명령을 기반으로 한 축복과 저주다.

11-15절에서 언급하는 제의 행위는 크게 제물, 절기 준수, 기도로 요약할 수 있다. 이스라엘이 성의 없이 제물을 드린 것, 형식적으로 절기를 지킨 것, 형식적으로 기도한 것을 이 본문에서 책망한다고 해석할 수는 없다. 본문 어디에서도 그런 흔적을 찾아볼 수 없거니와, '무수한 제물'을 비롯하여 복수형으로 표현된 제물(11절의 '번제', '살진 짐승', '기름', '수송아지', '어린 양', '숫염소' 등은 모두 복수이이다), 길게 열거한 절기들('월삭과 안식일과 대회', '성회', '월삭과 정한 절기'), "많이 기도한다"는 표현 등은, 백성이 정성을 다해 하나님에게 나아와 예배하고 제사하며 기도했음을 명확히 보여준다. 그러므로 결코 제사의 정성이 문제가 아니다. 하나님이 그들의 제사를 거부하신 까닭은 성회와 '악'이 공존한다는 것(사 1:13) 때문이었다. 기도하는 그들 손에 '피'(사 1:15)가 묻어 있기 때문이었다. 복수형으로 표현된 '피'는 부당한 폭력에 억울하게 흘린 희생을 가리킨다. 그러므로 이사야 본문이 제의를 전적으로 거부하는 까닭은 제의 자체의 어떤 문제 때문이 아니다. 그토록 풍성한 제의와 더불어 사회와 공동체 안에 존재하는 부당한 폭력으로 희생당하는 이들의 존재 때문이다.

이렇게 이해할 때 16-17절의 권면을 이해할 수 있다. 예언자는 "악한 행실을 버리고 악을 행하기를 그치며 선행을 배우라"고 권한다. 이어서 "정의를 추구하고 학대 받는 자를 도와주며 고아를 위하여 억울함을 풀어주고 과부를 위해 변호하라" 권한다. 이 모든 것을 종합하면 '선을 행하는 삶'과 '정의를 추구하는 삶'이다. 이러한 권면은 사회 안에 '학대 받는 자'와 억울하게 고통당하는 '고아와 과부'가 존재한다는 것을 전제로 한다. 제사 드리는 이들의 손에 가득한 '피'는 17절이 이야기하는 학대 받는 자와 고아, 과부의 억울한 희생을 가리킬 것이다.

복과 저주를 다루는 18-20절은 어떤 죄라도 용서 받게 된다는 점에서, 예수 그리스도의 보혈의 공로로 말미암아 받고 누리는 사죄의 은혜를 표현하는 구절로 보는 경우가 흔하다. 그러나 이 구절은 이사야 1장 문맥에서 보면 이제까지 가난한 이들과 약자들을 억압하고 희생시키던 삶을 청산하고 정의를 추구할 때, 온통 성한 곳이라고는 없는 이스라엘을 하나님이 완전하게 회복하고 고치실 것을 약속하는 말씀으로 보아야 한다.

그러므로 이사야가 선포하는 '여호와의 말씀', '하나님의 법'은 제사에 정성을 들이는 것이 아니라 약자들의 억울함을 회복하며 정의롭게 행하는 것이 그 골자다. 이스라엘이 하나님에게 돌아간다는 것은 그분 말씀에 귀 기울이는 것이며, 정의를 추구하는 것이다. 그것이 하나님에게 돌아가는 것이며 위기에 직면할 때 위기를 극복하는 길이다. 종교 행위나 특정한 종교 의식을 많이 해야 안전과 평화가 보장되는 것이 아니다. 지금 함께 살아가는 힘겨운 이웃들을 안전하게 하는 삶을 사는 것, 그것이 우리를 모두 안전하게 한다. 스피노자는 내일 지구의 종말이 오더라도 오늘 한 그루의 사과나무를 심겠다고 말했지만, 이사야는 현재의 참상과 내일 닥쳐올 위기 앞에서 정의를 구하라고 촉구한다.

이 점은 소돔과 고모라에 대한 언급과 다시 연관된다. 소돔과 고모라의 죄악은 그들 가운데 찾아온 나그네들을 폭력을 동원하여 유린하고 짓밟으려 한 것이다. 소돔과 고모라의 부르짖음이 크고 죄악이 무거웠다는 것(창 18:20)은 이미 그렇게 유린당하고 희생당한 이들이 무수함을 보여준다. 소돔과 고모라의 죄악에 대한 에스겔의 언급은 이 점을 분명히 한다.

> 네 아우 소돔의 죄악은 이러하니 그와 그의 딸들에게 교만함과 음식물의 풍족함과 태평함이 있음이여 또 그가 가난하고 궁핍한 자를 도와주지 아니하며 거만하여 가증한 일을 내 앞에서 행하였음이라. 그러므로 내가 보고 곧 그들을 없이 하였느니라(겔 16:49-50).

소돔의 죄악은 자기들은 풍요를 누리면서 가난한 이를 짓밟은 것이다. 종종 소돔의 죄는 동성애라고 하지만, 소돔의 행함은 결코 '동성에 대한 사랑'이 아니다. 힘 있고 부유한 자들이 가난하고 약한 이들을 짓밟은 것이 소돔의 죄악이며, 동성에 대한 폭력 역시 본질은 전혀 동성애가 아니라 성도착이다. 유다와 이스라엘에 동성애가 만연해서 이사야가 유다와 이스라엘을 소돔과 고모라라고 일컬은 것이 아니다. 이스라엘 가운데 "불의한 법령을 만들며 불의한 말을 기록하며 가난한 자를 불공평하게 판결하여 가난한 내 백성의 권리를 박탈하며 과부에게 토색하고 고아의 것을 약탈하는 자"(사 10:1-2)가 있었기 때문이다. 권력과 부를 지닌 고관들이 "패역하여 도둑과 짝하며 다 뇌물을 사랑하며 예물을 구하며 고아를 위하여 신원하지 아니하며 과부의 송사를 수리하지"(사 1:23) 않았기 때문이다. 가난한 자의 포도원을 삼키고 짓밟고 "가난한 자의 얼굴에 맷돌질"(사 3:14-15)하였기 때문이다. 하나님의 성전을 중심으로 해서 무수하고 막대하며 정성 가득한 예물을 드리고, 갖가지 절기를 준수하며, 기도를 많이 드리던 유다야말로 소돔이고 고모라다. 여호와께 드리는 정성어린 예배와 소돔의 삶이 공존 가능했다.

그러므로 이사야는 사적인 촉구를 하는 것이 아니다. 이사야는 예루살렘 거민들이 하나님 보시기에 추하고 더러운 속마음, 음란하고 거짓말 잘하는 누추한 마음을 들여다보게 하지 않는다. 하나님 앞에 죽을 수밖에 없는 실존을 드러내어 하나님만 의지하게 하지도 않는다. 이사야는 예루살렘 사회가, 사람들의 관계가 얼마나 끔찍하고 참담한지 드러낸다. 하나님을 향한 극진한 예배와 가난한 이웃을 짓밟는 것이 어떻게 공존하는지 폭로한다. 이사야는 하나님에게 진실하게 예배드리거나 간절하게 기도하는 것을 회개로 보지 않는다. 정의를 추구하는 것이 곧 하나님에게 돌아가는 것, 다시 말해 회개다.

이사야만 이렇게 외치지는 않았다. 다른 예언자들도 이사야와 완전히 같은 말씀을 선포한다.

> 여호와께서 이르시되 이스라엘아 네가 돌아오려거든 내게로 돌아오라. 네가 만일 나의 목전에서 가증한 것을 버리고 네가 흔들리지 아니하며 진실과 정의와 공의로 여호와의 삶을 두고 맹세하면 나라들이 나로 말미암아 스스로 복을 빌며 나로 말미암아 자랑하리라(렘 4:1-2).

> 너희는 이것이 여호와의 성전이라, 여호와의 성전이라, 여호와의 성전이라 하는 거짓말을 믿지 말라. 너희가 만일 길과 행위를 참으로 바르게 하여 이웃들 사이에 정의를 행하며 이방인과 고아와 과부를 압제하지 아니하며 무죄한 자의 피를 이곳에서 흘리지 아니하며 다른 신들 뒤를 따라 화를 자초하지 아니하면 내가 너희를 이곳에 살게 하리니 곧 너희 조상

복음의

공공성

에게 영원무궁토록 준 땅에니라(렘 7:4-7).

나는 인애를 원하고 제사를 원하지 아니하며 번제보다 하나님을 아는 것을 원하노라(호 6:6).

내가 무엇을 가지고 여호와 앞에 나아가며 높으신 하나님께 경배할까. 내가 번제물로 일 년 된 송아지를 가지고 그 앞에 나아갈까. 여호와께서 천천의 숫양이나 만만의 강물 같은 기름을 기뻐하실까. 내 허물을 위하여 내 맏아들을, 내 영혼의 죄로 말미암아 내 몸의 열매를 드릴까. 사람아 주께서 선한 것이 무엇임을 네게 보이셨나니 여호와께서 네게 구하시는 것은 오직 정의를 행하며 인자를 사랑하며 겸손하게 네 하나님과 함께 행하는 것이 아니냐(미 6:6-8).

이사야와 비슷하게 주전 8세기에 살면서 북왕국 이스라엘을 향해 말씀을 선포한 아모스 역시 하나님을 찾아야 살 수 있음을 강력히 선포한다. 아모스는 여호와를 찾는 것의 의미를 분명히 한다.

여호와께서 이스라엘 족속에게 이와 같이 말씀하시기를 너희는 나를 찾으라. 그리하면 살리라. 벧엘을 찾지 말며 길갈로 들어가지 말며 브엘세바로도 나아가지 말라. 길갈은 반드시 사로잡히겠고 벧엘은 비참하게 될 것임이라 하셨나니 너희는 여호와를 찾으라. 그리하면 살리라. 그렇지 않으면 그가 불같이 요셉의 집에 임하여 멸하시리니 벧엘에서 그 불들을 끌 자가 없으리라. … 너희는 살려면 선을 구하고 악을 구하지 말지어다. 만군의 하나님 여호와께서 너희의 말과 같이 너희와 함께하시리라. 너희는 악을 미워하고 선을 사랑하며 성문에서 정의를 세울지어다. 만군의 하나님 여호와께서 혹시 요셉의 남은 자를 불쌍히 여기시리라(암 5:4-6, 14-15).

벧엘과 브엘세바, 길갈로 나아가는 것은 여호와를 찾는 것이 아니다. 이 세 곳은 고대 이스라엘의 성지라고 할 수 있으니, 하나님을 향한 제의적 접근을 상징한다. 이런 장소로 가는 것, 일종의 성지 순례를 배격하면서 아모스는, "선을 구하고 악은 미워하는 것", "성문에서 정의를 세우는 것"이 진정 하나님을 찾는 길이라고 명확하게 풀이한다. '성문'은 고대 이스라엘에서 시장, 마을 회의, 재판이 열리는 곳으로 공동체의 생활 중심지다. 이스라엘과 이스라엘 가운데 거하는 이방인 나그네가 함께 살아가는 공동체적 삶의 영역, 공적 삶의 영역에서 정의를 세우는 것이 하나님을 찾는 것이다.

이상의 관찰은 하나님에게 돌아간다는 것이 예언자들에게 어떤 의미였는지 명료하게 보여준다. 하나님에게 돌아가는 것은 하나님과 개인의 사귐을 더 깊게 하는 것으로 요약할 수 없다. 개인의 죄악상을 직면하고 들여다보며 하나님 앞에 부끄러움 없이 서는 것으로 요약할 수도 없다. 더 은혜롭고 충만한 예배를 함께 회복하는 것이라는 표현도 적절치 않다. 하나님에게 돌이키는 것은 성문에서 회복하는 정의다. 고아와 과부와 나그네, 가난한 자들의 권리를 공적 삶의 현장에서 지켜내는 것이다. 달리 생각하면, 이스라엘의 멸망은 이렇게 공적인 신앙을 지극히 사사로운 개인의 영역으로 축소한 데서 비롯되었다고까지 말할 수 있다. 다시 한 번 말하지만, 신앙의 사사화私事化는 부족하거나 미흡한 신앙이 아니라, 잘못된 신앙이다. 여호와 하나님 섬기는 것을 수많은 우상승배와 종교 수준으로 격하해버린 것이 '사적私的인 신앙', '신앙의 사사화'다.

아울러 사적 신앙을 넘어서 공적 신앙을 회복하는 것이 사회적 약자에 대한 올바른 행동과 직결됨을 여기에서도 확인할 수 있다. 하나님을 떠난 삶을 고발하며 돌이킬 것을 요구한 예언자들의 외침은 고아와 과부, 나그네, 가난한 자에 대한 긍휼로 이어진다. 사회의 약자들을 중심에 둔 사고방식과 실천과 행동이야말로 야훼 신앙의 본질이며, 공적 신앙의 핵심이다.

공동체를 향한 비판

예언자들은 대부분의 경우 개인을 비판하지 않는다. 왕을 비판하는 경우가 허다하지만, 그것은 왕이 민족 전체, 공동체 전체를 대표하기 때문이다. 예언자들이 전체를 비판하다 보니 예언자들의 말은 대부분 전체를 싸잡아 말하기 쉽다. 모든 이스라엘 한 사람 한 사람이 하나님을 거역한 것은 아닌데도, 즉 예언자 자신과 예언자를 따르던 사람들도 분명히 있는데도, 예언자들은 "모든 이스라엘이 하나님을 떠났다"고 선포한다. 예루살렘에 진리와 정의를 구하는 자가 단 한 명도 없다고 단언한다(렘 5:1-2). 모든 장로와 고관이 하나님을 거역한 것은 분명 아닐 텐데, 예언자들은 장로 집단 전체를 싸잡아 불의를 행하였다고 고발한다(사 3:14-15). 이것은 과장법이라고 볼 수도 있지만, 예언자의 모든 초점이 특정 개인의 올바른 삶이 아니라 개인과 개인으로 구성된 사회, 즉 공동체에 있었기 때문이라고 보아야 한다. 예언자가 보는 변화는 공동체적 삶의 변화다. 의인 몇 사람으로 인해 성을 용서하신다는 말씀(창 18:22-33)도 이런 맥락에서 이해할 수 있다. 의롭게 산 그 사람만 건지고 그렇지 않은 이들은 심판하는 것이 마땅한데, 하나님이 의인 열 사람이 있으면 성읍을 살리시겠다는 것은 의인 열 사람이 있다면 그 사회 전체가 변할 수 있다는 이야기다. 그것은 한 알의 밀알이 땅에 떨어져 죽으면 많은 열매를 맺게 되는 것(요 12:24)과 동일한 사고방식이다.

조상의 죄와 후손의 죄는 별개임을 말하며 개인의 책임을 강조하는 것이 에스겔의 특징이다. 다음과 같은 에스겔 구절은 이러한 특징을 단적으로 보여준다.

> 사람이 만일 의로워서 정의와 공의를 따라 행하며 산 위에서 제물을 먹지 아니하며 이스라엘 족속의 우상에게 눈을 들지 아니하며 이웃의 아내를 더럽히지 아니하며 월경 중에 있는 여인을 가까이하지 아니하며 사람을 학대하지 아니하며 빚진 자의 저당물을 돌려주며 강탈하지 아니하며 주린 자에게 음식물을 주며 벗은 자에게 옷을 입히며 변리를 위하여 꾸어주지 아니하며 이자를 받지 아니하며 스스로 손을 금하여 죄를 짓지 아니하며 사람과 사람 사이에 진실하게 판단하며 내 율례를 따르며 내 규례를 지켜 진실하게 행할진대 그는 의인이니 반드시 살리라. 주 여호와의 말씀이니라(겔 18:5-9).

아버지가 어떤 죄를 지었더라도 위 구절에 담긴 내용대로 살아가는 사람은 의인이며 어떤 재앙 중에서도 하나님이 살리실 것이다. 그 점에서 죄악 세상 속에서 의인으로 살아가는 삶을 에스겔이 이야기한다고 볼 수 있다. 그런데 에스겔이 언급하는 의인의 삶 중 대부분은 개인의 성품이나 성격에 관한 것이 아니다. 온통 '사람과 사람 사이에' 어떻게 행할 것인지를 다룬다. 달리 말해, 에스겔의 모든 권면은 '공적인 삶'에 대한 것이다. 에스겔은 홀로 고상하고 고매하게 살아가는 삶이 아니라, 학대받는 자, 주린 자, 벗은 자와 함께 살아가는 삶을 말한다. 그것이야말로 "정의와 공의를 따라" 살아가는 삶이다. 그러므로 에스겔에게도 예언자들은 함께 살아가는 삶의 변화를 촉구하며, 그 변화는 공동체의 변화를 가리킨다.

정의와 공의로 구속되는 시온

이사야 1장 21절은 시온을 가리켜 '신실하던 성읍'이 '창기'가 되었으며, 정의와 공의가 거하던 곳에 이제 '살인자들'만 있다고 고발한다. 이사야는 신실함의 내용으로 정의와 공의를 말한다. '신실하다'는 것은 혼자서 하나님을 굳게 믿는다는 의미가 아니라, 함께 살아가는 이들 가운데 정의와 공의를 행하며 살아간다는 의미다.

'창기'는 구약에서 우상숭배와 연관한 비유어로 사용하는 경우가 많다. 그런데 이사야 1장 21절에서 창기는 살인자와 평행되어 같은 의미처럼 쓰이며, 구체적으로는 정의와 공의가 사라진 삶을 가리킨다. 우상숭배에 관한 내용에서 이미 다루었지만, 여기에서도 우상숭배의 본질이 정의와 공의가 사라진 삶임을 확인하게 된다. 이어 23절은 정의와 공의가 깨진 현실로서 권력자들이 도둑과 한패가 되어 고아와 과부의 억울함을 신원치 않는 모습을 고발한다. 탐욕스러운 무리와 정치권력을 잡은 이들이 한패가 되어서 가난하고 힘없는 이들의 억울함을 무시하고 짓밟는 것은 그때나 지금이나 변함없다. 재벌과 정치권력이 결탁하여 힘없는 국민들의 희생을 모른 체하는 현실은 지금도 현재진행형이다. 하나님은 고관 한 사람을 책망하시는 것이 아니라 이스라엘 전체를 책망하신다. 몇 사람을 책망하시는 것이 아니라 이러한 불의가 가득한 예루살렘 전체를 창기와 살인자라 규정하신다. 그러므로 이것은 고관 몇 사람의 잘못이 아니다. 고관들만 잘못한 것이라면 고관들이 심판을 받아야 하는데, 유다 전체에 심판이 임하는 것은 납득하기 어렵다. 그런데 그러한 고관이 존재하고 그런 이들이 불의한 일을 여전히 자행하는 현실은 그 고관뿐 아니라 온 예루살렘 전체의 책임이다. 고관들이 저지르는 이러한 불의는 그 사회에 가득한 불의와 불법을 반영한다. 그래서 고관의 잘못이 고발되지만, 심판은 이스라엘 전체에 임한다.

하나님은 이러한 예루살렘을 심판하실 것이다. 하나님의 심판은 그들 가운데 가득한 '찌꺼기'와 '혼잡물'을 없애시는 것(사 1:25)인데, 구체적으로는 예루살렘의 지도력을 심판하고 바꾸는 것으로 나타난다(사 1:26). 심판의 목적은 진멸과 파괴가 아니라 청결하게 하고 정결하게 하는 것이다.

회복된 예루살렘의 모습을 이사야는 다음과 같이 표현한다.

시온은 정의로 구속함을 받고 그 돌아온 자들은 공의로 구속함을 받으리라(사 1:27).

하나님이 이스라엘의 죄악과 그 죄악으로 인한 더러움을 심판을 통해 정결하게 하시며, 이스라엘의 부당하고 그릇된 모든 권력을 제하시고 이스라엘을 회복하실 때, 그들 가운데 정의와 공의가 가득할 것이다. "시온이 정의로 구속함을 받는다"는 "시온이 정의로워야 구속받을 수 있다"는 의미가 아니다. 시온이 하나님의 은혜로 다시 회복되는데, 정의로운 시온의 모습으로 회복된다는 뜻이다. 회복된 시온을 정의와 공의 가운데 있는 시온이라고 부르는 것이다.

신약의 그리스도인들은 예수님이 재림하신 후에 이루실 영광스러운 그 나라를 기대하며 소망한다. 그러나 이 땅에 매여 살아가는 현재는 그 영광의 나라가 어떤 모습일지 상상하기도 어렵다. 이사야 본문은 회복된 시온을 정의와 공의의 나라라고 표현한다. 그리고 이렇게 회복된 상태를 '의의 성읍, 신실한 고을'이라 부른다(사 1:26).

이와 같이 예언자들이 기대하고 꿈꾸던 세상은 개인만 회복하는 세상이 아니다. 현재 이 공동체와 민족이 죄를 범하였기에 하나님이 심판하실 것이다. 그러나 심판 이후에 하나님이 이 백성을 회복시키실 텐데, 그 나라는 정의와 공의의 나라다. 이스라엘 가운데 올바른 행실과 올바른 관계 맺음이 가득한 세상, 함께 돌아보며 서로 살피고 지탱하는 세상, 그것이 정의와 공의의 세상이다. 그리고 그것이야말로 '신실함'의 의미며 '의로움'의 의미다.

오늘날 종종 회자되는 '칭의'는 지극히 개인적이다. '칭의'든 '성화'든 지극히 개인적이다. 하나님 앞에 홀로 '믿음'으로 걸어가는 길이다. 그러나 이사야 본문은 처음부터 마지막까지 공동체를 향한 말씀이다. 회복의 그날은 홀로 의로운 사람의 날이 아니라, 공동체 안에 정의와 공의가 가득한 날이다. 서로 마음을 같이 하고, 서로 불쌍히 여기며, 자기가 대접받고자 하는 대로 서로 대접하며, 내 이웃을 내 몸처럼 여기는 세상, 그렇게 함께 정의와 공의 가운데 살아가는 공동체를 '신실한 공동체', '의의 공동체'라고 부른다.

4부

포로 후기 공동체의 대응

01
느헤미야와 개혁:
"땅을 사지 아니하였고"

느헤미야 5장은 성벽을 재건하는 중에 귀환공동체에서 발생한 현실적 문제들을 보여준다. 돌아온 이들이, 유다를 둘러싼 주변 이방 민족들의 위협에 맞서면서, 똘똘 뭉쳐서 한 손으로는 일을 하고 한 손으로는 병기를 잡은 채 성벽 공사를 진행하였음을 보여주는 4장에 따르면, 이 귀환공동체가 같은 마음으로 단단히 연합하였음을 짐작할 수 있다. 그러나 이어지는 5장은 이렇게 연합한 공동체 내부에 경제적 갈등 상황이 심각하였음을 여실히 보여주는데, 그 점에서 느헤미야의 개혁은 지극히 현실적이다.

　　모두 힘을 모아 성벽을 재건하지만, 귀환공동체 내부의 경제적인 형편은 서로 달랐다. 더욱이 흉년이 들자 공동체 내부의 가난한 이들의 곤궁은 더욱 극심해졌다. 먹고살기도 어려운 처지인데, 바사 정부에 납부해야 하는 세금까지 더하여져서, 가난한 이들의 형편은 말이 아니었다. 그나마 포도원이나 땅이 있던 이들은 저당을 잡혀서 돈을 마련할 수 있었지만, 진작 땅을 저당 잡혔거나 저당 기간이 오래되어 남에게 땅이 넘어가버린 이들은 흉년을 이겨낼 도리가 없었다. 결국 자기와 자녀들이 남의 집 종살이로 흩어지는 것 외에는 달리 길이 없는 이들이 많았기에 마침내 이들에게서 불평과 원망이 터져 나왔다. 이방 땅에서 종살이하다 하나님이 약속하신 자유의 땅으로 돌아왔는데, 경제적인 곤경 때문에 다시금 종살이하는 처지로 내몰렸다. 게다가 이제는 이방인이 아니라 동족의 종이 되는 처지였다.

경작할 수 있는 땅이 없고 함께 살아가는 자유로운 가족이 없는 한, 자유는 자유가 아니다. 구약성경이 말하는 자유는 단순히 의사결정의 자유라든지 하고 싶은 것을 마음껏 행하는 자유가 아니다. 구약의 자유는 하나님이 주신 땅 위에서, 하나님이 주신 몸으로 살아가는 삶이다. 레위기 25장은 이를 위해 모든 땅이 하나님의 것이며 모든 이스라엘은 하나님의 종임을 천명한다(레 25:23, 55). 땅은 오직 하나님의 것이기에, 하나님은 모든 이스라엘에게 땅의 사용권을 공평하게 기업으로 주셨다. 이스라엘의 몸은 오직 하나님의 것이기에, 하나님은 그 몸으로 아무에게도 종이 되지 않게 하셨다.

한 번 나라를 잃었고 땅을 잃었던 백성이기에, 귀환공동체에서 땅에 대한 생각이 남다를 수밖에 없었을 것이다. 그래서 귀환공동체에서 다른 사람의 땅을 담보로 해서 돈이나 곡식을 빌려주는 일이 비일비재하게 발생했을 것이다. 사람들 대부분은 공동체의 일이나 온전한 회복의 일보다 자신의 일과 자신의 성취와 자신의 안위에만 힘썼고, 그러한 이기적인 모습의 절정이 형제에게 이식 취하기와 땅 매입하기였을 것이다.

개혁과 재건의 와중에서 일어난 이러한 현실 문제들을 느헤미야는 어떻게 처리할 것인가. 4장에 보면 외부의 대적들 때문에 귀환공동체가 어려움을 겪었다. 산발랏과 도비야의 공격 위협에 공동체가 크게 동요하였고, 파견된 인력들을 거두어들이려는 시도들도 여러 번 있었다 (느 4:12). 발을 빼면 자기는 안전하리라고 생각하지만, 사실은 그렇게 하면 전체가 붕괴되는 것을 모르는 경우들이 많다. 이러한 위협 앞에서 이제 더는 공사를 하지 못할 것이라 생각하며 포기하는 이들도 속출하여서 공동체 안에서는 "우리가 성을 건축하지 못하리라"(느 4:10) 하는 말까지 나왔다. 그러나 느헤미야는 확고하게 대처했다. 공사에 참여하는 공동체 전체를 무장시켰다. 처음에는 일부만 파수꾼으로 세웠지만(느 4:9), 파견된 이들을 철수시키려는 요청을 접하자 아예 모든 백성을 무장시켰다. 느헤미야는 백성이 한 손에 병기를 잡고 다른 한 손으로 일하도록 조처한다(느 4:17-18). 느헤미야는 공동체에 퍼져 가는 두려움, 일신의 안위를 쫓으려는 움직임에 이렇게 강력하게 대처했다. 공동체를 향한 느헤미야의 권면은 고대 이스라엘의 거룩한 전쟁을 떠올리게 한다.

> 너희는 그들을 두려워하지 말고 지극히 크시고 두려우신 주를 기억하고 너희 형제와 자녀와 아내와 집을 위하여 싸우라(느 4:14).

느헤미야는 이 싸움이 하나님을 위한 싸움이며, 하나님이 함께하시는 싸움이며, 실질적으로는 가족과 집을 지키는 싸움임을 확고히 한다. 외부의 위협과 그로 인해 공동체가 분열할 위기에 이렇게 단호하게 대처하였는데, 5장에서 나오는 공동체 내부의 문제는 올바로 대처하기가 훨씬 더 어려웠을 것이다. 경제 문제는 뿌리가 깊기에 쉽게 다룰 수 없다. 사람들의 이해관계가 결부되어 있기 때문에 모든 사람이 만족하게 일을 처리하기도 거의 불가능하다. 그러다 보니 대부분의 역사와 문화에서는 이러한 경제 관계는 건드리지 않는다. 그러나 가난한 이들의 부르짖음과 고통을 내버려둘 경우, 이제 세울 성벽은 예루살렘을 중심으로 한 재건공동체의 회복이 아니라, 재산과 소유를 충분히 지닌 사람들을 보호하는 성벽이 될 뿐이다. 공동체를 지키는 성벽이 아니라, 지킬 것이 많은 이들을 보호하기 위한 울타리가 될 뿐이다. 겉으로는 이스라엘 민족을 말하고 하나님의 보호를 말하지만, 실상은 권력과 재물을 가진 사람들의 기득권을 보호하는 것이 알맹이였던 경우는 구약 역사에서 흔히 보인다. 남왕국 말엽 시드기야 시대를 장식하던 거짓 선지자들의 구원 예언은 그 단적인 예다(렘 28장; 34장). 느헤미야 4장에서 대적들에 맞서 가족과 집을 지키기 위해 싸우라고 권면하였는데, 정작 집과 가족을 잃는다면, 더는 이 싸움을 할 수 없을 것이다.

가난한 백성의 울부짖음과 형편을 들은 느헤미야는 크게 노하였다(느 5:6). 하나님을 함께 섬기며 함께 재건해 가는 공동체 내부의 빈부 격차와 가난한 이들의 울부짖음이, 하나님의 사람들에게 큰 진노와 분노를 불러일으키는 것은 너무나 당연하다. 아쉽게도 오늘날 교회는 이러한 현실 앞에서 분노하지 않는다. 가난한 이들의 경제적 곤경을 보고도 심상히 여기며 그저 정신적인 위로를 전하며 그것을 영적인 복이라고 치장하기에 분주할 따름이다. 그러나 우리에게 먼저 필요한 것은 이러한 현실에 대한 분노다.

크게 분노한 느헤미야는 이에 대해 깊이 생각한다(느 5:7). 여기에 나오는 히브리어 표현이 인상적인데, 느헤미야가 자문자답하며 심사숙고하였음을 알 수 있다. 깊이 생각한 후에 느헤미야가 어떻게 일을 처리하는가? 느헤미야는 곧바로 '귀족들과 민장들'을 불러 꾸짖는다. 그뿐 아니라 그들을 '치기 위한 대회'까지 연다. 느헤미야의 조치는 얼마나 일방적인가? 가난한 사람들이 왜 가난해졌는지를 따지지 않는다. 가난한 사람들의 책임이나 게으름에 대해서는 일언반구도 없다. 오직 상류층인 지도자들을 불러 책망하고는 그것도 모자라 공개적으로 큰 집회를 열어서 그들을 친다. 느헤미야 4장 14, 19절은 당시의 공동체를 '귀족들과 민장들과 남은 백성'이라고 표현한다. 당시 재건공동체의 주축이 귀족들, 민장들, 남은 백성인 것을 볼 때, 이 공동체에서 귀족들과 민장들의 역할이 얼마나 큰지 짐작할 만하다. 귀족들과 민장들에게는 재물과 사람이 있었을 것이다. 이들이 빠져나가면 아마 성벽 재건은 무산될 것이다. 이들이 반대하면 느헤미야의 개혁은 좌초할 것이다. 이를 생각하면 느헤미야가 귀족들과 민장들을 책망한 것은 참으로 놀랍다.

귀족들과 민장들에 대한 느헤미야의 책망은 한 가지다.

우리는 이방인의 손에 팔린 우리 형제 유다 사람들을 우리의 힘을 다하여 도로 찾았거늘 너희는 너희 형제를 팔고자 하느냐. 더구나 우리의 손에 팔리게 하겠느냐(느 5:8).

느헤미야가 보기에 이러한 행동은 "우리 하나님을 경외하는 가운데 행하는 것"(느 5:9)이 아니었다. 느헤미야에게 하나님 경외는 가난한 이웃과 맺는 경제 관계를 통해서도 드러난다.

그래서 느헤미야는 당장에라도 가난한 사람들에게 사들인 밭과 포도원과 감람원과 집을 돌려주고, 빌려준 돈이나 양식, 포도주, 기름의 백분의 일도 돌려줄 것을 명령한다(느 5:11). 이 '백분의 일'은 이자였을 것이다. 이자는 곤궁에 처한 사람이 그 곤궁에서 벗어나기 위해 상대의 재물을 사용하는 대가를 양자 합의에 따라 적법하게 치르는 행동이다. 그러나 이자에 대한 구약의 입장은 확고하다.

복음의

공공성

네가 만일 너와 함께한 내 백성 중에서 가난한 자에게 돈을 꾸어주면 너는 그에게 채권자같이 하지 말며 **이자**를 받지 말 것이며(출 22:25).

너는 그에게 **이자**를 받지 말고 네 하나님을 경외하여 네 형제로 너와 함께 생활하게 할 것인즉 너는 그에게 **이자**를 위하여 돈을 꾸어 주지 말고 이익을 위하여 네 양식을 꾸어 주지 말라(레 25:36-37).

네가 형제에게 꾸어주거든 **이자**를 받지 말지니 곧 돈의 **이자**, 식물의 **이자**, **이자**를 낼 만한 모든 것의 **이자**를 받지 말 것이라. 타국인에게 네가 꾸어주면 **이자**를 받아도 되거니와 네 형제에게 꾸어주거든 **이자**를 받지 말라. 그리하면 네 하나님 여호와께서 네가 들어가서 차지할 땅에서 네 손으로 하는 범사에 복을 내리시리라(신 23:19-20).

이자를 받으려고 돈을 꾸어주지 아니하며 뇌물을 받고 무죄한 자를 해하지 아니하는 자이니 이런 일을 행하는 자는 영원히 흔들리지 아니하리이다(시 15:5).

변리를 위하여 꾸어주지 아니 하며 **이자**를 받지 아니하며 스스로 손을 금하여 죄를 짓지 아니하며 사람과 사람 사이에 진실하게 판단하며. ⋯ 변리를 위하여 꾸어 주거나 **이자**를 받거나 할진대 그가 살겠느냐. 결코 살지 못하리니 이 모든 가증한 일을 행하였은즉 반드시 죽을지라. 자기의 피가 자기에게로 돌아가리라. ⋯ 손을 금하여 가난한 자를 압제하지 아니하며 변리나 **이자**를 받지 아니하여 내 규례를 지키며 내 율례를 행할진대 이 사람은 그의 아버지의 죄악으로 죽지 아니하고 반드시 살겠고(겔 18:8,

13, 17).

네 가운데에 피를 흘리려고 뇌물을 받는 자도 있었으며 네가 변돈과 **이자**를 받았으며 이를 탐하여 이웃을 속여 빼앗았으며 나를 잊어버렸도다. 주 여호와의 말씀이니라(겔 22:12).

이를 보건대, 구약의 원리는 합의에 의한 경제원칙을 넘어선다. 곤궁을 이용한 합의는 정당한 합의가 아니다. 형제에게 이자를 받지 않는 것은 단순히 사회의 덕목이 아니라, 하나님 앞에서 영원히 흔들리지 아니하는 삶의 일부다.

부유한 사람들이 땅을 매입하거나 양식과 포도주를 빌려준 것은 가난한 이들의 필요와 요청에 따른 일이며, 그에 대한 이자는 합의된 대가일 텐데도 느헤미야는 당장 돌려주라고 명한다. 아마도 오늘날 이러한 명령을 한다면, 사유재산 침해라며 반발이 극심할 것이며, 느헤미야가 더는 개혁을 진행할 수 없었을 것이다. 그러나 느헤미야 시대 사람들은 이에 순종하기로 결단하고, 회중은 함께 "아멘 하고 여호와를 찬송하고 … 그 말한 대로 행하였다"(느 5:13). 이러한 결단과 순종이 있을 때, 함께 부르는 찬양이 의미 있다. 하나의 신앙 공동체가 되었다는 것은 이러한 아멘을 이룬다는 의미다. 그렇지 않으면 그것은 신앙을 가장한 또 다른 착취와 억압의 지속일 가능성이 많다.

이러한 상황을 생각할 때 느헤미야의 다음 고백이 의미가 있다.

나보다 먼저 있었던 총독들은 백성에게서, 양식과 포도주와 또 은 사십 세겔을 그들에게서 빼앗았고 또한 그들의 종자들도 백성을 압제하였으나 나는 하나님을 경외하므로 이같이 행하지 아니하고 도리어 이 성벽 공사에 힘을 다하며 땅을 사지 아니하였고 내 모든 종자들도 모여서 일을 하였으며(느 5:15-16).

느헤미야 이전 유다 총독들과 느헤미야의 차이는 야훼 신앙이 있느냐 여부가 아니다. 권력을 이용하여 사람들에게 빼앗고 착취하였느냐, 그렇지 않으면 당연한 권리조차도 행사하지 않았느냐 하는 것이 차이였다. 이 구절들에 따르면 총독만 백성을 압제하고 착취하지는 않았다. 총독 수하에 있는 사람들도 상관의 권위를 이용하여 백성을 압제했다. 이런 부분에서도 느헤미야는 이전 총독들과는 달랐다. 그리고 이 구절이 분명히 밝히고 있듯이, 느헤미야는 '하나님을 경외함'으로 이렇게 행동했다. 하나님 경외가 성전에서 드러난 것이 아니라, 지극히 일상적인 현실에서, 재물과 권력의 사용에서 드러났다.

느헤미야 10장 29-39절에서는, 8장에 나오는 수문 앞 광장 집회를 기점으로 귀환 공동체 백성이 회개하며 여호와 하나님이 명하신 율법을 따라 살기로 결단한 내용을 소개한다. 여기에서는 이방혼인 금지와 안식일 준수를 비롯하여 제사장과 레위인에게 드리는 몫까지 고루 언급한다. 그런데 이 결단에서 중요한 부분을 차지하는 것은 칠 년 안식년을 지키겠다는 내용이다(느 10:31). 이와 더불어 모든 빚을 탕감해주는 것도 결단의 한 부분이다. 칠 년 안식년과 이에 이은 빚의 면제는 신명기 15장에서 다루는 면제년과 연관된다. 그러므로 귀환공동체가 여호와만 따르기로 하는 결단에서 안식년과 면제년 규례 준수가 핵심 부분을 차지하는 것이다.[1] 안식년의 완성 혹은 절정이 희년이라는 것을 생각하면, 안식년 규례 준수는 희년 준수와도 연관된다. 레위기 25장에서 희년 규례를 안식년 규례와 매끄럽게 연결하는 것도 이를 입증한다. 그런 점에서 희년 규정은 실상 안식년 규정을 확장한 결론이다. 이스라엘은 여호와께 구별된 백성이므로 거룩하다. 여호와께 구별된 이들은 여호와께서 구별하신 안식일을 지키며 여호와께서 구별하신 안식년을 지킨다. 그러므로 안식년과 희년은 단순히 사회의 규례가 아니라 여호와 하나님의 거룩하심을 본받는 거룩함을 이루는 규례다.

언제가 구원의 때인가

사람들이 땅에 집착하고 땅을 소유하는 데 몰두할 때, 느헤미야는 귀환 공동체를 위해, 또 하나님이 다시 거하게 하신 이 땅을 위해 성곽을 쌓는 데 온 힘을 다하였다. 느헤미야의 힘은 소유에 있지 않고 관리와 섬김에 있었다. 하나님이 주신 땅으로 돌아왔는데, 여전히 각자 자기 땅을 구입하고 땅을 늘리는 데만 혈안이 되고 형제의 고통과 눈물을 돌아보지 않는다면 그것은 돌아온 것이 아니다. 귀환한 것이 아니다. "우리 하나님을 경외하는"(느 5:9) 삶과는 거리가 멀다. 여기에서 '하나님을 경외함'은 땅과 몸이 하나님의 것임을 선언하며 희년을 선포하는 레위기 25장에서도 중요하게 나타난다. 근본적으로 땅에 대한 자세는 하나님에 대한 경외에서 비롯된다. 느헤미야에게 하나님 경외는 이웃을 압제하지 않고 착취하지 않는 것, 땅을 사지 않는 것을 의미하였다. 개개의 규정을 엄밀하게 지키는 것보다 더 중요한 것은 여호와께 대한 경외라는 원칙 위에서 상황에 따라 판단하고 결정하는 것이다. 이와 연관하여 다음과 같은 주장은 음미할 만하다.

복음의

공공성

이 본문에서 노예해방, 빚 탕감, 땅 돌려주기 등을 실행하는데, 희년에 대해서는 아무런 언급이 없다는 점에서, 희년 규례는 최소한 느헤미야 이후에 생겼다는 주장이 많다. 그러나 이것은 침묵의 주장이라고 할 수 있다. 우리는 느헤미야가 희년을 언급하지 않은 이유를 모르는 것일 뿐이지, 희년이 느헤미야 이전에는 존재하지 않았다고는 단정할 수 없다. 사실 느헤미야는 출애굽기 21장이나 신명기 15장에 대해서도 아무런 암시나 언급을 하지 않는다. 아마도 오경의 아무 규정도 느헤미야의 상황과 부합하지 않는다고 판단해서 명시적으로 사용을 안 했을 수 있다. 무엇보다도 느헤미야는 현재 공동체 내부의 종 삼기 상태를 해결하기 위해 주기적인 해결을 기다릴 수 없었을 것이다. 7년이든, 50년이든 이 문제는 그때를 기다릴 수 없었다. 나아가 느헤미야가 아예 노예제도 자체를 폐지하기를 원하였다는 점에서, 느헤미야의 행동은 오경을 인용하는 것과 부합하지 않았다.[2]

느헤미야는 당대 자신이 속한 공동체를 개혁하면서 기존의 전통을 사용하지 않았다. 느헤미야 시대는 구약의 다른 어느 시대보다 오경이 완성된 형태에 가까웠던 시대이지만, 느헤미야는 전통의 글귀에 의존하지 않는다. 7년이라는 시점을 따질 수도 있지만(실제로 에스라-느헤미야는 안식년을 준수하도록 조치한다), 동포를 종 삼는 상황을 참지 않고 곧바로 해방을 단행한다. 그리고 동포의 땅을 차지하는 상황에 대해서도 무르기 법을 활성화한다든지, 희년에 돌려줄 것을 재확인하기보다는 당장 땅을 원주인에게 돌려주라고 촉구한다. 그런 점에서 느헤미야는 오경의 자구를 사용하는 것이 아니라, 오경 법률들의 근본정신과 지향점을 확고하게 시행한다. 이것은 자비를 선포하시면서 안식일에 거침없이 병자를 고치신 주님의 모습에서도 볼 수 있다. 유대인들로서는 38년이나 기다린 병자가 왜 하루를 더 기다려서 안식일이 지난 다음에 고침 받지 않았는지 이해하기 어렵겠지만, 예수님은 38년이나 기다려온 병자에게 어떻게 하루를 더 기다리라고 말할 수 있는지 이해하기 어려우셨을 것이다. 회당에 들어가서 하나님의 은혜의 날인 희년을 선포하는 이사야 61장 1-2절을 읽으신 후 "이 말씀이 오늘 너희 듣는 데에서 성취되었다" 선언하시는 주님의 말씀은 정확히 이에 대해 선언하신 것이다. 언제가 구원의 때인가? 보라, 지금이 은혜 받을 만한 때요, 지금이 구원의 날이다.

복음의

공공성

02
옛 선지자들을 통하여 외친 말씀[3]

기독교 신앙의 중심에는 성경이 있다. 한국 교회와 연관해서 성경에 대한 열정, 성경 중심의 신앙이 한국 교회의 성격을 형성했으며, 현재와 같이 부흥하게 된 근본 비결임을 지적하는 이들이 많다. 성경이 한국 교회의 근본에 있다는 점은 실상 양날의 칼이다. 성경을 근거로 교회를 이룰 수도 있지만, 잘못된 성경 해석을 근거로 교회를 이룰 수도 있기 때문이다. 더욱이 한국 교회에 대한 부정적인 말이 곳곳에서 들려오는 오늘날 현실에서는, 우리 교회의 상황이 단지 표면적인 어떤 부분들의 문제라기보다는 잘못된 성경 이해와 해석의 결과가 아닌지를 돌아보아야 한다. 성경을 해석하는 방법은 여러 가지가 있을 수 있지만, 한결같은 목적은 성경의 뜻을 밝히고 그 뜻이 오늘 우리에게 주는 의미를 모색하는 것이다. 이와 연관해서 신약 기자들의 구약 인용은 신약의 시대를 살아가는 이들이 신앙 전통을 어떻게 수용하고 적용하였는지를 보여주는 '상호텍스트성intertextuality' 연구의 좋은 예라는 점에서 많은 주목을 받았다.

이 글은 구약성경 안에서 이전 시기의 신앙 전승에 대한 이해와 해석을 찾아보려는 시도다. 예루살렘 성전 파괴와 바벨론 포로는 이스라엘에게 상상하기도 어려운 충격이었을 것이다. 대개 나라가 망하면 신앙도 사라지고 퇴색하지만, 놀랍게도 이스라엘은 포로기를 거치면서 신앙을 버리지 않았다. 이스라엘은 자기들이 겪은 파괴와 멸망, 유배를 해석했고 그 결과 여호와 신앙은 견고하고 단단해졌다. 그리고 그 열매가 구약 문헌의 형성이라 할 수 있다. 포로라는 초유의 경험을 한 포로 귀환 세대는 자신들 시대를 어떻게 진단했을까? 그리고 그들은 전해 내려온 신앙 전승을 완전히 바꾼 자신들의 현실에 어떻게 적용했을까?

이를 위해 여기서는 스가랴 7-8장을 다루고자 한다. 스가랴 내부에서 이러한 옛 예언자 전승을 어떻게 이해하고 적용하는지에 초점을 둘 것이며, 이를 위해 스가랴의 내적인 연관과 짜임새를 살펴볼 것이다. 아울러 스가랴가 놓인 시대, 스가랴의 선포가 제 빛을 발하고 있는 상황 context에 유의하고자 한다. 이 선지서가 하나님의 영원한 진리를 고백하되, 포로 후기 귀환공동체라는 특정한 시대 상황 속에서 선포되고 의미를 발휘하였다는 점에서, 상황 이해는 부수적인 것이 아니라 본문이 하나님 말씀이 되게 하는 본질적인 요소다. 본문에 대한 진지한 탐구를 본문이 놓인 상황에 대한 숙고와 결합할 때, 본문은 그 시대를 넘어 오고 오는 세대에게 진리를 드러낼 것이다.

옛 선지자들

스가랴 7장은 '여호와께 은혜를 구하는' 일군의 사람들에 대한 내용으로 시작한다. 여호와의 은혜를 구하며 금식하고자 하는 이들(슥 7:3)에게 여호와께서 스가랴를 통해 대답하신다.

> 만군의 여호와의 말씀이 내게 임하여 이르시되 온 땅의 백성과 제사장들에게 이르라. 너희가 칠십 년 동안 다섯째 달과 일곱째 달에 금식하고 애통하였거니와 그 금식이 나를 위하여, 나를 위하여 한 것이냐. 너희가 먹고 마실 때에 그것은 너희를 위하여 먹고 너희를 위하여 마시는 것이 아니냐. 예루살렘과 사면 성읍에 백성이 평온히 거주하며 남방과 평원에 사람이 거주할 때에 여호와가 옛 선지자들을 통하여 외친 말씀이 있지 않으냐 하시니라(슥 7:4-7).

이에 따르면 금식은 전적으로 자신들을 위한 것이었지, 여호와께서 명령하신 것이 아니었다. 이미 여호와께서는 이스라엘이 평온히 거하던 때 '옛 선지자들'을 통해 이스라엘이 행해야 하는 것을 명백히 말씀하셨다. 즉, 여호와의 은혜를 구하는 이들에게 스가랴는 "여호와가 옛 선지자들을 통하여 외친 말씀"에 순종하라고 대답한다. '옛 선지자들'이 외친 말씀은 무슨 내용인가? 스가랴나 당시 백성이 '옛 선지자들'의 선포를 어떻게 이해하고 수용하였느냐 하는 것이 문제다.

여기에서 '옛 선지자들'이라고 옮긴 표현은 '한네비임 하리쇼님 former prophets'이다. 스가랴 이전, 포로 이전 예언자들을 부르는 이러한 표현은 스가랴를 제외하고는 구약 전체에서 한 번도 쓰이지 않는다. 다만 스가랴에서는 위에서 제시한 7장 7절 외에 1장 4절과 7장 12절에서 쓰인다. 이 어휘는 스가랴가 이전 시기 예언자들을 어떻게 이해하는지를 보여주는 중요한 어휘다.

상황: 여호와께 은혜를 구하는 시대

스가랴 7장 1절은 본문의 시기를 '다리오 왕 제사년 아홉째 달 곧 기슬래월 사일'이라 명시한다. 이 해는 바사 왕 다리오Darius 1세 재위 4년으로 주전 518년이다. 바벨론에서 귀환한 이후 곧바로 시작한 성전재건이 주변 민족들의 방해로 인하여 중단되었다가(스 4:1-5, 24), 바사 제국의 행정망을 체계적으로 정비한 다리오 시대에 와서야 예언자 학개의 사역과 더불어 성전재건이 재개되었다(스 5:1-2; 학 1:12-15; 주전 520년). 이렇게 시작된 제2성전, 스룹바벨 성전은 다리오 6년인 주전 516년에 완공된다(스 6:13-15). 성전재건을 다시 시작하기 전 공동체의 상태에 대해 예언자 학개는 "(하나님의) 집은 황폐하였는데 너희는 각각 자기 집을 짓는 데 빨랐다"고 규정한다. 성전재건이 오랫동안 중단되자 사람들은 귀환할 당시의 열심과 이상을 포기하고 체념하였으며, 자신들의 안위와 안전, 평안을 구하는 데만 골몰했다는 것이 학개의 고발 취지다. 이상은 사라지고 이기주의가 가득한 세상, 하나님의 성전을 새로 짓고 그분 말씀과 규례를 따라 살아가는 공동체가 아니라 스스로 앞일을 도모하며 '각자도생'하는 시기가 바로 성전재건의 배경인 귀환공동체의 상황이었다. 귀환 직후 공동체의 이러한 상황을 이사야는 이렇게 표현한다.

우리가 여호와를 배반하고 속였으며 우리 하나님을 따르는 데에서 돌이켜 포학[억압]과 패역을 말하며 거짓말을 마음에 잉태하여 낳으니 정의가 뒤로 물리침이 되고 공의가 멀리 섰으며 성실이 거리에 엎드러지고 정직이 나타나지 못하는도다(사 59:13-15).

그러므로 학개가 촉구한 성전재건은 단순히 오늘날의 '교회 건물

짓기' 같은 것과 비견할 수 없다. 귀환공동체에게 성전은 삶을 주관하시는 하나님에 대한 고백이었다. 포로였다가 귀환했고 여전히 유다 땅은 바사의 영토이지만 하나님의 백성으로 살아가는 공동체의 회복이 성전재건의 본질이었다. 그래서 학개는 성전재건을 하나님이 온 땅에 행하심과 직접적으로 연결한다.

> 만군의 여호와가 이같이 말하노라. 조금 있으면 내가 하늘과 땅과 바다와 육지를 진동시킬 것이요 또한 모든 나라를 진동시킬 것이며 모든 나라의 보배가 이르리니 내가 이 성전에 영광이 충만하게 하리라. 만군의 여호와의 말이니라(학 2:6-7).

성전재건이 온 땅의 하나님의 행하심과 결합할 때, 페르시아이건 그 어느 나라건 모두 진동하며 흔들리고 뒤엎어지고 진멸될 것이다(학 2:21-22).

'벧엘 사람'이 와서 여호와의 은혜를 구한 때는, 바로 성전재건이 한창 진행 중이었을 다리오 4년 9월 4일이었다. 2절에 등장하는 '벧엘', '사레셀', '레겜 멜렉'의 의미는 명확하지 않다. 여기에 나오는 이름의 정체보다 더 의미 있는 것은 7장 첫머리에 나오는 '다리오 왕'에 대한 언급을 비롯해서 유대식 이름이 아닌 이름들의 의미다. 완전히 변한 상황, 유대 땅에 살지만 바사의 지배 아래에 놓인 상황이야말로 7장 1-2절이 청중과 독자들에게 전달하는 의미다.

히브리어 동사 '할라'가 '누구누구의 얼굴'을 목적어로 취할 때는 "은혜 혹은 호의를 구하다"라는 뜻이 된다(욥 11:19; 시 45:12). 그리고 그 목적어가 하나님의 얼굴일 때는, 절기나 제의에 하나님 앞에 나아와 하나님이 주실 은혜를 구하는 것을 표현한다(삼상 13:12; 시 119:58; 슥 8:21,22).[4] 이상에 인용한 구절들의 문맥을 보면, 이러한 은혜를 하나님이나 사람에게 구하는 이는 심한 어려움과 곤경 가운데 있다.[5] 스가랴 7장 2절에서 하나님의 은혜를 구하는 주체는 '벧엘 사람'이지만, 스가랴를 통해 하나님이 특별히 벧엘 사람뿐 아니라 '온 땅의 백성과 제사장들' 말씀하신다는 점(슥 7:5)에서, 벧엘 사람은 특정 지역 사람이라기보다는 당시 귀환공동체를 비롯하여 유다와 그 인근에 살던 모든 유대인을 대표하는 것으로 보인다. 이렇게 보면 벧엘 사람이 하나님의 은혜를 구하는 상황 역시 당시 공동체가 겪던 일반적인 어려움들과 곤경이라고 할 수 있다. 이에 대해서는 학개가 충분히 보여준다.

> 그러므로 너희로 말미암아 하늘은 이슬을 그쳤고 땅은 산물을 그쳤으며 내가 이 땅과 산과 곡물과 새 포도주와 기름과 땅의 모든 소산과 사람과 가축과 손으로 수고하는 모든 일에 한재를 들게 하였느니라(학 1:10-11; 참고. 슥 8:10).

여호와의 은혜를 구할 때, 당연히 물으며 도움을 요청할 대상은 성전에서 봉사하는 제사장들일 것이며(학 2:11-13), 하나님의 말씀을 맡아서 전하는 선지자들일 것이다. 이미 귀환 직후 제단이 세워진 이래(스 3:1-6) 제사 드리는 일이 정상화되었을 것이고, 성전재건이 시작된 지 2년쯤 지난 현시점에 제사장들은 귀환공동체에서 선지자들과 더불어 중요한 역할을 했을 것이다.

스가랴 7장 3절에 나오는 '우는 행동'은 하나님 앞에서 하는 제의 행동으로, 이를 통해 하나님의 은혜와 도우심을 구한다(신 1:45; 삿 20:23;

왕하 22:19; 대하 34:27; 스 10:1; 느 8:9). 자신들의 처지를 돌아보면서 회개하고 자신을 낮추는 것이 이러한 우는 행동에 담겨 있다. 그러므로 이러한 우는 행동은 금식과 함께 하는 경우가 많다(삿 20:26; 느 1:4; 겔 24:22-23; 참고. 삼하 12:21, 22). 본문에서 쓰인 '힌나제르'는 '나자르' 동사의 변화형(니팔 부정사 절대형)인데, "자신을 구별하다", "스스로 삼가다" 하는 의미다. 이러한 구별과 삼감은 흔히 음식을 삼가거나(민 6:2이하) 혹은 본문에서처럼 금식으로 나타났다. 스가랴 7장 5절 이하 말씀을 보아도 이 우는 행동이 금식을 포함하고 있음을 알 수 있다. 3절에서 오월의 금식을 언급하는데, 이어지는 5절과 8장 19절을 보면 이스라엘 백성이 아마도 4월, 5월, 7월, 10월의 금식을 바벨론 포로기 동안 준수한 것으로 보인다.[6] 바사 제국 시대에도 이러한 관행이 지속되었을 것이다. 벧엘 사람이 대표하는 귀환공동체는 하나님의 은혜를 구하는 방법을 알고자 했으며, 종래에 해오던 방식을 재확인하고자 했다. 이렇게 울고 금식하는 방식은 "여호와의 말씀에 너희는 이제라도 금식하고 울며 애통하고 마음을 다하여 내게로 돌아오라 하셨나니"(욜 2:12) 하고 말한, 포로 이전 선지자의 외침 중에도 나온다.[7] 요엘 2장에 나오는 "금식하고 울며 애통하고"는 스가랴 7장 3절과 5절에도 쓰인다. 그런 점에서 벧엘 사람의 생각은 나름 근거가 있다. 여호와의 은혜를 구하기 위해 이제껏 해오던 대로 울면서 자신들을 정결하게 구별하며 금식할지를 묻는 것이다.

여기서 먼저 짚고 넘어갈 것은, 이들의 기존 생각이 철저히 개인적이라는 점이다. 학개에서 드러난 대로, 그 시대는 이미 각자도생의 시대이며, 금식으로 대표되는 해결방안은 철저히 개인적이다. 그런 점에서 자신을 돌아보고 자신을 살피고 자신을 하나님에게 드리는 것을 상징하는 금식은 각자도생의 종교적, 신앙적 표현이다. 이러한 현실 앞에서 여호와의 응답, 스가랴의 응답은 무엇인가?

스가랴를 통한 여호와 하나님의 답변

스가랴를 통해 대답하시면서 여호와께서는 단지 이 문의를 한 벧엘 사람에게만 말씀하시지 않는다. "온 땅의 백성과 제사장들에게"(슥 7:5) 말씀하신다. 벧엘이라는 특정 지역 사람이 문의했지만, 그 문의에 대한 답변이 당대에 함께 살던 이들, 성전재건에 참여한 모든 이들에게 해당되는 것임을 분명히 보여주신다.[8] 아울러 '제사장들'을 청중으로 언급하는 것도 의미심장하다. 벧엘 사람이 제사장들에게 물어보았는데, 스가랴에게는 제사장들도 여호와의 말씀을 들어야 하는 대상이다. 제사장들이 제시한 답변이, 스가랴를 통해 답하신 여호와의 판단과 달랐기 때문일 수도 있다.[9] 앞에서 보았듯이, 울며 삼가 금식하는 것은 기본적으로 제의 행동이므로, 제사장들은 아마도 그러한 방식에 대해 긍정적으로 답변했을 수 있다. 그러나 여호와의 말씀은 달랐기에, 제사장들도 그 말씀을 들어야 하는 자리에 앉는다.

여호와께서는 그들이 이제껏 열심히 지켜온 금식이 전적으로 그들 자신을 위한 것이라고 단언하신다(슥 7:5-6). 여호와를 향해 금식하였지만, 그들의 금식은 전적으로 '자의적 숭배自義的 崇拜'일 따름이다(골 2:23).[10] 은혜를 구하는 길에 대한 여호와의 말씀은 간결하다. "여호와가 옛 선지자들을 통하여 외친 말씀이 있지 않느냐"(슥 7:7). 그러나 이 구절에서는 '옛 선지자들을 통하여 외친 말씀'이 무엇인지 분명히 소개하지 않는다. 이와 연관해 8절이 두 가지 기능을 하고 있다. 우선 예언서들에서 쉽게 볼 수 있는 '말씀 전달어구messenger formula'는 1절과 4절에도 있지만, 8절에서 다시 나오면서 8절 이하의 내용을 이전의 내용과 연결하고 동시에 8절 이하의 말씀을 더 일반화한다. 5절에서 청중에 대해 언급하면서 이 말씀이 특정인들이 아니라 공동체의 구성원 전부를 향해 하신 말씀임을 분명히 했다. 그런데 8절에서 정형 어구를 도입함으로써 조상의 역사와 현재의 역사를 연결하고, 벧엘 사람이 제기한 질문이 보편적이고 근본적인 질문임을 보여준다.

8절에서 시작한 말씀은 땅의 황무함, 즉 바벨론이 유다를 황폐하게 함으로 끝맺는다. 그러므로 이 단락은 유다가 패망한 원인에 대한 말씀이다. 이러한 황무함의 원인으로 11-12절은 백성이 "듣기를 싫어하여 등을 돌리며 듣지 아니하려고 귀를 막으며 그 마음을 금강석 같게 하였다"고 진술한다. 12절의 나머지 부분은 이를 간결하게 진술하면서 그들이 "율법과 만군의 여호와가 그의 영으로 옛 선지자들을 통하여 전한 말을 듣지 아니하였다'고 선언한다.

여기에서도 '옛 선지자들을 통하여' 선포하신 말씀을 언급한다. 11-12절을 볼 때, 이 백성이 듣기 싫어했으며, 듣지 않은 것은 바로 여호와께서 옛 선지자들을 통하여 전한 말씀이다. 여호와께서 옛 선지자들을 통해 외치셨다는 7절과, 여호와께서 옛 선지자들을 통해 전하셨다는 12절은 서로 연결된다. 이렇게 보면 백성이 거절한, 옛 선지자들이 외치고 전한 말씀은 바로 9-10절에서 제시하는 말씀이다. 여기서 9-10절은 여호와께서 스가랴에게 이르신 말씀이기도 하고, 옛 선지자들에게 이르신 말씀이기도 해서, 이중적 기능을 한다.

12절에 있는 "율법과 만군의 여호와가 그의 영으로 옛 선지자들을 통하여 전한 말"이라는 표현에도 주목해야 한다. 우리말로는 뜻이 모호하지만, 이 구절은 백성이 두 가지, 즉 '율법'과 '말'을 듣지 않으려고 했다고 말한다. 이 구절은 옛 선지자들을 통하여 이르신 말씀이 여호와께서 '그의 영으로' 주신 말씀임을 분명히 한다. 하나님의 신, 여호와의 신이 임하면 사람들은 예언을 한다(민 11:25; 24:2; 삼상 10:6; 19:20; 삼하 23:2; 대상 12:18). 그리고 하나님이 하나님의 영을 모든 사람에게 부어주시는 날이 올 것이며, 그날에는 그들이 예언을 하고 환상을 보게 될 것이다(욜 2:28). 선지자들도 여호와의 신이 임하였기 때문에 하나님의 말씀을 전한다(대하 15:1; 20:14; 24:20; 사 48:16; 61:1). 그러므로 '여호와가 그의 영으로'라는 표현은, 스가랴에 나오는 옛 선지자 이해가 개인의 이해에서 그치지 않고 여호와에게서 온 것이며, 여호와의 영으로 말미암았음을 분명히 한다.

또 12절에서는 '율법[토라]'과 '말[드바림]'이 평행을 이룬다. 이 두 단어는 구약에서 여러 번 쓰이지만, 12절처럼 둘이 함께 나란히 쓰인 경우는 스가랴 본문이 유일하다.[11] 이에 대해 주목할 만한 것은 느헤미야에 있는 구절이다.

> 다시 **주의 율법을** 복종하게 하시려고 그들에게 경계하셨으나 그들이 교만하여 사람이 준행하면 그 가운데에서 삶을 얻는 주의 계명을 듣지 아니하며 주의 규례를 범하여 **고집하는 어깨를 내밀며** 목을 굳게 하여 듣지 아니하였나이다. 그러나 주께서 그들을 여러 해 동안 참으시고 또 **주의 선지자들을 통하여 주의 영으로** 그들을 경계하시되 그들이 듣지 아니하므로 열방 사람들의 손에 넘기시고도 주의 크신 긍휼로 그들을 아주 멸하지 아니하시며 버리지도 아니하셨사오니 주는 은혜로우시고 불쌍히 여기시는 하나님이심이니이다(느 9:29-31).

'고집하는 어깨를 내밀며'는 구약에서 스가랴 7장 11절과 느헤미야 9장 29절에서만 쓰이는 독특한 표현이라는 점에서 두 본문은 서로 연관된다. '듣지 않고 귀 기울이지 않는다'(느 9:29; 슥 7:11), '선지자들을 통하여'(느 9:30; 슥 7:12), '여호와의 영으로'(느 9:30; 슥 7:12)와 같은 공통 표현 역시 스가랴 본문과 느헤미야 본문의 깊은 연관성을 보여준다. 느헤미야와 스가랴 모두 여호와께서 그분 백성에게 이르시는 내용을 율법과 선지자의 말씀, 두 가지로 이해한다. 그런 점에서, '율법과 선지자'라는 말로 구약 전체를 가리키는 신약의 진술(마 22:40; 눅 16:16; 참고. 행 13:15; 28:23; 롬 3:20; 눅 24:44 '모세의 율법과 선지자의 글과 시편')은 스가랴 7장 12절과 동일선상에 있으며, 주전 6세기 후반에 활동한 스가랴는 구약을 율법과 선지자들의 말씀으로 이해한 선구자라고 할 수 있다.

'율법'과 예언자들을 통한 '말씀'을 평행시키는 스가랴에 따르면, 9-10절에서 제시하는 말씀은 옛 선지자들이 전한 말씀일 뿐 아니라, '율법'의 핵심이다. 이러한 맥락에서 1장에 나오는 또 다른 "옛 선지자들"에 대한 언급을 이해할 수 있다.

> 너희 조상들을 본받지 말라. **옛적 선지자들이** 그들에게 **외쳐** 이르되 만군의 여호와께서 이같이 말씀하시기를 너희가 악한 길, 악한 행위를 떠나서 돌아오라 하셨다 하나 **그들이 듣지 아니하고 내게 귀를 기울이지 아니하였느니라.** 여호와의 말이니라(슥 1:4).

이 구절에 사용하는 표현은 7장에서 쓰이는 표현과 중복된다. 아울러, 1장은 열조들이 돌아오라는 여호와의 외침을 듣지 않자, 여호와께서 그들에게 심히 진노하셨다고 알려주는데(슥 1:2), 7장도 듣지 않는 백성에 대한 여호와의 진노를 "큰 진노가 만군의 여호와께로부터 나왔도다"(슥 7:12) 하고 언급한다. 이것은 1장과 7장이 서로 맞물려서 일종의 '인클루지오inclusio' 기능을 하고 있음을 보여준다. 스가랴 1장 7절 이하에 환상 보도가 나오고, 이러한 보도가 6장까지 이어지며, 구체적인 연대 표시가 1장 1절과 1장 7절에 나오고, 7장 1절에 가서야 다시 등장한다. 그렇다면, 1-7장의 짜임은 다음과 같다.

  A 1:1-6 다리오 2년 8월: 옛 선지자들이 외친 말씀-"여호와께 돌아오라"
   B 1:7-6:15 다리오 2년 11월24일: 스가랴가 본 환상들
  A' 7:1-14 다리오 4년 9월4일: 옛 선지자들이 외친 말씀-"진실한 재판; 인애와 긍휼"

그러므로 1장 1-6절에서 개관적으로 등장하는 표현은 7장 본문과 연관하여 해석해야 한다. 1장에서 옛 선지자들이 선포한, "악한 길, 악한 행위를 떠나서 (여호와께) 돌아오라"는 말씀은 무슨 의미인가? 스가랴가 요약하는 이러한 옛 선지자들로는 예레미야를 들 수 있다.[12] 흥미로운 것은 예레미야 역시 그 이전 선지자들이 선포한 말씀을 스가랴와 거의 동일한 단어들로 정리하고 있다는 점이다(슥 1:4;렘 25:5).

 어떻게 하는 것이 악한 길, 악한 행위를 떠나 여호와께 돌아가는 것인가? 1장에 나오는 이 명령은 자칫 추상적이고 모호할 수 있는데, 스가랴 자체의 내적 연관 속에서 7장을 통해 구체적인 내용을 확보한다. 여호와께 돌아간다는 것의 의미는 바로 7장에서 구체적으로 설명되고 있는 것, 즉 7장 9-10절에서 명령하는 것이다. 그러므로 이제 그 내용을 살펴볼 차례다.

복음의

공공성

스가랴 7장 9-10절

만군의 여호와가 이같이 말하여 이르시기를 너희는 **진실한 재판**을 행하며 서로 **인애와 긍휼**을 베풀며 과부와 고아와 나그네와 궁핍한 자를 압제하지 말며 서로 해하려고 마음에 도모하지 말라(슥 7:9-10).

9-10절에 걸쳐 명령이 네 개 나온다. 9절에는 무엇을 행하라는 긍정 명령이 두 가지, 10절에는 이러한 것을 행하지 말라는 부정 명령이 두 가지 있다. 명령이 네 개 있지만, 자세히 살펴보면 결국 긍정 명령 둘과 부정 명령 둘은 같은 내용을 서로 달리 표현한 것이다. 진실한 재판을 행한다는 것은 과부와 고아와 나그네로 대표되는 궁핍한 이들을 압제하지 않는 것이다. 서로 인애와 긍휼을 베푸는 것은 상대방을 해하는 못된 꾀를 꾸미지 않는 것이다. 그런 점에서 이 본문은 진실한 재판과 이웃에 대한 인애와 긍휼로 요약할 수 있다.

구약의 전통에서 재판이 차지하는 중요성은 막대하다. 광야를 나온 이스라엘 공동체에서 모세가 주로 하던 일이 재판이었다는 것은 그 단적인 예이며, 그래서 이 공동체에서 최초로 세운 지도자는 재판장들이다(출 18:13-26). 도울 이가 없는 과부와 고아, 나그네는 이러한 재판에서 가장 피해를 보기 쉬운 계층이었기에, 올바른 재판은 하나님 백성 공동체를 유지하는 데 가장 중요한 사항이라고 할 수 있다. 여호와 하나님이 세상을 다스리시는 원칙이면서(시 97:2; 99:4; 참고. 시 72:1; 사 9:7), 여호와께서 세우신 지도자들에게 필요한 덕목인 '정의[미슈파트]'와 '공의[쩨다카]'(시 72:1-2; 렘 22:3, 15; 23:5)가 기본적으로 드러나는 현장도 바로 이 재판이다.

너는 가난한 자의 송사라고 정의를 굽게 하지 말며 거짓 일을 멀리 하며 무죄한 자와 의로운 자를 죽이지 말라. 나는 악인을 의롭다 하지 아니하겠노라. 너는 뇌물을 받지 말라. 뇌물은 밝은 자의 눈을 어둡게 하고 의로운 자의 말을 굽게 하느니라(출 23:6-8).

네 하나님 여호와께서 네게 주시는 각 성에서 네 지파를 따라 재판장들과 지도자들을 둘 것이요 그들은 공의로 백성을 재판할 것이니라. 너는 재판을 굽게 하지 말며 사람을 외모로 보지 말며 또 뇌물을 받지 말라. 뇌물은 지혜자의 눈을 어둡게 하고 의인의 말을 굽게 하느니라. 너는 마땅히 공의만을 따르라. 그리하면 네가 살겠고 네 하나님 여호와께서 네게 주시는 땅을 차지하리라(신 16:18-20).

스가랴 7장 9절에서 '재판'을 꾸며주는 말은 '진실한'으로 번역한 '에메트'다. 이 히브리어 명사는 '확실함', '견고함', '신실함' 등의 의미를 지니는데, 이러한 의미들과 연관하여 '진리'를 의미하기도 한다. 당연히 여호와 하나님의 말씀은 에메트, 즉 진리다(삼하 7:28; 느 9:13; 시 19:9; 119:142, 151, 160; 단 9:13). 그러므로 여호와 하나님의 신실하심은 그분이 진리이심을 기반으로 한다(시 25:5; 26:3; 86:11). 이를 생각하면, 사람의 신실함 혹은 사람의 진리는 하나님의 신실하심과 진리 위에서 가능할 것이다. 특히 스가랴에서 7장과 8장에서만 이 단어가 쓰인다는 점은 주목할 만하다. '에메트' 혹은 '진리'는 옛 선지자들의 선포의 중심에 있으며(슥 7:9), 여호와께서는 그 은혜로 예루살렘으로 돌아오사 예루살렘이 '진리의 성읍'이라 불리게 하시며(슥 8:3), 이 백성에게 '진리와 공의로' 행하실 것이다(슥 8:8). 이 은혜를 받은 이스라엘은 두려움 없이 '진리'의 재판을

복음의
공공성

베풀어야 하고(슥 8:16), 이 '진리'를 사랑해야 한다(슥 8:19). 여호와께서 진리로 행하시니, 이스라엘은 진리를 베풀어야 한다. 하나님의 에메트를 근거로 이스라엘에게 에메트를 명령하신다. 하나님의 진리를 기반으로 하지 않은 신실함은 폭력배들의 의리와 차이가 없으며, 본질적으로 이기적인 욕심일 뿐이다. 그러므로 신실함 혹은 진리에 대한 열심은 하나님을 닮는 것Imitatio Dei에 그 근본이 있다.

이상에서 보건대, '진실한 재판'은 '정의와 공의'와 동일 선상에 있다. 이것은 10절에서 짝이 되는 부정 명령에서 "과부와 고아와 나그네와 궁핍한 자를 압제하지 말며"를 언급하는 것에서도 알 수 있다. 진실한 재판의 핵심에는 외모나 뇌물에 좌우되지 않는 재판이 있으며, 가난한 자라고 해서 무시하거나 짓밟지 않는 판결이 있다. 그래서 구약의 선지자들은 고아와 과부와 나그네를 위하여 재판할 것을 거듭거듭 명령한다.

> 고아를 위하여 신원하며 과부를 위하여 변호하라(사 1:17).

> 너희가 만일 길과 행위를 참으로 바르게 하여 이웃들 사이에 정의를 행하며 이방인과 고아와 과부를 압제하지 아니하며(렘 7:5-6).

> 너희의 허물이 많고 죄악이 무거움을 내가 아노라. 너희는 의인을 학대하며 뇌물을 받고 성문에서 가난한 자를 억울하게 하는 자로다(암 5:12).

나아가 예레미야의 한 구절은 긍정 명령과 부정 명령을 함께 제시하며, '말씀전달어구messenger formula'로 시작한다는 점에서 스가랴 구절과 공통점이 있는데,[13] 이 구절의 긍정 명령과 부정 명령은 '정의와 공의'를 행하는 것으로 요약된다.

> 여호와께서 이와 같이 말씀하시되 너희가 정의와 공의를 행하여 탈취 당한 자를 압박하는 자의 손에서 건지고 이방인과 고아와 과부를 압제하거나 학대하지 말며 이곳에서 무죄한 피를 흘리지 말라(렘 22:3).

스가랴 7장 9절은 재판에 관한 말씀을 법의 형식적 적용과 연관하고, 이어서 이러한 공의로운 법 집행의 근본정신에 대해 말한다. 9절에서 '인애'로 번역한 히브리어는 '헤세드'다. 하나님이 당신이 지으신 사람에게 품으신 마음이 헤세드다. 하나님은 헤세드 안에서 당신 백성을 대적들과 어려움에서 건지셔서 인도하시고(출 15:13; 시 143:12), 죽음에서 건지시며(시 86:13), 당신 백성과 맺으신 언약에 신실하시다(신 7:9; 왕상 8:23; 사 54:10). 하나님의 헤세드로 말미암아 은혜를 입은 자들이 이웃을 향하여 마땅히 품을 마음도 헤세드, 즉 '인애'다. 이것은 하나님에게 큰 빚을 탕감 받은 이가 자신에게 작은 빚을 진 동료에게 품어야 하는 마음이다(마 18:27, 33).

'인애'와 짝을 이루는 '긍휼'에서도 이 점을 볼 수 있다. '긍휼'에 해당하는 히브리어 '라하밈'은 여성의 자궁을 뜻하는 단어[레헴]에서 파생했다. 어머니가 태에서 난 자녀를 향하여 품는 마음, 혹은 같은 배에서 난 형제 간에 서로 품는 마음이 바로 '긍휼'이다. 마치 어머니가 자기 태에서 난 아들을 사랑하듯, 하나님은 당신 백성을 긍휼히 여기신다. 설령 사람의 어머니가 자기 태에서 난 자녀를 잊을지라도 하나님은 당신 백성을 결코 잊지 않으신다(사 49:15).

복음의

공공성

그러므로 하나님의 긍휼하심은 자녀를 향한 어머니의 마음이다. 긍휼의 가장 근본 역시 하나님이 당신 백성에게 베푸시는 사랑이다. 하나님이 베푸시는 헤세드와 라하밈, 즉 인애와 긍휼이야말로 구약 백성이 믿음의 길을 걸어가면서 절대적으로 의지하고 바라던 소망이고(시 25:6; 103:4), 백성에게서 이러한 인애와 긍휼을 거두어버리는 것이 하나님의 심판이다(렘 16:5). 이러한 긍휼을 경험한 사람은 마땅히 이웃에게 긍휼을 행하여야 한다. 스가랴는 하나님이 당신 백성에게 베푸시는 사랑인 '인애와 긍휼'을 이제 백성 간에 서로 베풀어야 한다고 말한다. 그러므로 하나님의 인애와 긍휼을 말하는 것으로는 충분하지 않다. 하나님의 인애와 긍휼을 경험한 사람은 이웃에게 베푸는 인애와 긍휼이라는 열매를 반드시 맺어야 한다.

벧엘 사람은 여호와께 은혜를 구하고자 하여 금식을 생각하였다. 그러나 스가랴 본문들이 일러주는 바와, 스가랴가 옛 선지자들에 대해 이해하는 바에 따르면, 여호와께서 요구하시는 것은 7장 9-10절에서 명확히 제시하는 명령이다. 8-10절이 7절에서 11절로 이어지는 흐름을 끊으며 금식이라는 주제와 직접적 연관이 없다는 점, 9-10절의 내용이 워낙 전형적인 언어로 채워져 있다는 점, 벧엘 사람의 질문에 대한 대답이 8장 18절 이하에 나온다는 점 등으로 인해, 이 단락이 후대에 덧붙인 부분이라는 주장도 있다.[14] 이러한 주장은 그 타당성 여부와는 별개로, 7장 8-10절이 현재 자리에 있는 것이 의도적이며, 따라서 이 부분에 주목해야 한다는 것을 반증한다. 진실한 재판과 이웃에 대한 긍휼로 요약할 수 있는 이 요구들이야말로, 그들이 전해 받은 '율법'의 내용이고, 옛 선지자들이 이 백성의 열조에게 선포한 '말씀들'이었다. 아울러 금식으로 대표되는 제의를 통해 하나님의 은혜를 구하는 벧엘의 질문에, 일련의 수사의문문을 통해 그러한 제의적 수단이 타당치 않음을 반박하며 공의의 재판과 사랑에 대한 말씀으로 답하는 논리 전개는 미가에게서도 유사하게 볼 수 있다.

> 내가 무엇을 가지고 여호와 앞에 나아가며 높으신 하나님께 경배할까. 내가 번제물로 일 년 된 송아지를 가지고 그 앞에 나아갈까. 여호와께서 천천의 숫양이나 만만의 강수 같은 기름을 기뻐하실까. 내 허물을 위하여 내 맏아들을, 내 영혼의 죄로 말미암아 내 몸의 열매를 드릴까. 사람아 주께서 선한 것이 무엇임을 네게 보이셨나니 여호와께서 네게 구하시는 것은 오직 정의를 행하며 인자를 사랑하며 겸손하게 네 하나님과 함께 행하는 것이 아니냐(미 6:6-8).

스가랴 7장의 마지막 부분 연구는 8장에 대한 검토로 이어져야 한다. 7장은 열조에게 임한 심판의 까닭을 설명하고 있는데, 이것은 귀환 공동체와 직접적으로는 연관성이 없기 때문이다. 이스라엘의 열조는 여호와께로 돌아오라는 옛 선지자들의 말씀을 저버리고 진실한 재판, 이웃에 대한 긍휼을 행치 않았고 그로 인해 멸망당하고 사방으로 흩어졌다. 그렇다면, 이제 그 흩어진 곳에서 돌아와 새로 시작하는 공동체는 어떻게 살아야 하는가? 옛 선지자들의 선포에 대한 스가랴의 이해는 현재 공동체에 어떻게 적용되는가?

복음의

공공성

스가랴 7-8장

여호와께서 시온에 돌아오심

7장이 현재 시점에서 벧엘 사람의 문의에서 시작하여 과거 역사에 대한 회고로 이어졌으니, 8장에서는 이 백성이 죄에서 돌이키고 여호와께 돌아갈 것을 언급하고 그에 따른 여호와의 구원을 선포할 것이라고 예상할 수 있다. 그런데 8장은 이러한 예상을 완전히 뒤엎는다. 8장 2절은 시온을 위한 여호와의 큰 질투와 분노를 언급한다.

 A "내가 시온을 위하여 질투하노라"
  B "크게 질투함으로"
  B´ "크게 분노함으로"
 A´ "내가 그녀를 위하여 질투하노라"

여호와께서 시온을 위하여 질투하신다는 내용은 1장 14절에도 나온다. 거기에서도 '질투하다' 동사의 목적어로 "크게 질투함으로"를 사용한다는 점에서, 8장의 본문은 1장과 연관된다. 1장 14절은 질투하신다는 표현을 한 번 하는 데 비해, 8장 2절에서는 동일한 표현을 반복하면서 "크게 분노함으로"를 더하는 교차 대구를 통해 이 주제를 훨씬 더 강화한다. 1장에서 우리는 온 세상을 두루 다닌 하나님의 사자들의 보고를 볼 수 있다. 그 보고는 온 세상의 평온함과 더불어 언제까지 예루살렘과 유다를 불쌍히 여기지 않으시겠느냐는 천사의 탄식의 기도로 구성된다. 여호와께서 예루살렘과 시온을 위해 질투하신다는 말씀은 이에 대한 하나님의 대답이었으며(슥 1:14), 그 결과로 여호와께서 예루살렘에 돌아오셨다는 선언이 이어진다(슥 1:16).

여호와 하나님의 질투는 하나님과 이스라엘 사이의 언약 관계를 기초로 한다. 이스라엘을 향한 하나님의 특별한 마음과 뜻이 질투로 나타난다. 여호와의 이름이 소홀히 여김을 받을 때 하나님의 백성이 하나님을 위해 질투한다(민 25:13; 왕상 19:14). 하나님의 백성이 세상에서 고난을 당하고 고초를 겪을 때, 여호와께서 질투하사 그분 백성을 억압과 압제에서 건지신다(겔 39:25; 욜 2:18). 1장에서 여호와 하나님의 질투의 결과로 여호와께서 예루살렘에 돌아오심을 선언하듯이(슥 1:16), 8장에서도 여호와의 질투는 시온으로 돌아오심에 대한 선언으로 이어진다(슥 8:3;). 이어지는 말씀은 여호와의 돌아오심으로 인해 시온에 미칠 회복의 다양한 측면을 열거하는데, 이 말씀의 최종 결론은 15절에서 제시하는 "너희는 두려워하지 말지니라"다. 즉 여호와께서는 그분 백성에게 아무것도 요구하지 않으신 채, 일방적으로 은혜를 선포하신다. 여호와와 백성의 언약관계를 상징하는 '너희는 내 백성, 나는 너희 하나님'을 여호와께서는 당신의 일방적인 행하심으로 선언하신다(슥 8:7-8). 여호와께서 무조건적으로 회복시키시는 근거는 이스라엘의 행실이 아니라 오직 그분 백성에 대한 여호와의 질투하심뿐이다.

벧엘 사람은 여호와의 은혜를 얻기 위해 금식을 제안했지만, 정작 여호와께서 이스라엘에게 베푸시는 은혜는 이스라엘의 행함이 아니라 여호와의 질투하심에서 비롯된다. 스가랴의 선포에 따르면 이스라엘의 열조가 금식으로 대표되는 어떤 제의를 행하지 않았기 때문에 여호와의 진노를 얻은 것이 아니다. 그들이 진실한 재판과 긍휼을 행치 않았기 때문에 여호와가 진노하셨다. 이제 귀환공동체를 긍휼히 여기시는 여호와께서 여호와의 돌아오심과 은혜를 일방적으로 선포하신다. 8장 15절

복음의

공공성

에서 말씀하신 "두려워 말라"는 은혜를 구하는 벧엘 사람에게 주신 대답이며 동시에 온 이스라엘에게 주신 대답이다. 이미 여호와께서 은혜를 작정하셨고 진노의 뜻을 바꾸셨으니 두려워 말라는 것이다.

"너희가 행할 일은 이러하니라"

이상의 논의 위에서 16-17절 말씀을 보면, 이 두 절에 나오는 명령은 여호와의 은혜를 얻기 위한 방편이 아니다.[15] 8장의 흐름 속에서 16-17절의 명령은 철저히 이미 은혜를 얻은 이들이 두려움 없이 행할 일이다. 16절 앞에 위치한 '두려워 말라'는, 이 명령이 불순종하는 이에게 내릴 형벌과 책망을 예비한 시험이 아니라, 이미 여호와의 은혜를 얻고 '평강의 씨앗'을 얻은 이들이 형벌에 대한 두려움이나 실패에 대한 불안함 없이 기쁨과 즐거움 속에 행할 일임을 말한다. 16-17절에는 7장 9-10절과 마찬가지로, 긍정 명령 두 가지와 부정 명령 두 가지가 나온다.

> 너희가 행할 일은 이러하니라. 너희는 이웃과 더불어 **진리**를 말하며 너희 성문에서 **진실하고 화평한 재판**을 베풀고 마음에 서로 해하기를 도모하지 말며 거짓 맹세를 좋아하지 말라. 이 모든 일은 내가 미워하는 것이니라. 여호와의 말이니라(슥 8:16-17).

'서로'와 '이웃과 더불어', '진실한 재판'과 '진실하고 화평한 재판',[16] "서로 해하려고 마음에 도모하지 말라"와 "마음에 서로 해하기를 도모하지 말며"에서 관찰할 수 있듯이, 7장 9-10절과 8장 16-17절의 유사한 표현은 이 구절에서 요구하는 바가 포로 이전 열조에게 옛 선지자들이 요구하던 바를 그대로 이어받은 것임을 명확히 보여준다. 아울러 7장 9절은 "만군의 여호와가 이같이 말하여 이르시기를"로 시작하였고, 8장 17절은 "여호와의 말이니라"로 끝맺고 있다는 점에서도 서로 연관된다.

그러나 두 본문 사이에 차이점도 있으니, 이러한 차이는 옛 선지자 시대와 세월이 한참 흐른 스가랴 시대의 사회 변화와 연관이 있을 것이다.[17] 7장에는 사회의 약자들에 대한 언급이 있지만 8장에는 없다는 점은 귀환공동체에서 경제적 불균형이 개선되었음을 보여주는 예일 수 있다. '이웃에 대해 진리를 말하는 것'과 '거짓 맹세'에 관한 명령은 동일한 것을 다른 측면에서 언급하고 있는 것으로 보이며, 스가랴 5장 1-4절에서도 당시 사회의 주요 문제 중 하나로 언급한다. 아울러 이것이 재판에 관한 말씀과 함께 나타난다는 것은, 이웃에게 진리를 말하는 것이 단순히 개인의 인격 사항이 아니라 사회의 구조적 측면과 관련 있음을 보여준다.

그러므로 8장의 명령은 옛 선지자들의 요구를 그대로 계승하면서 당시 시대에 맞게 적용한다고 볼 수 있다. 본질적으로 8장의 명령들도 이웃과 올바른 관계, 이웃에게 정의와 공의를 행하는 삶에 대한 명령임을 알 수 있다. 이것은 이 본문에서 진실한 재판의 장소로 언급하는 '성문'에서도 뚜렷이 드러난다. 성문은 재판의 장소이자 공의를 이루어야 하는 장소이기 때문이다.

너희는 악을 미워하고 선을 사랑하며 성문에서 공의[미슈파트]를 세울지어다. 만군의 하나님 여호와께서 혹시 요셉의 남은 자를 불쌍히 여기시리라 (암 5:15).

하나님의 은혜로 구원받은 것을 강조하는 신약의 교회는, 이웃에 대한 올바른 행실에 관한 말씀을 들으면 낯설어 하면서도 복음이 아닌, 부차적으로 중요한 일을 듣는 듯한 자세를 취할 때가 많다. 그러나 8장의 명령은 하나님의 놀랍고 풍성한 은혜를 경험한 이들이 하나님 앞에서 힘쓰고 애써 행할 일은, 자기들이 살아가는 세상에서 이웃들과 올바른 관계, 정의로운 관계를 맺으며 사는 것임을 보여준다. 이러한 삶을 통해 구원을 얻는 것이 아니다. 이 삶은 이미 하나님의 전적이고 일방적인 은혜로 회복된 하나님 백성이 그 은혜에 합당하게,[18] 두려움 없이 걸어갈 길이다. 옛 선지자들이 외친 말씀은 그저 옛날 말씀이 아니라 스가랴의 시대에도 여전히 타당한 진리의 말씀이다. 그런 점에서 스가랴는 옛 선지자들을 통해 선포된 말씀을 자기 당대의 청중을 향한 말씀으로 적용한다. 이 말씀이 이전 열조에게는 불순종으로 인해 멸망의 형벌을 받은 말씀이었다면, 귀환공동체에게는 이미 받은 하나님의 은혜를 힘입어 두려움 없이 행해야 하는 삶을 가리키는 말씀이다.

"오직 너희는 진리와 화평을 사랑할지니라"

18절에 있는 "만군의 여호와의 말씀이 내게 임하여 이르시되"는 예언자에게 임한 하나님의 말씀을 나타낸다. 이와 비슷한 표현인 "여호와의 말씀이 내게 임하여 이르시되", "여호와의 말씀이 스가랴에게 임하여 이르시되", "만군의 여호와가 말하노라"가 스가랴에서 빈번하게 사용되면서, 스가랴가 받은 환상과 말씀의 출처가 여호와임을 분명히 한다. 18절과 완전히 동일한 형태의 표현은 7장 4절에서 볼 수 있다.[19] 7장 4절은 벧엘 사람이 하나님의 은혜를 구하기 위해 금식을 문의하자 이에 대한 답으로 스가랴에게 여호와의 말씀이 임했음을 말하고, 이어지는 5-6절에서 그 내용을 소개한다. 8장 18절에서 다시 한 번 7장 4절과 완전히 동일한 표현으로 여호와의 말씀이 스가랴에게 임했음을 소개하는데, 이어지는 19절 이하가 금식과 여호와의 은혜에 대한 말씀이라는 점에서, 사실상 벧엘 사람의 문의에 대한 대답이라고 볼 수 있다. 그런 점에서 7장 4절과 8장 18절이 완전히 동일한 표현을 쓰는 것은 우연한 일이 아닐 것이다.

벧엘 사람은 여호와의 은혜를 얻기 위해 금식을 생각하였지만, 도리어 여호와께서는 이러한 금식의 절기를 기쁨과 희락의 날로 바꾸실 것이다. 이어지는 20절 이하 말씀은 기쁨과 희락이 넘치는 유다 사람들을 본 열방의 백성이 여호와와 예루살렘으로 나아가서 벧엘 사람처럼 여호와의 은혜를 구하게 될 것임을 전한다. 벧엘 사람의 문의에 대한 이 답변 가운데 19절에 유일하게 등장하는 명령형 동사가 "오직 너희는 진리와 화평을 사랑할지니라"이다.

이 구절에 쓰인 '진리와 화평'은 8장 16절에서 '재판'을 꾸며준 단어와 동일하다는 점에서 16-17절을 요약한다고 말할 수 있다. 앞에서 보았듯이, 스가랴 7-8장에서 '진리'는 반복해서 언급되는 중요한 단어이며, 진리를 행하는 삶은 여호와를 본받는 삶이다. 이러한 진리 위에 '화평'이 있다. 스가랴는 옛 선지자들에 대한 이해에서, 이 '화평'을 표면적으로 문제가 없는 화평이 아니라, 과부와 고아와 나그네로 대표되는 궁핍하고 연약한 이들을 향한 긍휼과 인애와 연관된 화평으로 이해한다. 그러므로 '진리와 화평을 사랑하는 것'은 개인 인격이나 덕목의 성취라기보다는 사회 차원의 변화다. 이상에서 보건대 스가랴는 옛 선지자들이 외친 말씀을, "진리와 화평을 사랑하라"는 명령으로 요약하는 것이다.[20]

복음의

공공성

7-8장의 짜임새

이상에서 살펴본 바와 같이 7-8장은 서로 연관된 주제와 내용들로 아주 밀접하게 연관되어 있다고 할 수 있는데, 이것은 다음과 같이 나타낼 수 있다.[21]

   A 여호와께 은혜를 구하는 벧엘 사람들(7:1-2)
     B 오월과 칠월의 금식(7:3-7)
       C 진실한 재판(7:8-10)
         D 불순종으로 임한 여호와의 진노(7:11-14)
           E 여호와의 돌아오심과 은혜의 회복(8:1-13)
         D′ 여호와의 진노를 돌이키사 은혜를 베풀기로 하심(8:14-15)
       C′ 진실하고 화평한 재판(8:16-17)
     B′ 사월, 오월, 칠월, 시월의 금식(8:18-19)
   A′ 여호와께 은혜를 구하는 열방(8:20-23)

그러므로 벧엘 사람들이 여호와의 은혜를 구하는 금식에 대한 문의로 시작한 7-8장은 옛 선지자들이 외친 말씀에 대한 회고와 함께 열조에게 임한 심판으로 마무리되지만, 이미 예루살렘에 임한 여호와 하나님의 은혜로 회복이 시작된다. 그 은혜를 힘입어 두려움 없이 행할 진리와 화평을 구하는 삶을 거쳐, 금식이 기쁨의 날이 되며, 그로 인해 열방이 여호와의 은혜를 구할 것이라는 말씀으로 끝맺는다. 이러한 짜임새는 여호와의 돌아오심으로 인한 회복과 성전 지대를 놓은 백성을 향해 그 손을 견고히 하라고 격려하시는 말씀이 7-8장 논의의 중심에 있음을 보여준다. 8장 9-12절은 처음과 끝에 "손을 견고히 할지어다"가

놓여서 인클루지오를 이룬다. 특히 1장 14-16절과 8장 2-3절의 연관에 대해서는, 여호와의 질투가 여호와의 돌아오심으로 이어졌음을 앞에서 보았다. 그런데 여호와께서 예루살렘 혹은 시온으로 돌아오셨다는 말의 실질적 의미는 각 본문에서 성전의 재건으로 귀결된다.[22]

여기에서 더욱 주목할 것은 이렇게 성전의 재건이 중요하고 핵심적인 자리를 차지하지만, 하나님의 은혜로 회복되어 성전을 재건하는 백성이 두려움 없이 행할 삶은 여전히 '진리와 화평'을 사랑하는 삶이라는 점이다. 앞부분에서 언급하였듯이, 스가랴의 이 선포를 들어야 하는 이들 가운데 '제사장들'이 특별히 언급된다. 이것은 성전과 제사장이 중요할수록, 은혜를 경험한 하나님 백성이 행하며 살 가장 중요한 덕목이 진실한 재판, 진리를 사랑하는 삶이라는 것을 제사장들이 특히 유념해야 한다는 의미다.

스가랴 1-8장

앞에서 보았듯이, 1장과 7장은 서로 연결되어 있으며, 7장과 8장도 서로 정교하게 교차 배열되어 있다. 그렇다면, 1장과 7장은 단지 두 장 사이의 연관이라기보다는 7-8장으로 연결된 내용과 1장 첫머리의 연관으로 보아야 한다. 이러한 연관을 더욱 견고히 하는 것은 히브리어 동사 '자맘'의 쓰임새다.[23] 여호와께서 '너희 조상들'에게 진노하셔서 그들의 행위대로 그들에게 행하시기로 하셨고(슥 1:6), 그 뜻 정한 것을 뉘우치지 않으셨지만(슥 8:14), 이제는 여호와께서 은혜를 베풀기로 뜻하셨다(슥 8:15).[24] 여호와의 바뀐 뜻이야말로 유다 백성이 두려워하지 않을 이

유다. 또 '너희 조상들'이라는 표현이 1장 6절과 8장 14절에 쓰여서 두 단락을 연결하는 역할을 한다. 그런 점에서 스가랴는 주된 내용인 1장 7절에서 6장(환상 보도)까지를 1장 1-6절과 7-8장이 둘러싸는 구조라고 할 수 있다. 성전재건을 둘러싼 여호와의 회복이라는 스가랴 내용을 옛 선지자들의 외침을 행하는 삶이라는 바깥틀이 규정하는 것이다. 다시 말하면, 스가랴 1-8장의 중심 메시지는 성전을 재건하는 공동체와 그들이 행하는 진리와 화평을 사랑하는 삶이다. 이상의 논의를 고려할 때, 진실한 재판 혹은 이웃에 대한 바른 관계에 대한 선포를 스가랴의 중심 신학으로 다루지 않는 주석서들은 아쉬움을 남긴다.

스가랴 1-8장은 세밀하게 엮여 있어, 전체를 한 덩어리로 인식하게 된다. 성전재건이 그 중심 사건이지만, 이 사건을 둘러싸고 지난 열조들의 잘못에 대한 반성과, 성전재건을 시작한 새로운 세대를 향한 전망을 함께 제시한다. 반성과 전망을 위해 핵심적으로 사용하는 것이 '옛 선지자들'에 대한 스가랴의 이해다. 스가랴에게 옛 선지자들은 진실한 재판과 가난한 이웃에 대한 인애와 긍휼을 선포한 이들이었다. 옛 선지자들이 선포한 메시지는 단지 그들만의 것이 아니라 이스라엘이 받은 '율법'의 정수이기도 하였다. 옛 선지자들이 줄기차게 외친 "여호와께로 돌아오라"도 스가랴의 맥락과 짜임새 안에서 이해한다면, 진실한 재판과 이웃에 대한 사랑으로 돌아오라는 부르심이다. 그러므로 새로운 세대를 향한 스가랴의 권면도 이에서 벗어나지 않는다. 다만 이전의 열조는 옛 선지자들의 외침을 듣지 않아 땅에서 쫓겨나는 심판을 받았지만, 지금 세대는 여호와께서 그 뜻을 바꾸셨기에 은혜를 이미 경험한 세대가 되었다. 그렇게 하나님의 회복과 은혜를 경험한 이들에게 두려움 없이 행할 삶의 길로 진실한 재판에 관한 말씀을 제시한다는 것이 차이이다.

성전재건을 진행하면서 모든 관심이 제의적 측면에 쏠리게 마련이었을 것이다. 벧엘 사람의 문의 역시 공동체 내부의 이러한 경향을 대표한다고 할 수 있다. 이에 대해 여호와께서 스가랴를 통해 주시는 대답은 확고하다. "진실과 화평을 사랑하라." 그러할 때, 열방이 여호와의 은혜를 사모하여 예루살렘으로 나아올 것이다. 그러므로 예루살렘이 열방을 향해 의미 있는 것은 성전 때문이 아니다. 제의 때문이 아니다. 이스라엘 백성이 이룰 공평과 정의의 삶 때문이다.

진실한 재판과 이웃에 대한 사랑

우리는 금식에 대한 스가랴의 선포를 단지 참되고 바른 금식에 대한 논의로 해석할 수는 없다. 스가랴는 올바른 금식에 대해서는 아예 언급조차 하지 않는다. 오히려 스가랴 본문 자체를 보면, 벧엘 사람은 5월 금식에 대해서 물었는데, 스가랴는 네 번의 금식을 모두 거론한다는 점에서 어떤 특수한 경우가 아니라 금식 일반에 대해 말하는 듯하다. 다만 교회가 오늘날 지닌 정경 전체의 관점에서 볼 때, 금식을 전적으로 부정적으로 보는 관점은 적절치 않다고 지적할 수 있을 따름이다. 정경 전체의 관점과 스가랴의 관점을 통합한다면 금식은 진실한 재판으로 대변되는 공평과 정의, 이웃에 대한 사랑 위에서만 의미가 있다. 나아가 스가랴의 책망의 말씀을 들어야 하는 대상에 제사장들도 포함되어 있다는 점은 제사 중심적, 제의적 접근에 대한 경고로도 이해할 수 있다. 금식으로 대표할 수 있는 제의적 과정은 가난한 이웃에 대한 사랑 위에서 의미가 있다. 이것은 단지 포로 이전 시기, 사회적 불의가 팽배하던 주전 8세기 유다와 이스라엘뿐 아니라, 포로 이후 성전이 그들의 삶의 중심이며 성전을 재건하는 것이 최대의 과제이던 귀환공동체 시대에도 동일하다. 사실 포로 이전 시기에는 금식 자체가 쟁점이 되는 경우는 드물다. 금식 문제는 포로기 이후 귀환공동체라는 변한 상황 속에서 금식이 효과적이며 타당한지 논쟁하는 가운데 부각되었다.[26]

변한 상황 속에서 스가랴는 옛 선지자들의 선포를 진실한 재판, 이웃에 대한 인애와 긍휼로 요약하며, 이것이 율법과 예언자들의 핵심임을 증거한다. 스가랴에게 귀환공동체는 전적으로 여호와 하나님의 질투하심으로 인해 언약 관계 안으로 회복된 백성이다. 그러면 이들은 어떻게 살아갈 것인가? 스가랴가 보기에 벧엘 사람의 질문은 은혜로 회복된 이들의 삶에 대한 질문이었으며, 그 대답은 옛 선지자들이 선포한 말씀의 재적용이었다. 시대가 바뀌고 상황이 변했지만, 옛 선지자들의 외침은 여전히 보편타당한 진리로 스가랴의 시대에도 적용된다. 나아가 스가랴는 진리와 화평을 사랑하는 유다의 삶이 열방으로 하여금 여호와의 은혜를 구하며 예루살렘으로 돌아오게 하는 근본이 될 것임을 내다본다.

마지막으로 주목할 것은, 스가랴가 포로 후기 재건공동체에게 매우 중요한 메시지를 선포하지만, 그 내용은 하나님에게 무엇을 해드려야 하느냐가 아니라 함께 살아가는 사람들과 더불어 어떤 삶을 살아야 하느냐에 초점이 있다는 점이다. 하나님을 향한 깊은 경건이나 헌신의 회복을 촉구하는 것이 아니라, 진리와 평화라는 어찌 보면 매우 보편적 가치를 촉구한다. 이것은 우리 시대에 교회가 회복해야 하는 핵심은 전형적 기독교의 색채가 가득한 표현이 아니라 세속 사회에서도 납득할 수 있는 보편적 언어로 표현한 보편 가치여야 함을 제기한다.

5부

결론: 연약한 이웃을 사랑하라

01
예언자들의 희망

예언자들의 고발은 사람들에게 환영 받지 못했다. 그들은 현재 존재하는 세상을 가리켜 하나님을 거역한 세대라고 선언하였으며, 여기에는 왕도 예외가 아니었다. 북왕국이든 남왕국이든 신앙을 기반으로 세운 나라라는 점에서, 왕이 하나님을 거역했다는 고발은 왕권의 근거를 뒤흔드는 것이었다. 그러므로 하나님 말씀을 선포할 때 예언자에게는 당연히 핍박과 반대가 닥쳐왔다. 여로보암 2세 시대 왕실 성소인 벧엘 제사장 아마샤는 아예 아모스의 활동을 '모반'이라고 규정하였다(암 7:10). 아모스는 하나님이 명하신 말씀을 따라 현실을 드러냈을 뿐인데, 아마샤 같은 이들은 '모반'이라고 표현한다. 실제 모반으로 보였을 수도 있지만, 이렇게 모반이라고 규정함으로써 예언자의 활동과 선포를 위축시키고 정치적 색채를 뒤집어씌워 축출하려는 의도도 있었을 것이다. 아마도 아모스는 북왕국에서 더는 사역하기 어려웠을 것이다. 여호야김 시대에 예루살렘에 임할 재앙을 선포한, 스마야의 아들 예언자 우리야는 왕의 위협을 피해 애굽까지 피신했다. 그러나 여호야김 왕은 사람을 보내어 우리야를 사로잡아 예루살렘으로 끌고 와서 기어이 죽였다(렘

복음의

공공성

26:20-23). 예레미야의 삶 역시 여호야김과 시드기야 시대 내내 결코 평안할 수 없었다. '예레미야 수난기'로 불리기도 하는 예레미야 37-44장은 감옥을 제집 드나들듯 하며 고통을 겪지만, 단 한 번도 기적적인 건지심은 경험하지 못한 채 고난을 고스란히 온몸으로 받는 예레미야의 모습을 생생히 보여준다.

예언자들은 하나님에게서 떠난 현실을 향해 회개하고 하나님에게로 돌이키라고 촉구했지만, 왕과 당시 이스라엘 백성은 예언자의 말을 들으려 하지 않았다. 참으로 이 백성이 "오라 우리가 혀로 그를 치고 그의 어떤 말에도 주의하지 말자" 하니(렘 18:18), 예언자들의 회개 선포는 허공을 치는 꽹과리 소리처럼 울리다가 흩어졌다. 아무리 외쳐도 도무지 사람들 마음에 다다르지 않았다. 예언자의 선포를 듣고 백성이 돌이키는 것은 불가능한 일이 되어버렸으니, "구스인이 그의 피부를, 표범이 그의 반점을 변하게 할 수 있느냐. 할 수 있을진대 악에 익숙한 너희도 선을 행할 수 있으리라"(렘 13:23)는 말씀 그대로였다.

그러나 예언서에 예언자의 고발과 듣지 않는 백성으로 인한 상심과 절망만 가득하지는 않다. 놀랍게도 예언서의 또 다른 중요한 부분은 다가오는 새로운 날에 대한 희망과 기대다. 백성이 거역하고 불순종하지만 당신 백성을 향한 하나님의 사랑과 은혜는 다하지 않았다. 앞서 이사야 1장에서 살펴본 것처럼, 이스라엘을 향한 하나님의 심판은 이스라엘에서 찌꺼기를 제하고 정결하게 하는 과정이었다(사 1:24-27). 예언자들은 심판을 선포했지만, 심판과 멸망이 끝이 아니었다. 심판 이후에 새로운 시대가 있다. 나라가 망하고 임금이 죽고 잡혀가며 백성이 포로로 끌려가면, 약속도 끝이고 믿음도 끝이고 세상도 끝일 것 같았다. 그런데 끝이 아니었다. 바벨론 포로기 이래 끌려가고 심판 당한 이스라엘의 후손은, 자신들을 향한 하나님의 약속이 결코 사라지거나 무효가 되지 않았고 앞으로도 영영하다는 것을 깨달았다. 무엇보다도 그 시기는 오늘날 구약에 포함된 책들이 대부분 모이고 편집되고 새로 쓰여서 현재와 같은 형태를 갖춘 시기다. 고통스러운 시기를 살면서, 이스라엘은 자기들을 하나님이 지키신다는 것과 인도하신다는 것을 깨달았다. 나라가 사라지고 성전이 파괴되며 남의 땅에 포로로 살면서 비로소 이스라엘은 하나님이 주신 은혜와 그들에게 원하시는 삶을 깨달았다. 나라가 사라지니 왕으로 대표되는 지도자가 왜 필요하며 무슨 역할을 하는지가 분명해졌다. 성전이 사라지니 제사와 제의 체계가 무엇을 의도한 것인지 확연히 알 수 있었다.

예언서의 또 다른 핵심인 희망과 기대는 포로기 이후 이스라엘의 소망이다. 절망할 수밖에 없는 상황에서 예언자들은 심판 이후의 희망을 보고 꿈꾸었다. 도무지 자신들의 죄악을 회개할 줄 모르고 하나님 말씀에 귀 기울일 줄 모르는 백성 가운데 살지만, 다가오는 영광과 은혜의 세상을 꿈꾸었다. 예언자들은 인간의 선이나 문명의 진보를 신뢰하지 않았다. 연약하고 부끄러운 백성을 향한 하나님의 신실하심만 굳게 붙잡았다. 신실하신 하나님이 마침내 당신 백성을 돌아오게 하실 것이며, 그분은 이 백성의 하나님이 되시고 이 백성은 그분 백성이 되는, 언약의 회복이 마침내는 일어날 것을 예언자들은 굳게 확신하였다(렘 30:1-3; 31:31-33; 겔 36:26-28).

다가오는 미래를 향한 예언자들의 선포에는 '새롭다'는 단어가 반복하여 나온다.¹ 이 '새로움'을 오늘날 우리는 손쉽게 '신약'의 예수 그리스도와 연결하지만, 그보다 먼저 구약 자체에서 그 의미를 이해해야 한다. 본질적으로, 이 '새로움'은 심판 이후에 오는 하나님의 행하심을 가리킨다. 심판이 끝인 줄 알았고, 심판과 더불어 언약도 영광도 전부 사라지고 끝난 줄 알았다. 그런데 이스라엘 백성이 산산이 흩어지고 성전도 파괴된 전면적인 심판 이후에 놀랍게도 하나님이 그분 백성을 새롭게 회복하시는 영광의 그날이 곧 다가온다는 것이 '새로움'의 본질적 내용이다. '새로움'이 이전에 하나님이 행하신 출애굽을 모형으로 삼는다(특히 사 40-55장)는 점에서, 당신 백성을 향한 하나님의 긍휼과 은혜와 그렇게 다시 불러내신 백성에게 이르시는 새로운 삶의 규례가 '이전'과 공통된다고 할 수 있다. 예레미야가 선포하는 '새 언약' 역시 이전 율법이 사라지는 세상이 아니라 그 율법이 마음에 새겨지는 세상임을 분명히 보여준다(렘 31:33). 율법을 폐지하러 온 것이 아니라 '이루기 위해' 오셨다는 예수 그리스도의 선포(마 5:17)는 이것과 정확히 맞닿다.

예언자들이 선포하는, 다가오는 새로운 날은 모든 역사가 사라지고 초월적인 세상이 생기는 날이 아니다. 예언자들은 역사와 단절된, 근본적이고 궁극적으로 변화가 일어난 다른 세상을 전하지 않는다. 현실의 끔찍함에 눈감고 다가올 완전히 다른 세상을 꿈꾸며 살게 하지 않는다. 앞에서도 보았지만, 예언자들은 도무지 선이라고는 전혀 행할 수 없는 백성을 향해 끊임없이 "하나님에게 돌아오라" 외쳤다. 거역과 거역을 거듭하며 멸망과 심판을 향해 치닫는 세대를 보고 그 안에서 살아가면서, 예언자들은 인간에 대한 끝없는 절망과 체념과 냉소의 구렁텅이에 빠져들지 않았다. 예언자들은 심판 이후에 임할 영광의 그날, 새롭게 하실 그날을 바라보았다. 심판 선포와 회복 선포를 무 자르듯 쪼개어, 서로 다른 시대에 서로 다른 예언자가 선포했다고 해석하는 견해가 한때 득세하였다. 물론 여전히 그렇게 보는 것이 타당한 본문들도 있다. 그러나 아마도 주전 4세기 이전에 현재 모습으로 확정되어 지금 우리가 전해 받은 예언서가 심판과 회복을 한 권에 묶고 있다는 점은 결코 간과할 수 없다. 예언서는 심판과 심판 이후의 회복을 동시에 담고 있다.

그런 점에서 예언서는 극심한 시대를 살아가는 이들이 품은 희망과 소망과 기대를 반영한다. 그러한 희망은 과거를 미화하고 들추지 않는 데에서 생겨나지 않는다. 참된 소망은 죄악으로 점철된 과거를 냉철하고도 날카롭게 직시하고 비판할 때 생겨난다. 죄악과 그로 인한 참상을 정확히 깨달을 때야 비로소 심판 이후에 임할 회복과 소망이 구체화된다. 과거를 혹독하게 비판하지 않는 이들이 제시하는 소망과 희망은 아무 내용이 없다. 반성이 없는 미래는 장밋빛 환상일 뿐이며 현실 도피일 뿐이다. 날선 비판은 영광스러운 미래를 위한 필수 과정이다. 비판이 미래를 만든다.

예언자들이 전하는 미래

다윗의 나라

고대 근동에서 권력이 신의 지지를 받는 왕에게 있다는 개념은 보편적이었고 강력했다.[2] 이스라엘에서도 이렇게 특정 개인에게 신의 특별한 섭리와 보호가 있고, 그러한 섭리와 보호를 통해 하나님이 그 한 사람을 영원토록 선택하셨다는 흐름이 있다. 대표적인 것이 다윗의 집을 하나님이 영영토록 선택하셨다는 강력한 왕정 신학(삼하 7:8-16)이다. 그러나 다윗 가문에 대한 영원한 약속과 이스라엘이 영영토록 하나님의 백성이라는 것(삼하 7:23-29)은 동전의 양면처럼 단단히 맞물린다. 그래서 이 영원한 약속이 단지 다윗 왕가의 지속만 이야기한다기보다, 하나님 백성으로서 이스라엘이 계속 존재할 것을 말한다고 보아야 한다. 그런데 이 영원한 약속은 "그가 만일 죄를 범하면 내가 사람의 매와 인생의 채찍으로 징계"(삼하 7:14)하신다는 것을 포함한다. '사람의 매와 인생의 채찍'은 이스라엘에서 일어날 여러 반란이나 열방의 침략을 의미할 것이다. 다윗의 나라가 징계를 당하지만 "사울에게서 내 은총을 빼앗은 것처럼 그에게서 빼앗지는 아니하리라"(삼하 7:15) 하신 약속은, 일차적으로는 다윗의 나라가 남북왕국으로 나뉠 것을 가리킨다. 그런데 결국 다윗의 나라가 멸망한 것을 고려하면, 나라가 멸망했는데 영원히 지속되는 약속이 과연 가능한지 의문이 생긴다. 포로로 끌려갔다가 돌아온 이스라엘도 있고, 이방 땅에서 내내 살아간 디아스포라도 있던 것이 포로기 이후 이스라엘임을 생각하면, '다윗에게 하신 영원한 약속'은 다윗이 상징하는 왕권의 지속이 아니라 하나님을 예배하는 이스라엘의 지속에 초점이 있다고 해야 한다. 이사야 구절은 이와 연관해 의미가 깊다.

> 너희는 귀를 기울이고 내게로 나아와 들으라. 그리하면 너희의 영혼이 살리라. 내가 너희를 위하여 영원한 언약을 맺으리니 곧 다윗에게 허락한 확실한 은혜이니라(사 55:3).

'다윗'과 '영원한 언약'이라는 표현을 볼 때, 이 구절은 사무엘하 7장에 언급된 대로 하나님이 다윗과 맺으신 다윗 왕권의 영원한 지속 언약을 염두에 두고 있다. 그런데 이사야 본문은 이 언약을 하나님이 '너희' 즉 이스라엘 공동체와 맺으시는 언약으로 표현한다. 이 본문은 특정한 개인의 후손인 왕가와 연관된 다윗 언약을 모든 이스라엘을 위한 언약으로 풀이한다. 즉, 다윗 언약을 '민주화democratizing'한다.[3]

이새의 뿌리에서 나는 가지, 새로운 다윗을 통해 이리와 어린 양이 함께 뛰어 노는 평화 세상이 실현되는데(사 11:1-10), 하나님의 백성이야말로 영원히 땅을 차지할 자들이며, 그들은 하나님이 '심은 가지'로 그분의 영광을 나타낼 이들이다(사 60:21; 61:3). 이들은 '여호와께 복 받은 자손'이라고 인정받을 것이다(사 61:9). 이와 거의 동일한 표현이 이사야 65장 23절에 쓰이는데, 이어지는 구절은 이리와 어린 양이 함께 먹으며 해함도 상함도 없는 세상이 있을 것이라 선포한다(사 65:25). 그러므로 이새의 가지, 즉 새로운 다윗을 통한 약속은 '여호와께 복 받은 이들'이라는 하나님 백성 공동체를 통해 현실이 되고 구체화되는 것을 볼 수 있다. 한 사람 다윗을 향한 약속이 하나님 백성 공동체를 향한 약속으로 다시금 '민주화'되는 것이다.

이 점은 다니엘에서도 찾아볼 수 있다. 넷째 짐승이 모든 것을 짓밟고 성도들을 괴롭힐 것이지만, 때가 이르면 '인자 같은 이'가 와서 '영원한 권세', '멸망하지 않는 나라'를 얻을 것이다(단 7:14). 이어지는 환상 풀이를 보면 여기서 '인자 같은 이'는 '지극히 높으신 이의 성도들'이다(단 7:18, 22, 27). '인자'라는 표현 때문에 특정한 개인을 떠올릴 수 있지만, 다니엘 본문 자체는 '인자'가 성도들임을 분명히 한다. 여기에서도 하나님이 약속하신 '영원한 나라'가 하나님 백성 공동체를 통해 현실이 될 것임이 약속된다.

그러므로 구약의 약속은 공동체를 향한 약속이다. 아브라함은 공동체를 상징하며, 이스라엘을 회복할 다윗조차 공동체로 이해해야 하고 '인자 같은 이'도 그러하다. 이것은 근본적으로 구약이 함께 살아가는 세상을 향한 말씀임을 확인해준다. 다윗에 대한 예언서의 언급은 이것을 조금 더 분명히 보여준다. 앞서 살펴본 사무엘하 7장은 다윗의 후손들이 '죄를 범하면' 하나님의 징계가 있다고 선언한다. 구체적인 '죄'의 내용은 예레미야의 권고에서 볼 수 있다.

> 여호와께서 이와 같이 말씀하시되 너는 유다 왕의 집에 내려가서 거기에서 이 말을 선언하여 이르기를 다윗의 왕위에 앉은 유다 왕이여 너와 네 신하와 이 문들로 들어오는 네 백성은 여호와의 말씀을 들을지니라. 여호와께서 이와 같이 말씀하시되 너희가 정의와 공의를 행하여 탈취 당한 자를 압박하는 자의 손에서 건지고 이방인과 고아와 과부를 압제하거나 학대하지 말며 이곳에서 무죄한 피를 흘리지 말라. 너희가 참으로 이 말을 준행하면 다윗의 왕위에 앉을 왕들과 신하들과 백성이 병거와 말을 타고 이 집 문으로 들어오게 되리라. 그러나 너희가 이 말을 듣지 아니하면 내가 나를 두고 맹세하노니 이 집이 황폐하리라. 여호와의 말씀이니라 (렘 22:1-5).

그래서 예레미야는 정의와 공의를 행한 요시야는 형통하였지만, 불의와 부정으로 행한 여호야김에게는 심판이 있으리라 적용한다(렘 22:13-19). 나아가 아예 예레미야는 바벨론 땅에 포로로 끌려갈 여호야긴의 후예 가운데 "형통하여 다윗의 왕위에 앉아 유다를 다스릴 사람이 다시는 없을 것"을 선언한다(렘 22:30). 이러한 선언을 단순히 문자적으로 볼 수는 없다. 이러한 선언은 '다윗의 왕권'이 그저 다윗의 후손이면 영영토록 보장되는 권세가 아니라 그 왕권을 통해 이루는 '정의와 공의의 세상'을 의미함을 명확히 보여준다. 그래서 다윗의 왕위에 앉을 자가 없으리라는 선언에 곧 이어서 예레미야는 다윗의 회복을 이야기한다.

여호와의 말씀이니라. 보라 때가 이르리니 내가 다윗에게 한 의로운 가지를 일으킬 것이라. 그가 왕이 되어 지혜롭게 다스리며 세상에서 정의와 공의를 행할 것이며 그의 날에 유다는 구원을 받겠고 이스라엘은 평안히 살 것이며 그의 이름은 여호와 우리의 공의라 일컬음을 받으리라(렘 23:5-6).

예레미야에게 다가올 영광의 미래는 '다윗의 의로운 가지'와 연관 있으며, 그 구체적인 의미는 '정의와 공의의 통치'다. 그리고 이것이 이사야가 바라본 미래를 알리는 다음 구절의 의미이기도 하다.

이는 한 아기가 우리에게 났고 한 아들을 우리에게 주신 바 되었는데 그의 어깨에는 정사를 메었고 그의 이름은 기묘자라, 모사라, 전능하신 하나님이라, 영존하시는 아버지라, 평강의 왕이라 할 것임이라. 그 정사와 평강의 더함이 무궁하며 또 다윗의 왕좌와 그의 나라에 군림하여 그 나라를 굳게 세우고 지금 이후로 영원히 정의와 공의로 그것을 보존하실 것이라. 만군의 여호와의 열심이 이를 이루시리라(사 9:6-7).

그러므로 '다윗'의 본질은 혈통이 아니다. '다윗'의 본질 의미는 정의와 공의가 가득한 세상이다. 정의와 공의가 없으면 다윗의 왕위는 결코 영원하지 않다. 정의와 공의를 이루는 세상이 다윗 왕위의 실제 의미다. '다윗의 나라'는 특정 개인에 대한 예고라기보다 새로운 공동체를 향한 예고다. 그리고 정의와 공의가 하나님이 세상을 통치하시는 근본 원칙이라는 점(시 97:1-2)에서, '정의와 공의의 세상'은 하나님이 친히 통치하시는 세상, 하나님나라를 의미한다. 에스겔이 다윗을 언급한 구절에서 이것을 확인할 수 있다.

복음의

공공성

내가 한 목자를 그들 위에 세워 먹이게 하리니 그는 내 종 다윗이라. 그가 그들을 먹이고 그들의 목자가 될지라. 나 여호와는 그들의 하나님이 되고 내 종 다윗은 그들 중에 왕이 되리라. 나 여호와의 말이니라(겔 34:23-24).

이스라엘의 '목자'인 다윗에 대한 선포는, 목자로 임하시는 하나님에 대한 이사야의 선포와도 겹친다.

보라 주 여호와께서 장차 강한 자로 임하실 것이요 친히 그의 팔로 다스리실 것이라. 보라 상급이 그에게 있고 보응이 그의 앞에 있으며 그는 목자같이 양 떼를 먹이시며 어린 양을 그 팔로 모아 품에 안으시며 젖먹이는 암컷들을 온순히 인도하시리로다(사 40:10-11).

다윗이 이스라엘의 왕이요, 목자가 될 것이라는 약속은, "그들이 내 규례를 준수하고 내 율례를 지켜 행하"게 될 것이라는 의미다. 이 약속은 하나님이 그들의 하나님, 그들은 하나님의 백성이 될 것이라는 선포로 이어진다(겔 37:24-28). 에스겔에서 '다윗'은 이 땅에 임하게 될 하나님의 통치를 상징한다. 에스겔은 왕이요 목자인 다윗을 통해 '내 백성-너희 하나님' 관계가 회복될 것을 예고한다.

다른 예언서는 다윗을 그다지 많이 언급하지 않는다. 아모스에서 '다윗의 장막의 회복'은 남북 이스라엘의 회복을 의미하는 것으로 보인다(암 9:11). 스가랴에서 여러 번 언급되는 다윗은 유다 혹은 유다 왕을 상징하는 평범한 이름이다(슥 12:7, 8, 10, 12; 13:1). 호세아는 훗날 백성이 '여호와와 그들의 왕 다윗'을 구할 것이라고 하는데, 이 역시 다윗의 나라와 하나님의 통치를 결합한 개념이다.

이상에서 보듯이, 예언서에 언급하는 다윗의 나라는 하나님의 통치를 달리 표현한 것이며, 그 내용은 정의와 공의의 나라. 정의와 공의의 나라를 이루지 않는다면, 아무리 혈통상 다윗의 후손이어도 다윗에 대한 약속과 무관하다. 하나님의 나라는 혈통과 육정에 좌우되는 것이 아니며(참고. 요 1:13), 하나님은 돌들로도 아브라함의 자손을 만드실 수 있기 때문이다(참고. 눅 3:8). 예언서는 다윗이라는 이름이 대표하는 하나님나라를 기대하고 꿈꾸었다. 이를 위해 우리가 해야 하는 일은 어느 사람이 다윗의 혈통인지를 찾는 것이 아니다. 우리는 당대의 현실 속에 하나님의 통치, 하나님나라가 임하였는지를 살피고 주의해야 한다. 예수님이 구약의 약속과 기대를 이루셨다는 말은, 구약이 약속하고 기대하는 세상을 현실로 만드셨다는 의미다. '구원자'라는 뜻인 '예수'라는 이름은 당시에 흔한 이름이었을 것이며, 다윗의 후손도 많았을 것이다. 중요한 것은 이름이 아니라 구약이 꿈꾸고 전망하는 세상이다.

정의와 공의의 나라

예언자들이 전한 말씀 곳곳에는 미래에 임할 정의와 공의의 나라가 어떤 모습인지 구체적으로 보여주는 내용이 있다.

전쟁 없는 세상(사 2:2-5; 미 4:1-5) 이사야 2장 2-5절은 예루살렘이 온 세상의 중심으로 굳게 설 것을 선언한다. 그런데 예루살렘은 시온에서 나오는 하나님의 말씀 때문에 그렇게 세상의 중심이 된다. 그러므로 여기서 예루살렘, 시온은 지리적인 예루살렘이 아니라 하나님의 법, 하나님의 말씀이 선포되는 세상이다. 하나님이 예루살렘에서 말씀을 선포하신다는 것은, 하나님이 왕으로서 예루살렘에 좌정하다는 의미다. 여호와께서 판단하시고 판결하신다는 이사야 2장 4절 진술은, 하나님이 온 땅의 왕이요 재판장으로 임하셨다는 의미다. 여기서 '재판'은 실질적으로 '통치'라는 의미일 것이다.

여호와께서 다스리시면 어떤 일이 일어나는가? 왕의 판결, 왕의 결정을 듣기 위해 몰려온 열방은 하나님의 통치를 깨닫자, 자기들에게 있던 칼과 창을 쳐서 보습과 낫으로 바꾸었다. 여호와께서 왕이신 세상에서는 칼이나 창이 더는 필요 없기 때문이다. 이 본문에 따르면 보습과 낫의 나라, 전쟁 없는 세상이야말로 하나님의 통치를 설명하는 단적인 표현이다. 온 열방이 하나님 말씀에 귀 기울이면 필연적으로 전쟁 없는 세상이 될 것이다.

이사야 본문과 거의 흡사한 미가 4장 1-5절에서도 이 점을 볼 수 있다. 이사야 본문과 미가 본문 사이에는 의미 있는 세부적 차이가 존재하지만 여기서 그 점까지는 자세히 다룰 수 없다. 두 본문 모두 하나님의 통치의 결과로 보습과 낫으로 대표되는 평화의 세상을 말한다. 미가에서 볼 수 있는 독특한 표현인 "각 사람이 자기 포도나무 아래와 자기 무화과나무 아래 앉을 것이며 두렵게 할 이 없는 삶" 역시 전쟁이 없는 세상, 즉 사람이 각자 자기 땅을 경작하며 살아가는 삶을 말한다. 미가 본문도 레위기 25장으로 대표되는, 각자 자기 기업으로 받은 땅에서 살아가는 삶을 회복된 세상의 핵심으로 보는 것이다.

그러므로 하나님이 다스리시는 세상, 하나님이 왕으로 임하시는 세상은 전쟁 없는 세상이다. 다른 사람과 다른 민족, 다른 나라에게 언제 공격을 당할지 모르기 때문에 항상 칼과 창을 준비해야 하고, 공격당하기 전에 먼저 공격해야 한다는 생각은 하나님나라에 합당치 않다. 왕이신 하나님이 모든 억울한 일과 눈물을 닦아주실 것이기에, 칼이나 창이 전혀 필요 없다. 각자 자기 기업 위에서 열심히, 두려움 없이 살아가면 된다. 그러므로 예언자들이 꿈꾸는 세상은 하는 일 없이 한가롭게 쉬고 날아다니는 세상이 아니다. 각자 자기 기업을 경작하며, 다른 이를 공격하지 않고, 평화롭게 살아가는 세상이다. 남의 것을 가져서라도 더 부하기를, 더 누리기를 원하는 이들은 이러한 나라가 조금도 평화롭거나 좋은 나라로 보이지 않을 것이다. 그런 자들에게는 도리어 답답하고 게으른 나라로 보일 것이다. 그러므로 하나님나라는 모든 사람이 소망하는 나라는 아니다.

서로 상함도 해함도 없는 세상(사 11:6-10) 이사야 11장은 이새의 뿌리에서 나오는 가지로 표현된, 새로운 다윗으로 상징되는 나라를 예고한다. 여호와의 영이 다윗에게 임하고, 다윗은 여호와 경외를 즐거워하며, 외모로 판단하지 않는다는 점에서, 하나님의 통치를 대행하는 존재다. 공의로 통치하면 현실이 어떻게 변할까? 6절 이하는 공의의 통치 아래서 변화한 세상을 보여준다. 그때가 되면, 이리와 어린 양이 함께 살고, 독사 굴에 어린이가 손을 넣어도 물지 않는다. 서로 상함도 없고 해함도 없으니, 이것은 여호와를 아는 지식이 온 땅에 가득하기 때문이다. 이 본문은 다가오는 평화의 왕국을 예고한다.

하나님을 아는 지식은 이러한 평화의 왕국과 직접 연결된다. "하나님을 믿으면 천국 간다"는 표현은 이 땅에서 살 때 기독교를 선택하면 죽은 다음에 천국에 가게 된다는 단순한 의미가 아니다. 그보다는 하나님을 알면 이리와 어린 양이 함께 뛰어 노는 세상을 갈망하고 꿈꾸게 되고, 마침내 누리게 된다는 의미라고 보아야 한다. 그래서 하나님을 믿으면 그러한 세상을 열망하며, 이를 위해 헌신한다.

복음의

공공성

그 나라에서 모든 존재들이 다 이리가 될 필요가 없고 사자가 될 필요도 없다. 이리는 이리대로, 사자는 사자대로, 양은 양대로 살아가면 된다. 서로 해치고 물어뜯고 먹어 치우며 살아가는 세상이 아니라, 사자도 소처럼 풀을 먹는 세상이 될 것이다. 그렇기에 서로 상함도 해함도 없다. 상대방에게 이기지 않으면, 도리어 내 것을 빼앗기고 남들이 먹는 만큼 먹지 못하는 세상이라면 함께 살아갈 수 없을 것이다. 우리는 태어나는 순간부터 만인의 만인을 향한 투쟁 가운데 살아가며, 교회조차도 이러한 세상에서 살아남으라고 부추긴다. 정말 끔찍한 것은, 예수 그리스도를 믿는 신앙을 이렇게 죽고 죽이는 경쟁 사회에서 살아남는 방편과 수단으로 사용한다는 점이다. 신앙이 경쟁에서 이기는 힘이 되고, 신앙이 약육강식의 피라미드 세상에서 최정점에 도달하게 만드는 수단이 된다. 명백히, 그것은 결코 신앙이 아니다. 새로운 다윗으로 상징되는 하나님나라일 수 없다. 하나님나라를 꿈꾼다는 것은, 어린 양도 소도 곰이나 표범과 어린아이, 어느 존재와도 평화롭게 살아갈 수 있는 세상을 꿈꾸는 것이다. 이것이 '그의 거룩한 산'의 실제 의미다. '거룩한 산'은 그곳에서 실현되는 평화 세상으로 구체화된다. 그것이 바로 '새 하늘과 새 땅'이다(사 65:17-25).

이러한 평화 세상은 스가랴에서도 볼 수 있다. 스가랴 8장은 여호와께서 시온으로 다시 돌아오실 것을 전한다. 여호와께서 시온에 다시 돌아오시면, 시온이 그분의 거룩한 산으로 불리게 되면(슥 8:2-3), 가장 연약한 사람인 늙은 남자와 늙은 여자가 거리에 마음껏 앉을 수 있고, 소년과 소녀들이 성읍 거리에서 뛰어다닐 수 있다(슥 8:4-5).

전쟁 없는 세상, 서로 상함도 해함도 없어서, 약자라 하더라도 마음껏 안전하게 살아갈 수 있는 세상, 그것이 예언자들이 전하는 다가오는 미래, 하나님이 다스리시는 세상이다. 예레미야가 전하는 새 언약의 세상은 이러한 예언이 일상이 되고 현실이 되는 세상이다. 하나님을 믿음으로 말미암아 구원 받은 개인이 모인 세상이 아니라, 정의와 공의가 현실이 되어 아무든지 안전하게 살아갈 수 있는 공동체, 안전하고 평화로운 사회야말로 예언자들이 선포하는 영광의 미래다. 그리고 이것이야말로 요한계시록이 전하는 144,000의 의미다(계 7:4-8). 이 숫자는 열두 지파를 상징한다. 그러므로 이 숫자는 구원 받은 개개인이 아니라, 새로운 열두 지파, 새로운 이스라엘, 새로운 공동체를 상징한다. 구약에서 줄기차게 공동체의 회복을 예고하였는데, 신약의 마지막 책인 요한계시록 역시 열두 지파로 상징되는 새로운 공동체의 회복에 대한 기대를 잇는다. 처음부터 마지막까지 성경은 함께 살아가는 공동체를 이야기한다.

남북 이스라엘의 연합과 이방인의 회복

북왕국이 주전 722년에 멸망한 후 북왕국 주민들이 앗수르 경내 곳곳으로 많이 흩어졌다. 그러나 북왕국 멸망 후에도 예언자들이 회복의 날을 말할 때, 남북 이스라엘 모두 회복하는 것으로 그린다. 이러한 관점을 '온 이스라엘적 관점'이라 부를 수 있는데, 예언자들은 다윗과 좀 더 연관 있는 남왕국 유다 출신 디아스포라의 회복만 아니라 진즉에 흩어진 북왕국의 회복도 포함하는 회복을 그린다. 이스라엘과 유다의 포로에게 모두 회복을 선포하는 예레미야에게서 이러한 관점을 볼 수 있다(렘 30:1-3). 새 언약 자체가 이스라엘과 유다를 향한 것이었다(렘 31:31-34). 마른 뼈가 되살아나 하나님의 큰 군대가 되는 환상을 다루는 에스겔 37장은 유다와 요셉, 남왕국과 북왕국 모두 회복시키고 연합시키는 예언으로 끝맺는다(겔 37:15-28).

복음의

공공성

북왕국의 회복과 연관된 또 다른 증거로, 제2성전기 동안에 쓰인 〈토빗서〉와 〈유딧서〉가 있다. 납달리 지파의 후손 토빗과 시므온 지파의 후손 유딧의 행적에 대한 이 글들에서 보면, 제2성전기 동안에도 유다뿐 아니라 남북 이스라엘이 모두 회복되는 것에 대한 전망과 기대가 있었다. 아기 예수를 축하하는 인물로 등장하는 아셀 지파 안나(눅 2:36-38)의 말에서도 그 흔적을 볼 수 있다.

예언자들은 이스라엘의 회복만 말하지는 않는다. 앞날에 대한 예언 곳곳에서 열방의 회복을 전제로 한다. 앞서 살펴본 이사야 2장과 미가 4장의 경우 열방이 하나님의 법을 듣기 위해 시온으로 몰려온다고 진술한다. 하나님이 온 땅을 통치하실 때, 이스라엘만 혜택을 누리고 참여하는 것이 아니다. 열방 역시 그리로 나아온다. 이사야 11장을 보아도, 이새의 뿌리에서 나는 한 싹이 열방을 위한 신호가 될 것이며, 그를 따라 열방이 그 싹에게로 '돌아올 것이다'(사 11:10). 그날에 여러 백성과 많은 성읍 주민이 만군의 여호와를 찾고 여호와의 은혜를 구하기 위해 예루살렘으로 나아올 것이다(슥 8:20-23). 여호와께서 온 땅을 지으셨으니, 온 땅에 하나님 백성 아닌 자가 누가 있을까. 이사야의 한 구절은 이방인의 회복을 가장 강력하고도 따뜻하게 선언한다.

> 그날에 이스라엘이 애굽 및 앗수르와 더불어 셋이 세계 중에 복이 되리니 이는 만군의 여호와께서 복 주시며 이르시되 내 백성 애굽이여, 내 손으로 지은 앗수르여, 나의 기업 이스라엘이여, 복이 있을지어다 하실 것임이라(사 19:24-25).

처음부터 끝까지, 공적이고 공동체적이다

예언자들이 그리는 미래는 "예수 믿으면 구원 받는다"라는 말의 실제적인 의미를 알려준다. 예수 믿으면 얻는 구원이 우리에게는 압도적으로 내세 지향적이지만, 예언자들에게는 다가올 영광의 미래가 내세와는 아무 상관없다. 오늘 우리에게 구원은 세상에서 무슨 말을 하고, 세상이 얼마나 끔찍해지든지 간에 내가 실존적으로 주님을 구주로 영접하면 장차 누릴 약속이지만, 예언자들에게 다가올 미래는 개인의 성취나 성공이나 영화와 전혀 관계가 없다.

예언자들이 꿈꾸는 미래는 새로운 이스라엘, 새로운 공동체다. 하나님이 왕으로 오시는 그날이 되면, 남왕국과 북왕국 모두 회복될 것이고 심지어 이방인들까지도 모일 것이다. 모인 이들은 이제는 칼이나 창이 손에 없어도 안전하다는 것을, 자기 포도나무와 무화과나무 아래 살아가면 된다는 것을 발견하고는 손에 쥔 칼과 창을 쳐서 보습과 낫을 만들 것이다. 누군가가 자신을 해치고 유린하고 짓밟을까 두려워 어떻게 해서든 힘을 키우고 실력을 길러 사자가 되려고 할 필요가 없는 세상, 양은 양대로 소는 소대로 사자는 사자대로 각자 살아가면 되는 세상, 아무 해함도 없고 상함도 없는 세상이 될 것이다. 모두 여호와를 알기 때문이다. 예언자들에게는 온 땅의 왕이신 여호와를 아는 지식이 세상 전체에 가득함이 평화가 곳곳에 흘러넘침과 동의어다.

이것이야말로 예수님을 믿으면 너와 네 집이 구원을 얻는다는 약속의 내용이다. 초대교회는 예수 믿는 이들에게 일어나는 이러한 변화를 세상에 증거하고 보여주었다. 참으로 "너희 빛이 사람 앞에 비치게 하여 그들로 너희 착한 행실을 보고 하늘에 계신 너희 아버지께 영광을

복음의
공공성

돌리게 하라"(마 5:16)를 이룬 것이다. 그러므로 처음부터 끝까지, 여호와 하나님을 믿는 복음의 진리는 공동체적이다. 여호와 하나님을 믿는 믿음은 처음부터 끝까지 공적인 삶의 영역에서 확연하게 드러난다. 공동체적인 변화, 공적 변화가 없는, 개인 실존 차원의 고백과 그에 입각한 구원 약속은 부족하고 미흡한 복음이 아니라 잘못된 복음이다.

어느 때부터인지 교회는 일정한 교리와 신조를 지적으로 혹은 '인격적으로' 경험하고 고백하면 구원 얻는다는 말로 그 영광의 나라를 가르치기 시작했다. 그렇게 믿고 고백할 때 이미 의로워졌다고 선언하기 시작했다. 그 결과 조금도 의로워 보이지 않으나 하나님에게 의롭다 여김 받는 이들이 교회에 가득하게 되었다. 교회는 세상의 빛도 소금도 아니면서, 하나님에게 영원한 의를 '전가'받은 이들의 집단이 되었다.

그러므로 오늘 우리의 과제는 복음으로 돌아가는 것이다. 하나님이 그분 형상대로 관계 안에 존재하며 왕으로 살아가도록 부르신 복음의 근본 내용으로 돌아가야 한다. 우리를 부르시고 명령하시는 하나님의 풍성하신 은혜를 굳게 믿고 신뢰하며 일상에서 정의와 공의의 삶을 살아간다. 이 땅의 현실이 참담하고 끔찍할수록, 하나님의 도우심과 약속과 다가올 영광의 미래를 굳게 믿고 꿈꾸고 소망하며, 공동체 가운데, 우리 사는 사회 가운데 존재한다. 그 나라를 소망하는 자는 그 나라를 누리며 경험할 것이다.

02
복음, 이 땅에 임하는 하나님나라

"하나님의 아들 예수 그리스도의 복음의 시작"(막 1:1)을 첫머리에 제시한 마가복음은 이사야 구절을 인용하면서 '예수 그리스도의 복음'을 시작한다.

> 선지자 이사야의 글에 보라 내가 내 사자를 네 앞에 보내노니 그가 네 길을 준비하리라. 광야에 외치는 자의 소리가 있어 이르되 너희는 주의 길을 준비하라. 그의 오실 길을 곧게 하라. 기록된 것과 같이 세례 요한이 광야에 이르러 죄 사함을 받게 하는 회개의 세례를 전파하니(막 1:2-4).

이사야의 글이라 하였지만, 마가복음 1장 2절에 인용되는 내용은 실상 말라기 3장 1절 전반절을 기반으로 한다.

> 만군의 여호와가 이르노라. 보라, 내가 내 사자를 보내리니 그가 내 앞에서 길을 준비할 것이요 또 너희가 구하는 바 주가 갑자기 그의 성전에 임하시리니 곧 너희가 사모하는 바 언약의 사자가 임하실 것이라(말 3:1).

복음의
공공성

> 외치는 자의 소리여 이르되 너희는 광야에서 여호와의 길을 예비하라. 사막에서 우리 하나님의 대로를 평탄하게 하라(사 40:3).

구약에서 같은 내용을 인용하는 마태복음 11장 10절과 누가복음 7장 27절은 인용 출처를 밝히지 않는다. 그런데 마태, 마가, 누가 모두 말라기 본문과는 차이가 있다. 말라기에서는 '내 앞에서'라고 한 부분을 복음서에서는 모두 2인칭 단수인 '네 앞에서'라고 한다는 점, 말라기에서는 그저 '길을 준비'한다고 한 것을 복음서는 '네 길을 준비'한다고 한 점이 눈에 띈다. 마태와 누가는 동일한 내용을 다루는 평행 본문이라서 마가와는 다른 상황에서 그 구절을 인용하기는 하지만, 세 복음서 모두 세례 요한을 가리키며 이 구절을 인용한다는 것이 공통점이다. 말라기는 야훼의 크고 두려운 날이 이르기 전에 여호와께서 엘리야를 보내어 사람들의 "마음을 … 돌이키게" 할 것이라 선포한다(말 4:5-6). 세 복음서는 말라기에는 없는 2인칭 단수 대명사를 두 번 더 표기함으로써 세례 요한이 예수 그리스도보다 먼저 오는 엘리야와 같은 존재임을 좀 더 뚜렷이 표현한다. 마가복음은 4절에 세례 요한이 '죄 사함을 받게 하는 회개의 세례'를 전파한다는 내용을 곧바로 연결한다는 점에서 말라기의 흐름과 좀 더 일치한다고 볼 수 있다.

마가복음 1장 3절 나머지 부분은 이사야 40장 3절을 인용한다. 이 구절의 경우 이사야와 거의 일치하지만, 마지막 부분에서 이사야가 '우리 하나님의 대로'라고 한 부분을 '그의 오실 길'이라고 옮겼다는 차이가 있다. 개역개정은 '그의 오실 길'이라고 풀어 옮겼지만, 헬라어 표현을 직역하면 '그의 길'이다. 이사야가 '우리 하나님'이라고 한 부분을 마가는 3인칭 단수 대명사인 '그'로 표기하여 이 '그'를 예수 그리스도를 가리키는 것으로 본 것 같다. 또 이사야의 경우 외치는 자의 소리 안에 '광야에서'와 '사막에서'가 있는 반면, 마가는 '광야에서'를 외치는 자가 있는 자리를 가리키는 말로 이해하였고 '사막에서'는 언급하지 않는다. 요한이 광야에서 사역했기에, 이사야 구절을 요한의 사역을 가리키는 말로 이해하기 위해 마가는 '광야에서'를 선택한 것으로 보인다. 이러한 변경을 통해 마가복음은 세례 요한이 '주의 길', '그의 길', 즉 예수 그리스도의 길을 예비하는 자임을 구약을 인용하며 확인한다.

　　이상에서 보면, 마가는 구약을 인용하면서 2인칭 대명사(말 3:1의 경우)와 3인칭 대명사(사 40:3의 경우)의 변경, 광야와 사막의 위치 변경과 삭제 등을 통해, 이제 곧 임할 하나님의 행하심과 그에 앞서 보냄 받은 하나님의 사자에 관한 본문을 주 예수 그리스도와 그분 앞서 사역한 세례 요한에 관한 본문으로 해석한다. 여기에서 마가는 이사야가 예언한 하나님의 행하심을 예수 그리스도의 복음으로 풀이하고 이해한다. 그러므로 예수 그리스도의 복음을 이해하려면 이사야가 증언한, 하나님의 행하심을 살펴보아야 한다.

이사야의 하나님나라 선포

이사야 40장은 "너희의 하나님이 이르시되 너희는 위로하라. 내 백성을 위로하라"로 시작한다(사 40:1). 이러한 시작은 이 부분의 주된 관심을 정확하게 보여준다. 심판과 징벌이 이제는 주요 사항이 아니다. 이미 심판은 받았고, 이제는 징벌을 받은 백성을 위로하는 것이 과제다. "그 노역의 때가 끝났고 그 죄악이 사함을 받았느니라"(사 40:2). 이사야 40장 이후는 심판 받은 하나님 백성 가운데 하나님이 행하실 새로운 일을 선포하는 외침으로 시작하며, 위로가 그 핵심이다. 그러면 이러한 위로의 내용은 무엇인가? 이러한 위로의 실체는 무엇인가?

이사야 40장 3절 첫머리의 '외치는 자의 소리'의 정체보다 중요한 것은 외치는 자가 전하는 외침의 내용이다. 이 외침은 "여호와의 길을 예비하라"로 시작한다. 메마른 땅이 기름진 땅으로 바뀌리라는 변화 모티브가 이사야 여기저기에 있지만(사 9:1; 29:17; 32:15; 35:6; 52:9; 54:3; 58:12), 40장 말씀은 그러한 변화와 역전에 초점을 두지 않는다. 광야와 사막 같은 곳, 골짜기, 작은 산, 험한 곳, 이 모든 곳을 하나님이 오실 평탄한 곳으로 만들라는 외침의 가장 자연스러운 문맥은 왕의 입성이다. "여호와의 영광이 나타나고 모든 육체가 그것을 함께 보리라"는 5절의 언급 역시 영광의 왕의 등장과 이를 목도하는 만민을 표현한 것이다. 아마도 이를 보는 무리가 외칠 말은 한 마디로 "보라, 네 왕이 임하신다!"(슥 9:9; 마 21:5; 요 12:15)일 것이다. 그러므로 광야이건 사막이건 험한 땅이건 '여호와의 길' 혹은 '우리 하나님의 대로'가 될 것을 이야기하는 이사야 40장 3-5절은 이제 왕으로 오시는 하나님을 선포한다. 이에 비견할 수 있는 것이 예수 그리스도의 예루살렘 입성이다(마 21:1-11; 막 11:1-10; 눅 19:28-38; 요 12:12-19). 복음서에서 예수님이 예루살렘에 입성하실 때 사람들이 나아와서 자기 겉옷을 길에 펴거나 나뭇가지를 베어 깔아놓고서 "찬송하리로다 주의 이름으로 오시는 왕이여"(눅 19:38), "주의 이름으로 오시는 이 곧 이스라엘의 왕이시여"(요 12:13) 노래한 것도 왕의 입성에 대한 반응으로 이해할 수 있다. 참으로 예수님은 입성하실 때, "여호와의 영광이 나타나고 모든 육체가 그것을 함께 보리라"는 5절 말씀을 이루셨다. 아울러 이러한 광야와 사막, 험한 산에 대한 언급은 바벨론 포로들이 유대 땅으로 돌아오는 여정을 암시하기도 한다. 바벨론 포로의 귀환은 무엇보다도 왕이신 야훼께서 온 땅에 행하심의 결과다.

이사야 40장 6-8절 말씀은 그렇게 왕으로 오시는 야훼의 말씀을 전하는 전령의 소리를 대변한다.

> 모든 육체는 풀이요 그의 모든 아름다움은 들의 꽃과 같으니 풀은 마르고 꽃이 시듦은 여호와의 기운이 그 위에 붊이라. 이 백성은 실로 풀이로다. 풀은 마르고 꽃은 시드나 우리 하나님의 말씀은 영원히 서리라(사 40:6-8).

이 구절은 세상에 존재하는 나라와 권세의 본질이, 사라지고 없어질 풀과 꽃이라 단언한다. 참으로 영원하며 견고한 것은 오직 하나님 말씀뿐이다. 그러면 세상 권세, 나라와 대조되는 '우리 하나님의 말씀'의 내용은 무엇인가? 9절에서는 이 전령이 전할 소식을 '아름다운 소식'이라 부른다. 이 전령이 시온과 예루살렘을 향해 두려움 없이 힘써 소리 높여 전하는 '아름다운 소식', 즉 복음의 내용은 무엇인가?

> 아름다운 소식을 시온에 전하는 자여 너는 높은 산에 오르라. 아름다운 소식을 예루살렘에 전하는 자여 너는 힘써 소리를 높이라. 두려워하지 말고 소리를 높여 유다의 성읍들에게 이르기를 너희의 하나님을 보라 하라. 보라 주 여호와께서 장차 강한 자로 임하실 것이요 친히 그의 팔로 다스리실 것이라. 보라 상급이 그에게 있고 보응이 그의 앞에 있으며 그는 목자같이 양 떼를 먹이시며 어린 양을 그 팔로 모아 품에 안으시며 젖먹이는 암컷들을 온순히 인도하시리로다(사 40:9-11).

복음의
공공성

개역개정은 9절 마지막 문장을 "너희의 하나님을 보라"로 옮겼는데, 여기서의 '보라'는 눈으로 무엇을 보라는 의미가 아니라, 주의를 환기하고 주목하게 하는 외침이다. 그런 점에서 9절의 마지막 문장은 사람들의 주의와 주목을 '너희의 하나님'에게 집중시킨다. 다시 말해 '아름다운 소식'의 핵심은 바로 '너희의 하나님'이다. 이어지는 10절은 그 내용을 좀 더 풀이한다. 아름다운 소식은 다름 아닌 '너희의 하나님'이신 "주 여호와께서 장차 강한 자로 임하실 것이요 … 다스리실 것"이라는 소식이다.

'아름다운 소식', 즉 복음의 핵심은 "장차 우리 하나님이 임하셔서 다스리신다"는 것, 즉 하나님의 다스리심, 하나님나라가 가까웠다는 것이다. 하나님을 여기에서는 '강한 자' 혹은 '그의 팔'로 대변되는 강하고 능력 있는 왕과, 어린 양을 품에 안으시는 '온순'한 목자, 두 가지로 표현한다. 목자의 온순함을 강조하지만, 구약에서 목자는 정치적인 지도자를 가리키는 경우가 많다(삼하 5:2; 그 외에 왕상 22:17; 사 44:28; 렘 22:22; 23:1-4; 51:23; 특히 겔 34장; 슥 10:2; 11:16-17). 이제 곧 임하실 목자는 양떼를 먹이며 어린 양을 안고 암컷들을 온순히 인도하는 목자이시다. 여기에 특히 '어린 양'과 '젖먹이는 암컷'을 언급하는 까닭은, 이들이야말로 가장 취약하며 위험에 단번에 노출될 수 있는 연약한 존재이기 때문이다. 정치적 지도자, 왕의 가장 크고 중요한 존재 이유는 이와 같은 '어린 양'과 '젖먹이는 암컷'을 보호하는 것이다. 이들은 목자가 없거나 세상의 틀과 질서가 붕괴되면 가장 먼저 가장 크게 피해를 당할 이들이다.

그에 비해 '그의 팔'과 '강한 자'는 힘과 권세, 능력을 상징한다. 강하신 하나님은 광야에 길을 내시고 사막에 강을 내시며(사 43:19-20), 그의 종 야곱을 바벨론에서 건져내어 구속하실 것이고(사 48:20), 거룩한 팔을 열방의 목전에 나타내시어 땅끝까지 '우리 하나님의 구원'을 보게 하실 것이다(사 52:10). 그런데 그렇게 강력한 '여호와의 팔'이 나타난 존재가 사람들의 질고와 슬픔을 지고 도수장으로 끌려가는 어린 양과 같이 잠잠히 죽임 당한다(사 53:1-9)는 점에서, '강하신 하나님'과 '온순히 양들을 안으시는 하나님'은 서로 분리되지 않는다.

'아름다운 소식'의 핵심이 하나님나라라는 점은 9절에서 "아름다운 소식을 전하다"라고 옮긴 히브리어 동사 '바싸르'가 쓰인 다른 구절에서도 확인할 수 있다.

> 좋은 소식을 전하며 평화를 공포하며 복된 좋은 소식을 가져오며 구원을 공포하며 시온을 향하여 이르기를 네 하나님이 통치하신다 하는 자의 산을 넘는 발이 어찌 그리 아름다운가(사 52:7).

위 구절에서 '좋은 소식을 전하다'는 이사야 40장 9절에 쓰인 '바싸르'다. 시온에 선포되는 구원의 '좋은 소식', 즉 '복음'은 바로 "네 하나님이 통치하신다"이다. 하나님이 통치하심, 즉 하나님나라야말로 복음의 핵심이다.

이사야 52장 7절에 쓰인 것과 흡사한 "야훼께서 통치하신다"는 외침 혹은 환호는 시편 제4권을 특징짓는 문장이다. 다윗 언약의 실패를 탄식하는 시편 89편의 부르짖음, 즉 "주여 주의 성실하심으로 다윗에게 맹세하신 그 전의 인자하심이 어디 있나이까"(시 89:49)에 대해 90편부터 시작하는 시편 제4권에서는 야훼의 통치, 야훼의 왕 되심으로 응답한다. "여호와께서 다스리시니"라는 표현과 야훼의 왕 되심을 선언하는 내용을 지닌 시들이 시편 제4권에 집중되어 있다(시 93:1; 94:1-2; 95:3;

96:10, 13; 97:1-2; 98:6, 9; 99:1, 4; 100:3-4; 102:20-22; 103:19). 시편 제3권까지 이어지는 예루살렘의 멸망과 다윗 왕조의 붕괴로 인한 탄식에 대응하여, 시편 제4권에서는 야훼 하나님의 통치, 야훼 하나님의 나라의 도래를 선포한다. 그러므로 시편의 찬양은 단순히 개인을 곤경에서 건지신 하나님을 향한 찬양이라기보다는 근본적으로 그들의 왕이신 하나님의 다스리심에 대한 찬양이다.

> 온 땅이여 여호와께 즐거이 소리칠지어다. 소리 내어 즐겁게 노래하며 찬송할지어다. 수금으로 여호와를 노래하라. 수금과 음성으로 노래할지어다. 나팔과 호각 소리로 왕이신 여호와 앞에 즐겁게 소리칠지어다(시 98:4-6).

또 시편에서 수없이 나오는, 시온과 예루살렘에 대한 찬미 역시 다윗이라는 인간 왕국의 도성과 그 영광에 대한 찬미가 아니다. 시온 찬양은 영원하신 하나님이 좌정하신 처소인 시온에 대한 찬미라는 점에서, 근본적으로 영원하신 하나님의 통치, 하나님나라에 대한 찬양이다.

그러한 하나님나라의 도래야말로 바벨론 포로기에 있는 백성을 향한 하나님의 가장 큰 위로임이 이사야 40장을 비롯한 여러 본문에서 명백하다. 구약성경에서 '하나님나라'라는 표현을 명시적으로 쓰지는 않지만, 위에서 살펴본 것처럼 이사야 구절과 시편에서 "하나님이 다스리신다"는 표현과 개념을 쉽게 발견할 수 있다. 이것이야말로 신약성경이 여러 번 증거하는 '하나님나라/천국'의 핵심이다. 하나님나라는 하나님의 다스리심, 하나님의 통치, 하나님의 왕 되심을 의미하며, 그것이야말로 하나님의 주 되심의 의미다.

그러므로 이사야가 선포하는 바, 복음의 핵심은 '이제 곧 이루실 하나님의 통치, 하나님나라'이다. 달리 표현하면, '다가오는 하나님나라'라고 말할 수 있다. 이사야가 선포한 복음이 미래의 소망인 하나님나라를 말한다고 해서, 하나님이 현재는 온 세상을 다스리지 않으신다는 의미는 아니다. 당연히 하나님은 어제나 오늘이나 영원토록 온 땅을 다스리시는 유일하신 왕이시다. 그러면 미래의 소망으로서 하나님나라를 선포한 것은 무슨 의미가 있는가. 먼저 이사야 본문에서 포로 된 이스라엘 백성을 향해 그 나라를 선포한다는 것을 생각하면, 그 내용은 분명 내세에 관한 것은 아니다. 이 선포가 포로 된 백성에게 위로가 되는 까닭은, 그들의 곤고한 현실과 연결이 되기 때문이며, 구체적으로는 포로에서 풀려나 귀환하는 내용이기 때문이다.

이제 곧 임할 하나님의 통치에 대한 선포는 하나님의 통치를 잊고 사는 현실을 일깨운다. 현실의 삶이 괴롭고 힘들어서, 자신이 처한 상황과 자신을 둘러싼 현실 때문에, 사람들은 하나님이 온 세상을 주관하는 통치자이심을 잊고 산다. 혹은 하나님이 계신다고 해도 이제는 자신의 삶에 개입하거나 역사하지는 않으신다고 여긴다. 도리어 다른 존재, 다른 왕을 온 땅의 주관자라 여기고, 그 왕의 권세 아래 살아가는 것을 당연히 여긴다.

모세가 "내 백성을 보내라"고 바로에게 요구하자, 바로는 도리어 히브리 노예들의 노동 조건을 더욱 가혹하게 만들어버린다. 그러자 이스라엘 백성은 모세와 아론을 원망하며 하나님에게 고발한다.

그들이 바로를 떠나 나올 때에 모세와 아론이 길에 서 있는 것을 보고 그들에게 이르되 너희가 우리를 바로의 눈과 그의 신하의 눈에 미운 것이

복음의
공공성

되게 하고 그들의 손에 칼을 주어 우리를 죽이게 하는도다. 여호와는 너희를 살피시고 판단하시기를 원하노라(출 5:20-21).

백성의 말에는 '재판하다'라는 중요한 동사와 더불어 '여호와께서 보신다'와 같은 의미심장한 신학적 표현, 개역개정에는 반영하지 않았지만 구약 제사에서 본질적인 개념으로⁴ 사용하는 '냄새'를 의미하는 단어도 들어 있다. 이미 백성에게 애굽 왕 바로는 바꿀 수 없는 기본 질서이며 여호와 하나님의 행하심 역시 이 바로의 호의를 받느냐 못 받느냐 하는 것과 연관이 있을 따름이다. 오랜 노예 생활과 폭압적인 바로의 권세를 겪으면서 이스라엘 백성은 어느새 여호와 신앙마저도 현재 존재하는 권력 아래에서 가능한 것으로 여기게 되었다. 나중에 살펴보겠지만 '재판'은 왕의 권한이다. 그리고 진정으로 이스라엘의 '냄새'를 받으시는 분은 여호와시라는 점에서, 백성이 참으로 구해야 하는 것은 '여호와께서 이스라엘을 학대하는 바로를 살피시고 판단하시는 것'이다. 그러나 폭력적이고 억압적인 세상은 어느새 온 땅의 주관자이신 하나님에 대한 믿음을 체제내화體制內化해버리고, 아예 믿음의 상상력마저 사라지게 한다.

힘겨운 현실로 인해 온 세상을 다스리시는 하나님을 잊어버린 이스라엘의 모습은 이사야 곳곳에서도 보인다. "야곱아 어찌하여 네가 말하며 이스라엘아 네가 이르기를 내 길은 여호와께 숨겨졌으며 내 송사는 내 하나님에게서 벗어난다 하느냐"(사 40:27)와 같은 구절은 이스라엘의 절망과 체념을 반영한다. 그러한 체념과 포기는 자신을 '버러지'로 규정하기도 한다(사 41:14). 상한 갈대, 꺼져가는 등불 역시 그와 연관한 비유일 것이다(사 42:3).

이스라엘을 향해 선포되는, 이제 곧 임할 하나님나라는 하나님이 그들을 아시고 보신다는 것, 하나님이 상한 갈대를 꺾지 않으시며 마침내 온 땅에 하나님의 정의를 세우실 것(사 42:3-4)이라는 의미다. 그러므로 도래할 하나님나라에 대한 선포는, 하나님이 다스리신다는 믿음으로 현실을 해석하고 다시 돌아보게 하며, 이제 곧 임할 영광의 날을 기대하게 한다. 지금 존재하는, 강고해 보이는 억압적 현실이 결코 영원하지 않으며 들의 꽃과 같이 사라질 것임을 굳게 확신하게 한다. 그래서 모든 것을 포기하고 현실의 강력한 지배자와 지배 질서에 영합해서 살아가던 삶을 청산하고, 하나님이 왕이심을 신뢰하고 확신하며 새롭게 일상을 살아가게 된다. 이제 임할 하나님나라는 현재 삶 속에서 하나님이 왕이심을 확고히 붙잡게 한다.

그러므로 하나님나라의 미래성은 현재의 질서를 궁극적 질서로 여기지 않는다는 의미다. 그래서 현재의 질서를 보존하고 유지하기 위해 살아가지 않고, 이제 임할 하나님의 질서, 참된 왕이신 하나님이 선포하시고 명령하신 질서를 구하며 살아간다는 의미다. 그런 점에서 '하나님의 나라를 구하는 것'(마 6:ㄴ33)은 하나님의 통치 질서, 하나님이 명령하신 세상 질서가 이 땅에 실현되기를 추구하며 살아간다는 의미다.

예수 그리스도의 하나님나라 복음 선포

이렇게 볼 때, 마가복음이 제시하는 복음의 내용을 분명히 알 수 있다. 마가복음에서 예수 그리스도의 복음의 시작 선포는 왕이신 하나님의 입성을 준비하라는 말씀으로 이어졌다. 마가복음이 말라기와 이사야 구절을 적절히 사용한 것을 볼 때, 마가복음에서 세례 요한과 예수 그리스도는 하나님의 사자와 이제 곧 왕으로 임하실 하나님에 대응된다.

그러므로 세례 요한의 사역은 왕으로 오시는 예수 그리스도를 준비하는 사역이다. 세례 요한은 '죄 사함을 받게 하는 회개의 세례'(막 1:4)를 전파하였다. 세례 요한이 잡힌 후에 예수님이 '회개와 하나님나라'를 선포하기 시작하신 것은 위에서 살펴본 바를 따르자면 너무나도 당연한 것이다.

> 요한이 잡힌 후 예수께서 갈릴리에 오셔서 하나님의 복음을 전파하여 이르시되 때가 찼고 하나님의 나라가 가까이 왔으니 회개하고 복음을 믿으라 하시더라(막 1:14-15).

요한은 이제 곧 오실 주님을 준비하며 회개를 전하였고, 요한이 잡힌 후에 사역을 시작하신 예수님도 이제 곧 임할 하나님나라를 선포하시며 회개를 전하셨다. 여기에서도 역시 예수님이 증거하시는 핵심은 하나님나라가 가까이 왔다는 것이었다. 마가복음 첫 절은 '예수 그리스도의 복음의 시작'이었고, 예수님이 선포하신 것은 '하나님의 복음'이었다. '예수 그리스도의 복음'은 그분이 선포하신 '하나님의 복음'이다. 그리고 그 '하나님의 복음'의 내용은 드디어 때가 이르렀고 하나님의 다스리심이 가까이 왔다는 것이다. 그러므로 예수님이 선포하신 복음은 이사야 40장이 선포하는 내용과 정확히 일치한다. 그런 점에서 참으로 예수 그리스도의 복음은 하나님의 복음이다. 달리 표현하자면, '예수 그리스도의 복음', 즉 신약은 '하나님의 복음', 즉 구약이다. 구약은 신약을 구체화하고, 신약은 구약을 현실화한다. 예수님은 앞이 보이지 않는 현실을 살아가는 1세기 유대 백성에게 이제 곧 임할 하나님나라 복음을 증거하셨다. 다른 아무것도 우리의 주님이나 왕이 될 수 없으며, 오직 하나님만 이제 왕으로 임하실 것을 선포하셨다. 세상에 굴복하거나 현실에 체념할 것이 아니라, 하나님이 왕이심을 굳게 붙잡고 살라고 선포하셨다. 그리고 주님이 이 땅을 살아가신 모습은 하나님나라를 굳게 붙잡은 삶의 모습을 강력하게 증거한다.

여기에서 세례 요한과 예수님 모두 '회개'를 선포했다. 그런데 이제까지 살펴본 것을 고려할 때 이 회개는 하나님나라 복음이라는 틀에서 이해해야 한다. 그렇다면 요한이 선언하는 회개는 단순히 도덕적이고 개인적인 잘못들을 뉘우치는 것이라기보다는, 왕이신 하나님, 왕으로 오실 하나님을 인정하지도 신뢰하지도 않은 채 살아온 삶에서 돌이키는 것이다. 앞에서 언급했듯이, 이미 가까이 온 하나님 통치를 받아들인다는 것은 현재의 질서를 궁극으로 여기지 않는 것이다. 하나님이 명령하신 질서를 이 땅에서 추구하고 만들어가는 것이다.

일제강점기를 예로 든다면, 성경이 제시하는 회개는 그 시대에 단순히 개인적으로 성실하지 않은 것이나 음란을 행한 것이나 맡은 일을 부지런하게 하지 않은 것을 뉘우치는 것이 아니다. 참담하고 앞이 보이지 않는 현실 속에서 조선이 독립하리라고 기대하거나 믿지 않은 채, 일제의 지배를 당연한 것으로 여기고 일제의 다스림에 협력하며 살아간 것을 회개하는 것이다. 일제의 백성과 관료로 부지런하게, 열심을 다하여 맡은 일을 감당치 못한 것을 회개할 것이 아니라, 독립을 포기하고 주권을 포기한 채 일제에 협력하던 삶의 방향을 회개해야 한다. 그렇지 않다면 일제에 개인적으로 불성실한 것을 회개한 이들이 더욱 부지런하고 치밀하게 일을 하여, 조선 전역과 아시아에서 일제가 더욱 광범

복음의
공공성

위하게 수탈을 자행하도록 돕는 끔찍한 현실이 나타날 것이다. 부지런하고 책임감 있게 행동하는 것은 어느 시대, 어떤 세상에서나 꼭 필요한 개인의 덕목이다. 그러나 삶의 근본적인 방향, 삶의 진정한 주인을 올바르게 설정하지 않은 성실과 부지런함은 도리어 죄악을 확산시킨다.

그러므로 왕이신 하나님을 향한 신뢰와 믿음을 향해 돌이키는 것이 회개다. 회개는 근본적으로 하나님나라, 하나님이 왕이심을 향한 '전향'이라고 부를 수 있다. 그렇게 회개할 때, 이전에 행한 삶의 어리석은 죄악들이 사함을 받는다. 마가복음 1장 15절에 이어지는 본문은 예수님이 제자들을 부르시는 장면을 다룬다. 주님은 제자들을 부르실 때, 그들에게 회개를 촉구하지 않으신다. 주님은 다만 "나를 따라오라"(막 1:17) 하셨을 뿐이다. 근본은, 전향이다. 주님을 향해, 하나님을 향해 돌이키는 것이다.

이 점은 일제강점기뿐 아니라 오늘날 우리 현실과도 연관된다. 어느새 우리는 지극히 개인적인 회개에 치우쳐 있다. 거짓말과 음란과 미움과 다툼 같은 것이 우리가 고백하는 죄의 전부 같다. 이러한 것이 명백히 죄지만, 그것이 죄인 까닭은 무엇보다도 하나님이 왕이심을 인정하지 않는 것이기 때문이다. 거짓말이 문제인 것은 하나님이 왕이심을 인정하지 않고 내 유익을 위해 다른 사람을 속인 것이기 때문이다. 이렇게 생각하면 우리가 참으로 돌아보아야 하는 죄의 차원에는 하나님나라와 연관된 공적인 측면이 반드시 포함된다. 부당하고 불의한 일들이 직장이나 나라에서 일어나는데도 우리가 개의치 않는다면, 그것은 죄악이다. 왜냐하면 삶의 전 영역에서 하나님이 왕이심을 인정하지 않는 것이기 때문이다. 개인적으로는 무척 성실하고 맡은 일에 최선을 다하는데, 직장이나 일터에서 자기가 하는 일이 궁극적으로는 사람에게 해를 끼치는 경우가 종종 있다. 무기 제조업이나 독재 치하의 공직 수행의 경우가 그러하다. 회개가 단지 사사로운 윤리나 개인의 덕성에 관한 것이 아니라, 하나님나라, 하나님이 왕이심으로 방향을 돌리는 것임을 생각한다면, 사사로운 영역으로 제한했던 우리의 회개가 제자리를 찾을 것이다. 이를 생각하면 온 나라가 혼동하고 소란스러울 때 묵묵히 자신의 일을 감당한다는 멋진 말은, 공적인 상황을 지극히 사적인 영역에 가두어버린 또 다른 잘못일 수도 있다.

　하나님나라 약속을 굳게 믿는 사람은 일상을 어떻게 살아갈 것인가? 이러한 하나님나라를 예수님은 씨를 땅에 뿌림(막 4:26-29)에 비유하기도 하시고, 가장 작은 씨인 겨자씨에 비유하기도 하신다(막 4:30-32). 이러한 비유들은 곧 임할 하나님나라가 어느 한순간에 도래한다기보다는, 일상의 삶 속에서 그 나라를 기대하고 확신하며 살아가면 때가 되면 도래한다는 의미다. 그 나라를 기대하는 이들은 첫 모습은 이제 겨자씨와 같이 미미하지만, 마침내 때가 되면 그 나라를 온전히 경험할 것이다. 이러한 비유들은 오실 나라에 대한 기대와 지금 살아가는 현실을 연결해준다.

　나아가 마가복음이 소개하는 예수님의 여러 사역은 하나님나라를 굳게 붙잡고 살아간다는 것이 무엇인지 생생하게 증거한다. 궁극적으로 예수님의 이름으로 인하여 제자들은 모든 사람에게 미움을 받을 것이다(막 13:13). 선을 행하고 진리를 행하는 이들이 왜 모든 사람에게 미움을 받을까? 그것은 그들이 하나님만 왕이심을 전하기 때문이다. 그들은 세상 왕을 왕으로 여기지 않고, 세상 질서를 최종적 권위로 여기지 않으며, 오직 하나님이 다스리시기를 기대하고 소망하기 때문이니, 근본적으로 그들이 이 세상에 속하지 않았기 때문이다(요 15:19; 17:14, 16).

복음의

공공성

03
내 이웃을 내 몸처럼 사랑하라

우리는 어릴 때부터 대한민국은 자유민주주의 국가이고 북한은 공산주의 국가라고 들어왔다. 그런데 공산주의의 반대말은 자유민주주의가 아니라 자본주의다. 자유민주주의와 공산주의를 비교하는 것은, 마치 '나는 지혜로운데, 너는 남자잖아' 식의 범주 자체가 그릇된 비교다. 대한민국의 경제체제는 자본주의capitalism이다. 한자 자체로 '자본이 중심인 사상'을 의미한다는 점에서, 오직 하나님을 중심으로 삼는 기독교인들이 이 경제체제에 크게 반발할 것 같은데, 기독교인들 대부분은 자본주의 경제체제 아래서 살아가는 것을 전혀 문제 삼지 않는다.

그런데 비슷한 방식의 표현이지만 특이하게도 기독교인들이 대단히 싫어하고 거부하는 표현이 '인본주의人本主義'라고 번역하는 '휴머니즘humanism'이다. 이 말을 풀어서 설명하자면, '사람이 중심이 되는 사상'이다. 놀라운 것은 '자본주의'에 대해서는 아무 반대도 하지 않는 보수적인 기독교인들 대다수가 '인본주의'는 사탄의 대명사쯤으로 생각하고 결사적으로 반대하고 거부하고 공격한다는 점이다. 자본이 주인이 되는 것은 크게 상관없는데, 사람이 주인이 되는 꼴은 못 보겠다는 것이다. 정작 주님은 사람에게 하나님을 대신하는 것으로 '재물'[헬라어로 맘몬]을 언급하셨는데(마 6:24), 오늘 우리 교회는 '자본주의'보다는 '인본주의'를 훨씬 더 무섭게 여기는 셈이다.

'휴머니즘'과 신본주의

기본적으로 휴머니즘은 사람을 모든 관심의 초점과 중심에 두는 사고다. 살아 계신 하나님에 대한 믿음과 고백을 근거로 하는 기독교 신앙을 지닌 이에게는 사람이 모든 관심의 초점이요 중심이라는 점이 마음에 걸릴 것이다. 하나님이 아니라 사람을 중심에 내세우는 것에 대해 사실 우리는 못내 불편한 마음이 있다. 무슨 모임이든지, 어디에서든지, 얼마나 살벌하고 거센 말이 오갔든지 간에 마지막에는 하나님을 높이고 경배하고 '은혜롭게' 마무리해야 모임을 제대로 한 느낌이 든다. 하나님을 먼저 높이고 경배해야 속이 시원하다는 것이다.

마태복음 22장은 예수님을 찾아온 한 율법학자를 소개한다. 이 율법학자가 율법 가운데 가장 큰 계명이 무엇이냐고 예수님에게 여쭈자, 예수님은 마음과 목숨 다해 하나님을 사랑하는 것과 내 이웃을 내 자신 같이 사랑하는 것, 이 두 계명이 '온 율법과 선지자', 즉 구약 전체의 근본이라고 명쾌하게 답하셨다(마 22:34-40). 구약 전체를 하나님 사랑과 이웃 사랑으로 요약하신 것이다. 이때 하나님을 사랑한다는 것이 단순히 제사나 예배를 한다는 의미라고 볼 수 없을 것이다. 제사를 명령하는 구약성경 곳곳에서도 하나님이 가난한 마음, 통회하는 심령을 찾으신다고 이미 이야기하기 때문이다(시 51:17; 사 66:2-3). 그래서 하나님은 사람에게서 선을 행하는 것(사 1:16-17; 암 5:15)과 정의를 행하며 인자를 사랑하고 겸손하게 하나님과 동행하는 것(미 6:6-8)을 찾으신다. 달리 표현하자면, 하나님을 사랑하는 것은 사람에 대한 사랑으로 구체화된다. 서로 사랑하라는 주님의 계명을 지키는 것이 주님 안에 거하는 것이라고 표현한 요한복음의 진술(요 15:1-12)도 이와 통한다. 하나님을 사랑하는 자는 이웃을 사랑해야 한다(요일 4:21). 예수님이 구약 전체를 다음과 같이 요약하셨다는 사실도 이 점을 명확히 보여준다.

> 그러므로 무엇이든지 남에게 대접을 받고자 하는 대로 너희도 남을 대접하라. 이것이 율법이요 선지자니라(마 7:12).

남에게 대접받고자 하는 대로 남을 대접하라는 말씀은 이웃을 내 몸처럼 사랑하라는 말씀을 달리 표현한 것이다. 구약을 하나님 사랑과 이웃 사랑이라는 두 계명으로 요약하신 주님이, 구약을 한 마디로 요약하면 '이웃 사랑'이라고 하신 것이다. 함께 살아가는 사람에 대한 사랑으로 구약 전체를 압축하신 예수님이, 오늘날 어떻게든 하나님을 높이기를 원하는 우리에게는 파격적으로 보인다. 주님이 '휴머니스트' 같아 보이기 때문이다. 이러한 주장은 바울에게서도 볼 수 있다.

> 사랑은 이웃에게 악을 행하지 아니하나니 그러므로 사랑은 율법의 완성이니라(롬 13:10).

> 온 율법은 네 이웃 사랑하기를 네 자신 같이 하라 하신 한 말씀에서 이루어졌나니(갈 5:14).

이에 따르면 율법이 대표하는 구약의 요체요 핵심은 이웃 사랑이다. 예수님과 바울은 종교적인 표현으로 구약을 요약하지 않는다. 대접 받고자 하는 대로 남을 대접하라는 말씀은 예수를 믿든지 안 믿든지, 어느 사람이든 고개를 끄덕일 말씀이다. 그러나 이 말씀처럼 살아가기는 만만치 않을 것이다. 더구나 경쟁을 가장 중시하며, 내가 이기지 않으면 도태되고 만다는 세상에서 대접 받고자 하는 대로 남을 대접하고, 이웃을 자신처럼 사랑하며 살기는 정말 어렵다. 그러므로 어느 사람이 그리스도인임은 남들이 잘 알아듣지 못하는 기독교 용어들로 가득 찬 표현을 하는 데서 나타난다기보다는, 누구든 이해하고 납득하고 동의하지만 지키기는 버거운 진리를 지키고 순종하고 실천하는 데서 나타난다. 기독교 신앙은 비밀을 홀로 지키는 것이 아니라, 누구든 알지만 그렇게 살 수는 없다고 여기는 진리를 실제로 살아내는 것이다.

　예수님과 바울은 우리가 믿는 신앙을 세속적이고 일상적인 말로 표현한다. 구약 신앙은 이웃 사랑으로 압축할 수 있고, 이를 일반적으로 표현하면, 사람에 대한 사랑이라고 할 수 있다. 그렇다면 사람에 대한 관심과 사랑을 기조로 하는 '휴머니즘'은 우리 믿음의 본질과 잇닿아 있는 것이다.

　그러면 사람에 대한 사랑인 휴머니즘의 반대말은 무엇일까? 흔히 인문주의 혹은 인본주의의 반대말은 '신본주의'라고 하고 때로 '헤브라이즘'이라고까지 말하기도 한다. 아마도 구약 신앙을 가리키는 표현일 것 같은 헤브라이즘이라는 말은 그 정체를 규명하기 어려운 말이다. 그리고 유대인이었던 예수님과 바울이 구약의 핵심을 인간에 대한 사랑으로 표현하고 있다는 점에서, 헤브라이즘을 휴머니즘에 반대되는 신본주의라고 하는 것은 적절치 않은 연결로 보인다.

복음의

공공성

여기서 오히려 문제는 '신본주의'라는 표현이다. 이 표현은 '인본주의'에 대응하여 교회에서 굉장히 선호하는 단어다. 무엇이 신본주의인가? 무엇을 하든 하나님의 영광을 위하여 하면 신본주의인가? 그렇다면 하나님이 함께 살아가는 사람을 귀히 여기며 사랑하라고 명하셨다는 점에서, 휴머니즘이야말로 신본주의의 핵심이다. 사람을 사랑하지 아니하는 자는 하나님을 알지 못한다(요일 4:8).

그러므로 휴머니즘의 반대말은 '신본주의'가 아니다. 휴머니즘의 반대말은 사람보다 자본을 우선으로 여기는 자본주의가 아닐까? 자본주의 체제에서 살아가는 인간의 가장 기본적인 존재 이유가 이윤 추구라는 점에서, 그 안에 사람이 설 자리는 거의 없어 보인다. 기껏해야 이윤 추구의 목적에 영합하고 부합할 때만 인간의 존재가 의미 있을 뿐이다. 이러한 세상에서는 사람을 오직 '쓸모'로만 평가한다. 사람을 쓸모로만 평가하는 세상을 단적으로 보여주는 것은 병든 애굽 소년을 버린 아말렉의 행동이다.[5]

공적 복음의 본질: 대접받고자 하는 대로 남을 대접하라

결국 예수님의 말씀과 바울의 말씀으로 대표될 수 있는, 신약의 구약 해석의 결론은 이웃에 대한 사랑이다. 우리가 다른 사람을 사랑하는 유일한 이유는 그가 함께 살아가는 '이웃'이기 때문이다. 여기서 '이웃'에는 아무런 조건이 붙지 않는다. 이 말씀을 곰곰이 생각할수록 이 말씀의 함의에 놀라게 된다. 이웃 사랑을 말할 때, 이웃의 조건이나 상태는 전혀 고려 대상이 아니다. 이웃의 사회 경제적 여건은 물론이고 이웃의 종교를 포함하여 아무것도 고려 대상이 아니다. 그러므로 참으로 구약의 본질을 꿰뚫는 해석이라 할 수 있는, '대접받고자 하는 대로 남을 대접하라'는 말씀은 파격적이며 근원적이다. 이 원칙을 철저하게 적용한다면, 모든 사사로운 신앙 이해는 근거를 완전히 잃을 것이다. 그러므로 주님과 바울의 구약 해석과 요약은 근본적으로 공동체적이며 공적이다.

선교나 전도는 이러한 차원에서 고려해야 한다. 필연적으로 전도나 선교는 나와 다른 상대방을 대상으로 한다. 우리와 다른 상대방은 단지 겉모습뿐 아니라 문화 체계도, 가치관도, 사고방식도 모두 다르다. 그러한 다름은 우리를 불편하고 긴장하게 하며 불안정을 경험하게 한다. 다른 문화와 접촉하면 우리의 모든 안정감이 흔들린다. 그럴 때 사람들은 대개 상대 문화를 폄하하거나 비하함을 통해 안정감을 회복하려는 경향이 있다.[6] 안정감 회복을 위한 또 다른 방편은 아예 우리와 다른 문화를 우리의 문화에 동화시키거나 조정하는 것이다.[7] 전도는 자칫 상대방의 문화를 흔히 말하는 '기독교 문화'로 동화시키거나 조정하는 것일 수 있고, 그러한 사례는 무수하다. 그러나 우리가 증거하고 전하는 것은 기독교 문화가 아니다. 구약으로 대표되는 성경의 본질적 가르침은 사랑, 내 이웃을 내 몸처럼 여기는 사랑, 대접받고자 하는 대로 대접하는 사랑이다. 우리가 전할 복음의 핵심은 우리를 향한 하나님의 사랑이고, 그 사랑 안에서 이웃을 사랑하며 살아가는 삶이다. 그럴 때, 전도는 기독교를 전하는 것이 아니라, 이웃을 사랑하는 삶으로 초대하는 것이다. 기독교 문화는 민족과 시대의 제약을 받지만, 사랑하며 살아가는 삶, 대접 받고자 하는 대로 대접하는 삶은 어느 시대 어느 문화에서건 타당하며 본질적이다.

여기서 한 가지 더 유념할 것은 이웃에 대한 좀 더 구체적인 생각이다. 여기에서 이웃은 당연히 나 아닌 모든 사람을 포괄할 것이다. 그런데 성경 본문은 곳곳에서 그 이웃을 좀 더 세밀하게 규정한다. 가령 앞서 살펴본 레위기 19장의 경우, 밭과 포도원 모퉁이를 남겨 두는 까닭은 '가난한 사람과 거류민을 위하여'(레 19:10)이며, 이웃을 억압하지 말고 착취하지 말라는 말씀은 곧장 '품꾼'의 삯을 제때 지급하라는 명령으로 이어진다(레 19:13). 구약 곳곳에서 언급하는 고아, 과부, 외국인 나그네는 바로 이러한 맥락이다. 즉, 우리가 사랑하고 대접할 이웃은 구체적으로 현실에서 고아, 과부, 외국인 나그네로 대표되는 '사회적 약자'다. 마태복음 25장에서 영생과 영벌을 판가름하는 기준으로(마 25:31-46), 헐벗고 굶주리고 옥에 갇히고 나그네 된 이들, 즉 "내 형제 중에 지극히 작은 자 하나에게"(마 25:40) 어떻게 행했는지를 제시하는 것도 바로 이러한 맥락이다. 그러므로 이웃에 대한 대접과 사랑은 우리 곁에 있는 연약한 이웃에 대한 사랑으로 구체화된다.

    사적인 것을 넘어서서 공적인 현실을 보는 것이 중요함은 앞에서 다루었다. 고매하고 고상한 뜻과 인품을 갖춘 이들이 현실 정치 속에 들어가 도리어 악의 도구가 되는 것을 보면서, 개인의 변화와 구조의 변화가 직접적으로 상응하지는 않음도 이미 보았다.[8] 기독교 신앙은 그저 사적 종교가 아니라 공동체적이며, 공적 차원이 그 본질에 있다. 그런데 공적 차원을 생각한다는 것은 구체적으로 무슨 의미인가? 구조에 주의를 기울인다고 할 때, 그것은 실질적으로 어떤 모습으로 나타나는가?

    레위기 19장은 '공동체의 거룩함'을 가난한 자와 거류민, 품꾼을 위한 행동으로 표현하였다. 근본적으로 희년 제도는 이런저런 이유로 삶의 가장 근본인 자신의 땅과 몸뚱이마저 다른 사람에게 넘길 수밖에 없는 지경에 이른 사람을 위한 제도다. 예언자들의 무수한 외침은 고아,

과부, 나그네를 저버린 이스라엘을 향한 심판 선포였음도 우리가 이미 보았다. 그리고 마태복음 25장은 영생을 지극히 작은 자 하나에게 행하는 사랑으로 표현하였다. 그러므로 공적 차원을 고려하는 것은 현재 우리가 살아가는 구조와 틀 안에서 가장 연약한 이들을 고려하는 것으로 구체화된다. 교회건 국가건 그 안에 속한 연약한 이들을 위해 정책을 결정할 때, 그것을 공적 결정이라 말할 수 있다. 고아와 과부, 나그네를 돌아보는 정책은 단지 약자를 위한 정책이 아니라 우리가 살아가는 사회 전체를 안전하고 균형이 잡히고 풍성하게 하는 정책이다.

그러므로 이웃 사랑, 남을 대접하는 사랑은 우리 곁에 있는 연약한 이웃을 돌아보는 삶으로 구체화되며 이것이야말로 공적 신앙의 본질적 요소다. 사실 하나님을 사랑한다는 것, 혹은 하나님을 영접한다는 것이 구체적으로는 우리 곁에 있는 연약한 이웃을 영접한다는 의미임을 다음 구절이 명확히 보여준다.

누구든지 내 이름으로 이런 어린아이 하나를 영접하면 곧 나를 영접함이요 누구든지 나를 영접하면 나를 영접함이 아니요 나를 보내신 이를 영접함이니라 (막 9:37).

위 본문의 어린아이는 여타 성경 본문의 고아, 과부, 나그네에 상응한다. 이와 같이 구약과 신약 신앙은 우리를 곁에 있는 연약한 이웃을 사랑하며 살아가는 삶으로 초대한다.

복음의
공공성

주
註

서론: 구약, 그 정치적인 말씀

1) 톰 라이트 저, 최현만 역,《하나님은 어떻게 왕이 되셨나》(에클레시아북스, 2013).
2) 라이트, 206.
3) 이덕일,《송시열과 그들의 나라》(김영사, 2000).
4) 한나 아렌트 지음, 김선욱 옮김,《예루살렘의 아이히만》(한길사, 2006).
5) 윌리엄 S. 라솔 지음, 박철현 옮김,《구약 개관》(크리스챤다이제스트, 2006), 24-37.
6) 라이트, 35-36, 105.
7) Lee Martin McDonald, *The Biblical Canon. Its Origin, Transmission, and Authority* (Hendrickson Publishers, 2007), 248.

1부_ 구약으로 읽는 복음과 그 본질

1) F.W., E. Kautzsch and A.E. Cowley, 신윤수 옮김,《게제니우스 히브리어 문법》(비블리카아카데미아, 2003), §124g2.
2) 디이트리히 본회퍼 지음, 이신건·유석성 옮김,《성도의 교제: 교회사회학에 대한 교의학적 연구》(대한기독교서회, 2010), 47-65.
3) 본회퍼, 171.
4) 디이트리히 본회퍼 지음, 손규태·이신건·오성현 옮김,《윤리학》(대한기독교서

회, 2010), 489.
5) Rowan Williams, Archbishop of Cantebury, "A Common Word for the Common Good", 2008, 07, 14.
6) 리차드 미들턴 지음, 성기문 옮김,《해방의 형상》(SFC, 2009), 30-34
7) 미들턴, 31.
8) 미들턴, 31-32.
9) 미들턴, 269.
10) 미로슬라브 볼프 지음, 백지윤 옮김,《알라: 기독교와 이슬람의 신은 같은가》(IVP, 2016), 298-301.
11) 트렘퍼 롱맨 지음, 전의우 옮김,《어떻게 창세기를 읽을 것인가》(IVP, 2006), 147.
12) 토빗 8:6
13) 존 바턴 지음, 전성민 옮김,《온 세상을 위한 구약 윤리》(IVP, 2017), 151-152.
14) 월터 브루그만 외 지음, 차준희 옮김,《신학으로 본 구약입문》(새물결플러스, 2016), 201.
15) 브루그만 외, 252-253.
16) 채만식,《태평천하》
17) 월터 브루그만 저, 김기철 역,《예언자적 상상력》(복있는사람, 2009), 162.

2부_ 공동체적이며 공적인 복음과 그 구체적 실현

1) 존 머터 지음, 장상미 옮김,《재난 불평등》(동녘, 2016), 272.
2) *Mishnah Peah* 1:1-2.
3) Jacob Milgrom, *Leviticus 17-22*, Anchor Bible 3A (Doubleday, 2000), 1628.
4) Milgrom, 1635.
5) Milgrom, 1643.
6) 김회권, "구약성서의 희년사상과 사회윤리적 함의", 〈신학사상 127 (2004)〉, 131-166.

7) 박동현, "구약의 경제윤리", 〈구약논단 7 (1999)〉, 139-164.
8) Roy Gane, *Leviticus, Numbers*, Kindle Edition, The NIV Application Commentary (Zondervan, 2011), 343.
9) W.J. Houston, *Contending for Justice* (T&T Clark, 2008), 4-5.
10) Cyrill S. Rodd, *Glimpses of a Strange Land: Studies in Old Testament Ethics* (T&T Clark, 2001).
11) 왕국 시대 이스라엘의 기본적인 사회 체제의 양상에 대해서는 Huston, 18-51을 보라.
12) J. S. Bergsma, *The Jubilee from Leviticus to Qumran*, SVT 115(Brill, 2007), 81-82.
13) Jacob Milgrom, *Leviticus*, CC (Fortress, 2004), 75.
14) 김병하, 《희년사상의 영성화》(대한기독교서회, 2005), 25-26, 32. Y. Amit, "The Jubilee Law-An Attempt at Instituting Social Justice" in H. G. Reventlow and Y. Hoffman eds., *Justice and Righteousness: Biblical Themes and their Influence*, JSOTSup 137 (Sheffield, 1992), 50.
15) J. S. Bergsma, *The Jubilee from Leviticus to Qumran*, SVT 115 (Brill, 2007), 81.
16) 김병하, 31-32.
17) 친족이 물렀을 경우, 아마도 그 땅은 그 친족의 관할 아래 있었을 것이다. 그럴 경우, 왜 기업을 무르는지 의문이 생긴다. 레위기는 이에 대해 알려주지 않는다. 땅이 지파 내에 머무르고 있으므로, 그리고 친족의 관할에 있으므로 원래 주인에게 자비가 베풀어졌을 가능성도 있다. Bergsma, 96; Milgrom, 300.
18) 이 단락은 빈곤의 심화를 언급하는 다른 단락의 첫 절들(25, 35, 39절은 모두 "너의 형제가 가난하게 되면"으로 시작하고, 47절 역시 절 중간에 의미가 같은 표현이 있다)과는 달리 그에 대한 언급이 없다는 점에서 25절에 이어지는 내용에 대한 일종의 부칙이다. 이러한 부칙이 존재한다는 점 역시 희년법이 실제 실행을 의도한 법임을 보여준다. Bergsma, 97; Milgrom, 308.
19) 더욱 가난해져서 남의 집에서 더부살이하는 경우를 설명한다. 이러한 경우 이

스라엘 가운데 함께 살아가는 나그네와 객을 대하듯이 대해야 하는데, 나그네 와 객에 대해서는 19장에서 이스라엘이 애굽에서 살던 때를 기억하여 사랑하라고 한다(레 19:33-34). 이에 대해 N. Kiuchi, *Leviticus*, AOTC 3 (Apollos, 2007), 462를 보라. 밀그롬은 '빈 손으로 네 곁에 있거든'이라는 표현이 땅을 되사지 못한 채, 더욱 돈을 빌려서 'tenant farmer'가 된 경우를 가리킨다고 풀이한다(Milgrom, 300). 저당 잡힌 자기 땅에서 농사를 계속하지만 그 수확으로 빚을 갚아야 할 것이다.

20) BDB; Jacob Milgrom, *Leviticus 23-27*, The Anchor Bible 3 (Doubleday, 2001), 2166-67.
21) 레위기 27:16-24을 보면 성전에 바친 땅도 희년이 되면 원래의 주인에게로 돌아온다. "희년은 하나님 당신에 의해서 존중된다. 주님조차도 당신 자신의 제의를 위해 기부된 땅을 영원토록 받지는 않으심을 통해 조상의 유업의 양도 불가능성을 범하고 있지 않으신다-궁극적으로 그가 땅의 참된 소유자이심에도 말이다!"(Bergsma, 114) 이 본문은 성전에 바치는 이들의 열심으로 인해 성전에 지나친 부가 축적되지 않게 하면서, 그만큼 받은 기업을 누리고 살 권리가 절대적임을 보여준다.
22) Milgrom, 302.
23) Kiuchi, 465.
24) 김병하, 24-25; Bergsma, 82.
25) Bergsma, 85.
26) Kiuchi, 466.
27) M. Fishbane, *Biblical Interpretation in Ancient Israel* (Clarendon Press, 1985), 168.
28) Houston, 195. 아미트 역시 희년의 어려움은 땅의 휴식 같은 규례의 준수보다는 소유권과 재산에 대한 인간 욕심을 통제하는 능력에 있음을 지적한다. Amit, 53-54; Kiuchi, 467.
29) Houston, 199. 키우치의 표현으로 하자면, 희년법은 하나님의 관점에서 제시된 '표준'이다. 그렇지만, 하나님이 이기적인 이스라엘이 희년법을 지키지 못할

것을 아셨다는 식의 언급(Kiuchi, 467)은 보수적 성경 해석의 전형적 방식이며, 성경 말씀의 규범성을 실질적으로 훼손한다.

30) 밀그롬은 희년의 현실성을 주장하면서 희년과 유사한 법을 지키는 통가왕국을 예로 든다. 19세기에 통과된 법에 따라 16세가 되면 모든 통가 남성에게는 자신과 가족을 부양할 수 있을 만큼 국유지를 받고, 땅 이용료로 연례 세금을 내야 하고 그 땅을 자손에게 물려줄 권리도 있었다. 통가 국민들 사이 토지 매매는 금지되었으며, 외국인 역시 신청하면 땅을 빌릴 수 있었고 역시 매매는 금지되었다. 그러나 외국인의 경우 최대 99년까지만 땅을 보유할 수 있었다. 빈곤이 없었고 작물이 풍부하며 자기 완결적 경제라는 차이점이 있지만, 이 작은 남태평양의 나라는 대토지소유자나 외국인이 토지를 대부분 점유하는 문제 없이 경제적 정치적 독립을 지킬 수 있었다. Milgrom, 308-309.

31) Kiuchi, 465.

32) 아미트는 희년법이 왕정의 실패에 즈음하여-멸망 이전부터 제2성전기 초기에 이르기까지-가나안 정착 시기의 이상을 강조하기 위해 형성된 것으로 보기도 한다. Amit, 57-58. 그러나 이러한 견해들은 희년법 안에 담겨 있는 고대적 요소(성벽 없는 도시를 기본으로 전제하고 있는 점)를 간과하고 있다.

33) Bergsma, 19-30; 김병하, 64-77; M. Weinfeld, *Social Justice in Ancient Israel and in the Ancient Near East* (Magnes Press, 1995), 75-96.

34) "When my lord raised high the Golden Torch for Sippar, … the judges of Babylon and the judges of Sippar, they reviewed the cases of the citizens of Sippar, "heard" the tablets of purchase of field, house, and orchard (and) ordered broken those (in which the land was) to be released by (the terms of) the misharum". 이 토판 내용은 원래 J. J. Finkelstein, "Some New Misharum Material and its implications", *Assyriological Studies*16(1965), 225-31에 실린 것을 Bergsma, 25에서 재인용. 'Sippar'를 위해 황금 햇불을 들었다는 언급은 히브리어 '쇼파르'를 연상하게 한다.

35) Bergsma, 27. '킷디누*Kiddinu*'는 '[신적인] 보호'를 의미하며, '거룩한 도시'에 부여된 특별한 권리를 가리킨다. 이에 대해 Weinfeld, 26 n.8; 97-132를 보라.

36) 김병하, 78.
37) 김병하는 근동의 해방법들과 희년을 비교하면서, 구약 희년법의 특징으로 '지파 유업의 회복'이라는 개념을 든다(김병하, 78). 그러나 근동의 법들에 대한 연구를 보면, "조상에게 받은 땅을 양도alienation of patrimonial land하는 것에 대한 저항"이라 할 수 있는 태도가 기본적으로 있었다(Bergsma, 33-35). 그리고 암묵적으로 혹은 명시적으로 저당 잡은 땅을 돌려주라는 언급들도 있다는 점에서, '땅의 회복'이 온전히 이스라엘적인 특징이라고 할 수 없을 것이다. 그러나 저당 잡힌 것이 아닌, 매매에 의해서 땅이 다른 이에게 넘어가게 된 경우도 일정 기간 후에 원주인에게 되돌아가게 하는 부분은 아직까지 근동의 법들에서 유례를 찾을 수 없다.
38) Amit, 52; 김병하, 78-79.
39) 근동의 군주들은 가난한 사람의 처지를 개선하려는 의도보다는 대개 정의로운 군주로 보이고 싶은 의도에서 일단의 조치를 실행했다. 그래서 오히려 대중의 인기에 영합하려는 빚탕감을 금지하는 규례들이 제정된 경우도 많다. 이에 대해 Weinfeld, 10-11을 보라.
40) Amit, 52.
41) Weinfeld, 9-10.
42) Milgrom, 311-312. 밀그롬은 희년의 현대적 적용에 큰 관심이 있다. 특히 소작농에서 자작농으로 변화되면서 일어난 경제적 성장의 예로 한국을 들고 있기도 하다.
43) 벅스마에 따르면(Bergsma, 43-45), '히브리'라는 표현은 구약 거의 대부분에서 외국인이 이스라엘을 가리킬 때나 혹은 이스라엘이 자신을 외국인으로 표현할 때, 외국인의 관점에서 사건이나 상황을 볼 때나, 노예를 다루는 맥락에서 쓰였다(가령 히브리 노예인 요셉, 애굽에서 종된 히브리 사람들 등). 이 표현이 쓰인 본문들을 볼 때, '히브리인'은 사회경제적이면서 동시에 인종적인 함의를 지닌 용어다.
44) Bergsma, 114.
45) M. Weinfeld, *Deuteronomy and the Deuteronomic School* (Oxford University Press, 1972), 223.

46) Weinfeld, *Deuteronomy*, 223 n.4.
47) Bergsma, 136-138.
48) Weinfeld, *Social Justice*, 152 n.1.
49) Bergsma, 160-170; W.L. Holladay, *Jeremiah 2* (Fortress Press, 1989), 238-239; J. R. Lundbom, *Jeremiah 21-36*, Anchor Bible (Doubleday, 2004), 560-561.
50) Bergsma, 170.
51) Bergsma, 181-182; W. Zimmerli, *Ezekiel 1* (Fortress Press, 1979), 210. 참고. P. Joyce, *Ezekiel*, LHBOTS 482 (T&T Clark, 2007), 95. 그러나 이 단어가 느헤미야 13:20에서도 쓰이는데, 여기에서는 일반적인 '상품'의 의미로 쓰인다는 점에서, 희년 관련 용어이던 것이 일반적인 의미로 바뀌었음을 볼 수 있다. 에스겔에서도 그러한 의미의 진전이 있었으리라 추측할 수 있지만, 여기서는 '되사는 것'이 함께 언급되고 있다는 점에서, 희년 규례가 배경에 있다고 보인다.
52) 이에 대해서는 Bergsma, 177-190을 보라. 특히 에스겔 40:1 분석은 경청할 만하다.
53) T. D. Hanks, *God So Loved the Third World: The Biblical Vocabulary of Oppression* (Wipf and Stock, 2000), 97-104. 이에 대한 요약 설명은 김근주, 《이사야가 본 환상》(비블리카아카데미아, 2010), 272-274 참고.
54) Bergsma, 198.
55) Bergsma, 201.
56) Bergsma, 201; Fishbane, 483.
57) 마소라 본문에서 "갇힌 자에게 놓임을"로 된 부분이 칠십인경에서는 "눈먼 자에게 다시 보게 함을"로 되어 있고, 누가의 본문에서도 그러하다. 누가복음의 기자는 예수님이 사역에서 실제로 하신 일과 연관하여 마소라 본문보다는 칠십인경을 인용하고 있다.
58) 김근주, 269-271.
59) Hanks, 103-104.
60) A. A. 앤더슨, 권대영 옮김, 《사무엘하》(솔로몬, 2001), 450.

61) 월터 브루거만, 차종순 옮김,《사무엘상하》, 현대성서주석(한국장로교출판사, 2000), 513.
62) 브루거만, 511.
63) 브루거만, 512.
64) 브루거만, 512.
65) 브루거만, 515.
66) R.P. Gordon, *1& 2 Samuel*, Old Testament Guide (JSOT Press, 1984), 97.

3부_ 예언자들의 선포

1) 히브리어로는 סד חזון
2) 20장과 21장을 대략 보아도 칠십인경은 간략한 번역을 취하고 있다. 칠십경역은 20:43(칠십인역 21:43)에서 "그의 집으로"라는 구절을 생략했으며, 비슷한 구절인 21:4(칠십인경 20:4)에도 "그의 집으로"가 없고, 그 앞 절에 나온 나봇의 거절을 반복한 긴 어구를 생략했다(이것은 중자탈락에서 기인한 것일 수 있다).
3) John Gray, *I & II Kings* (SCM Press, 1980), 414 역시 20장과 22장이 "문체, 주제, 일반적인 모습과 관점"에 있어서 서로 통일된 장들이라고 지적한다.
4) 동일한 어구가 왕상 17:17에도 나온다.
5) 칠십인경에는 "이스르엘에 있는"이라는 말이 없다. 나봇의 이름에 붙은 '이스르엘 사람'이라는 말로 충분하다고 본 것일까? 많은 주석서가 지적하듯이, 이 어구는 나봇의 출신 지역과는 별도로 그 포도원이 위치한 곳을 가리킨다. 나봇이 죽임을 당하고, 후에 아합과 이세벨이 죽는 것이 이 장소와 연관된다는 점에서 이 구절은 마소라 본문에서 보듯이, 꼭 필요한 구절이다.
6) 대표적으로 호세아에서 호세아의 아들 이름(호 1:4)과 이스르엘 골짜기(호 1:5).
7) Melvin Hunt, "Jezreel" in *ABD* 3: 850.
8) Gray, 439.
9) 리처드 넬슨,《열왕기 상하》(한국장로교출판사, 2000), 232.
10) J.A. Montgomery, *The Book of Kings*, ed. H.S. Gehman, ICC commentary

(T&T Clark, 1951), 330.

11) http://economy.ohmynews.com/articleview/article_view.asp?at_code=368829&ar_seq=

12) Volkmar Fritz, *1 & 2 Kings*, A Continental Commentary (Fortress Press, 2003), 211.

13) J.S. Bergsma, *The Jubilee from Leviticus to Qumran*. Supplements to Vetus Testamentum 115 (Brill, 2007), 153.

14) Bergsma, 153.

15) J.T. Walsh, "Naboth" in *ABD* 4: 978에서 재인용한 것으로 원래의 글은 Y. Zakovich, ed. M. Weiss, "The Tale of Naboth's Vinyard" in *The Bible from Within* (Jerusalem, 1984), 379-405.

16) 월터 브루거만, 강성열 옮김,《성서로 본 땅》(나눔사, 1994), 153.

17) G. H. Jones, *1 and 2 Kings*, New Century Bible Commentary (Eerdmans, 1984), 357.

18) I. W. Slotki, *Kings* (The Soncino Press, 1971), 152.

19) C. J. H. Wright, "Family" in *ABD* vol.2, 764.

20) 이어지는 신명기 16:20은 인상적이다. "너는 마땅히 공의만을 따르라. 그리하면 네가 살겠고 네 하나님 여호와께서 네게 주시는 땅을 차지하리라".

21) Gray, 440.

22) 브루거만, 154.

23) Gray, 441.

24) Fritz, 211.

25) 리처드 넬슨, 237.

26) 브루거만, 158.

27) Fritz, 214.

28) http://www.landreform.org/be4.htm

29) 리처드 넬슨, 237.

30) 마르크 반 드 미에룹 저, 김구원 역,《고대 근동 역사》(기독교문서선교회, 2010),

361-365.
31) 미에룹, 417.
32) 미에룹, 425-433.
33) G. von Rad, *The Message of the Prophets* (Harper & Row, 1972), 10.
34) 김근주,《이사야가 본 환상》(비블리카아카데미아, 2016), 67.

4부_ 포로 후기 공동체의 대응

1) 제2성전기동안 안식년이 준수되었다는 것은 요세푸스의 언급에서 확인된다: *Ant.* 12.378; 14.202, 475.
2) J. S. Bergsma, *The Jubilee from Leviticus to Qumran*, VTSup 115 (Brill, 2007), 205-207.
3) 이 글은 장흥길 편,《본문 중심의 성경 읽기》(한국성서학연구소, 2010), 73-102에 실린 필자의 글을 조금 고쳐 쓴 것이다.
4) C. L. Meyers and E.M. Meyers, *Haggai, Zecharich 1-8*, AB 25B (Doubleday, 1987), 384.
5) D. L. Petersen, *Haggai & Zechariah 1-8*, OTL (SCM Press, 1984), 282; M. R. Stead, *Intertextuality of Zechariah 1-8* (T&T Clark, 2009), 221 n.9.
6) 5월에 울며 스스로 삼가는 관행은 아마도 예루살렘 함락과 연관하여 생겼을 것이다. 느부갓네살이 보낸 군대가 시드기야 9년 10월에 예루살렘을 에워쌌다. 11년 4월에 성벽에 구멍이 뚫리며 바벨론 군사들이 진격해 들어왔고, 시드기야를 비롯한 왕의 아들들이 사로잡혔으며, 아들들은 시드기야의 목전에서 살해당하고, 시드기야는 눈이 뽑힌 채로 바벨론으로 압송되었다. 같은 해 5월에 바벨론 군대장관 느부사라단은 예루살렘의 사면 성벽을 모두 헐어버리고 모든 집들을 불태웠으며, 여호와의 전 역시 이때 불살랐다(왕하 25:8-10; 렘 52:12-14). 그러므로 5월은 예루살렘이 함락되고 여호와의 성전이 불타버린 때다(참고 렘 1:3). 유대의 전통은 제2성전 역시 같은 달에 파괴되었다고 전한다(M. Sweeney, *The Twelve Prophets*, Berit Olam vol. 2 [The Liturgical Press, 200], 639). 유다 땅에서 남은 이들을 다스리며 새로운 공동체를 이루던 그달랴가 7월에 암살된 것(왕

하 25:25; 렘 41:1-2)이 7월 금식의 배경일 수 있다. 대속죄일 금식도 7월에 하지만(레 16:29, 31; 23:27, 32; 민 29:7), 이 금식은 기쁨과 희락의 날로(슥 8:19) 바뀌지는 않는다는 점에서 여기 나오는 7월 금식에 해당될 수 없다(Sweeney, 640). 한편, 시드기야 11년 4월 9일에 예루살렘이 함락된 것(렘 39:2; 52:6)에서 4월 금식을 이해할 수 있다. 그리고 바벨론 군대가 예루살렘을 포위하기 시작한 때가 시드기야 9년 10월 10일이었다는 것(왕하 25:1; 렘 39:1; 52:4)이 10월 금식의 배경일 수 있다. 특히 하나님이 에스겔에게 바벨론이 예루살렘을 핍박한 날로 이 날을 특별히 기록하라고 명령하셨다는 점에서도 그러하다(겔 24:1-2). 이 명령 후에 패역한 이스라엘에게 임할 여호와의 두렵고도 무서운 심판에 대한 말씀이 이어진다.

7) Petersen, 286.
8) Petersen, 285.
9) Meyers and Meyers, 387 참고.
10) 골로새서에서 '자의적 숭배'라고 옮긴 헬라어는 '에쎌로쓰레스키아 ἐθελοθρησκία'다. 자기 마음대로 혹은 자기 의지대로 만들어낸 신앙[self-made religion(NASB); self-imposed worship(NIV); self-imposed piety(NRSV)] 정도로 이해할 수 있다. 이에 대해 *Bauer-Arndt-Gingrich* 사전은 'do-it-yourself-religion'이라는 풀이도 제시한다. 결국 자신의 욕심을 위한 신앙일 따름이지, 하나님을 위한 것이거나 참으로 자신의 욕심을 절제하기 위한 것이 아니다.
11) Meyers and Meyers, 402; 참고. 이사야 2:3=미가 4:2 ('토라'-'여호와의 드바르'); 예레미야 18:18. 여기서 '토라'의 의미에 대해서는 논란이 있다. Meyers and Meyers는 이것을 스가랴의 시대에 존재하던 정경적인 율법서와 예언서를 가리키는 표현으로 보지만(Meyers and Meyer, 402), Petersen은 '토라'와 '말씀들' 이 두 단어지만 한 단어로 기능하는 이사일의(二詞一意, hendiadys)라고 보고, 이 둘을 합쳐 'the words of instruction'으로 번역한다(Petersen, 288-289). 장세훈은 스가랴가 옛 선지자들의 말씀을 '토라'와 동일시하였다고 본다(장세훈, 《내게로 돌아오라》[SFC, 2007], 269).

12) C. Stuhlmueller, *Rebuilding with Hope: A Commentary on the Books of Haggai and Zechariah* (Eerdmans, 1988), 51. 이외에도 예레미야의 많은 언급들과 예레미야가 종종 연관되는 열왕기의 언급들을 들 수 있다(Sweeney, 572; Petersen, 132-133; 렘 15:7; 18:8, 11; 25:5; 23:14, 22; 26:3; 35:15; 36:3, 7; 44:5; 왕상 8:35; 13:33; 왕하 17:13). W. A. M. Beuken, *Haggai-Sacharja 1-8* (Van Gorcum, 1967), 97-98은 에스겔과 연관 짓는다.

13) Petersen, 289.

14) P. R. Ackroyd, *Exile and Restoration*, OTL (SCM Press, 1968), 207-210; R. Mason, *The Books of Haggai, Zecharia, and Malachi* (Cambridge University Press, 1977), 67; Petersen, 291.

15) 이 구절을 복의 조건으로 보는 경우들이 있으나(J. G. Baldwin, *Haggai, Zechariah and Malachi* [Inter-Varsity Press, 1972], 155; Stead, 229; B. G. Curtis, *Up the Steep and Stony Road: The Book of Zechariah in Social Location Trajectory Analysis* [SBL, 2006], 152), 이는 스가랴 7:9-10과 스가랴 8:16-17을 평면적으로 동일시한 결과로 보인다.

16) 스가랴 8:16의 '진실하고 화평한 재판'에 해당하는 히브리어 '미슈파트 샬롬'에서 '샬롬'을 형용사처럼 이해해서 '온전한 정의'와 같이 해석하는 경우도 있다. Meyers and Meyers, 427; Mason, 70; Petersen, 308; NIV. 그러나 8:12에서 '샬롬'을 여호와께서 베푸실 은혜를 상징하는 표현으로 쓰고, 8:19에서 '진리와 화평'을 그대로 언급한다는 점에서, 16절의 '샬롬'은 명사로 이해하는 것이 적절하다.

17) Meyers and Meyers, 407.

18) Mason, 71.

19) 그러나 칠십인경의 경우 스가랴에서 항상 '만군의 여호와'는 '퀴리오스 판토크라토르' 혹은 '퀴리오스 판토크라토로스'로 옮기는데, 7:4에서만 '퀴리오스 톤 뒤나메온'으로 옮긴 것을 볼 때, 7:4과 8:18의 완전한 일치를 찾아볼 수 없게 만들었다.

20) Sweeney, 654.

21) 7-8장의 교차대구는 여러 학자들이 지적했다. 장세훈, 255; Stuhlmueller, 101; Curtis, 149; Stead, 222. 학자들마다 약간씩 차이는 있지만, 공통적으로 교차대구의 초점에 예루살렘에 여호와께서 내리시는 복이 있다.
22) Stead, 80, 227.
23) Meyers and Meyers, lii.
24) 스가랴 8:15은 '자맘' 동사가 호의적인 의도를 가리키기 위해 쓰인 유일한 예다. Petersen, 309.
25) E. Conrad, *Zechariah* (Sheffield Academic Press, 1999), 137.
26) J.E. Tollington, *Tradition and Innovation in Haggai and Zechariah 1-8*, JSOTSup 150 (Sheffield Press, 1993), 208.

5부_ 결론: 연약한 이웃을 사랑하라

1) 가령 이사야 42:9; 43:19; 48:6의 '새 일'; 이사야 65:17의 '새 하늘과 새 땅'; 예레미야 31:31-33의 "새 언약"; 에스겔 36:26-27의 '새 영', '새 마음.'
2) 미에룹, 330.
3) Von Rad, 208.
4) "[향기로운] 냄새"(레 1:9).
5) 사무엘상 30:11-13; 참조. 이 책의 Ⅱ부 5장.
6) 셸던 솔로몬, 제프 그린버그, 톰 피진스키 공저, 이은경 역,《슬픈 불멸주의자》(흐름출판, 2016), 208-209.
7) 솔로몬·그린버그·피진스키, 209-211.
8) 이정철의《왜 선한 지식인이 나쁜 정치를 할까》(너머북스, 2016)는 조선 중기 개혁의 이상을 품은 훌륭한 신진 학자들이 도리어 악한 정치의 도구가 된 역사를 잘 보여준다.

복음의 공공성: 구약으로 읽는 복음의 본질

김근주 지음

2017년 5월 29일 초판 1쇄 발행
2024년 9월 1일 초판 7쇄 발행

펴낸이 김도완
등록번호 제2021-000048호
  (2017년 2월 1일)
전화 02-929-1732
전자우편 viator@homoviator.co.kr

펴낸곳 비아토르
주소 서울시 종로구 삼일대로 428, 500-26호
  (우편번호 03140)
팩스 02-928-4229

편집 이여진
제작 제이오

디자인 임현주
인쇄 민언프린텍   **제본** 다온바인텍

ISBN 979-11-88255-02-3 03230   **저작권자** ⓒ 김근주, 2017

이 도서의 국립중앙도서관 출판예정도서목록(CIP)은 서지정보유통지원시스템 홈페이지(http://seoji.nl.go.kr)와 공동목록시스템(http://www.nl.go.kr/kolisnet)에서 이용하실 수 있습니다.(CIP제어번호: CIP2017011731)